科学大先生

高文伟 著

中央研究院第一届院士的
学术与人生

上海交通大学出版社
SHANGHAI JIAO TONG UNIVERSITY PRESS

内容提要

科学发展离不开广大科学工作者，尤其是科学家的努力。如何更好地发挥科学家的作用，从而使中华民族复兴之路走得又快又稳，通过阅读中央研究院第一届院士的学术与人生经历，我们或许从中可以得到一些启示。

中央研究院第一届院士们的个人出身背景是怎样的？他们经历了怎样的求学过程？学术生涯中取得了哪些成就，为中国科学做出了什么贡献？他们又经历过哪些重大抉择，抉择过后的人生轨迹又如何？作者花了很多心血搜集史料，披沙沥金，在本书中给出了答案。

本书可供科研人员、史学爱好者参考、阅读。

图书在版编目（CIP）数据

科学大先生：中央研究院第一届院士的学术与人生 /
高文伟著. — 上海：上海交通大学出版社，2025.1.
ISBN 978-7-313-31486-4

Ⅰ. K826.1

中国国家版本馆CIP数据核字第2024ES7636号

科学大先生：中央研究院第一届院士的学术与人生
KEXUE DAXIANSHENG：
ZHONGYANG YANJIUYUAN DI-YIJIE YUANSHI DE XUESHU YU RENSHENG

著　　者：高文伟			
出版发行：上海交通大学出版社	地　　址：上海市番禺路951号
邮政编码：200030	电　　话：021-64071208
印　　制：苏州市越洋印刷有限公司	经　　销：全国新华书店
开　　本：710mm×1000mm 1/16	印　　张：32.5
字　　数：433千字	
版　　次：2025年1月第1版	印　　次：2025年1月第1次印刷
书　　号：ISBN 978-7-313-31486-4	
定　　价：98.00元	

序

多年前，就听说高文伟先生有写一部关于中央研究院第一届院士生平经历著作的计划，一直很期待。今天终于读到了《科学大先生》，自然十分欣喜！也很高兴为这部大作作序。

中央研究院是民国时期中国最高学术机构，成立于1928年。当时，现代科学在中国还只是刚刚起步，中央研究院为中国科学的发展起到了积极的组织、推动作用。中央研究院第一届院士是中国当时最有成就的科学家，他们大多是中国相关学科的开创者或奠基者，为中国科学的发展做出过很大的贡献。但目前关于中央研究院及其第一届院士的研究还不是很多，对第一届院士进行全景式完整叙述的更是前所未有。《科学大先生》的出版，可以说是填补了这一领域的空白。

中央研究院第一届院士们的个人出身背景是怎样的？他们经历了怎样的求学过程？学术生涯中取得了哪些成就，为中国科学做出了什么贡献？他们又经历过哪些重大抉择，抉择过后的人生轨迹又如何？作者高文伟先生花了很多心血搜集史料，披沙沥金，在本书中给出了答案。

中央研究院第一届院士的选举于1948年3月完成，距1928年中央研究院成立，正好20年。这不仅是对中央研究院成立20周年的最好庆祝，也是对院士们学术成就的肯定。然而，当时解放战争已酣，国民党政权处于风雨飘摇之中。新鲜出炉的院士随即面临人生重大的抉择：是留在大陆迎接解放，为新生的共和国贡献力量，还是跟随国民党撤退到台湾或者远走海外？

高文伟先生在书中不仅记录了院士们的科学成就，还展现了他们在特定历史时期的个人抉择。作者通过细致的研究，为读者揭示了那个时代科学家们的生活状态和精神风貌，以及他们对中国科学事业的贡献，旨在为读者提供一个全面而客观的视角，让读者更好地理解院士的生活和时代背景。

当下，我们正处于中华民族伟大复兴的关键时刻。习近平总书记在中国科学院第十九次院士大会、中国工程院第十四次大会上发表了重要讲话。他指出：中国要强盛、要复兴，就一定要发展科学技术，努力成为世界主要科学中心和创新高地；我们比历史上任何时期都更接近中华民族伟大复兴的目标，我们比历史上任何时期都更需要建设世界科技强国；要充分认识创新是第一动力，提供高质量科技供给，着力支撑现代化经济体系建设。

科学发展离不开广大科学工作者，尤其是科学家的努力。如何更好地发挥科学家的作用，从而使中华民族复兴之路走得又快又稳，通过阅读中央研究院第一届院士的学术与人生经历，我们或许可以从中得到一些启示。

最后，我还想就《科学大先生》的作者高文伟先生说几句。高文伟先生长期在上海大型国有集团担任领导工作，曾经十分出色地完成了数个上海地标性重大工程项目的建设。他勤于学习，善于思考，敢于创新，在工程建设中组织科研攻关，科研成果屡获上海科技进步奖，因此成为上海罕有的文科出身的教授级高级工程师。最近几年，他担任上海楼宇科技研究会副理事长，着力推动建筑数字化转型和智慧楼宇信息化系统建设，成效卓著，如兰生大厦、智慧广场大厦均已成为上海建筑数字化转型和智慧楼宇信息化建设的标杆。兰生大厦是目前上海唯一挂牌的"四星级智慧楼宇"。工作之余，他忙里偷闲，利用碎片化时间，孜孜不倦地学习和写作，十分难能可贵。十多年前，他就出版了《婚姻的年轮》一书，作为她女儿婚礼的礼物。这本著作在当年上海书展上获得好评，并在年底《解放日

报》上连载了将近 40 天。后来，他又有《树大根深说俞家》问世，把众说
纷纭的俞家家世，说得清清楚楚，且引人入胜。据我所知，《科学大先生》
只不过是他有关科学的写作计划中的一部分，期待高文伟先生有更多更
好的作品问世！

　　是为序。

郑惠强

2024 年 8 月 18 日

目　录

第二节　生物组（25 位）

第三节　人文组（28 位）

（含哲学、中国文史学、史学、语言学、考古学及艺术史、法律学、政治学、经济学、社会学） 321

第三章　启示:

中华民族伟大复兴离不开科学 459

第一章　背景：

中央研究院早期历史沿革

及第一届院士的产生

中华灿烂的文明源远流长，在世界四大古文明中也有一席之地。

中国古代科技也曾有过光芒四射的表现。英国皇家学会会员、生物学家李约瑟在抗战期间作为科学参赞来到中国，被中国古代灿烂的科技成就所吸引，遂把他的后半生都奉献给了中国古代科技，主编出版了皇皇巨著《中国科学技术史》，把中国古代科技发展的脉络说得清清楚楚，并称赞"在现代科学技术登场前十多个世纪，中国在科技和知识方面的积累远胜于西方"。李约瑟在惊叹中国古代科技发达的同时，也提出了一个令他百思不得其解的问题："为什么科学和工业革命，没有在近代的中国发生？"

李约瑟为什么会发出这样的叹问？我们不妨把目光投向 2 000 年前的英吉利。

公元前 54 年，战无不胜的恺撒挥师渡过英吉利海峡，罗马大军的铁蹄踏上了不列颠岛。恺撒在《高卢战记》中写下了他当时看到的景象："不列颠居民中最人性（最文明）的是生活在坎提乌姆（现在的肯特）地区（多佛尔海峡沿岸）的人们……生活在内陆地区的大部分人没有耕种小麦的习惯。他们吃的是肉和奶，衣服也只是用毛皮遮体而已，而且，不列颠人还习惯把身体染成蓝色。在战场上看到他们，会让人觉得特别恐怖。"①

谁能想到，2 000 多年前的不列颠竟是如此荒蛮不开化，与同时期灿烂的中华文明根本不可同日而语。

---

① 盐野七生.罗马人的故事 4：恺撒时代（上）[M].计丽屏，译.北京：中信出版集团，2020：281.

第一节　西学东渐及近代科学在中国的兴起

但是，谁又能想到，在恺撒踏上不列颠土地之后的 1800 年，正是这群野蛮人的后裔，竟然绕过半个地球，用坚船利炮轰开了大清王朝封闭的大门。

世界不同地区的文明发展有先后，但不是一成不变的。世界四大古文明中，中华文明与两河流域文明、古埃及文明和古印度文明相比，不是最早的。然而，当其他三大文明先后陨落的时候，唯有中华文明一枝独秀。尤其令中国人自豪的是，四大古文明中，中华文明是唯一没有中断的文明。

但是，有着古老文明的中国，怎么就被万里之外过来的外国侵略者打得摇摇欲坠了呢？可以找出的原因很多，在这里不可能一一详述，但有一条显而易见并与本书有关：西方的科学技术走到了中国的前面。

西方的科学，发端于希腊。恺撒所在的罗马帝国崇尚武力，科学遭到沉重打击。从北方过来的野蛮的日耳曼人灭亡西罗马帝国后，欧洲更是陷入一片黑暗。唯一还维系着欧洲一线文明之光的是基督教。但基督教关注的是教权，而不是科学。因此，在黑暗的中世纪，西方的科学成就乏善可陈。

中世纪晚期，奥斯曼人帮了欧洲人的忙，当然这不是他们的本意。奥斯曼人于 15 世纪中叶，灭了延续千年的东罗马（拜占庭）帝国，大量拜占庭学者带着珍贵的古希腊典籍从首都君士坦丁堡逃往西欧（主要是意大利）避难。欧洲人看到这些古希腊经典著作，像发现新大陆一样惊喜万分。于是，欧洲文明之旅重新开始。翻译运动——把古希腊的典籍从古希腊文或阿拉伯文翻译成拉丁文——让欧洲人重新发现了科学思想；文艺复兴运动则重新把人放到了上帝之上的位置；接下来顺理成章的就是科学革命、启蒙运动、工业革命，一波接一波推动欧洲的发展。这其中，科学革命的重要性不可估量，它为欧洲插上了飞速发展的翅膀。哥白尼的日心说是欧洲阴霾密布的上空炸响的第一声春雷。培根的工具论、伽利略的科学实验、牛顿的万有引力论，则构建了近代科学的基本框架和发展道路，即大胆的假设、精密的演算和实验的证实，获得科学的新理论和新发现，如此循环反复，不断开拓科学新境界。

但是这一切的一切，都与中国人无缘。

不错，中国古代的科技很发达，但更多的是实用技术，或者说经验科技，相比之下，科学思想含量很少。因为缺乏科学思想，技术自宋元之后基本不再进步，有些地方甚至倒退了。如曾走在世界前列的中国传统数学解一元和多元高次方程组的天元术和四元术，到晚明时已甚少人能懂。即便是诸葛亮的木牛流马也早已失传。而欧洲很快赶了上来，很多方面甚至跑到中国前面了。

明末，意大利人利玛窦受耶稣会派遣到中国传教。他不仅把天主教带到了中国，同时也带来了欧洲的科学。古希腊的欧几里得的《几何原本》就是他介绍到中国来的。利玛窦、徐光启费了九牛二虎之力，翻译了上半册，但没几个人看得懂，也没有多少人有兴趣看。数学对科学的重要性，今天看来不言而喻。没有几何，数学等于失去了大半壁江山。因为几何的背后，是逻辑思维。

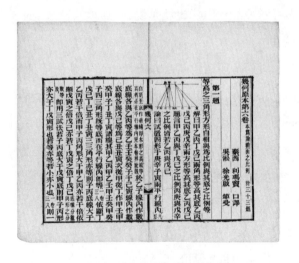

利玛窦、徐光启译《几何原本》

中国人感兴趣的是欧洲的红夷大炮。明清交战，双方都用上了这家伙，它为清军打下江山立下了汗马功劳。但是，大清江山坐稳了，红夷大炮也就放入仓库了。

自古以来，中国对天文格外重视。因为在中国传统思想中，君权天授,也就是说皇帝受命于天。中国还有天人合一、天人感应的说法,天象有变化,意味着人间也会有相应的变化。历朝皇帝都十分迷信这个,有专门的机构观测天象、解释天象。因此,自公元前214年(秦始皇三十三年)到1910年(清宣统二年),哈雷彗星共有29次回归,在中国的史书上,每次都有记录,全世界只有中国才有这样完整的记录。然而,到了明末清初,欧洲的天文研究已经超过了中国。中国人不知道,也不服气,于是就有了一场精彩的对决:1665年1月,传教士南怀仁和钦天监官员杨光先在康熙皇帝跟前预报日食。结果南怀仁准确无误,而杨光先不仅报错了日食时间,还把日全食报成了日半食。

这样的"PK"后来还进行过几次,结果都一样。康熙终于看明白了。十多年之后,他下旨给钦天监说:"向者新旧法是非争论,今既知新法为是,尔衙门学习天文历法满洲官员,务令加意精勤。此后习熟之人方准升用,其未经学习者不准升用。"也就是说,康熙承认新法(西法)比旧法(中法)更具优越性。

不仅如此,康熙帝还亲自向西方传教士学习几何学,称他为史上最有知识的皇帝,应非过誉。他甚至曾想到算学馆亲自给那些专业人士讲授欧几里得的几何原理。令人遗憾的是,康熙帝的科学知识并没有使他成为一个有科学精神的人。他学习科学知识,只是为了在士大夫阶层面前显摆,加强皇权的威严,把科学知识当成一种统御臣下的工具。

康熙不了解科学对国家的意义,因此没有大力培养科学人才,也没有制定政策推广和普及科学知识,开展科学研究。康熙更不了解的是,大清帝国停滞不前,但整个世界还在加速发展。哈维的血液循环论,望远镜和显微镜的发明,瓦特改进的蒸汽机,法拉第与麦克斯韦的电磁学,门捷列夫的元素周期表,科学史上竖起了一座又一座里程碑……到19世纪末,经典物理学的宏伟大厦已宣告完成;20世纪初,爱因斯坦的相对论则又开启了物理学的新纪元。

在自然科学迅猛发展的同时,欧洲的社会科学同样硕果累累。康德的哲学,亚当·斯密的经济学,达尔文的进化论,马克思的资本论……

欧洲科学的发展,除了受到古希腊科学思想的启发和阿拉伯科学成果的刺激外,还有两个重要原因不可忽视:

第一是规范的大学教育。

欧洲的大学最早可以追溯到 11 世纪的博洛尼亚大学。到 14、15 世纪,欧洲各地纷纷建立大学,牛津大学、剑桥大学、巴黎大学等是其中的佼佼者,如果没有大学,就不会有那么多的科学人才。我们耳熟能详的大科学家哥白尼、伽利略和牛顿,都曾接受过大学教育。

第二是学术团体的兴起。

17 世纪,英国皇家学会和法国科学院先后成立。欧洲各国的专业学术团体也纷纷涌现。科学家在科学上要有所成就,必须得到学术团体的认可。学会通过学术期刊和科学论坛,使科学知识得到迅速普及,社会得以共享科学成果。

但这一切对当时的中国人来说是相当陌生的,可谓天方夜谭。

教育程度决定着文明的程度,也决定着科学的水平。直到清末,中国仍然采用最传统的教育方式:私塾。这个传统始于孔子,在中国已经延续了 2 000 余年。教材或者说教育的内容,比孔子那个时候不能说是进步的。孔子的教育有六项内容,即礼、乐、射、御、书、数,此所谓“六艺”也。这还是蛮全面的,不仅有德、智、体,还有科学和实用技术。但这样的教育内容,后来被替换成《诗》《书》《礼》《乐》《易》《春秋》,号称“大六艺”。这里面已没有半点科学技术的内容了。

为什么会这样呢? 因为科举考试规定,要代圣人立言,要从古代圣人(主要就是孔孟)的只字片语中,找到济世良方。至于自然科学的内容,当时的教育体系中较少涉及。晚清名臣曾国藩高中进士,自然是精英中的精英了吧,但他对天文和数学,一窍不通。他自己在写给儿子的信中说:“余生平有三耻:学问各途皆略涉其涯涘,独天文算学毫无所知,虽恒星五纬亦不识认,一耻也……”

　　第一批到中国的西方传教士,在送回欧洲的报告中,对中国的科举制度赞叹不已。因为通过科举,可以使社会人才上下流动。即使是社会最底层的人,只要你够优秀,通过科举考试,就可以进入到上流的统治阶层,这就是我们祖先津津乐道的"朝为田舍郎,暮登天子堂"。而欧洲当时还是封建社会,封建等级的界限分明且十分严格,底层的优秀人才很少能够往上流动。

　　有不少人因此沾沾自喜,说欧洲的文官制度是跟我们学的。其实,我们应该看到,任何事情都有两面性。科举确实能使优秀人才往上流动。但是,它也把优秀人才全都集中到了科举这一条单行道上了。因此从隋唐以后的1 000多年内,中国最优秀的人才不是在应考,就是在应考的路上。

　　有识者(比如当代哲学家李泽厚)说"学优则仕"是中国传统知识分子的人生道路,所以"士"和"大夫"(有官职)总连在一起。学问做好了就去做官,做学问是做官失意或者不能做官的无奈选择。做什么学问呢?绝大部分人是为四书五经做注解,要不然就是考据。以清朝乾嘉学派为例,他们可以为了一个字,寻章摘句,引经据典,但往往是只见树木,不见树林。很多书生一辈子,埋头就做这一件事情。再不然是从医,不为良相,便为良医嘛。

　　有没有人研究科学技术? 有,但很少。王阳明无疑是中国第一流的卓越人物。如果他生活在同时代的欧洲,很可能会成为一位大科学家,因为那里有科学的传统和氛围,而当时的中国则缺少这种氛围。他年轻的时候,曾经想按照古人的办法"格物致知"。但他在竹林里对着竹子较劲了三天三夜,结果什么也没"格"出来,还大病了一场。他是在科学的殿堂外徘徊了一小下,不得其门而入,从此就在科学的道路上止步了。

　　欧洲科学之灯通明闪耀的时候,中国的科学之灯如豆依旧。诚如晚清有识之士黄遵宪在《日本国志》中所言:"后世士大夫喜言空理,视一切工艺为卑卑无足道,于是制器利用之事,第归于细民末匠之手,士大夫不复身亲,而古人之实学荒矣。"

19 世纪的中国科学水平和 1 000 年前相比几乎没有变化。人踩水车牛犁田,宋朝以前就这样了,清末的时候,还是这样。中国的生产方式和生活方式,也没有什么实质性的变化。这个时候的中国,绝大部分的人不知道地球是圆的,不了解避雷针和光速,也不知道空气是由氧、氢、氮等元素构成的。他们不知道什么是动力机床,不了解很多疾病是细菌感染导致的,对细胞、微积分等概念一无所知,更不用说费马大定理、麦克斯韦方程等以数学公式表达的科学定律,甚至对逻辑也所知甚少。也就是说,到 19 世纪 40 年代,除了传统理论和一些口口相传的工匠技能,国人对近代科学知之甚少。正如中央研究院第一届院士之一的张元济在写给盛宣怀的信里说:"中国四万万人口,只有四十万人受过教育,受过教育的人也就是学过几句八股文,对于应该知道的知识几乎都没有学到。在当今那么发展的世界上,这样下去我们的国家要亡。"

欧洲自然科学和社会科学迅猛发展的结果是生产力的迅速提高,社会财富快速增长,人民变富裕了,国家变强大了,所以他们可以开着炮舰,远渡重洋,来到太平洋西海岸耀武扬威。

鸦片战争的炮火,把中国的大门打开了一条缝。除了坚船利炮,中国人还看到了和洋人一起进入中国的声光化电,也就是近代科学。起初,中国人对此很不屑,认为都是些"奇技淫巧"。然而,经过几次打击后,国人才真正认识到:中国落后了。

落后要赶上去,唯一的办法是向先进学习,就如魏源等有识之士提出的"师夷长技以制夷"。19 世纪中叶,中国最早的留学生之一容闳被传教士送到美国耶鲁大学留学。在美国,容闳看到了西方的先进和富强,内心十分震撼,便决心要"以西方之学术,灌输于中国,使中国日趋于文明富强之境"。而他认为最好的办法,就是派遣留学生到西方学习。他回国后为此不断努力,终于说动了清政府。1872 年 8 月,首批 30 名学生由清政府官派,从上海启航赴美留学,揭开了中西文化交流史上新的一页。1872—

1875 年间,清政府先后派出 4 批共 120 名幼童赴美国留学。这批学生出洋时的平均年龄只有 12 岁。他们是中国历史上最早的官派留学生。这其中,不少人成为近代中国历史上的著名人物,如铁路工程师詹天佑、开滦煤矿矿冶工程师吴仰曾、北洋大学校长蔡绍基、清华学校校长唐国安、清末外务部大臣梁敦彦、民初国务总理唐绍仪等。令人扼腕的是,这个计划后来提前结束。120 人中,只有 9 人读到本科毕业,大部分留美幼童还没有完成学业就被勒令回国。因此,他们对中国科学发展的贡献相当有限。这也再一次说明,任何新生事物的发展都不是一帆风顺的。

1905 年,清政府在内外交困下,被迫正式谕令废除科举、广兴学校,开启近代教育。

甲午战争的失败,让国人进一步认识到了中国的落后,也让更多的有识之士出洋留学。于是,20 世纪伊始,中国便掀起了一波又一波出洋留学热潮。日本是最热门的留学目的地之一,因为路途较近,文化又相似。1901—1911 年辛亥革命前,留日学生累计 3 万余人。

在这期间所有留学生中成效最显著、影响最大的,当属清华留美预备学校派出的留美学生。清华留美预备学校是以美国归还的部分庚子赔款建立起来的。起初,清华是从社会上招考符合条件的学生赴美留学,如赵元任、竺可桢、胡适等都是这样到美国留学的。后来,随着清华自己培养的学生逐渐崭露头角,就改为主要派自己的学生出国,如陈克恢、闻一多、张景钺等。

西方蓬勃发展的科学让初出国门的留学生震撼不已、激动不已、兴奋不已。赵元任在他的早年回忆录中,有一段精彩的描述,真实记录了当时的情景:"在大学上课数以百计的小时中,据我记忆所及,最富刺激性的一刻是一九一〇年十月六日在洛克菲勒馆(Rockefeller Hall)所作宇宙引力的全班实验。我在中国高等学堂学过重力和引力,惟宇宙引力的说法,即所有物体彼此吸引,在论及巨大物体和行星绕太阳运转时,只是一种理论而已。这次,教授让我们看到物体相吸简单明了的事实。这项实验称为卡文迪石（Cavendish）试验，两个重铅球相距数吋排列，在两球之间，用微小扭秤（torsion balance）悬挂另外两个小金属球，在细吊绳上装以反射镜。小球位在一条直线上，该直线与连接两铅球之线成直角。尼柯斯（E. L. Nichols）教授先对我们解说，然后移动两铅球数吋，一铅球移近一小球，另一铅球移近另一小球，宇宙引力使得扭秤摆动，而致反射光点在墙壁上移动。这种移动情形只能在几秒钟内看到。我们兴奋的在地板上跺脚，这种动作是我到绮色佳不久后学到的。直到今天，我仍然觉得那次实验宇宙引力是我所看到的最动人的一次物理实验。"①

1915 年，任鸿隽、赵元任、杨杏佛、竺可桢等几个在美留学生发起成立以发展科学、科学救国为宗旨的中国科学社。任鸿隽当选为中国科学社第一届董事长和社长，赵元任为书记。这是中国人有史以来成立的第一个科学团体，它在推动中国近代科学的发展方面，做了许多具有开创意义的工作。

1915 年，《科学》第一卷第一期在上海正式出版发行，这是中国科学社的同人刊物，也是中国最早的综合性科学刊物之一。

20 世纪第 1 个 10 年以后，在欧美及日本留学的学子陆续毕业，纷纷学成回国。如到 1918 年，中国科学社的发起人和社员大部分已回国。他们是直接在西方大学学习科学的，从那时开始中国和西方的科学方才真正接轨。

1919 年 6 月，章太炎应少年中国学会之邀，在北京做了一个演讲，题目为"今日青年之弱点"。这位国学大师演讲甫毕，留学归来的胡适即登台对章太炎的说法提出反驳，认为章太炎的说法太消极，因此他讲了一些积极的观点。最后，他激情洋溢地以一句荷马史诗为演讲作结："You shall see the difference now that we are back again!"中文意思："请看吧，我们已经回来，未来的世界应该从此不同了！"

---

① 赵元任.在康奈尔的几年［M］//徐如麒.一生的美文计划——中国名家美文 180 篇.北京：团结出版社,2007：198 - 199.

学成归来的留学生中除了少数进入政府部门外,大部分进了大学,如北京大学、清华大学、东南大学、交通大学等。他们筚路蓝缕、披荆斩棘,把科学的种子播撒到中国的大地上,使之生根、发芽、开花、结果。他们是中国真正意义上的第一代科学家。

新中国成立之初,后来成为中国科学院副院长的竺可桢曾说:"中国之有近代科学,不过近四十年来的事。"诚哉斯言!

国共两党 1926 年进行北伐,1927 年初步统一中国。这为中国科学发展奠定了一定的基础,也为建立国家最高科学机构创造了条件。

第二节　中央研究院的成立及其早期沿革

国家科学院与近代科学几乎同时诞生。17—18世纪，英国皇家学会（1660年）、法国皇家科学院（1666年）、普鲁士科学院（1700年）和俄国圣彼得堡科学院（1724年）等国家科学院机构相继建立，有力地推动了各自国家近代科学发展。然而，直到20世纪20年代中叶，中国从中央到地方都没有一个官方的科学机构。

1926年，中国第一个民间科学团体——中国科学社派代表赴日本东京参加第三届泛太平洋科学评议会，但由于科学社属民间团体，竟被组织方拒之门外。多年后，当年代表中国参会的中国科学社社长任鸿隽对当时的情况还是记忆犹新："我们在东京的时候，每每有人问：你们中国人有学术研究会议吗？我们的答应是：没有。他们再问：那么，你们有科学院吗？我们的答应还是：没有。"①

但是，中国很快就有自己的科学院了。

一

1927年4月18日，国民政府在南京正式成立。

就在国民政府成立的前一天，也就是4月17日，国民党中央政治会议讨论重大决策，会议行将结束时，李石曾突然提出了一项关于成立中央研究院的提案，蔡元培、张静江和吴稚晖等都是提案的联署人。他们四人都是国民党的元老，有"商山四皓"之称。蒋介石当时忙于其他事务，对文化教育之类的事关注较

① 任鸿隽.泛太平洋学术会议的回顾[M]//樊洪业，张久春.科学救国之梦：任鸿隽文存.上海：上海科技教育出版社，2002：377-383.

少,对此也不感兴趣,既然元老们提出,就由着他们吧。于是,会议连讨论都没讨论,就一致通过了提案。

7月4日,南京政府公布了《大学院组织法》,规定大学院为全国最高学术教育行政机关,并决定正在筹备的中央研究院为中华民国大学院的附属机关之一。

10月1日,已辞去北京大学校长职务的蔡元培出任大学院院长。根据《大学院组织法》,蔡元培聘请了学术界人士杨杏佛、王季同、胡刚复、王琎、王世杰、周鲠生等30余人为筹备委员。

11月20日上午10时半,蔡元培在大学院会议厅主持召开了中央研究院筹备委员会及各专门委员会成立大会,筹备委员谌湛溪、曾昭抡等30人参加。会议通过了《大学院中央研究院组织大纲》《中央研究院筹备会及各专门委员会工作进行方法》等。会上还讨论了全院架构,决定全院分为三个部门:行政、评议和研究。行政部门成立总办事处,设总干事一人,负责全院行政事宜;评议部门设评议会,指导、联络、奖励学术之研究;研究部门计划成立研究所、博物馆以及图书馆,从事科学研究。会议认为科学研究应该包括以下领域:① 数学;② 天文学与气象学;③ 物理学;④ 化学;⑤ 地质学与地理学;⑥ 生物科学;⑦ 人类学与考古学;⑧ 社会科学;⑨ 工程学;⑩ 农林学;⑪ 医学。由于经费限制,会议达成的共识是:择要筹设研究机构。

根据《中央研究院组织条例》(1928 年 4 月 6 日由国民政府正式通过),大学院院长蔡元培兼任中央研究院院长,大学院教育行政处主任杨杏佛兼任中央研究院秘书长。

中央研究院的成立,是中国现代学术史上具有历史意义的一件大事,标志着中国历史上第一次将国家学术研究机构列入政府行政组织之中,也标志着学术在中国从此与教育脱钩。蔡元培更把余生的主要精力放在中央研究院的学术研究事业发展上,而他对中国科学的最大贡献,就是为中国知识分子创造了一个纯学术研究的场所。

从 1928 年 1 月开始,中央研究院各所逐步设立。1928 年 1 月,成立地质研究所,所长为北京大学教授李四光。1928 年 2 月,成立气象和天文两个研究所,分别由国立中央大学教授竺可桢和曾担任驻法公使的中央观象台台长高鲁任所长。1928 年 3 月,理化实业研究所在上海成立,分设物理、化学、工程三个组。4 个月后,三个组都提升为所,即物理所,所长丁燮林;化学所,所长王琎;工程所,所长周仁。1928 年 3 月,还成立了社会科学研究所,金融货币专家杨端六为所长。

1928 年 4 月,在国民党内部反对派的激烈反对下,国民政府的教育体制发生重大变化:取消大学院,恢复教育部旧制,任命蒋梦麟为教育部部长,中央研究院成为国民政府直辖机构,并作为全国最高科学研究机关。后来,又颁布了《中央研究院组织法》,将“科学”易为“学术”,规定其为全国“最高学术研究机关”。4 月 23 日,国民政府特任蔡元培为中央研究院院长。蔡元培任命原大学院副院长杨杏佛为秘书长,但不久秘书长改称总干事。杨杏佛是当时中国最大的学术社团中国科学社的发起人之一,曾担任过中国科学社的编辑部部长,并负责科学社《科学》月刊的编辑事务长达 7 年。蔡元培对杨杏佛十分倚重,有杨杏佛在,他基本不管具体院务,除特别重大的事项外,一切都由杨杏佛出面操持。

蔡元培的目标是将中央研究院打造成远离政治纷争的纯学术研究机构,以实现“学术自由”“科学救国”的理想。但是,国民党方面对此并不赞同,原定在南京清凉山划拨千亩土地作为建院基地,后来这一计划也被借故搁置。中央研究院总办事处虽然设在南京成贤街 57 号,但又在上海亚尔培路(今陕西南路)331 号设驻沪办事处。蔡元培及实际负责的总干事杨杏佛都常驻上海,有意与政治中心保持距离,尔后索性将总办事处迁到了上海。

1928 年 6 月 9 日,蔡元培和杨杏佛在上海东亚酒楼召开中央研究院第一次院务会议,正式宣告中央研究院成立。这一天后来被定为中央研究院的院庆日。出席这次会议的有:天文研究所所长高鲁、气象研究所所长竺可桢、社会科学学者陶孟和、地质研究所所长李四光和研究员徐渊摩、社会科学研究所所长杨端六和研究员周鲠生、理化实业研究所所长丁燮林和研究员王季同、宋梧生等。

1928年10月,中央研究院历史语言研究所在广州成立。在蔡元培的计划中,原本没有历史语言研究所这个研究机构,当时在中山大学任文学院院长的傅斯年偕中山大学副校长朱家骅前往上海,面见蔡元培院长。傅斯年原是蔡元培担任北大校长期间的学生,五四时期的风云人物,素为蔡元培所激赏,他在蔡元培面前颇有发言权。傅斯年受德国兰克史学派的影响,提出要以科学方法研究史学,并强调要把历史学与语言学同自然科学一样看待。在傅斯年的积极倡导下,蔡元培欣然同意历史学和语言学从社会科学研究所中剥离出来,成立独立的历史语言研究所。因傅斯年当时在广州任教,历史语言研究所就放在了广州,并任命傅斯年为代所长,所内分设历史组(主任陈寅恪)、语言组(主任赵元任)、考古组(主任李济)三组。1929年6月,傅斯年这个代所长的"代"字去掉了,被正式任命为所长,该所也由广州迁往了北平。

1928—1934年,中央研究院一共组建了10个研究单位,分别是地质、气象、天文、社会科学、物理、化学、工程、历史语言、心理和动植物等研究所。其中:心理研究所成立于1929年5月,所长唐钺;1934年7月,自然历史博物馆改名为动植物研究所,所长王家楫;动植物研究所后来于1944年5月一分为二,动物研究所所长仍为王家楫,植物研究所所长则为罗宗洛。

蔡元培领导的中央研究院采取分权制,他只是负责遴选各所所长人选,对各所的发展和研究方向则不加干涉。

中央研究院原来拟在南京城西清凉山集中兴建各所,但因当局不肯交付许诺的土地,而原拟拨款也没有落实,蔡元培只得采取分三地建立中央研究院的办法。中央研究院院部在南京,总办事处设在上海;气象、天文和动植物3个研究所设在南京;地质、物理、化学和工程4个科学所设在上海；历史语言和心理2个所设在北平；社会科学所则一所分设在两个地方，法制组和民族组在南京，经济组和社会组在上海。

蔡元培院长和杨杏佛总干事都有意把中央研究院办成一个不受政治干预和支配的学术机关。蒋介石对蔡元培的办院主张并不认同，两人为此还发生过争执。蔡元培不仅在国民党内属于元老，在学界更是德高望重，蒋介石对蔡元培的特立独行，也只能徒呼奈何。

中央研究院的编制坚持从紧，宁缺毋滥。1931年8月，全院共有研究人员235人，其中专任研究员53人，特约研究员50人，兼任研究员4人，名誉研究员2人。后来，非专职的研究人员越来越多，包括兼任研究员、特约研究员、通信研究员和名誉研究员等。非专职的研究员人数竟然超过专职研究员。

中央研究院为工作人员提供的待遇如下：专任研究员，每月200～500元不等；专任编辑员及技师，120～300元不等；事务员、助理员60～180元不等；书记30～60元不等。这个薪资水平，在当时来说算是比较高的。

中央研究院的经费几乎全部来自政府。南京国民政府时期每年拨款120万元，这个金额只有北京大学的三分之一左右。朱家骅继任总干事后，中央研究院的年度经费一度增加了10万元。但不到一年，朱家骅就挂冠辞职，继任的任鸿隽与国民党中枢关系不深，顶多也只能争取到原经费额的六三折而已。还是吴稚晖从中斡旋，不仅至少保持了每年130万元的预算基数，还断绝了孔祥熙意欲控制中央研究院的念头。

中央研究院研究人员的薪资虽然还算优厚，但要开展研究，就杯水车薪了。国民政府那里已到极限，蔡元培只好寻求外援。其中给予中央研究院支持最多的是中华教育文化基金会和中英庚款董事会。如1929年，蔡元培就从中华教育文化基金会争取到了50万元，相当于当时全院总预算的四成。这些经费给了物理、化学、工程三所，作为建设和设备的费用。另外，中华教育文化基金会还每年资助历史语言研究所3万元。中英庚款董事会则从 1934 年起,分 3 年补助中央研究院科学仪器设备制造费 10 万元。

中国最高学术机构就是在这样捉襟见肘的窘境中起步的。

二

蔡元培的理想是将中央研究院打造成不受政治影响的学术机构,特别重视学术研究的学术性和独立性,他曾强调:"学院自由,正是学术进步之基础也……就中央研究院之立场言,更宜注意科学研究之自由精神。"蔡元培坚信"学院自由"是学术进步的基础。

根据这样的理想,蔡元培在制定《中央研究院组织法》时,特别注重"学人治院"的设置。

根据《中央研究院组织法》规定,院长下分行政、研究、评议三大部门。行政部门极为精简,由总办事处主持,院长之下设总干事一人,协助院长主持总办事处工作,执行、管理全院行政事务。研究部门是研究院的基础,以中央研究院自设之各研究所为主体进行科学研究,所长是推动各所科学研究工作进行的灵魂人物。评议部门则拟设评议会为全国最高科学研究的评议机关,负责决定学术研究方针,督导学术进步、发展,促进国内外学术合作与交流,由院长聘任国内 30 位学者专家与中央研究院各研究所所长共同组成。同时依规定,全院除院长由国民政府特任,评议员由国民政府聘任外,上至总干事,下至行政办事人员均由院长聘任。

中央研究院作为全国最高学术机构,具有两大使命与任务:进行独创性的科学研究;促进、指导和协调全国学术研究事业。

随着各研究所的建立,"实行科学研究"的任务逐渐展开。但由于当时中国科学研究事业刚刚起步,科学人才十分匮乏,中央研究院在"指导、联络、奖励学术研究"方面面临一定挑战。

中央研究院既然是国家最高学术机构,自然应像先进国家的"国家学院制"一样,以由学者专家为"会员"(member,即后称之为"院士")构成中央研究院组织主体。但当时中国政治情势复杂,科学研究事业刚刚起步,也没有成熟的科学家,显然不具备设置院士的条件。因此只能先设置评议会,作为院士制度的预先准备,充当全国学术评议的最高机关,作为全国科学界优秀人才与学术组织之间、中国和外国的主要科学机构之间进行学术交流合作的枢纽。中央研究院成立不久,就拟订了六年三期的总计划,其中规定 1928 年完成拟定评议会组织条例、1929 年选举评议员成立评议会。但终因种种原因,评议会迟迟无法成立。

1933 年 6 月 18 日,中央研究院总干事杨杏佛在上海遇害,蔡元培对此感到十分悲痛。

1934 年 5 月,丁文江出任总干事。这时,中央研究院已成立的 10 个研究所渐次充实,研究工作渐入正轨,初具规模,但评议会一点眉目也没有。丁文江一看这样不行,何况院长蔡元培年事已高,必须赶紧成立评议会。

丁文江是那个年代科学家中少有的实干家。他首先对《中央研究院组织法》作了修订,并获国民政府批准。其中第五条为:"中央研究院设评议会,由国民政府聘任之评议员三十人及当然评议员组织之。中央研究院院长及直辖各研究所所长为当然评议员,院长为评议会议长,评议会条例另定之。"同时规定,院长"出缺"时,并非由国民政府直接任命,而是由评议会推选三位院长候补人,呈请国民政府从中遴任一人。

1935 年 5 月 27 日,由丁文江起草的《中央研究院评议会条例》出台,为评议会的设置提供了依据。评议会是促进全国学术交流合作的中心枢纽,因此,评议员应具有学科专业知识、领导能力以及各学术机关的代表性。对于评议员的聘任及资格,《中央研究院评议会条例》第二条规定:"中央研究院评议会第一届聘任评议员,由中央研究院院长及国立大学校长组织选举会,投票选举三十人,呈请国民政府聘任之。"第三条规定:凡"对于所专习之学术有特殊之著作或发明者"或"对于所专习之学术机关，领导或主持在五年以上成绩卓著者"皆具被选举资格。另外，中央研究院院长、各研究所所长为"当然评议员"。这样，评议员由超然民主选举方式产生，排除了执政当局的干涉，最大限度确保了中央研究院的学术独立自主性，为科学发展创造了相对良好的环境。

1935 年 6 月 20 日，在南京举行第一届评议员选举，经选举产生了来自高校和学术机构的首届"聘任评议员"30 人，加上由中央研究院院长和所长组成的"当然评议员"11 人，总计 41 人，组成第一届评议会。

首届聘任评议员 30 人名单如下：物理学——李书华、姜立夫、叶企孙；化学——吴宪、侯德榜、赵承嘏；工程学——李协、凌鸿勋、唐炳源；动物学——秉志、林可胜、胡经甫；植物学——谢家声、胡先骕、陈焕镛；地质学——丁文江、翁文灏、朱家骅；天文学——张云；气象学——张其昀；心理学——郭任远；社会学——王世杰、何廉、周鲠生；历史学——胡适、陈垣、陈寅恪；语言学——赵元任；考古学——李济；人类学——吴定良。任期 5 年。

9 月 7—9 日，中央研究院在南京举行了首届评议会成立大会。

至此，中央研究院形成了由行政管理、科学研究和学术评议三大部分组成的完整体系，成为 20 世纪上半叶中国科学体制的核心。蔡元培盛赞评议会的成立，是中央研究院院史上可以"特笔大书"的一件事情。

三

1939 年，第一届评议员任期届满，本应及时选举第二届评议员。但正值抗战时期，中央研究院各研究所及大学等其他学术机构分散撤退到大后方各地，这件大事便拖了下来。

1940 年 3 月 5 日，蔡元培在香港逝世，令学界十分震惊与悲恸。作为国家的最高学术机关长期没有首脑显然对中国科学发展不利，选举院长与选举第二届评议会评议员便被提上了议事日程。

1940 年 3 月中旬,中央研究院评议会秘书、地质学家翁文灏在与中央研究院总干事任鸿隽、前总干事朱家骅、教育部部长王世杰等人沟通后,呈报国民政府批准,召集散落在全国各地的评议员赴重庆开会,进行第二届评议员的改选,并选举新院长。当时,身为评议员的蒋梦麟、傅斯年、陈寅恪、陶孟和、李济、竺可桢、李四光等人大部分在西南大后方,他们接到通知便先后来到了山城重庆。

评议员已经选举过一次了,已有成例。但院长的继任,还是第一次,史无前例。按照《中央研究院组织法》,院长应由中央研究院评议会评议员依法集会,通过投票选举选出三位院长候选人,然后呈请国民政府主席圈定一人。然而,这件事到底会进行得怎样,评议员们的心中都没有底,但他们决心捍卫中央研究院独立的荣誉。恰好此时,蒋介石对院长之位有了一个心仪的人选。于是,围绕中央研究院继任院长的人选,民国最高掌权者与民国最高学术机构中的评议员们展开了一场精彩纷呈的角力。

蒋介石和评议员们原本有一个共同认可的继任院长的人选,那就是胡适。一向不食人间烟火的陈寅恪,不顾自己体弱眼盲,也要从昆明赶到重庆,按他的说法,就是为了投胡适一票。但是,当时胡适正担任中国驻美大使的要职。在国难当头、抗战正酣的时刻,争取美国的支持显然更是当务之急,而胡适自己也不愿离开驻美大使的岗位。

除了胡适,当时学界比较属意的院长候选人还有翁文灏、王世杰、朱家骅、任鸿隽等人。从他们的学历、经历及学术成就来看,确实都是一时之选,而且他们还都是中央研究院筹设时的重要成员、评议会评议员,与中央研究院有深厚的渊源。3 月 5 日,评议会秘书翁文灏与竺可桢讨论院长继任人选问题,他们的共识是,推举胡适、王世杰与翁文灏三人为候选人。

然而,蒋介石心目中的中央研究院院长继任人选是顾孟余。这顾孟余倒确实也是个学者,德国柏林大学毕业,曾任北京大学经济系主任兼教务长。但他与中央研究院关系不深,且早已脱离学界,追随汪精卫多年。

1939 年 12 月，汪精卫投敌，顾孟余在香港苦劝无效，遂与汪分道扬镳，来到重庆。蒋介石对顾孟余此举十分赞赏，就想把他安置到这个位高权轻的位子上。

评议员们听到蒋介石想让顾孟余继任院长的风声，很不以为然。由蒋介石提名的做法，违反了中央研究院的选举条例，也是对学者们自由思想和独立精神的侮辱。在他们看来，中央研究院院长的职位怎么能拿来作为"酬勋"的奖品呢！因此，许多评议员明言，不会选顾孟余。

眼看"推荐"顾孟余这件事要黄，3 月 16 日，蒋介石的幕僚陈布雷在给翁文灏的信函中明言蒋介石"盼以顾孟余为中研院院长"（中研院为中央研究院简称）。陈布雷本来想再努把力，谁知大犯众怒。

评议员们认为，蒋介石对评议员"下条子"，无疑是对读书人气节与风骨的侮辱和蔑视。如果评议员选出蒋介石所指定之人，便是弃守学术独立自治的民主选举精神。傅斯年在事后说："介公一下条子，明知将其举出，则三人等于一个人，于是我辈友人更不肯，颇为激昂。"

3 月 21 日，评议员们进行了一次测验性投票，结果与预期的差不多，翁文灏得 21 票，胡适得 20 票，朱家骅得 19 票，为院长候选人的前三名，而顾孟余连 1 票也没有得到。

3 月 22 日，中央研究院的评议员们从各地齐集重庆，正式召开第一届评议会的第五次会议。出席的评议员计有王世杰、王家楫、朱家骅、任鸿隽、何廉、李济、李四光、李书华、吴定良、余青松、汪敬熙、周仁、秉志、竺可桢、林可胜、郭任远、姜立夫、胡先骕、茅以升、翁文灏、凌鸿勋、陶孟和、张其昀、陈寅恪、张云、陈焕镛、傅斯年、叶企孙、谢家声、叶良辅等 30 人。

3 月 23 日，30 位评议员再次到场开会，对院长候选人进行无记名投票，选出三名候选人。会议公推王世杰为临时主席。王世杰为避嫌，放弃投票。因此，总选举票为 29 张。开票结果，翁文灏、朱家骅各得 24 票，胡适得 20 票，李四光得 6 票，任鸿隽与王世杰各 4 票，竺可桢 2 票，蒋介石属意的顾孟余仅得 1 票。这结果与前面测试性投票差不多。评议员们这样做,恰如傅斯年所言,就是为了"表示学界之正气、理想、不屈等义"。

按照选举条例,评议会于 26 日正式呈文国民政府主席,报告选举结果,提请国民政府主席由当选之三名候选人中定夺一人为中央研究院院长。

蒋介石面对这样的结果,自然很不高兴,但他也无可奈何。他报复的办法就是拖,直到差不多过了半年,9 月 18 日,他才圈定由朱家骅出掌中央研究院。为了发泄心中的不满,他还耍了一招,任命朱家骅为"代理院长"。而且,这一"代"就代了 18 年,直到卸职也没转正。

这次中央研究院继任院长选举的风波,不啻为政治与学术之间的角力。学者们抵制了最高当局的"条子",彰显了学术自由的精神,维护了学术独立的尊严。

这次会议,还选出了中央研究院第二届聘任评议员:姜立夫、吴有训、李书华、侯德榜、曾昭抡、庄长恭、凌鸿勋、茅以升、王宠佑、秉志、戴芳澜、林可胜、陈桢、胡先骕、翁文灏、朱家骅、谢家荣、张云、吕炯、唐钺、王世杰、何廉、周鲠生、胡适、陈垣、赵元任、李济、吴定良、陈寅恪和钱崇澍等共30 人。

随着朱家骅的到任,中央研究院进入了一个新时期。

第三节　中央研究院的历史功绩

中央研究院作为当时中国最高学术机构，具有两大使命与任务：进行独创性的科学研究；促进、指导和协调全国学术研究事业。从 1928 年 1 月开始，中央研究院各所逐步设立，到 1934 年一共组建了 10 个研究单位，各项研究工作次第展开。虽然受到人才匮乏、资金奇缺、设备简陋以及战乱等各种不利因素的影响，但中央研究院还是取得了可观的成果，对中国近代科学有筚路蓝缕、披荆斩棘、奠基之功。

一

1927 年 4 月，在蒋介石的主持下，国民党在南京成立国民政府。由于有一个相对稳定的环境，中央研究院从创立到发展，度过了院史上的"黄金十年"。这十年是中央研究院稳定成长的重要奠基期，也是其成果最丰硕的一段时期。

中央研究院机构和体制建立起来后，中国的科学事业第一次步入正规发展的阶段。在清末时中过进士、点过翰林，当过民国第一任教育总长后又到欧洲留学的蔡元培，深受西方科学思想的熏陶。他以西方的模式，建立起国家科学院，以推动中国科学的发展，实现科学救国的理想。中央研究院的成立，吸引了一批中国顶级科学精英，他们有着相似的学术背景（留学），有着共同的学术追求（科学强国）和学术理念（科学独立）。因此，不仅各科学研究所按照既定计划次第建立，科学研究工作也逐步展开。

（一）从零开始，填补空白

中央研究院是当时中国顶尖的科学研究平台，聚集了最优秀的科学人才。但由于中国科学的基础极其薄弱，几乎一切都只能从零开始，以填补空白。

地质学是近代中国基础最好的学科之一。地质研究所也是中央研究院成立后建立的第一个研究所。地质所成立后，对中国十多个省份进行了详细的地质考察，在江西庐山发现第四纪冰川遗迹，并在星子县（现为庐山市）设立白石陈列馆。地质所所长李四光于 1936 年完成的《中国地质学》，是中国人自己撰写的第一部地质学专著。他在对中国地质进行广泛调查的基础上，提出了地质力学理论，用以解释中国山脉的形成。当时能够以个人研究真正打入国际学者圈的，唯有李四光。

1929 年，气象研究所在南京建成北极阁气象台，这是中国人自己建立的第一个气象台。气象研究所成立后，在全国各地成立气象监测站，并特别注重高空研究。

1934 年 8 月，天文研究所在南京建成紫金山天文台，承担了全国授时、测量经纬度、观察星体、编制历书等任务。这是中国人自己建立的第一个现代天文学研究机构，被誉为"中国现代天文学的摇篮"。天文所特约研究员张钰哲 1933 年出版的《天文学论丛》，是中国最早运用近代天文理论进行天文学研究的专著之一。

物理研究所开展了有关电学、磁学、电磁振动及光谱学等 12 个方面的研究，科研成果大部分发表在《中央研究院物理研究所集刊》及《中国物理学报》上。

化学研究所起步较晚，但经过数年努力，已然成为当时国内化学研究的中心。化学所设立 4 个组，分别研究有机、物理、生物及工程化学，后又开展国产天然药材、食品营养及硫化矿提硫等应用研究，到抗战前，已公开发表论文 40 余篇。

工程研究所主要开展陶瓷、钢铁、玻璃的结构与制造等方面的研究。

该所实施的研究实用性非常强,先后建成陶瓷试验场、钢铁试验场和棉纺织染实验馆等,研究成果迅速转化为生产技术,在一定程度上促进了国内工程技术水平的发展。1945 年 1 月更名为工学研究所。

社会科学研究所的研究重点在经济学和社会学,曾在中国历史上前所未有地进行了多次社会经济和农村状况调查,保存了一批显示当时中国实况的有价值数据。1945 年 1 月更名为社会研究所。

(二) 用现代科学的方法,研究本土问题

中央研究院成立初期,科学研究有一个特点,即以现代科学方法,研究中国的自然现象和社会实际问题。

如动植物研究所最初的贡献,主要在动物志和植物志方面,即调查动植物的品种、分类和生态,研究范围涵盖从哺乳动物到淡水鱼类,从经济昆虫到寄生虫,以及从草本植物到蕨类、藻类植物以及真菌类生物,并开始研究病虫害的防治。1935 年 4 月,中央研究院联合北平研究院、中国科学社等在全国设 4 个海洋生物研究所,该所负责主持定海所,实地研究、考察海洋生物。

气象研究所的竺可桢是中国气象学的创始人,他的研究基于现代中国气候观测和中国古代文献,为中国的长期天气预报工作奠定了基础,尤其在气象理论方面成就卓著。

心理研究所开展了普通心理、动物心理、神经解剖等多项研究。1935年,心理所还与清华大学合作,在平绥路南口机厂及南通大生纱厂开展工业心理的实地研究。

中央研究院在"黄金十年"期间,成长最快、科研成果最卓著的还是历史语言研究所。以 1935 年为例,在 10 个研究所中,历史语言所规模最大,达 79 人,其他所人员一般只在 30~40 人之间,小的所只有 20 多人。当然,历史语言所在中央研究院的地位并不是靠人数规模,而是靠实力。

史语所最大的贡献在于引领中国考古走上现代考古的正轨,并在考古领域取得丰硕的成果。史语所在河南安阳对当时刚发现的殷墟进行了

15次发掘,出土的文物证明中国文献上关于商朝的记载并非向壁虚构。通过对殷墟甲骨文的解读,把中国有文字的历史推早到了3 500年前。史语所梁思永通过对山东历城(今济南市章丘区)龙山镇城子崖的发掘,发现彩陶—黑陶—殷墟三种文化遗存之间是以一定顺序叠压着的"三叠层",从而大胆提出了关于仰韶文化—龙山文化—商(小屯)文化按存在先后时间划分的理论,成功地构筑了中国古代文明发展史的基本框架,廓清了中国史前文化的脉络走向。只是史语所像梁思永这样提出综合性理论的人并不多,诚如历史学家何炳棣评价史语所的研究时所说,他们的出版品考证精详,但是论点零细琐碎,缺乏综合,尤其没有西方社会科学的视野。但也不用苛求,毕竟以科学的思维和方法来整理中国历史等社会科学,对中国来说还刚刚开始。除了考古以外,历史语言所在语言学、人类学方面也都获得了许多开创性成果。正是由于史语所的科研成就,汉学中心逐步从欧洲移回了中国。

(三)统一科学名词和科学规范

科学在中国完全是个从无到有的新鲜玩意儿,许许多多的新概念、新名词都是此前闻所未闻的。在科学从西方传到中国的过程中,与科学相关的新名词五花八门,有意译的,有音译的,有从中国古书中找出来的,也有从日文中搬过来的,也有翻译的人按自己的想法翻译的,既不统一,也不规范。同一个名词,往往有许多不同的译名,这自然会给后学者带来许多困扰。科学名词不统一、不规范,势必会成为中国科学发展的障碍,正如蔡元培先生在《医学名词汇编》序言中所写的:"科学愈精深,名词愈繁复。吾国研治科学稍后,势须畅外释籍以为基础;惜译界不相联络,所译名词,人各不同。整齐而划一之,其功至矩。……盖以纷纭庞杂之各科名词,欲使之同条共贯,引用便利,绝非一手足一朝夕之事……"

统一科学名词,说起来简单,但做起来绝非易事。如果非对本学科有透彻的了解,同时又未兼具深厚的中国文字功底,那是无法完成这项看似简单其实异常艰巨的任务的。正因为如此,当时负责科学名词统一规范工作的,都是学科的泰斗或翘楚。

姜立夫是我国数学界的泰斗,数学名词的审定工作就是由他主持的。对此,他倾注了很多心血,并持续了很长时间。最终,第一部中国现代数学词典《算学名词汇编》在 1938 年出版,从而奠定了现行数学名词的基础。

化学名词的统一和命名工作,主要由曾昭抡负责。他自始至终参与了《化学命名原则》《化学工程名词》《化学术语》《化学仪器设备名词》等的编纂。

物理学名词的审定工作则由中华教育文化基金会交给萨本栋。萨本栋是物理学界的后起之秀,他不负众望,历时两年,在中国科学社起草、科学名词审查会通过的《物理学名词》和后来国民政府教育部订正的《物理学名词》基础上,编成了《物理学名词汇》,并于 1932 年出版。

当然,规范和统一科学名词,是一项长期的任务。在以后相当长的时间里,科学家们一直持之以恒地不断完善名词的修订。中华人民共和国成立后,依旧对名词的审定和统一工作十分重视,在政务院文化教育委员会下专门设立了学术名词统一工作委员会。

还需指出的是,初期科学名词审定工作大部分由第一届院士负责,但这项工作的负责单位并不是中央研究院,而是 1932 年成立的国立编译馆。

正当中国科技教育逐步走上正轨,并呈蓬勃发展之势时,日本帝国主义的侵略战火,打断了中国科学发展的势头!

二

1937 年,抗日战争全面爆发,日本大规模入侵中国,这对中国科学事业的发展造成了灾难性的影响。随着战事的蔓延,东部的学术、教育和文化机构及其设施被迫内迁,使近现代科技转型遭受了重大挫折。

当七七事变的消息传到南京,中央研究院经研究决定,除工程、物理、化学3所部分设备封存于上海以外,其他各所可以移动的设备和人员都集中于长沙。1938年2月,根据战事的发展,中央研究院决定把地质所、物理所、化学所与心理所4所迁往广西桂林,史语所、天文所、气象所、社会科学所与工程所5所迁往云南昆明,动植物所与总办事处则迁往重庆。

经过将近一年的艰难辗转,各研究所克服重重艰难险阻,按计划南渡、西迁,逐步在预定地点落定,为国家保存了科研的实力和元气。

但当时内陆地区的落后与艰苦,远超人们的想象。首先是住房问题很难解决,一个所几十号人,还带着家属,哪有那么多空房子等着你呀。于是,有些所只能不断迁徙,以寻找最佳的落脚处。比如史语所和社会科学所,已经按计划到了云南昆明,但发现那里不合适,最后还是咬咬牙,又从昆明搬到了重庆长江边上的李庄。

其次是科研设备与资料奇缺。在战火纷飞中长途跋涉,交通工具又不给力,各所只能带少许生存必需的物品和便于携带的仪器设备。即便带上了路,也未必能安全抵达目的地。在全面抗战爆发后的头两年中,中央研究院因遭日机轰炸及迁移散失,造成器具损失5 849件,约值27万元;图书损失65 800册,约值19万元;仪器、古物损失316件,约值26万元。最惨的物理所,西迁至广西时,存放在金城江的部分设备、物资全遭焚毁,存放在六甲、加必屯两处的财物也被炸毁大半。文科研究靠书籍,还可以将就;理工和生物科需要仪器设备,研究就一筹莫展了。

还有一点,也是最要命的,是抗战后法币贬值,物价飞涨。到1942年,物价更如脱缰的野马,一年中上涨20余倍,科研人员靠工资原来可以过比较优裕的生活,但这时连温饱都成问题。如有患病,那只能听天由命;扛不过去,就会发生人间悲剧。据不完全统计,院士的子女中,有6名在抗战期间因病夭折,汤用彤一子一女,李济两个女儿,竺可桢和杨钟健各有一子。这是他们为国做出的牺牲,但也是他们心中永远难以抹平的伤痛。

虽然生活条件和研究环境如此艰苦,但科研人员仍坚持理想,克服重重困难,取得了不俗的成绩。

朱家骅就任中央研究院代院长,非常注重科研为战争服务的宗旨,认为中央研究院在抗战时期"应求急切之功,使研究工作适应抗战需要",据此,中央研究院各研究所加强了应用科学的研究。一些本来就具有应用价值的研究所,譬如负责调查矿产的地质所、提供天气预报的气象所,以及工程研究所等,进一步与战争需求相结合;物理所、化学所等研究重点也向应用科学转移,如化学所对战时急需药物的研究;社会科学所对战时经济的调查和战后对日索赔研究;等等。这些研究的成果都为抗战提供了重要服务。

即便在抗战极端困苦的情况下,中央研究院也没有放弃基础科学的研究。据统计,1944年各研究所进行的研究中,有72项研究计划是纯科学研究,占全部研究计划的65%;应用科学则有38项,占总数的35%。

抗战期间,中央研究院的研究成果有:

在理工科方面,华罗庚的"堆垒素数论研究"、陈省身的"微分几何中高斯-博内公式和拓扑学研究"、吴大猷的"多原子分子的结构及振动光谱"等都是当时国际最高水平的成果。而在国际上影响最大的,还是李四光于1945年出版的《地质力学的基础与方法》一书,阐述了中国人首创并在国际上有深远影响的地质学理论。

在医科方面,冯德培发现肌肉收缩有放热的效应,被国际生理学界称为"冯氏效应"。

在文科方面,许多具有里程碑意义的著作,也完成于抗战时期,如陈寅恪的《唐代政治史述论稿》《隋唐制度渊源略论稿》,汤用彤的《汉魏两晋南北朝佛教史》,金岳霖的《论道》以及冯友兰的"贞元六书",还有梁思成于1945年出版的中国第一部建筑史专著《中国建筑史》。

中央研究院的科研院所也在扩充之中。1941年3月,数学研究所筹备处于昆明的西南联大内成立,由原在南开大学任数学教授的姜立夫主持。植物研究所从动植物所中分立出来,由罗宗洛主持。体质人类学研究所和医学研究所的筹备也提上了议事日程。体质人类研究所由史语所的吴定良主持,但因找不到同仁,也没有仪器设备,始终没能建立起来。医学研究所的筹备名义上由林可胜负责,但实际主持的是林可胜的副手冯德培。

由于战争因素,中央研究院的科研受到很大影响。不仅正常的研究无法展开,导致一些原本有先发优势的项目中断,错过了最佳成果收获时机;而且即便有些研究取得了成果,也因战时经费紧缩,致许多具有学术价值的研究成果无法发表,令人扼腕。中央研究院评议会在 1941 年决议发行中文的《学术汇刊》与英文的《科学纪录》两种学术性刊物,但因缺少经费,在抗战期间仅各出了两册。朱家骅曾特别向蒋介石递送签呈请求拨款刊行,也没结果。

虽然处在战火纷飞的年代,中央研究院仍旧加强了对外交流与合作,不仅提升了中央研究院和中国科学界在世界的地位,同时也间接为中国的抗战做出了贡献。1943 年 4 月,英国皇家学会、牛津大学、剑桥大学派遣陶育礼、李约瑟等教授,美国科学院也以葛德石教授为代表访华,传达英美学术界对中央研究院之敬仰与推动学术合作之意。其中,陶育礼和李约瑟代表英国学界提出了中英互相供给研究资料,交换研究意见及文献,交换教授、学生等科学合作办法的具体建议。中央研究院方面则聘请陶德斯为史语所通信研究员,李约瑟为化学所通信研究员与动植物所通信研究员,就此开启了中英科学研究合作事业。1939 年,中央研究院还派员参加第六届太平洋科学会议等国际学术会议。

三

抗战胜利后,中央研究院的复员和东迁工作摆上了议事日程。但当时整个中国似乎都在由西往东迁移,放在优先位置的自然是军政财团,所以各研究所全部迁回南京和上海，已经是 1946 年 12 月底了。回迁至南京的有天文、气象、地质、历史语言和社会科学 5 所，数学筹备处、物理、化学、动物、植物、心理和医学筹备处 7 个研究所则共同迁入上海自然科学研究所所在地，工学研究所的钢铁实验部分暂留昆明，其余部分迁回上海理工实验馆。

从 1946 年底中央研究院搬回南京和上海，到 1949 年大陆解放，短短 2 年多时间，局势动荡之激烈，物价腾涨之幅度，都是历史上非常罕见的。在这样的环境下，期望科研人员能够持续产出研究成果确实有些不切实际。尽管如此，在内战期间，中央研究院的科研成果虽然不多，但依然进行了一些有价值的工作。

1943 年，蒋介石出版了《中国之命运》一书，在书中规划了一个中国战后重建的十年工业计划，并详列十七大类政府将投资的项目，如铁路、高速公路、飞机制造业、水利、汽车、电力、工矿业、港口电讯等，但令科学界人士失望的是，在《中国之命运》一书中，通篇没有讲到基础理论的科学研究。这一点激起科学界的强烈不满，事实上，纯粹科学比应用科学更为重要。作为中央研究院掌门人的朱家骅于是在多种场合呼吁应重视基础科学。他认为，中央研究院作为国家最高学术研究机构，理当负责推动和促进纯粹科学的研究。为此，他筹建结合数学、化学与物理学的数理化学术研究中心和成立专事原子能研究的近代物理研究所。

1945 年 8 月，美国在日本广岛和长崎投放了两颗原子弹，其威力震惊了全球，世界从此进入了核武器时代。国民党高层从最高首领蒋介石到军政部长陈诚、军政部次长兼兵工署长俞大维，都认识到了核武器的重要性，拟成立国防科学与技术研究所。俞大维从美国《原子能的军事用途：美国政府发展原子弹之官方报告》的报告中了解到，研制原子弹主要依赖三个门类的专家：物理学、化学和数学。他因此聘定曾昭抡、华罗庚、吴大猷三人分别负责国防科学与技术研究所下化学、数学及物理学三个相关研究所的筹备工作。

仗着与美国的盟友关系,国民党开展"种子计划":派员到美国学习原子能技术,为今后发展原子武器打好基础。曾昭抡、华罗庚、吴大猷各自带了两名助手,分别为唐敖庆、王瑞骁、孙本旺、徐贤修、李政道和朱光亚到美国学习或从事研究工作。等到差不多学成的时候,中华人民共和国刚刚成立,当年出去学习的唐敖庆、孙本旺、朱光亚返回了祖国。他们都为新中国的科学发展做出了重要贡献,朱光亚后来还成为"两弹一星"的功臣。正所谓人算不如天算,国民党发展核武器的"种子计划"未能实现,却为新中国日后的核武器发展埋下了"种子"。

朱家骅对原子能研究也有很大的兴趣,他在中央研究院积极筹建近代物理研究所,专门从事原子能的理论研究。为此,他于 1946 年 8 月,给了中央大学物理系主任赵忠尧 12 万美元,派他赴美洽购原子能研究设备。1950 年 11 月底,赵忠尧冲破种种阻挠,终于回到了祖国。他利用从美国带回的器材和零件,主持建成了中国第一台 70 万电子伏的质子静电加速器。1958 年又主持研制成功了 250 万电子伏的质子静电加速器,为新中国成功引爆原子弹以及核工业的发展立下了汗马功劳。

中央研究院是国家最高学术机构,因此中央研究院的院士,除了中央研究院工作人员之外,还包括全国其他机构学术上有成就的权威人士。院外院士也是中央研究院的一部分,他们在学术上也有可观的成就,比如就物理学的研究而言,严济慈主持下的北平研究院物理研究所和镭学研究所所取得的成果要超过中央研究院。还有清华大学、北京大学、复旦大学、中国科学社、协和医学院等在科研上也都取得不俗的成果,因与本书主旨关系不大,这里不一一赘述了。

中央研究院成立后,建立起数学、天文学、物理学、化学、药物学、气象学、地质学、动物学、植物学、生理学、心理学、农学、技术科学及历史学和语言学、社会学等科学研究部门,研究主要分三类:① 常规或永久性质的研究。如天文研究所的推算历本、测量经纬度及时间,气象研究所的观测、预报等,物理研究所的地磁测量,地质研究所的测绘,以及动植物研究所的标本采集,等等。这些都是基础性的、常规性的工作,科技含量实际上是不高的。② 应用科学方面的研究,即利用科学方法进行原料与生产等问题的研究。这些研究解决了一些国家或社会急迫的难题,但具有世界先进水平的成果很少。③ 纯粹的科学研究,如物理化学研究和历史、语言、人种、考古等人文社会科学研究,取得了不少成果。

中央研究院的学术成就,除个别项目接近世界前沿外,总体水平还是比较低的。如果用现代学科体系来衡量,大部分还处于初级阶段。台湾的"中央研究院"在其院史——《追求卓越:中央研究院八十年》一书中,引述了吴大猷的一段话,讲得还比较客观,可以作为参考,转引如下:"1920 年代回国的'第一代'留学生,谈不上研究,主要成就都在培养第二代科学家,像气象所的竺可桢,数学所的姜立夫,地质所的丁文江和李四光,物理方面的饶毓泰、叶企孙、吴有训都是。他们当然也有一些发表在国际期刊的研究成果,但是能够以个人研究真正打入国际学者圈的,恐怕也只有李四光一人而已。"

钱三强作为亲历者,在他的《中国原子核科学发展的片段回忆》一文中曾写道:"长期形成的中国科学研究的两大致命弱点:一是缺乏计划性,谁也没有长期准备;二是彼此缺乏了解,互不联系,难于进行集体合作。"中央研究院作为国家最高学术机构,它在对全国科学发展的规划和其他科学机构的指导方面做得是不够的。

当然,这里必须指出的是,中央研究院在当时的条件下和基础之上,能够取得上面所说的成绩已经非常了不起了。因为 20 世纪上半叶,中国处在现代科学刚刚起步的阶段,在科学非常脆弱的地基上,在缺少人才、经费和仪器设备的条件下,并且相当长一段时间还在战争的环境中,中央研究院能取得那么多成就,是非常不容易的。

中央研究院最大的功绩是完成了中国科研体制的现代化转型,在中国本土创立了一套新的学术规范,促进了科学的传播和研究,奠定了中国现代科学发展的基础,加快了中国走向现代化的进程。

　　中央研究院的第一届院士是中国现代第一代科学家。他们所处的时代，是中国传统学术向现代学术转化的时期，也是中国现代学术体系创建的阶段。他们在中国大地上，默默地辛勤地开垦中国科学的处女地，播撒科学文明的种子。因此，他们中很大一部分是各个学科的奠基者和创始人。

　　中央研究院及其院士们为中国现代科学发展所做的贡献，值得永远铭记。

第四节　中央研究院第一届院士

产生的背景及经过

一

1945年8月，中国人民经过14年浴血奋战，终于取得了全面胜利，全国上下一片欢腾。散落在内地各处的中央研究院各研究所，从1945年9月，即开始筹划回迁事宜。但直到1946年12月，历经曲折，各所才最终全部搬迁完毕，在南京、上海两地重新集结，揭开了战后学术重建的序幕。

这时，中央研究院已由战前的10个研究所，扩展到13个研究所（含筹备处）。国外学术团体也都承认中央研究院为"中国国家学院"。但是，中央研究院只有评议会而没有院士，从体制上来说是不健全的；也无法汇集全国重要学术人才，很多推动国家学术进步的工作更无法进行。1928年中央研究院成立的时候，因当时中国科学基础薄弱、科学人才匮乏，实在没有条件选出院士。但经过将近20年的发展，中国科学有了长足的进步，科学人才也增加了很多，各个学科几乎都产生了奠基者和创始人，并涌现了一批学贯中西、融汇古今的大师。因此，中央研究院代院长朱家骅一方面积极筹划以研究核武器为目的的近代物理研究所，另一方面积极推进建立院士制度。虽然傅斯年等少数人认为，在内战正酣的时候进行院士选举不是很合时宜，但多数人还是赞同朱家骅的意见。于是，1946年10月20—22日，中央研究院第二届评议会第三次年会在南京召开。

会上确定采用傅斯年的建议，以"院士"取代"会员"，院士对应的英文名为 Fellow of Academia Sincia。会议重点讨论了在中国建立院士制度这一议题，并通过了经修订的《中央研究院组织法》和《中央研究院评议会条例》，对院士的资格、名额、提名办法、选举规程、职权、学科分组，评议会的选举办法、规程，名誉院士的资格、选举办法，均做了明确的规定。新修订的《中央研究院组织法》还规定，第一届院士由本届评议会选举产生，以后的院士则由往届院士选出。

1947 年 3 月 13 日，修订后的《中央研究院组织法》和《中央研究院评议会条例》经国民政府公布施行，这样，"院士选举"和"院士会议"的设置就有了正式的法律依据。

3 月 15 日，朱家骅即召集京沪评议员举行谈话会，讨论"院士选举规程"及"院士会议规程"。会议委托中央研究院总干事兼物理研究所所长萨本栋与历史语言研究所所长傅斯年两位评议员，各拟一份选举草案，提交会议讨论。会上推举胡适、翁文灏、萨本栋、傅斯年、茅以升、吴有训、李济 7 名评议员组成院士选举规程草案起草小组，以萨本栋为召集人。

3 月 17 日，评议员谈话会举行第二次会议，继续商讨院士选举法。会议决定以傅斯年所拟的草案为基础进一步修订完善。26 日，朱家骅再次召集京沪评议员举行谈话会，讨论修订并通过了起草小组所拟就的《中央研究院院士选举规程草案》，内容共五章十七条，分为：总则、提名、院士候选人资格之审查、院士之选举、附则。该选举规程以通信方式征得了各评议员的同意，对院士的选举资格做出了明确规定，其中最为关键的两项：

其一，对所习的专业有特殊著作、发明或贡献；

其二，专业学术机关领导或主持在五年以上，成绩卓著。

这第二项就是一些"学术机关领导"后来能够当选为院士的依据。

根据选举规程：院士候选人，先由大学、研究机构和学术团体提名或由评议员 5 人共同提名。院士的选举工作分数理、生物、人文 3 个组进行。每组先由 5 名评议员负责本学科候选人的初审，再得到评议会半数以上选票者成为正式的候选人。然后由出席选举会议的评议员无记名投票,得票超过五分之四者正式当选。

二

完成了上述必不可少的程序和准备工作,评议会便根据选举规程,开始进行中国学术史上第一次院士选举。

首先,根据选举规程第四条规定,成立选举筹备委员会,以代院长朱家骅为主席,评议会秘书翁文灏及总干事萨本栋为院士选举筹备委员会秘书。然后,以通信方法选出15位评议员为委员,组成第一次院士选举筹备委员会。15位委员名单如下:数理组为吴有训、茅以升、吴学周、谢家荣、凌鸿勋;生物组为王家楫、罗宗洛、林可胜、汪敬熙、秉志;人文组为胡适、傅斯年、王世杰、陶孟和、李济。

1947年5月初,选举筹备委员会根据《中央研究院组织法》和《中央研究院院士选举规程》候选人资格提名规定,将《中央研究院院士候选人提名表》《中央研究院院士选举规程》《中央研究院组织法》《中央研究院评议会条例》等文件寄给全国各符合条件之学术研究机构;并按照规定于5月12日将《中央研究院第一次院士选举筹备会通告》交《中央日报》《大公报》《华北日报》《中兴日报》等各大报刊登,并要求连续刊载三日。

选举院士乃为中国学界历史性的大事。院士为终身名誉职,是中国最崇高之学术荣衔。院士候选人的提名,共有两条途径:一个是由大学院校、研究机构和学术团体提名,还有一个是由评议员5人共同提名。当时北京大学、清华大学、武汉大学、中国地质协会、中央地质调查所和中央研究院等都有提名人选。

截至1947年8月20日,院士选举筹备委员会共收到来自全国29所大学、13所独立学院、10个专门学会、19所研究机关以及其他专科学校、国立编译馆、社会团体、个人等提出的院士候选人名单510人。8月27日开始,经过 6 次会议,反复筛选,院士选举筹备委员会于 10 月 13 日确定初审提名候选人 402 人。正式提交 10 月 15 日召开的第二届评议会第四次年会审定。

根据院士选举规程规定,院士选举须经分组审查与全体评议员会议审定两个阶段。1947 年 10 月 15—17 日,中央研究院召开第二届评议会第四次年会。15 日的会议,追认了院士选举规程,并公推胡适、李书华、秉志分别担任人文组、数理组、生物组的院士候选人分组审查召集人。接着,各审查小组详细审查初审合格的院士候选人名单,并拟出考评意见,提交评议会全体会议票决。各分组在初审的时候,除了考量学术成就和领导学术有功这两个标准以外,其实还有两个心照不宣的标准:凡是在抗战期间出任伪教职者不能通过,出国工作而不曾回国服务者也不能通过。曾在沦陷区的伪大学等机构担任行政职务的著名化学家赵承嘏、总干事萨本栋的兄弟著名物理学家萨本铁以及参加“伪北大”的容庚因此被剔除出候选人名单。

10 月 17 日,评议会中有评议员认为郭沫若同情共产党,其“罪过”更大于赵、萨两人,也主张予以除名。中央研究院代院长朱家骅也以郭沫若“参加内乱,与汉奸罪等”为由主张将郭沫若拿掉。这时,社会所所长陶孟和反唇相讥:“若以政府意志为标准,不如请政府指派。”当时以代理史语所所长资格与会的夏鼐(1947 年 6 月,史语所所长傅斯年赴美治病,当时尚未归国)认为“此事关系重大”,乃不顾自己的列席身份,起身为郭沫若辩护说:“Member of Academia Sinica(中央研究院的院士)以学术之贡献为标准,此外只有自绝于国人之汉奸,应取消资格。至于政党关系,不应以反政府而加以删除。”史语所的李济也认为:“郭是一个在多学科有才华的学者,在考古学与古文字学领域造诣很高,虽其人没有直接参加田野考古发掘,也不属于中央研究院各所,但作为体制外的人士,我们应该给他保留一个位子。”最后会议决定以无记名方式表决,结果以 13 票对 7 票,仍将郭沫若列入人文组候选人名单。

10 月 17 日,评议会举行大会,对各组提出的名单及考评意见进行了讨论和票决,得到评议会半数以上出席人员的选票者,方可成为正式候选人。最后,评议会通过正式的程序,确定了 150 人的候选人名单,其中数理组 49 人、生物组 46 人、人文组 55 人。这样,就完成了分组审查的第一阶段任务。

根据院士选举规程,中央研究院于 11 月 15 日在政府公报及各地报章上对候选人名单及其合格依据进行了公示,以征求社会各界的意见。公示于 1948 年 3 月 15 日期满,没有收到颠覆性的反对意见。

三

1948 年 3 月 25 日,中央研究院召开评议会第二届第五次年会,此次会议的重点就是选举院士。根据上述 150 名院士候选人名单,选举 80～100 人为第一届院士。选举采取不记名投票方式。并且,非评议员不得与会,没有列席人员,在资格初审阶段代理傅斯年参会的夏鼐就没有参加正式的会议,他在给傅的信中称:"生不曾参预盛会,无法报告……所以关于详细情形,完全不知。"

当时中央研究院评议会有当然评议员 14 人,包括代理院长、总干事以及各所所长等院内学术主管;聘任评议员 29 人,来自全国各重要学术机构。出席这次会议的评议员共有 25 人,按"以全体出席人数五分之四投同意票者为当选"选举规程的规定,如要当选院士,至少需要得到 20 票。第一轮投票结果出来后,仅 67 人顺利当选为院士。因为没有达到最少 81 位院士的目标。大会讨论后决定立即进行补选。经过第 2 轮投票,当选的院士也还只有 78 位。于是又进行了第 3 轮投票。当时胡适为了让有功于中央研究院的吴稚晖当选,认为评议会根据选举规程必须多选 2 位,并适当放宽条件。于是有第三轮和第四轮投票,第四轮投票时余嘉锡得到 19 票。为了让吴稚晖当选,又进行了第五轮投票,吴稚晖终于也得到 19 票。

这样，经过 5 轮投票，终于选出中央研究院第一届院士 81 名，其中：数理组 28 人、生物组 25 人、人文组 28 人。候选人中的许多名流纷纷落选。

中央研究院总办事处于 4 月份编印《中央研究院院士名录》，当选院士名单如下：

1. 数理组

数学：姜立夫、许宝騄、陈省身、华罗庚、苏步青；

物理学：吴大猷、吴有训、李书华、叶企孙、赵忠尧、严济慈、饶毓泰；

化学：吴宪、吴学周、庄长恭、曾昭抡；

地质学：朱家骅、李四光、翁文灏、黄汲清、杨钟健、谢家荣；

气象学：竺可桢；

工程学：周仁、侯德榜、茅以升、凌鸿勋、萨本栋。

2. 生物组

动物学：王家楫、伍献文、贝时璋、秉志、陈桢、童第周；

植物学：胡先骕、殷宏章、张景钺、钱崇澍、戴芳澜、罗宗洛；

医学：李宗恩、袁贻瑾、张孝骞；

药理学：陈克恢；

人类学：吴定良；

心理学：汪敬熙；

生理学：林可胜、汤佩松、冯德培、蔡翘；

农学：李先闻、俞大绂、邓叔群。

3. 人文组

哲学：金岳霖、汤用彤、冯友兰；

中国文史学：吴稚晖、余嘉锡、胡适、张元济、杨树达；

史学：柳诒徵、陈垣、陈寅恪、傅斯年、顾颉刚；

语言学：李方桂、赵元任；

考古学及艺术史：李济、梁思永、郭沫若、董作宾、梁思成；

法律学：王世杰、王宠惠；

政治学：周鲠生、钱端升、萧公权；

经济学：马寅初；

社会学：陈达、陶孟和。

在这 81 位院士中，有 1 位前清进士，6 位得过秀才以上功名，49 位留学美国，23 位留学欧洲，5 位留学日本。在院士中完全没有出国留学经历的只有 6 位，即人文组的董作宾、余嘉锡、张元济、顾颉刚、柳诒徵和陈垣。

院士中年龄最大的是人文组的吴稚晖，85 岁，其次是张元济，82 岁；最年轻的是数学家陈省身，37 岁，紧随其后的是数学家华罗庚和数理统计学家许宝騄，38 岁。全体院士的平均年龄是 54.3 岁，其中：生物组 49.5 岁，数理组 50 岁，人文组 63.4 岁。

史语所的夏鼐做过一个院士所属单位的分析：当选院士中，中央研究院有 21 人，北京大学 10 人，清华大学 9 人，技术机关 6 人，其他如中央大学、浙江大学、文化机关及行政长官各有 4 名，另外的机构、大学都在 4 名以下。来自中央研究院的院士在所有院士中所占比例为 26%，由此也可看出中央研究院在当时中国学界的地位。

四

中央研究院第一届院士成功选举，是中国现代学术史上的一件大事。这次院士选举秉持学术独立自主精神，纯粹以学者个人之学术造诣与在学界的贡献为衡量标准，不受学者个人之政治立场影响，保证了选举的公正性。郭沫若的成功当选，就是超越政党政治，看重学术本身的最好例证。

当然，这次选举也不是一点问题没有。当时史语所代所长夏鼐在选举后给傅斯年的信中，就透露了一些：此次评议会所作之事，为选举院士而已。名单发表后，外界一般意见，以为较候选人名单为佳，以其标准似较严格也。唯有少数人批评其缺点：① 遗珠甚多。② 当选者中，中央研究院同仁及有关人物过多（此以"近水楼台"之故，自所不免）。③ 老辈中有许多早已不做研究工作，且年轻时亦未曾有重要贡献之研究工作，所谓"科学界中的政客"，虽有院士资格第二项可言，但嫌所占比例太高，然此等见仁见智，各人之看法不同也。

客观地说，这次院士选举虽有人认为"遗珠甚多"，但总体上应该说这次选举是成功的，当选的院士代表了中国当时最高的科技水平。

中央研究院从 1928 年正式成立，到 1948 年选举第一届院士，完成国家学院体制创建，正好 20 周年，朱家骅对此自然成就感满满。虽然当时时局动荡，他还是热情高涨地结合第一次院士会议，操办中央研究院 20 周年院庆。

经过几个月的筹备，中央研究院成立第二十周年纪念会暨第一次院士会议于 1948 年 9 月 23 日在南京鸡鸣寺中央研究院礼堂开幕。当时，18 位院士正在国外，还有吴稚晖、陈寅恪、梁思永等十多位告假，共有 51 位院士莅临大会，蒋介石、何应钦等要员以及张伯苓、顾毓琇、吴贻芳等教育界名流也参加了开幕礼。参加会议的院士都佩戴着由人文组院士梁思成设计的"国立中央研究院院士"正方形合金徽章，并获得由书法家沈尹默书写的当选证书。

蒋介石在会上首先致辞，说了一些希望诸君提高学术水平、流布学术成绩，提倡科学合作，与列国学院沟通其学术，为国家建设致力之类的话。当时前方战事正紧，蒋介石致辞后即先行退场。

朱家骅作为中央研究院代院长及大会主席，做了一份长长的报告。

在发言的代表中，大多对完成院士选举表示祝贺，并对中央研究院的发展提出了希望。作为院士代表的胡适在发言中就说："不是我们挂方牌子作院士，只坐享其成；或者下半世纪也靠自己成绩吃饭，而不继续工作。中央研究院不是学术界的养老院，所以一方面要鼓励后一辈。我们可以

1948 年 9 月　中央研究院首届院士会议合影

第一排左起为：萨本栋、陈达、茅以升、竺可桢、张元济、朱家骅、王宠惠、胡适、李书华、饶毓泰、庄长恭；

第二排左起为：周鲠生、冯友兰、杨钟健、汤佩松、陶孟和、凌鸿勋、袁贻瑾、吴学周、汤用彤；

第三排左起为：余嘉锡、梁思成、秉志、周仁、萧公权、严济慈、叶企孙、李先闻；

第四排左起为：杨树达、谢家荣、李宗恩、伍献文、陈垣、胡先骕、李济、戴芳澜、苏步青；

第五排左起为：邓叔群、吴定良、俞大绂、陈省身、殷宏章、钱崇澍、柳诒徵、冯德培、傅斯年、贝时璋、姜立夫。

够得上作模范，继续工作，才不致使院士制度失败。第二，多收徒弟。今天我们院士中，年纪最轻的有两位算学家，也是四十岁的人了。我想我们这一点经验方法已经成熟，可以鼓励后一代。再寄希望以后二十年，二百年，本院这种精神发扬光大起来。愿互相勉励。"

当时，国民党在大陆的政权，正处于风雨飘摇之中，危在旦夕。到1948 年底，蒋介石已在做迁移台湾的准备。其中有一条，就是抢夺人才，他要把中国顶级的人才召唤到台湾去，为他"反攻大陆"的图谋服务。因此，新鲜出炉的中央研究院院士，马上就要面临历史的选择。

那么蒋介石的如意算盘能不能实现呢？

第五节　国共两党对人才争夺及院士们的最后选择

一

　　中国共产党早已认识到知识分子的重要性。抗战期间，负责组织工作的陈云在讲话中强调："抢夺知识分子是抗战中的一个大的斗争，谁抢到了知识分子，谁就抢到了胜利，谁就可能有天下。"①

　　1945 年 4 月，毛泽东在中共七大所作的主报告《论联合政府》中指出："为着扫除民族压迫和封建压迫，为着建立新民主主义的国家，需要大批的人民的教育家和教师，人民的科学家、工程师、技师、医生、新闻工作者、著作家、文学家、艺术家和普通文化工作者……中国是一个被民族压迫和封建压迫所造成的文化落后的国家，中国的人民解放斗争迫切地需要知识分子，因而知识分子问题就特别显得重要。"②

　　1948 年，中央研究院进行院士选举的时候，内战的形势已经逆转，国民党的"全面进攻""重点进攻"均已失败。毛泽东于 3 月 23 日离开陕北，东渡黄河，向河北进发。4 月 13 日，毛泽东一行抵达晋察冀军区司令部所在地阜平县城南庄。他随即召开会议，谋划解放军下一步的战略规划。这时，共产党人已对全面胜利充满信心。

　　1948 年五一国际劳动节前夕，中国共产党于 4 月 30 日发布了经毛泽东亲自修改的著名的纪念"五

① 刘家栋.陈云在延安[M].北京：中央文献出版社,1995：94.
② 毛泽东.毛泽东作七大政治报告——《论联合政府》[EB/OL].（2008－06－03）[2023－02－01].https://www.gov.cn/test/2008-06/03/content_1003570_6.htm.

一"国际劳动节口号,号召"全国劳动人民团结起来,联合全国知识分子、自由资产阶级、各民主党派、社会贤达和其他爱国分子,巩固与扩大反对帝国主义、反对封建主义、反对官僚资本主义的统一战线,为着打倒蒋介石,建立新中国而共同奋斗",号召"各民主党派、各人民团体及社会贤达,迅速召开政治协商会议,讨论并实现召集人民代表大会、成立民主联合政府"。五一口号发布的次日,即5月1日,毛泽东致函中国国民党革命委员会主席李济深和中国民主同盟中央常务委员沈钧儒,以协商的口气具体提出了召开政治协商会议的时间、地点、参会党派和原则、实施步骤等,并建议由中国国民党革命委员会、中国民主同盟中央执行委员会、中国共产党中央委员会于本月内发表三党联合声明,诚心邀请各民主党派、各人民团体和各社会贤达前往解放区,召开没有反动派参加的政治协商会议。

中国共产党发布的五一口号和毛泽东致李济深、沈钧儒的信,得到各民主党派、各人民团体、各社会贤达的热烈响应。为了将国民党统治区和海外的各民主党派及无党派著名民主人士接入解放区,在周恩来的亲自指挥下,中共地下党组织建立了两条接运民主人士进入解放区的路线。一条是走海路,由香港乘船到大连转哈尔滨,由中共中央东北局负责接待;一条是走陆路,从上海到苏北或山东,然后经石家庄,或绕道天津,转抵河北平山县李家庄,由中共中央城市工作部负责接待。

与此同时,中国共产党还在调整知识分子政策。

1948年,一位出身地主家庭的小学教员致信《人民日报》,询问"脑力劳动的知识分子,也算是劳动群众吗?"4月27日,《人民日报》明确给予答复:"从事脑力劳动而不依靠封建剥削的知识分子,不管是在职工作的,或是农村里的知识分子,只要他本人是从事脑力劳动(如教书、行医等),而不直接参加家庭的封建剥削,并且不靠封建剥削生活,这些人虽是出身于剥削阶级,但他本人的成分不能划作地主富农,而应根据他自己的生活方法决定其为自由职业者或其他。"也就是说,知识分子的个人成分,不再由其家庭出身来决定,而取决于他的"生活方法",即社会职业。

　　5 月 21 日,毛泽东在重新公布的《关于土地斗争中一些问题的决定》"知识分子"部分中,作了重要的说明,进一步提出:对于知识分子的考量,应"将着重点不放在社会出身方面,而放在社会职业方面,方可避免唯成分论的偏向"。4 天后,《决定》作为正式文件"重新发给各级党委应用",其中明确规定知识分子"本人的阶级成分依本人取得主要生活来源的方法决定"。

　　1948 年 9 月,中共中央政治局会议讨论了夺取全国政权所需要的干部的准备工作问题。会后,毛泽东在他起草的对党内的通知中明确提出:"夺取全国政权的任务,要求我党迅速地有计划地训练大批的能够管理军事、政治、经济、党务、文化教育等项工作的干部。"毛泽东清醒地认识到,光靠解放区的干部是远远不够的,因此他在通知中进一步说:"国民党区大城市中有许多工人和知识分子能够参加我们的工作,他们的文化水准较之老解放区的工农分子的文化水准一般要高些。国民党经济、财政、文化、教育机构中的工作人员,除去反动分子外,我们应当大批地利用。"①

　　1948 年冬,人民解放军兵临平津城下。对于这两座中国北方文教机构和知识分子最为集中的城市,中共十分重视。从 12 月 15 日至 27 日,毛泽东在半月之内连发了三道命令,强调对于平津文化机构、文物古迹的保护和对平津知识分子的留用。他一方面要求攻城部队"注意保护清华、燕京等学校及名胜古迹",另一方面要求"对一切原来管理人员亦是原封不动""尤其注意与清华、燕京等大学教职员、学生联系,和他们共同商量"。甚至对"司徒办的学校"——燕京大学,毛泽东也明确提出"我们应采保护政策"②。

　　当时,新华社还向全体学界人士广播公告,宣布中共将欢迎一切爱国

---

① 毛泽东.毛泽东选集:第 4 卷[M].2 版.北京:人民出版社,1991:1347.
② 中共中央文献研究室.毛泽东年谱(1893—1949)(修订本):下卷[M]:北京:中央文献出版社,2013:421,423,427.

知识分子留下来参加未来国家建设。

1948 年 11—12 月,在中国共产党的帮助下,乘船离港北上的知识分子和民主人士就有马叙伦、郭沫若、许广平、陈其尤、侯外庐、沙千里、翦伯赞、李济深、茅盾、章乃器、柳亚子等人。

中国共产党争取人才的计划,从 1948 年 5 月正式开始。可以说,国共两党争夺人才的较量,共产党抢占了先机,控制了制高点。

二

1948 年 11 月,在决定中国命运的三大战役中,辽沈战役已接近尾声,国民党败局已定;淮海战役刚刚打响,国民党凶多吉少;平津形势趋紧,解放军兵临城下,胜利指日可待。

面对大势已去的危急情况,蒋介石心有不甘,困兽犹斗。他制订了退守台湾的计划,要把宝岛打造成"反攻大陆"的基地。这一图谋离不开人才和资金,于是他指示相关人员制订了 3 个"抢救计划":"抢运黄金计划""抢运国宝计划"和"抢救学人计划"。

这 3 个计划中,前 2 个计划,到 1949 年 4 月都基本完成,但因和本书关系不大,就不赘述了;这里要展开谈的,是"抢救学人计划",也就是国民党在撤退之前,与共产党争夺人才的情况。其中,中央研究院作为中国学术重镇,自然受到国民党的格外关注。中央研究院院士是国民党要"抢救"的学人中最看重的部分。

1948 年 12 月初,前不久成为国民政府首届立法委员的傅斯年,向蒋介石建议,要把困在北平的知识界精英"抢救"出来。蒋介石非常赞同,书面指示傅斯年与朱家骅负责制订"抢救学人计划",并责令傅斯年、陈雪屏与蒋经国 3 人小组负责具体"抢救"事宜的研究谋划和操作,并指令教育部、交通部、青年部等部门协助。

朱家骅、傅斯年、陈雪屏、杭立武等商讨后很快拟好了计划,提出有 4

种人必须"抢救"出来送赴台湾：一是大陆各大专院校的负责首长；二是中央研究院院士；三是因政治原因必须限令离开大陆的高级知识分子；四是在国内外学术上有杰出贡献者。计划后还附有名单。台北历史博物馆里的蒋介石文物中，有一份蒋介石于12月17日拍发给驻守北平的华北"剿总"傅作义的电报，就开列了这份名单：

（一）在平教育行政负责人为：（梅贻琦）、（李书华）、（袁同礼）、（袁敦礼）、李麟玉、陈垣、（胡先骕）、汤用彤、（冯友兰）、叶企荪、饶毓泰、陈岱孙、（郑天挺）、（贺麟）、郑华炽、沈履、霍秉权、褚士荃、黎锦熙、温广汉、黄金鳌、徐悲鸿。（二）因政治关系必须离平者为：（朱光潜）、（毛子水）、（邱椿）、（张颐）、（陈友松）、刘思职、（梅贻宝）、齐思和、雷宗海（按：应为雷海宗）、刘崇鋐、戴世光、邵循恪、吴泽霖、赵凤喈、敦福堂、张恒、金澍荣、（英千里）、张汉民、徐侍峰。（三）在平之中央研究院院士为：（许宝騄）、张景钺、陈达、戴芳澜、（俞大绂）、李宗恩。（四）学术上有地位、自愿南来者，如（杨振声）、罗常培、钱思亮、马祖圣、赵迺抟、钱三强、严济慈、张政烺、沈从文、邵循正、邓广铭、李辑祥、孙毓棠、蒯淑平。

一共62人。括号是电报中原来就有的。电报后面还加了一句："尤以有括号者，务须来京。"这62人中，共有院士15人。北京大学校长胡适因于12月15日已经离开北平到了南京，所以不在名单上。

1948年12月初，为了落实"抢救计划"，时任国民政府教育部代理部长的陈雪屏由南京紧急飞往北平，召集清华大学校长梅贻琦、北京大学校长胡适等教授开会，秘密商讨"抢救学人"的实施办法，并做了很多人的动员工作。时任交通部部长的俞大维也紧急调用飞机，准备从北平接人。

然而，出乎蒋介石、傅斯年等人意料的是，在北平的学人，对所谓的"抢救计划"反应冷淡。就连胡适，以筹备北大50周年校庆为由不肯起身，而接到电文的梅贻琦也磨蹭观望。共产党方面，则加紧对包括胡适在内的学术界巨擘进行统战工作。解放区的广播电台有天夜里有专门给胡适的一段广播，劝他不要跟着蒋介石集团逃跑，将来让他当北京大学校长兼北京图书馆馆长云云。这让国民党高层非常着急,迭电催胡适南下。

12月14日,蒋介石两次亲自打电报催促胡适飞南京,并派专机迎接。胡适终于决定乘机南飞。临行前,他派人劝辅仁大学校长兼好友、与陈寅恪齐名的史学大师陈垣共同乘机赴京,但陈垣婉言拒绝。更令胡适意想不到的是,他的小儿子胡思杜也拒绝随父母南行。让胡适稍感安慰的是,陈寅恪得到胡适邀他南下的消息,欣然从命,与他一起南下。由于南苑机场被解放军的炮火封锁,飞机无法降落,胡适等到了机场也没走成。

翌日,飞机改停抢修出来的东单机场,胡适才终于坐上飞机飞往南京。同机南行的著名学人有陈寅恪、毛子水、钱思亮、英千里等。飞机抵达南京明故宫机场时,国民党要员蒋经国、王世杰、朱家骅、傅斯年、杭立武等在机场迎接。第二天中午,蒋介石还在官邸设午宴为胡适一行接风。

16日,南京方面有5架飞机飞到北平,令傅斯年等十分恼火的是,"大部空归""可惜之至"。

朱家骅、傅斯年、杭立武等连日数电拍给梅贻琦、郑天挺、傅作义等,催促他们安排名单上的学人南下,但反应始终不大。傅斯年与院士俞大绂有亲戚关系,因此他自告奋勇地去做俞大绂的工作,然亦未获成功。与俞家有亲戚关系的4位院士中,除傅斯年以外,其他3位都选择留在了大陆。他们是俞大绂、陈寅恪、曾昭抡。他们家的这个情况,也正是当时学人选择去留的一个缩影。

直到12月21日,才又有一波著名学者飞离北平,抵达南京。这次被国民党"抢救"出来的学人有清华大学校长梅贻琦以及北平研究院副院长李书华、北平图书馆馆长袁同礼、清华大学教授杨武之以及董守义、张颐、张起钧、顾毓珍、赵梅伯、江文锦等共24位。令傅斯年等十分伤感的是,好不容易派去的两架飞机回来时非但没有坐满,还坐上了许多不相干的人,如袁同礼的老妈子也上了飞机。

在"抢救计划"名单上的62人,"抢救"出来没几个;名单上的15位院士，一共也只"抢救"出来 3 位。更令国民党失望的是，那些国民党十分看重的院士和学人，虽然从北平飞到了南京，最终却未如他们所愿去往台湾。"抢救"出来的 3 位院士，最后到台湾的，只有胡适一人。陈寅恪只在南京住了一晚即去上海，住到了姻亲俞大维的家里。1949 年 1 月，陈寅恪一家南下广州，搬进了岭南大学，并执教于此。李书华倒是一路辗转，到了台湾，但是在台湾待了一小会儿，就又离开台湾，远走海外。

对于北平以外的院士和著名学者，国民党也积极做工作，但几乎没有什么成效。被做工作的院士同样对跟随国民党迁移到台湾不感兴趣。比如在上海的周仁，在青岛的童第周，在南京的谢家荣，在浙江的竺可桢、苏步青，在重庆的黄汲清等都是如此。1948 年 12 月，台湾大学校长庄长恭在国民党拼命动员院士迁台的当口甚至回到了上海；而数学所所长姜立夫已经随数学所迁移到了台湾，却也于 1949 年 7 月想方设法回到了大陆。

三

我们再来看看中央研究院各所去留的情况。

在国民党败局已定，政权岌岌可危的情况下，1948 年 11 月 30 日与 12 月 4 日，朱家骅在南京鸡鸣寺一号中央研究院总办事处连续召开"在京人员谈话会"，讨论中央研究院及其人员的去留安排。中央研究院总干事兼物理所所长萨本栋主持会议，在南京的 7 个研究所的负责人及相关人员傅斯年、李济、陶孟和、姜立夫、陈省身、张钰哲、俞建章、罗宗洛、赵九章等参加了会议，紧急商定了几条应对措施：

立即停止各所的基建工程，原备木料全部制成木箱以备搬迁之需；各所尽快征询同人意见，做好迁台准备。眷属可自行疏散，或于十日内迁往上海，可能出国者尽量助其成；南京地区文物、图书、仪器、文卷等先行集中上海，由安全小组封存，伺机再南运台湾。会议之后，各所组织人员携公私物资陆续向上海集结,"静观待变"。

此时庄长恭坚辞台湾大学校长一职,并不管不顾地从台湾回到了上海。中央研究院既已决定迁台,朱家骅便与傅斯年商量,请其接任校长一职,第一为中央研究院迁台预先布置,第二为中央研究院与台湾大学合作做准备,第三则是为迎接国内学人赴台而预先安排。傅斯年答应了。12月15日,国民政府发表了任命傅斯年为台湾大学校长的公告。但傅斯年这时还没空到台湾上任,他正忙着实行"抢救学人计划"及史语所的搬迁。

然而,中央研究院的迁台计划却很不顺利。

第一个向朱家骅提出挑战的是社会科学所的陶孟和。他在11月30日的会议上,就对朱家骅说:"搬不搬要同全所同人商量,以多数人意见为依归。"陶孟和对国民党的腐败与反动十分失望,因此他回到所里开会讨论搬迁事宜。会上他做同事的工作:"共产党来了,只要能把国家搞好,我们应该欢迎;即使我被撤职乃至杀头,为国家着想,也应该欢迎。……咱们不去台湾,只要大家表达意见,我扮'三花脸'和朱去争。"会上,社会科学所并未就"搬迁"问题达成共识,于是陶孟和采用记名投票表决,结果以反对迁移多一票的结果决定不迁。

12月9日,中央研究院在大陆最后一次召开院务会议,对迁移作了最后一次指令。会场气氛很紧张。陶孟和首先在会上表态:"我征求了全所同人的意见,走与不走由大家投票表决,最后全所人员以多一票的结果,决定不迁。"

陶孟和在中央研究院资望颇高,他的态度对院内其他不愿搬迁者是一个很大的鼓舞。据社会科学所的彭泽益回忆说:地质研究所、气象研究所和紫金山天文台三个单位,看到社会科学研究所反对搬迁,也按兵不动,并同陶孟和取得联系,一致抵制搬迁。

地质所在社会科学所的带动下,也在物资设备启运前夕提出拒绝搬迁的意见。当时,地质研究所所长李四光在抗战结束后出国养病,由研究员俞建章代理所长。朱家骅学地质出身,与地质所有很深的联系,与李四光的私交颇深,对地质所也期望甚殷。但地质所人员经过商议,达成反搬迁共识,并致函向李四光说明。而李四光对于地质所搬迁一事,也不赞同。

物理所也不愿搬迁,他们采取了"消极抵制"的策略。当时物理所研究员钱临照兼任代理总干事一职,他希望由物理所带头装运,便三天两头到所内催同人赶紧装箱。但钱临照年轻压不住阵脚,物理所的同人们并不想去台湾,所以就采取"磨洋工"的办法:白天装箱,晚上再把箱子打开,把东西拿出来,重新放回去,所以是天天装箱,但实际上天天没装。就这样,物理所所有的图书、仪器设备完整地保留在南京。

中央研究院在沪各研究所基本上都反对搬迁,并开展了护院斗争。

整个中央研究院,下属 13 个研究所,加上筹备中的近代物理所以及总办事处,共计 15 个单位 500 余人,只有总办事处、史语所和数学所 3 个单位 50 余人去了台湾,其余各所全都整建制留在大陆。3 个单位去台湾的情况如下:

总办事处一共有 50 余人,去台湾的只有 20 余人。

历史语言所是中央研究院中人数最多的单位,由于傅斯年的亲国民党态度以及他强悍的作风,因此是去台人数最多的所。但即便如此,到台湾去的也只是部分人员。史语所共有 41 位研究人员,20 位去了台湾(另有 2 位赴美);行政人员 26 位,仅 6 位去台。吴定良、郭宝钧、逯钦立等,包括傅斯年十分倚重并看好,在其赴美期间代理所务的夏鼐也留在了大陆。

说起来数学所也算是成建制去台湾的,但具体分析一下,可以知道并非如此。数学所原有研究和行政人员 18 位,只有 4 位研究人员和 1 位行政人员到了台湾。而更令国民党哭笑不得的是,数学所所长姜立夫在完成搬迁任务后,竟借故离开台湾,又回大陆去了。

除了上述总办事处、史语所和数学所三部分人之外,偌大一个中央研究院就还有 2 人去了台湾：一个是植物所研究员李先闻，也是院士，但他不是被国民党"抢救"到台湾去的，而是早在 1947 年就应台湾糖业公司之聘去了台湾；还有一位是地质所研究员陈恺。

1949 年 4 月，南京解放；5 月，上海解放。中央研究院的大部分人员、图书、仪器等最终都留在了大陆，成了新中国发展科学事业的基础和重要力量。

中央研究院到台湾去的院士和研究所实在太少，台湾"中研院"在书写这一段历史的时候，也很客观地说该院在台湾只有"一个难以启齿的微薄基础"。

总体上，我们可以得出这样的结论：1949 年中国政权更迭前夕的人才争夺战，共产党方面获得了压倒性的胜利。

第二章　主体：

第一届院士生平与学术成就

第一节　数理组（28 位）

（含数学、物理学、化学、天文学、

地质学、气象学、工程学）

一

李书华
"政治科学家"

李书华（1890—1979 年），字润章，河北昌黎人，物理学家。

李书华在数理组的院士中，有两个"最"：一是资格最老，因为他年纪最大；二是著作最少，到他当选为院士时，他的所有学术著述仅有两篇在博士时代发表的论文，这在首届院士中是绝无仅有的。李书华在大陆的名头不是很响，这与他后来移居海外有关，但他确实是中国现代科学界的元老之一，对中国现代科学发展有筚路蓝缕的开创之功。

1912 年，李书华从位于保定的直隶高等农业学堂以第一名的成绩毕业，本可获得省官费到日本留学，但他听说国民党元老李石曾等在北京创办留法俭学会，便申请转往法国留学，获得批准，于是他便成了留法俭学会第一班学生之一。李书华在北京留法预备学校补习法语七八个月后，成为首批由俭学会资助的学生，于 1913 年初赴法国留学。他后来长期追随李石曾，正是由于这一段渊源。

法文过关后，李书华于 1915 年入图卢兹大学农科学习。1918 年农科毕业，留校继续攻读物理学。翌年夏，转往巴黎大学深造，先后师从李普曼（1908 年获诺贝尔物理学奖）习电学，师从居里夫人（1903 年获诺贝尔物理学奖）读放射学。1922 年，在皮兰（1926 年获诺贝尔物理学奖）指导下做实验。能够师从这么多世界级物理大师，并以最优等成绩毕业，他的智力自然绝非一般。李书华的博士论文《极化膜的选择渗透性》，以扎实的实验数据、独特的见解，获评最优等级论文，并全文发表在法国《物理学报》上，主要数据与观点则被《法国科学院周刊》转载。他因此获得法国国家理学博士学位，从而成为中国近现代史上第一位获得该学位的学者。

1922年9月，李书华回到北京，应蔡元培之邀担任北京大学物理系教授。此时国内物理学尚属草创时期，正如吴大猷在《早期中国物理发展之回忆》一书中所写的，"根本没有任何传统，没有人，没有经费，也没有学生可以跟着成长"。李书华很快为本科一、二年级学生编写了一本《普通物理实验讲义》，并于1923年由北大出版，是中国最早的大学普通物理实验教材之一。当然，这本教材的内容相对浅显，因此在后来评选院士时，并没有将它列入李书华的科研成果。1925年，李书华被选为北京大学教授会评议员，1926年出任物理系教授会主任（即系主任）。在李书华及其同人的努力下，北大物理系成绩斐然。1927年，《中华教育文化基金会第三次报告》评论说："国立北京大学……首推物理系……询为全国名校之冠。"

1926年"三一八"惨案发生后，中法大学代理校长李石曾遭段祺瑞政府通缉，李书华出任中法大学代理校长之职。

南京国民政府成立后，蔡元培、李石曾都是在中国教育界有影响力的大佬，受法国的影响很深，因此在他们的极力主张下，中国仿照法国教育模式，实行大学院制度：教育部改称大学院，由蔡元培任院长；北平的国立九校和天津北洋大学则合并成立北平大学，李石曾为校长，李书华任副校长，后又任代校长，成为北平大学区的行政主管。

然而，就在这时，蔡元培与李石曾这两位交谊深厚、合作密切的教育界元老的关系，却产生了裂隙，学界形成蔡、李两派。蔡元培主持的中央研究院在南京成立不久，李石曾也宣告在北平成立北平研究院。李书华因与李石曾关系更加密切，这时他就离开了北大，担任北平研究院副院长。院长名义上是李石曾，但李书华是实际负责人，主持日常事务。北平研究院筹设于 1928 年，1929 年 9 月正式成立。开始，李书华还兼任物理所所长，后来物理学家严济慈学成回国，才改由严济慈担任所长。

李书华主持北平研究院达 20 年，可以说是贯穿了北平研究院的始终。北平研究院先后成立了物理所、镭学所（1945 年底改为原子所）、化学所、生物所（1933 年改为生理所）、药物所、动物所、植物所、地质所、史学所等，各所虽有长短，但总体上成果卓著，为中国现代科学发展做出了很大的贡献。其中成绩最突出的还是物理所，其成就要远远大于中央研究院物理所。吴大猷认为，该所是中国物理人才培养和物理研究的一个重要机构，在 1937 年以前，其成果"以'量'来说，在中国算是第一的"。

1938 年，北平研究院迁至昆明，研究并未中断，研究方向则转到应用方面，其研究成果为我国抗战胜利做出了很大的贡献。

1948 年 9 月，为纪念成立 19 周年，北平研究院特在中南海怀仁堂召开第二届学术会议。李书华在会上颇为自豪地说："我们办独立研究院最初的目标，就是要发展中国的科学研究。先使中国科学研究由'无'变为'有'，再进一步由'少'变成'多'，由'粗'变成'精'。办研究院将近二十年的结果，可以说已经达到原定的目标。"

与蔡元培主持的中央研究院奉行兼容并包政策，留美、留欧甚至留日学生都置身其中形成鲜明对比的是，李石曾、李书华主持的北平研究院，无论是各所主持人还是研究人员，几乎是清一色留法出身。北平研究院也就有"留法学生俱乐部"之称。

李书华被戏称为"政治科学家"，因为他处世较为圆通，与各方面的关系都不错。虽然中央研究院与北平研究院的关系非常微妙，但李书华并未受到影响。历届中央研究院评议员的名单中，都有他的名字。1943 年夏，中央研究院总干事叶企孙辞职回西南联大，代理院长朱家骅约请李书华继任，傅斯年也在旁边盛情邀请，于是李书华得以同时兼顾两个研究院，直到 1945 年萨本栋接替，他才辞去中央研究院总干事的职务。他在两个研究院建立了良好的人脉关系，因此在 1948 年顺利当选中央研究院第一届院士。

像李书华这样的性格，自然也不会与国民党作对，更何况还有李石曾这样与国民党有深厚关系的一直提携他的恩师。早在 1930 年，他就当选为国民党立法委员；是年 11 月，蒋梦麟辞去国民政府教育部部长之职，一时教育部部长一职出现空缺，蒋介石只好亲自兼任教育部部长，而这时的教育次长就是李书华，蒋介石的"文胆"陈布雷则是常务次长。1931 年 6 月，李书华进一步被任命为教育部部长。他在任内做了一件值得一书的事情：任命梅贻琦为清华大学校长。梅贻琦上任后，不负众望，励精图治，使清华大学从此蒸蒸日上，可谓人尽其才。

陈布雷在他的回忆录中称李书华"笃实长厚，初相遇犹不相知，继则性情浃洽"，自认为与他"同为书生本色，遂极相得焉"。陈布雷是蒋介石的亲信，他这番话，应该也部分反映了蒋介石对李书华的印象。也正因如此，李书华后来还于 1945 年国民党第六次全国代表大会上当选为中央执行委员会委员，1947 年当选为"国民大会"代表。

李书华与国民党有着如此深厚的关系，在神州政权更迭之际，自然只有出走一途。李书华在他的回忆录中称，他当时不忍与父亲分别，是他父亲"坚令"他离开。他于 1948 年 12 月 21 日乘坐国民党抢运北平学人专机，与清华大学校长梅贻琦、北平图书馆馆长袁同礼、清华教授杨武之（杨振宁父亲）等一起离开已被解放军包围的北平。开始，李书华还在广州设立北平研究院办事处，但解放军摧枯拉朽般向南推进，他不得不解散北平研究院，在台湾作短暂停留后，便以领取法国政府颁发给他的奖章为由，乘船赴法国，从此滞留海外。

此前，李书华因一直做行政工作，没有时间从事科研；到海外后，他以花甲之年，开始人生第二次科学研究生涯，先是在法国，后来在美国，从事大分子研究，并在专业期刊上发表了多篇很有质量的学术论文，声誉卓著。由此也可见，他的科研功底还是很深厚的，以前没有科研成果，是因忙于学术机构的行政管理,因而被人戏称为"政治科学家"也就不难理解[①]。

晚年,李书华长期在美国哥伦比亚大学东亚图书馆供职,并没有回到中国台湾地区,但他与台湾有千丝万缕的联系,并在台北《传记文学》上连载回忆录。回忆录后结集为《碣庐集》出版。"碣"者,"碣石"也,出自《禹贡》"太行、恒山至于碣石,入于海",碣石山就在他的老家昌黎。李书华以此来表达深沉的思乡之情。

1979 年 7 月 5 日,李书华在纽约逝世,享年 89 岁。

需要特别提一下的是,新中国成立后,中国科学院院本部是以北平研究院为基础组建的。

扩展阅读:

李书华:《李书华自述》,湖南教育出版社 2009 年版

---

① 吴大猷.吴大猷文录[M].杭州:哲学文艺出版社,1999:20.

二

翁文灏

"学问做到院士，当官做到总理"

翁文灏(1889—1971年)，字咏霓，浙江鄞县人，地质学家，对中国地质学教育、矿产勘探、地震研究等有杰出贡献。他后来弃学从政，官至国民政府行政管理机构负责人，因此他是中国历史上唯一一个"学问做到院士，当官做到总理"的人，也是第一届院士中三个被中共列为第一批"战犯"的院士之一(另两个是王世杰、朱家骅)。

1902年，时年13岁的翁文灏考中秀才，但当时欧风东渐，因此他并没有沿着科举这条路走下去，而是去了上海，进入震旦学院学习。1908年，他以第7名的成绩考取浙江省官费，赴比利时鲁汶大学留学，专攻地质学。因为当时中国人对矿产资源了解很少，他是想通过科学和实业来实现振兴国家的抱负。1912年，民国成立，翁文灏十分感奋，在《自订年谱初稿》中有如下记述："政局之革新，国势复振，期望甚殷。"同年，他以论文《勒辛地区的含石英玢岩研究》获地质学博士学位，成为我国获地质学博士学位的第一人。

1913年底，翁文灏学成归国。回国之初，英国人要在中国开发煤矿资源，拟以高薪聘请他担任总工程师。此时翁家已家道中落，但翁文灏决心以所学报国家，毫不犹豫地谢绝了这丰厚的报酬。他到北京任工商部地质研究所唯一专任的讲师，次年升任教授。地质研究所由当时在工商部地质科任科长的丁文江提议创办,其实质是一所培养地质人才的高等专科学校。

1915 年,翁文灏参加留学生文官考试,名列矿科第一。同年到北洋政府农商部任佥事。1916 年,地质研究所改为地质调查所,丁文江任所长,翁文灏任矿产股股长。为了取得第一手地质资料,他曾赴直(河北)、鲁、豫、陕、甘、苏、浙、赣、奉(辽宁)等省进行调查,并与丁文江合著出版了《中国矿业纪要》。

1921 年,翁文灏任地质调查所代所长(1926 年 6 月实任)。地质调查所是中国地质人才的摇篮,中国第一代地质工作者多出自这里。翁文灏还在北京大学、清华大学任教授,并曾代理校长。他还是中国地质学会的创会会员之一,后来长期担任会长。1928 年,罗家伦任清华大学校长之后,增设地理学系,并聘请翁文灏为系主任。在翁文灏的努力下,短短几年时间里,清华大学地理系迅速成为国内重要的地质人才基地。

翁文灏对中国地质学的贡献,可以从他创造的多个"中国第一"中充分显示:第一位地质学博士、第一本地质学讲义的编写者、第一位撰写中国矿产志的学者、编成第一张着色的全国地质图、主导发现及开采中国第一个油田——玉门油田、建立中国第一个现代地震台和第一个地震研究室、第一位代表中国出席国际地质会议的地质学者……因而他被誉为中国现代地质学、地理学、地震学的创始人。翁文灏的学术文章和著述有:《中国矿产志略》《中国地史浅说》《中国地质构造对地震区分布之影响》《中国山脉考》《中国的人口分布与土地利用》《中国东部中生代以来之地壳运动及火山活动》《中国地理学中的几个错误的原则》《甘肃地震考》《地震》《锥指集》等。这里面很多都是开山之作,在中国乃至世界地质史上都有着崇高的地位。翁文灏在科学研究方面最有世界性影响的贡献,则是他通过对中国东部造山运动的观察,提出的"燕山运动"理论。

作为学者，从政并非翁文灏所愿。国民政府早有任命他为教育部部长的意思，但他婉言谢绝了。1932年，蒋介石邀请当时著名的学者到庐山谈话，翁文灏也在被邀之列。谈话后，蒋介石对他印象极好。因此，这一年国民政府在军事委员会下设国防设计委员会，蒋介石将当时学术界的不少一流学者都网罗了进去，提名翁文灏担任秘书长，而蒋介石自己兼任委员长。因为这个机构是在日本侵略中国日益加紧的形势下成立的，旨在举全国之力抵抗日本，翁文灏义不容辞，就接受了。

1934年，翁文灏乘车赴浙江考察石油途中遭遇严重车祸，导致昏迷。可能是浙东同乡的缘故，蒋介石十分关心，亲自下令调派全国最好的医生前往全力抢救。翁文灏后来转危为安，成功度过危险期。这件事改变了翁文灏对从政的态度，使他对蒋介石有了知恩图报之情，也最终促使他走上了政治舞台。他曾有诗云："清勤鹤立官僚浊，拙朴心非利禄求。"这应该是他内心真实的写照。

1934年初，国防设计委员会改为资源委员会，统辖战时中国的工业，尤其是军火生产，翁文灏仍为秘书长。1935年蒋介石自任行政院院长，任命翁文灏为行政院秘书长。1937年，翁文灏出任经济部部长，在抗战期间主管中国战时的工业生产及经济建设。他后来还兼任战时生产局局长。资源委员会在翁文灏的领导下，不但支撑了中国的抗战，而且为战后的中国工业现代化打下了基础，培养了大批人才；不仅为抗战胜利，也为国家日后建设做出了很大贡献。

在国民政府中，翁文灏素有清官和能吏之名，但他将全部精力用于行政中一个个具体问题的处理上，并不能改变所效力的政府覆灭的命运。1948年5月，翁文灏应蒋介石之邀，出任国民党"行宪"后第一任行政院院长。胡适对他颇为看好，表示"希望翁先生用多年来积学的精神和方法，开中国政治上的新风气，打倒空谈，不科学的空谈"。著名报人储安平则不看好，他在《观察》杂志上发表文章，认为："希望翁氏来转捩乾坤，改变一个局面，那假如不是一种幻想，就是一种奢望了。"果然,翁文灏虽然十分卖力,在任内秉承蒋介石旨意,主持货币改革,推出金圆券以取代法币,并以行政方法意图控制物价,但结果却造成金融失调和恶性通胀,翁文灏因此声名大坏,仅干了6个月零两天,便与整个内阁一起来了个总辞。

这时,国民党在战场上接连失败,形势日益险恶,蒋介石要求政府官员眷属首先撤退,翁文灏便将父亲、妻子及大儿媳等家人送到了台湾,自己只身留在南京。

1949年初,蒋介石下野。翁文灏于2月任李宗仁之总统府秘书长,想为国共和谈出点力。但到5月,和谈失败,翁文灏便辞去了秘书长之职,但这时他没有到台湾,而是经香港去了法国。他应该是对国民党彻底失望了。离开南京的前夕,地质调查所的所长李春昱来访,告诉他地质调查所的人员都想留下来。翁文灏并未阻拦。

翁文灏虽然于1948年11月辞去了行政院院长职务,但这年12月,中共宣布的43人战犯名单中,翁文灏赫然在列,且位居第12。资源委员会委员长孙越崎决定与国民党决裂,留在大陆。他俩是多年好友,无话不谈。翁文灏对孙越崎的想法表示理解,但他指着报上的战犯名单说:“你们可以留,我只有去台湾。”

但实际上,共产党对翁文灏还是了解的。上海解放的第3天,陈毅在与翁文灏原来的下属——资源委员会的员工谈话时,就对翁文灏的去向表示了极大的关心,陈毅说:翁文灏是个书生,不懂政治,即使他在国内,我们也不会为难他的。正在海外飘零而且从心底里不愿做“白华”的翁文灏听到这段话,自然十分激动,下定了回归的决心。

经过种种努力,1951年2月28日,翁文灏终于乘飞机离开法国,当天下午抵达香港。经有关方面的协助,翁文灏次日乘船经澳门进入广州,3月7日抵达北京。

翁文灏于1954年任政协委员,月工资为240元,政协还分配给他一套雅致的四合院。1956年,他加入了中国国民党革命委员会。也是这一年，毛泽东主席在《论十大关系》中论及应该如何团结"善意地向我们提意见的民主人士"时，专门点到了翁文灏，说他是"有爱国心的国民党军政人员"。

作为全国政协委员，翁文灏除了参加政协的各种会议及组织的各种学习、参观和视察活动外，还翻译了上百万字的外国地质学著作。这一时期他还写了许多诗词，其中不少作品是为赞扬新中国取得的成就而作。如他在《八声甘州·赞新邦》中，这样写道："更到江南视察，见惊人建设，治水开山。引钱江电力，沪渎利潺潺。广排灌，农功攸赖，丰稻棉，衣食过阳关。真堪喜，丰功伟绩，正向前攀。"

在"文革"中，翁文灏得到特殊的保护，因而只受少许冲击。1969 年10 月 1 日，他参加了国庆 20 周年纪念活动，登上天安门观礼台，观看游行盛况。但他的长子翁心源，著名石油工程师，在翁文灏回国的问题上曾做了许多工作，却于 1970 年被打成"现行反革命"，在湖北潜江五七干校自杀身亡。这对暮年的翁文灏打击极大。

1971 年 1 月，翁文灏在北京病逝，享年 82 岁。

翁文灏一生喜好藏书，生活朴素。他去世后，根据遗嘱，他的所有藏书及其他遗产都捐赠给了国家。

扩展阅读：

李学通：《书生从政：翁文灏传》，兰州大学出版社 1996 年版

三

李四光

耀眼的科学明星

李四光（1889—1971年），字仲揆，原名李仲揆，湖北黄冈人，地质学家、教育家。他所创立的地质力学理论是现代中国地质学界被提及和援引最多的一个理论。

1902年，出身贫寒且只有13岁的李四光只身来到武汉，以考试第一名的成绩入第二高等小学堂学习。由于每次考试成绩都名列前茅，李四光于1904年被选派到日本留学，先后入东京弘文学院和大阪高等工业学校船用机关科学习。1905年8月，年仅16岁的李四光受孙中山革命思想的影响，并由孙中山亲自主盟加入同盟会，成为会中年龄最小的会员。孙中山勉励他"努力向学，蔚为国用"。

1910年，李四光从日本学成回国，任湖北中等工业学堂教师，次年参加清廷留学毕业生考试，被赐"工科进士"。武昌起义爆发后，他参加辛亥革命，被湖北军政府任命为实业部部长。袁世凯当道后，革命党人受到排挤，李四光以"稽勋生"资格，怀着"科学救国"的雄心于1913年7月再度出洋。这次，他远赴英伦，到伯明翰大学学习，先学采矿，后学地质学。1918年，李四光以论文《中国之地质》获自然科学硕士学位。

1920年5月，李四光结束了漫长的求学之路，回到北京，应蔡元培之邀，任北京大学地质学系教授，主讲岩石学和高等岩石学两门课程，翌年任地质学系主任。1927 年,李四光应中央研究院院长蔡元培邀请,离开北京南下主持地质研究所的筹建工作。同年,他出版了《中国北部之螳科》一书,奠定了螳科化石分类、演化、分布及应用的基础,他也因此被英国伯明翰大学授予自然科学博士学位。

1928 年 1 月,地质研究所成立,李四光担任所长。1928 年 7 月,国民政府决定组建武汉大学,李四光被任命为武汉大学建筑设备委员会委员长。1928 年 11 月,李四光决定将武汉大学的新校址设在东湖珞珈山一带。武汉大学的新校舍,以北京故宫为蓝本,根据中国传统建筑的"轴线对称、主从有序、中央殿堂、四隅崇楼"的原则,巧妙地利用了珞珈山、狮子山一带的地形,气势恢宏而又无比美丽,堪称中国校园设计的典范。

1934 年 12 月—1936 年 4 月,李四光前往英国牛津、剑桥等 8 所大学讲学,并将讲稿整理成《中国地质学》在英国出版。由于局势很不稳定,李四光于 1937 年 11 月率中央研究院地质研究所迁广西桂林。

李四光在从事教学的同时,也没有放松研究工作。他在地层学、古生物学、岩石学以及构造地质学等方面,做了广泛的调查和深入的研究,并对地壳和地壳运动进行了探索,取得了很大的成就。

真正奠定李四光在地质学界地位的,是他发现了中国第四纪冰川。19 世纪以来,就不断有西方地质学家到中国来勘探矿产,考察地质。他们断言:"中国不存在第四纪冰川。"但李四光在太行山麓发现了冰川的痕迹,便在中国第三届地质学会上提了出来,却遭到参会的农商部顾问、瑞典地质学家安特生的否定。李四光并不气馁,后来他在庐山找到了更多的冰川证据。然而,西方学者还是不愿改变观点。直到李四光又在黄山找到更多证据,发表了论文——《安徽黄山之第四纪冰川现象》,并附了几幅冰川现象的照片,才真正引起国际地质学界的重视。德国地质学教授费斯曼到黄山考察后,不得不承认:"这是一个翻天覆地的发现。"李四光关于冰川的多年研究,在 1937 年完稿的《冰期之庐山》中得到全面阐述。

　　李四光一生在学术上的最大成就，还是创立了地质力学。1941年李四光在做有关"南岭地质构造的地质力学分析"的演讲时正式提出了"地质力学"概念。1945年出版《地质力学的基础与方法》一书，对地质力学理论做了系统的概括。这是中国人首创的，并在国际上有深远影响的地质学理论。

　　李四光不仅在学术上贡献极大，同时也具备较强的行政能力和社会活动能力，声誉卓著。蔡元培逝世后，在推选中央研究院继任院长时，陈寅恪就表示："如果找一个搞文科的人继任，则应为胡适之。……如果找一个搞理科的，则应找李四光，因为，李在地质学理论方面的造诣，在中国无人能比。"当然，这只是陈寅恪的一家之言，何况蒋介石对中央研究院院长继任人选早有腹案。

　　1948年2月初，李四光偕夫人许淑彬从上海启程赴伦敦，参加在英国举办的第18届国际地质大会。他在会上宣读了论文《新华夏海的起源》。会议结束后他在英国一边养病，一边讲学。其间，他还到挪威接受了奥斯陆大学授予的哲学博士学位。当时，国内形势急剧变化，中央研究院地质研究所也面临搬迁台湾的选择。李四光从英国写信回国，支持研究所同人坚守南京，反对搬迁广州。

　　1949年4月初，以郭沫若为团长的中国代表团赴布拉格出席世界保卫和平大会。出国前，郭沫若根据周恩来的指示，给李四光带了一封信，请他早日回国。李四光接到此信非常激动，坚定了回国投身祖国建设大业的决心，并开始为回国做准备。

　　1949年秋，新中国成立在即，还在国外的李四光被邀请担任政协委员。这时，国民党政权驻英国机构的陈西滢秘密打电话给他，告知国民党要他公开发表声明，否认中华人民共和国，拒绝接受政协委员的职务，否则就要被扣留。李四光当机立断，立即只身离开伦敦到达法国。两星期之后，夫人许淑彬接到李四光来信，说他已到了瑞士与德国交界的巴塞尔。许淑彬即刻前去会合。李四光夫妇随即于1949年12月从巴塞尔启程经意大利、中国香港秘密回到国内。

1950 年 5 月 6 日，李四光终于回到北京，出任中国科学院副院长。1950 年 8 月，中华全国自然科学工作者代表会议在北京举行，李四光当选为中华全国自然科学专门学会联合会主席。1951 年 8 月，东北地质专科学校（后名东北地质学院、长春地质学院等，现为吉林大学地球科学学部）成立，李四光担任首任校长。1952 年 8 月，中央人民政府决定成立地质部，李四光出任首任部长。1955 年，李四光被选聘为中国科学院学部委员。

1952 年，毛泽东接见李四光的时候，专门问了他"山字形构造"这样非常专业的问题；对于李四光创立的地质力学，毛泽东也很重视。李四光对此深感鼓舞。1955 年，周恩来总理遵照毛泽东主席的指示，支持地质部成立地质力学研究室。

李四光对共和国最大的贡献，是在东北找到大油田，从而帮助中国摘掉了"贫油"的帽子。西方学者早就给中国下了"贫油"的结论，而李四光对此一直不以为然。1953 年底，毛泽东、周恩来等中央领导人把李四光请到了中南海。毛泽东问李四光："有人说'中国贫油'，你对这个问题怎么看呢？如果中国真的贫油，要不要走人工合成石油的道路？"李四光根据数十年来对地质力学的研究，肯定地回答："中国的陆地一定有石油。"

毛泽东、周恩来听取了汇报后，同意地质部和李四光的建议，在全国进行大规模石油普查，并把普查的重点放在松辽平原、华北平原。从 50 年代后期至 60 年代，勘探部门相继找到了大庆、大港、胜利、华北等大油田。这些油田的发现，不仅使中国脱掉了"贫油"的帽子，还及时为国家提供了急需的能源，意义非凡。

1964 年 12 月，周总理在第三届全国人民代表大会上作《国务院政府工作报告》时指出："第一个五年计划建设起来的大庆油田，是根据中国地质专家独创的石油地质理论进行勘探而发现的。"这可以说是党和政府对李四光等科学家取得的卓越成就的充分肯定。

60 年代以后,李四光因过度劳累导致身体状况越来越差,但他还是以巨大的热情和精力投身于地震预测、预报和地热利用等工作,为地震地质学和地震预报做了很多开创性工作。

1958 年 9 月,李四光任中国科学技术协会主席。同年 12 月,李四光经何长工、张劲夫介绍,加入了中国共产党。作为新中国科技界的一面旗帜,李四光在"文革"中没有受到冲击。1969 年 4 月,他还被选为中国共产党第九届中央委员会委员。他对共产党的感情十分深厚,他说:"有了共产党,中国就有了希望。"

1971 年 4 月 29 日,李四光因病逝世,享年 82 岁。

国家为表彰他的贡献,专门为他建造了一幢两层小楼。李四光的最后 10 年就是在小楼里度过的。现在,这幢小楼已辟为李四光纪念馆。

扩展阅读:

陈群等:《李四光传》,人民出版社 2009 年版

四

侯德榜
中国化学工业的
奠基人

　　侯德榜(1890—1974年),福建闽侯人,化学家、实业家,"侯氏制碱法"的创始人,中国化学工业的奠基人之一,是第一届院士中少有的实业家。

　　1903年,侯德榜得姑妈资助入福州英华书院学习,1907年以优异成绩毕业。其间,他目睹外国工头蛮横欺凌码头工人,产生了强烈的爱国心。1907年考入上海闽皖铁路学堂,毕业后在津浦铁路上干了一段时间的实习生。1911年,侯德榜辞职考入清华高等科,曾以创纪录的10门功课1 000分的成绩誉满清华园,1913年赴美留学,入麻省理工学院化工科学习,1917年获学士学位。

　　本着实业救国的理想,侯德榜随后入美国纽约普拉特专科学院学习制革,获制革化学师证书。1918年,侯德榜入美国哥伦比亚大学继续研究制革,1919年获硕士学位。两年后,以论文《铁盐鞣革》获该校博士学位。

　　1921年10月,侯德榜学成回国,但他没有往制革方向发展,而是应我国化学工业开拓者和奠基人范旭东之聘,任塘沽碱厂的总工程师。同时,他还兼任北洋大学教授。

　　第一次世界大战期间,欧亚交通梗塞。我国所需纯碱原本都是从英国进口的，这时供应中断，使得我国一些以纯碱为原料的民族工业难以生存。1917年，爱国实业家范旭东决心打破洋人的垄断，在天津塘沽创办了永利制碱公司，生产中国的纯碱。工厂办起来后，由于缺乏专业的技术人员，工厂的机器始终无法正常运转。当他得知在美国学习的侯德榜后，写信派专人送到美国，诚邀他："学成回国，共同创办中国的制碱工业。"

当时，制碱技术为西方国家大企业所垄断，对于侯德榜而言，一切都得靠自己摸索。他全身心投入工作，不断试制，不断改进，经过5年艰苦的努力，终于不负众望，于1926年6月生产出了第一批洁白的纯碱。同年8月，永利生产的"红三角"牌纯碱在美国费城的万国博览会上获得金质奖章，并被誉为"中国工业进步的象征"。此后，永利的产品不但畅销国内，而且远销日本和东南亚。1927年起，侯德榜在永利制碱公司任总工程师兼塘沽碱厂厂长。

为了打破西方国家对制碱技术的垄断，同时也是为了"发扬炎黄子孙兼善天下的风格"，侯德榜用英文撰写了《纯碱制造》一书，作为美国化学会丛书之一，于1933年在纽约出版。这部化工巨著第一次彻底公开了索尔维法制碱的秘密。美国著名化学家威尔逊教授称这本书是"中国化学家对世界文明所做的重大贡献"。此书被翻译成多种语言并在全球范围内出版，对推动世界制碱工业的发展起到了重要的促进作用。

1934年，永利公司为了"再展化工一翼"，决定建设同时生产合成氨、硝酸、硫酸、硫酸铵的南京永利铵厂，以满足化肥生产的需要，并任命侯德榜为厂长兼技师长（即总工程师），全面负责筹建。他按照"优质、快速、廉价、爱国"的原则，对引进关键技术、招标委托部分的重要设计、选购设备、选聘外国专家等做了周密的部署，仅用30个月，就于1937年1月建成了这座重化工联合企业，并一次性试车成功，顺利投产，在技术上，该企业达到了当时的国际先进水平。南京永利铵厂可年产一万吨硝酸铵，同时能够制造几万吨烈性炸药。

不久，发生七七事变，日本侵略军逐渐逼向南京，侯德榜拒绝了日本人的"合作"要求,毅然组织职工紧急拆迁设备,并将人员和资料一同送往内地,但能拆走的仅仅是一部分。随着沿海地区的沦陷,范旭东、侯德榜等含辛茹苦创建的天津永利碱厂、南京永利铵厂、久大精盐厂等相继落入日寇手中,日本三菱公司抢占了工厂后,将永利改名"永礼"。日本三菱公司后来干脆将南京永利铵厂制造硝酸的设备搬到了日本。

一切只得从头开始。1938年,永利公司在川西五通桥筹建永利川厂,范旭东再次任命侯德榜为厂长兼总工程师。由于当时内地井盐的价格要比沿海的海盐贵几十倍,用传统方法制碱成本太高,无法维持生产。于是,侯德榜于1938年率队赴德国考察,准备购买新的制碱专利,但对方提出"产品不准向东三省出售"等辱国条件,公然否定东三省是我国领土。侯德榜毅然决然地中止了谈判,发愤图强,开始自行研究新的制碱方法。

由于当时中国缺乏可以用来研究的实验室,侯德榜携带着两份专利说明书去了美国,他进行了深入研究,并为新法制碱试验制定了总体规划。手下一部分人在香港做试验,另外还有一部分人在上海(租界)搞扩大试验。

侯德榜回国之后,与永利的工程技术人员一道,认真剖析了氨碱法流程,并成功开发出了一种独特的新型制碱工艺,经过上千次的试验,终于在1940年获得成功。这个新工艺使食盐的利用率从70%一下子提高到96%,也使原来无用的氯化钙转化成氮肥氯化铵。

1943年12月,中国化学会特将第十一届年会安排在永利川厂举行。成员们一致同意将这一新的联合制碱法命名为"侯氏联合制碱法"。所谓"联合制碱法"中的"联合",指该法将合成氨工业与制碱工业组合在一起,可以省去庞大、耗能高的石灰窑,也可以取消氨碱法中所用的蒸馏设备,同时可以生产出工农业所需的两种产品——纯碱和氯化铵,并且不会产生废液,减少了对环境的污染。由于这种方法在投资和产品成本上相较于分别建厂可大幅度降低,联合制碱法很快在世界范围内得到广泛应用。

1945年8月，日本侵略者投降不久，范旭东逝世，侯德榜继任总经理，全面领导永利化学工业公司的工作。侯德榜虽然身为实业家，但他在科技方面取得的成就有目共睹。因此在中央研究院第一届院士中，他是绝无仅有的一位实业家。他还先后被英国皇家学会、美国化学工程师学会和美国机械工程师学会聘为荣誉会员。1948年3月，侯德榜当选为中央研究院第一届院士。

从40年代起，永利公司开始向国外输出制碱技术，侯德榜先后为南非、巴西、印度等国设计、建造制碱厂。1947年，侯德榜受聘兼任印度塔塔公司顾问，先后5次赴印度指导改进该公司碱厂的设备和技术，深获印方好评。

1949年4月，南京解放。由于侯德榜素来不关心政治，对共产党也没什么了解，因此面对急剧变化的局势，他感到十分迷茫。这年5月，印度塔塔公司又发来邀请，正在无所适从之际，侯德榜于是第5次前往印度。

侯德榜是一名爱国者，虽然身在印度，但心却时刻记挂着祖国。他高超的技术，得到印度方面的充分认可，因此塔塔公司曾欲出年薪10万美元，聘请他担任总工程师，但他却以爱国反帝之心、实业救国之志回绝了印方的邀请。当得知国家副主席刘少奇亲临塘沽碱厂视察、邀请他回国的消息后，他归心似箭，冲破重重阻挠，历时50天，绕道泰国、中国香港、韩国赶回北京。解放军副总参谋长聂荣臻亲自到车站迎接。

侯德榜回到北京后，周恩来亲临北京东四七条16号永利办事处看望他，对他的爱国主义精神给予了高度赞扬。几天后，毛泽东主席也接见了侯德榜，详细倾听了他对振兴工业的意见，并对他说："革命是我们的事业，工业建设要看你们的了！希望共同努力建设一个繁荣富强的新中国。"

侯德榜于1950年出任中央财经委员会委员、重工业部顾问，当选为中华全国自然科学专门学会联合会副主席。1952 年,任公私合营永利化学工业公司总经理。

中央领导对侯德榜的重视和期望,让他感到非常兴奋。这兴奋里面,不仅有知遇之感,更重要的是看到了国家发展的希望。因此,他日夜工作,不仅向中央领导人介绍了"永利公司建设十大化工企业的设想",而且还提出了"对复兴工业的意见"等多项建议。他参与了全国化学工业和科技事业的许多重要决策,领导了化工行业许多重大科技活动。如1958 年,他提出了用碳化法合成氨流程制碳酸氢铵化肥的工艺设想,亲自领导示范厂的设计、施工、试验和改进,1965 年获得成功。当时根据碳化法合成氨建立的小氮肥厂,对我国农业增产做出过巨大的贡献。

1955 年,侯德榜被选聘为中国科学院学部委员。1953 年,他加入民主建国会(民建),并当选为第一届、二届民建中央常委。1957 年,他加入了中国共产党。1958 年,任化学工业部副部长。

"文革"中,侯德榜虽然没有受到很大的冲击,但靠边站了。他就在家中默默地编写科普读物《酸和碱》。

1974 年 8 月 26 日,侯德榜在北京病逝,终年 84 岁。

扩展阅读:

王樵裕等:《中国当代科学家传》第一辑,知识出版社 1983 年版

五

竺可桢

中国气象学泰斗

竺可桢（1890—1974 年），浙江上虞人，地理学家、气象学家和教育家，中国气象事业和物候学的开拓者。

竺可桢从家乡出来后，就读于上海澄衷学堂和复旦公学，1909 年考入唐山路矿学堂。在复旦公学，竺可桢与陈寅恪不仅同班，而且同桌。1910 年，竺可桢考取第二期留美庚款公费生，与赵元任、胡适等为同一批，在录取的 70 名同学中，他排名第 28 位。竺可桢到美国后，本着农业兴国的理想，入伊利诺伊大学农学院学习。1913 年夏，竺可桢考入哈佛大学研究院地理系专攻气象，1917 年被接纳为美国地理学会会员，并荣获爱默生奖学金。1918 年，竺可桢以论文《远东台风的新分类》获博士学位。

1918 年秋，竺可桢回国，先后执教于武昌高等师范学校和南京高等师范学校，任地学教授。南京高等师范学校后改称东南大学。因地处南京，国民政府成立后，又改称中央大学，竺可桢后任该校地学系主任，培养了我国第一批气象学和地理学研究及教育人才，如张宝堃、吕炯、黄厦千、沈孝凰、胡焕庸等。教学之余，竺可桢埋头科研和著述。他充分运用古代典籍中关于物候的记载研究中国古代气候的变迁，取得许多开创性的成果。

1927 年，中央研究院设立观象台筹备委员会，分设天文、气象两个研究所，翌年，竺可桢被任命为气象研究所所长。他将研究所气象观测站设在南京鸡鸣山巅北极阁。作为中国气象学权威，竺可桢提出了《全国设立气象测候所计划书》，计划十年内建 10 座气象台、180 个测候所、1 000 个雨量测候所，有力地推动了我国气象学的发展。1929 年，北极阁气象台建成，这是中国人建立的第一个气象台，从此打破了外国人对中国气象事业的垄断。1933 年 4 月，竺可桢与翁文灏、张其昀共同发起成立中国地理学会的倡议，该学会于翌年成立。

1936 年 2 月，竺可桢经陈布雷等举荐，受到蒋介石召见。蒋介石希望他出任浙江大学校长。竺可桢颇为踌躇，没有当场答应，说要与蔡元培先生商量。因为如果他接任浙大校长，校务繁杂，对学术研究必会造成影响。在各方劝说下，竺可桢于当年 4 月，离开南京北极阁气象台，到杭州出任浙江大学校长。当时，他提出三项要求，其中有一项是"用人，校长有全权，不受党政之干涉"。

竺可桢本来与当局约定任期为半年，当时他绝没想到自己任浙江大学校长的时间竟长达 13 年。他接任校长的第二年，七七事变爆发。浙江大学在竺可桢的领导下四度搬迁，辗转 2 600 余公里，最终于 1940 年初，抵达贵州遵义。遵义地处黔北山区，办学条件极其艰苦，但他秉持培养"合乎今日的需要""有用的专门人才"的办学方针，力行"求是"校训，终于使浙江大学在困境中崛起，成为"东方的剑桥"。据不完全统计，在当年浙大任教和求学的师生中，后来有 50 人当选两院院士，走出了不少如李政道、程开甲、王淦昌、谷超豪、施雅风、叶笃正这样的科学界精英。

1938 年 5 月 30 日，竺可桢拒绝了张晓峰（其昀）、陈叔谅（训慈）带来的陈布雷要求他加入国民党的表格，后又拒绝过几次。1944 年，蒋介石使出凡是大学校长必须是党员的独特做法，这才使竺可桢勉强成了国民党党员，且后来还被选为中央委员。

竺可桢坚持学术独立、教育独立，力排政治干扰，维护学术和教育的尊严。在民国时期各高校中,浙江大学的学生运动风起云涌,令人瞩目。当时影响很大的费巩失踪案、于子三被捕被迫害致死案都发生在浙江大学。在民主爱国的学潮中,竺可桢始终站在进步学生一边,保护浙大师生的爱国正义行动。他"爱生如子",每当有学生被捕,他都要到监狱探望,并千方百计营救,因此深受浙大学生爱戴。1949年3月,竺可桢六十岁生日。3月6日,浙大学生自治会为他举行祝寿晚会,赠送了一面锦旗,上面写了4个字:"浙大保姆。"

1948年底,国民党败局已定,拟订南撤计划,教育部也制订了各大学合并及迁移计划。教育部部长杭立武多次劝说竺可桢前往台湾,并给他送来了旅费;傅斯年还从台湾来电,邀请他去台湾大学;国民党政府曾连发三道命令,强令他去台湾。他都没有理会。

与此同时,中共也在做争取竺可桢的工作。中共以"中国共产党杭州工作委员会"的名义,给一批进步人士写信拜年,并希望他们留下参加新中国的建设。竺可桢是收信人之一,但他毕竟"对共产党办学方针毫不了解"(这是他在后来的"思想自传"中的说法),因此内心不无彷徨。4月28日,他接到杭立武的一封电报,要他立即到上海去,他就借着这个由头只身去了上海。4月30日,他见了杭立武,杭让他去台湾或广州,但他没有答应。

竺可桢隐居在上海的中央研究院机构内,没承想有一天他竟在这里与蒋经国不期而遇。蒋经国当即力劝他到台湾去,并马上要为他买机票,但竺可桢还是回绝了,两人不欢而散。

竺可桢为人治学都十分严谨,他留下的日记就是很好的证明。他在1949年前后的日记,可以说是他当时心路历程的最好记录。竺可桢留在大陆,很大的原因是对国民党的失望,国民党"不自振作,包庇贪污,赏罚不明,卒致有今日之颠覆"。他对共产党并不了解,但他亲睹了人民解放军进入上海秋毫无犯,心中还是十分感动的。他在日记中写道:"解放军在路边站岗,秩序极佳,绝不见欺侮老百姓之事。"于是,他在日记中写下了心中的希望:"解放军之来,人民如大旱之望云霓,希望能苦干到底,不要如国民党之腐败;科学对于建设极为重要,希望共产党能重视之。"

正是有了这样的希望,竺可桢高兴地接受了共产党的邀请,于9月到北京出席了中国人民政治协商会议,积极投身于新中国的建设。11月,竺可桢被任命为中国科学院副院长,同时兼任中国科学院生物学地学部主任、中国地理学会理事长、中国气象学会名誉理事长、中华全国科学技术普及协会副主席等职务。

竺可桢于1956年领导创建了中国科学院综合考察委员会,并一直兼任主任职务。他多次指出:要合理开发自然资源,发展国民经济,必须开展大规模的综合考察工作。综合考察应为国家和地方编制国民经济计划提供科学依据。

竺可桢于1959年和1961年在《人民日报》上发表了两篇关于治沙的文章,一篇是《改造沙漠是我们的历史任务》,另一篇是《向沙漠进军》。在他的倡导下,设置了6个治沙综合试验站。他3次深入沙漠考察,几乎跑遍了内蒙古、河西走廊和新疆的沙漠。

通过新旧中国的对比,竺可桢相信:只有跟着共产党走,才能实现自己的理想和抱负,他于1962年以72岁的高龄加入了中国共产党。

竺可桢虽承担许多行政领导工作,但始终没有放弃科学研究,因此直到晚年,他仍有科研论文问世,如1961年的《历史时代世界气候的波动》、1964年的《论我国气候的几个特点及其与粮食作物生产的关系》、1972年的《中国近五千年来气候变迁的初步研究》等。这些论文的学术水平较高,尤其最后一篇,是他数十年深入研究历史气候的心血和结晶,在国内外影响都很大。日本气候学家吉野正敏说:"在气候学的历史中,竺可桢起了巨大的作用……经过半个世纪到今天,他所发表的论文,仍然走在学术界的前面。"

我国有着悠久的观测物候的历史,而竺可桢将物候发展成为一门专门的学科,被誉为我国物候学研究的创始者。他从1921年起就系统观察和记录物候。1961 年,在竺可桢的指导下,由中国科学院地理研究所主持建立了全国物候观测网,制定了《中国物候观测方法(草案)》,确定国内共同物候观测种类:木本植物 33 种、草本植物 2 种、动物 11 种。1963 年他和宛敏渭合著的《物候学》出版,这是我国第一部系统研究物候学的专著。

由于周恩来的保护,竺可桢在"文革"中没有直接受到冲击。但由于无法进行正常的工作和科研,他的内心还是痛苦的。

1974 年 2 月 6 日,竺可桢在病床上写下了最后一篇日记。除了记录最高温度、最低温度、风力和阴晴情况外,还旁注了两个字:"局报",也就是说,这个天气情况是根据广播里气象局的预报记录的,而以前天气情况都是他自己亲自测定的。翌日,竺可桢病逝于北京,享年 84 岁。临终前,竺可桢决定把以女儿名义存的一笔钱作为党费交给组织。原来从 1966 年起,竺可桢便以女儿名义把每月工资的三分之一存进银行,7 年存款已逾万元。这笔巨额党费,表现出这位气象学大师对党和人民的无限热爱。

扩展阅读:

李玉海:《竺可桢年谱简编》,气象出版社 2010 年版

六

姜立夫
只写过一篇论文的院士

姜立夫(1890—1978年),浙江温州人,数学家、教育家,中国现代高等数学教育事业的重要开拓者。

姜立夫毕业于平阳县学堂和杭州府中学堂,1910年8月考取第二期留美庚款公费生,与赵元任、胡适、竺可桢等人同榜。翌年,他到北京"游美肄业馆"学习英语半年,于9月赴美留学,入加州大学伯克利分校学习数学,1915年毕业,获理学学士学位,同年转入哈佛大学读研究生,导师是库利治教授,1919年以论文《非欧几里得空间直线球面变换法》获哈佛大学哲学博士学位。

姜立夫获博士学位后,留在哈佛大学任助教,待遇优厚。次年他便应张伯苓校长聘请,到刚成立不久的天津南开大学创办算学系,任教授兼系主任。这是全国大学中第二个数学系(当时称算学系)。据数学家陈省身回忆:"南开理学院分数学、物理、化学、生物四系,分由姜立夫、饶树人、邱宗岳、李继侗四位先生主持。那些系差不多都是'一人系',除他们四位外教授很少。"在数学系建立的最初4年,整个系只有他一位教师,他一面处理各种行政事务,一面每学期同时开几门课程,如高等微积分、空间解析几何、射影几何、复变函数论、高等代数、n维空间几何、微分几何、非欧几何等。直到他的学生刘晋年毕业留校任助教,才结束他一人唱"独角戏"的局面。

江泽涵、申又枨、吴大任、陈省身、孙本旺等优秀数学家都是他早年的学生。姜立夫对著名数学家陈省身影响很大。陈省身后来回忆说:"一九二七年我的读书生活的态度有很大的改变。那年姜立夫先生回南开(姜先生曾请假去厦门大学讲学)。"姜立夫对陈省身的影响不仅体现在学术上,而且还体现在品质上。陈省身对姜先生的评价是:"姜先生在人格上、道德上是近代的一个圣人。"姜立夫的品德,从一件小事上即可看出。他回乡时,即倡议以姜氏族产全部充作学田,创办爱敬小学。在以后的岁月里,他还经常给该校汇款寄书,勉励、督促族人培育好下一代。

除了培养人才外,姜立夫对我国数学的另一项贡献是主持数学名词的审定。他对这项工作倾注了很多心血,并持续了很长时间。在他的主持下,中国第一部现代数学词典《算学名词汇编》于1938年由科学社名词审查会正式出版,这为现行数学名词体系奠定了基础。

姜立夫提携后辈不遗余力。如他读到苏步青的论文,大为赞赏。他虽然不知道苏步青是谁,但大力向厦门大学、北京大学、清华大学、燕京大学推荐。1931年,苏步青从日本学成归国后,决定去浙江大学任教,后来姜立夫也收到浙江大学聘书。姜立夫为了让苏步青充分发挥作用,便婉拒了浙江大学的聘任。后来两人相遇,苏步青知道了其中原委,不禁深为感动。姜立夫对华罗庚也给予了极大的帮助,尤其是在促成政府出资送他到国外深造方面,出力尤多。

1926年秋,姜立夫赴厦门大学讲学,为期仅一年,次年便又回到了南开。1934年,他赴德国进修,先后在汉堡大学、哥廷根大学学习,两年后归国。1936年10月,姜立夫与胡明复之妹胡芷华在上海结婚。1938年,他只身前往昆明,在西南联合大学任教。妻子因待产,留在了上海。

中国数学会成立于1935年。七七事变后,中国的学术重心向西南转移,而中国数学会却没有随之迁移。在大后方的会员遂于1940年第三次年会之际,成立新的中国数学会,并推举姜立夫为会长。

1941 年,中央研究院评议会决定增设数学研究所,在昆明设筹备处,以姜立夫为筹备主任。当时,经费不足,人才匮乏,对外交流基本断绝。在这样的情况下,姜立夫没有气馁,依然默默地、坚持不懈地为数学所的建立做着准备工作。1947 年 7 月,数学研究所终于在上海成立,姜立夫任首任所长,但他当时在美国进修,因此由陈省身代理所长。姜立夫从美国给朱家骅代院长写了一封信,推荐陈省身担任所长。但朱家骅复函称:"所长一席,非兄莫属。"1948 年 6 月,姜立夫回国后,陈省身便将所长的位子还给了他。

姜立夫是 1946 年 5 月被派往美国进修的,7 月入普林斯顿高等研究院开始了他的研究工作。作为一位数学教育家,姜立夫在数学教育方面的成就很大,但他个人的学术研究却成果寥寥。他原本有明确的研究方向,并已有个大纲,但他始终未找到机会继续深入进行下去。早在 1926 年在厦门大学执教时,他曾说过:"前此数年,我把全部精力用来教书、教学生,此后我也要继续研究,教自己了。"但实际上,在后来的岁月中,他始终是教人先于"教己"。

然而,姜立夫还是希望在专业上有所建树。从 40 年代起,他就以圆素与球素几何学作为研究方向,逐步整理出一套以二阶对称方阵作为圆的坐标,以二阶埃尔米特方阵作为球的坐标的新方法。1945 年,他在《科学记录》上发表的论文《圆和球的矩阵理论》,就是这一阶段研究的成果。这是姜立夫工作后发表的唯一一篇传世论文,但这并不影响他在中国数学界的地位,1948 年,他当选为中央研究院第一届院士。当然,他的当选,主要是由于他的学术地位、他的教育成就而非学术成就,恰如陈省身在《中央研究院数理组院士候选人提名表》中对姜立夫所做的如下评价:"提携后进,不遗余力,国内知名畴人,多出其门。"

1948 年 12 月,姜立夫奉电令到南京主持数学所迁移事宜,数学所被迫将图书装箱运出。1949 年 2 月,姜立夫和家人到达台湾,并应傅斯年校长之邀,兼台大数学系教授,但到台湾,并非姜立夫本意,他深感自己的事业不在台湾而在大陆。每当夜深人静,他便紧闭门窗,在家悄悄地听大陆的广播。他的学生吴大任从大陆写给他一封信,信中言辞恳切,力劝恩师回到大陆,也使他怦然心动。然而,在那个时候返回大陆,绝非易事。何况他的家人也一起到了台湾。当时,国民政府还在广州,姜立夫以汇报工作为由,于是年7月只身回到广州,随即以生病为名,滞留广州,并且申请家人过来照顾,于是他全家又从台湾回到大陆。

姜立夫回到大陆后,即应广州岭南大学校长陈序经之聘,到该校创办数学系,任系主任。陈序经是姜立夫南开大学时的同事,与姜立夫姐夫黄志新也是好朋友。姜立夫是唯一一位到了台湾又返回大陆的院士。他的回归在当时影响很大,留在大陆的中央研究院全体同仁联名向他发来慰问电。

姜立夫的回归,在一定程度上对同在岭南大学的陈寅恪产生了影响。中国科学院组建新的数研所,原本考虑姜立夫任所长一职,但姜立夫于1950年赴京时以年老力衰亲自向郭沫若面辞。同时,他将中央研究院数学所购置欧洲图书资料的外汇余款移交给了中国科学院。这是一笔鲜为人知的款项。姜立夫一生淡泊名利,廉洁自守,敦厚豁达,这些品质也体现了那一代学人的风骨。

1952年院系调整,岭南大学并入中山大学,姜立夫转任中山大学数学系主任。他长期受十二指肠溃疡病困扰,1955年又患心肌梗死,有一次晕倒在讲坛上,从此学校不再安排他课堂教学,他就在家里组织讨论班,与中青年教师、研究生和进修教师一起,一边读书一边进行研究。

1954年,姜立夫被选为第一届广东省人大代表,1955年起,历任第二届、三届、四届全国政协委员。1956年,姜立夫被评为一级教授。1978年2月3日,姜立夫因心力衰竭逝世,享年88岁。

为了纪念姜立夫对我国数学发展所做的贡献,南开大学从1982年起,设立了姜立夫奖学金。1990年,在姜立夫诞生一百周年之际,南开大学在校园里为他塑了一座铜像。数学家苏步青在纪念谈话里提到,"姜立

夫先生虽然论文写得少一些,但他对中国现代数学事业,功劳重大,影响
至深,没有他,中国数学面貌会是另一个样子"。

扩展阅读:

吴大任:《姜立夫教授纪念册 1890—1978》,南开大学出版社 1989 年版

七

饶毓泰

中国现代物理学先驱

饶毓泰(1891—1968年),字树人,江西临川人。中国现代物理学家、教育家,与叶企孙、吴有训、严济慈并称为中国物理学界"四大名旦"。

饶毓泰自幼聪颖过人,酷爱读书。年幼时由叔父教其四书五经。1903年,入抚州中学堂学习;1905年只身前往上海,就读于中国公学,后转入中国新公学。差不多同时,胡适也由中国公学转到中国新公学,比饶毓泰高几个年级。因中国新公学缺少教师,当时还是学生的胡适兼任英文教师,教过饶毓泰。

1911年,饶毓泰于上海南洋公学毕业后,回江西执教于省立第三师范学校。1913年考取江西省公费赴美留学,初入加州大学,后转入芝加哥大学攻读物理学,当时芝加哥大学的物理系主任是美国第一个诺贝尔物理学奖获得者迈克尔逊。1917年冬,饶毓泰获芝加哥大学理学学士学位。1918年入哈佛大学研究院,后转入耶鲁大学,最后转至普林斯顿大学,师从世界著名物理学家康普顿教授,研究气体导电过程。气体导电在当时国际上属于前沿性研究领域,饶毓泰的研究工作为这一领域做出了重要贡献,并于1921年获得普林斯顿大学硕士学位。1922年6月,饶毓泰以论文《水银蒸气的低压电弧光和它对荧光的影响》获得哲学博士学位后,返回了中国。随他一起回国的,还有一大批用于物理研究的仪器。

回国后,饶毓泰在南开大学创办了物理学系,担任教授兼系主任。那时候,物理学的教授只有他一个,按照他的学生吴大猷的说法:"饶先生在南开大学差不多事实上是一个人一个系。"因此,从普通物理、电磁学,到高等力学、光学、高等电磁论等科的教学都由他一个人包下来了。让饶毓泰感到欣慰的是,他在南开培养了一批物理、数学、化学人才,如后来成为国内外知名学者的刘晋年、江泽涵、申又枨、吴大任、吴大猷、陈省身、郑华炽等。

1929 年,饶毓泰获中华教育文化基金会资助,赴德国访学,先后在莱比锡大学、波茨坦大学天文物理实验室进修,从事原子光谱线在电场下的斯塔克效应研究。他把研究成果写成《论铷和铯的基本线系的二次斯塔克效应》一文,丰富了当时新兴的量子力学领域。

1932 年,饶毓泰回国,没有再回南开,而是转而加入了北平研究院物理研究所,担任研究员。这时,他对研究的兴趣,要远远大于教学。而他从国外带回来的仪器,对北平研究院物理研究的开展发挥了巨大作用。

1933 年 9 月,饶毓泰应蒋梦麟之邀,受聘担任北京大学物理系教授和系主任,后兼任北京大学理学院院长。

北京大学是中国最早有物理系的大学,但随着一些著名教授的离去,物理系的水平,相对于清华大学,还是稍有逊色。饶毓泰到北大后,大力整顿,物理系很快面目一新。原来北大物理系只有物理教学并无科研基础,在饶毓泰的领导下,教学和科研很快都大有起色,在短短几年时间里,就使北大重新成为中国物理学重镇。而他的措施之一,就是招兵买马引进优秀人才,如吴大猷、朱物华、郑华炽等都被他招至麾下。

饶毓泰特别重视实验室建设和实验研究工作,他十分强调高等学校教师只有认真进行科学研究,才能提高学术水平和教学水平。为此,他从国外购置和安装大型光谱仪器,建设了能自制仪器设备的金工车间。他亲自与吴大猷、沈寿春合作,采用拍摄拉曼光谱和测定谱线退偏振度的方

法研究 ClO_3^-、BrO_3^-、IO_3^- 的结构。他们得出结论,这些分子具有立体的金字塔形结构,而非一般文献上所描述的平面结构,并写成论文于 1937 年 2 月发表在美国《物理评论》上。

饶毓泰要求学生要有创新精神,不能完全根据讲义,束缚与禁锢自己。北京大学物理系不仅培养本科生,还招收研究生,开设了一系列研究生课程。马仕俊、郭永怀就是当时的研究生。

1937 年 7 月,七七事变爆发,打断了饶毓泰的教学计划。北大物理系辗转搬迁,在昆明与清华大学和南开大学的物理系共同组成了西南联大物理系。在众多著名教授中,饶毓泰被任命为系主任。

在国难深重、极端艰苦的岁月里,西南联大物理系的教学与科研工作依然取得了令人瞩目的成绩,培养了一大批国际国内有影响力的人物,如诺贝尔物理学奖获得者李政道、杨振宁,当选中国科学院院士的黄昆、胡宁、张恩虬、陈芳允、李整武、戴传曾、李荫远、肖健、朱光亚、邓稼先、李德平、应崇福等,堪称近现代教育史上的一个奇迹。为了培养我国物理学界的后起之秀黄昆,饶毓泰想方设法,腾出编制,聘其为助教,但他从来不向别人提及此事,展现出他高尚的品格。

然而,对饶毓泰个人而言,不久即发生了一件很不幸的事情:结婚才 3 年的饶夫人避居上海娘家后不幸逝世。饶毓泰得知这一噩耗后,十分悲痛,身心俱困。他在南开时的得意门生吴大猷,辞去四川大学教授的教职,专门到昆明陪伴他。而他在昆明西南联大,"只有借埋首物理典籍以度过身心皆痛苦的抗战数年生命"。

1942 年,饶毓泰被国民政府教育部聘为"部聘教授"。所谓"部聘教授",源于 1941 年国民政府颁布的《部聘教授办法》,即由教育部直接聘任教授。"部聘教授"是当时中国教育界的最高荣誉,被称为"教授中的教授",所聘任的对象均在各自学科做出了特殊贡献。

1944 年,饶毓泰利用休假机会,再次赴美,先后在麻省理工学院、普林斯顿大学和俄亥俄州立大学从事分子红外光谱的实验研究,测定了光谱的退偏速度,获得了含同位素气体分子的转动光谱和分子内部运动的重要信息。他的研究成果发表在美国《物理评论》上。

抗战胜利后,饶毓泰得到胡适任北大校长的消息,十分兴奋。他写信给胡适,就北大如何发展理科和工科提出了系统性建议。当时,原子弹的成功研制引起了全世界的震动,饶毓泰在给胡适的信中指出:"原子核物理之研究有不容一日缓者",并建议北大聘请张文裕、彭桓武、马仕俊、张宗燧等人,专门从事原子物理研究。

1947年初,饶毓泰回国继续担任北京大学理学院院长兼物理系主任。1947年7—8月间,胡适致函国民政府高官白崇禧、陈诚,建议他们从国防经费中拨出专门款项资助北京大学建立原子物理研究中心。在当时那样的时局背景下,由于种种原因,这一设想未能实现。

1948年3月,饶毓泰当选为中央研究院院士。

北平解放前夕,国民党派飞机到北平"抢救学人",饶毓泰也在被"抢救"之列。胡适和饶毓泰关系较好,他们的交往可以追溯到中国公学时期。胡适力劝饶毓泰南下,但他拒绝了。

新中国成立后,饶毓泰继续在北京大学任理学院院长兼物理系主任、学校校务委员。1952年院系调整后,饶毓泰不再承担物理系的领导工作。在这一年的"三反运动"中,饶毓泰最得意的一个学生在大会上指责他主张要"赶上世界学术水平",是自私自利的思想在作怪,饶毓泰无法接受这样的指责;同时,北大某位领导也说他思想有问题。饶毓泰深受刺激,导致精神一度失常。

饶毓泰一如既往,兢兢业业,教书育人,甘为人梯。当激光问世时,饶毓泰为使后辈赶上这一新发展,讲授了"光的相干性理论"和"光磁双共振"等反映科学新进展的课程。这时他已年逾古稀,不仅讲课,还认真编写讲义,为后人留下了宝贵的资料。

此外,他也努力争取能够跟上形势,买来德文版的《资本论》和英文版的《联共(布)党史简明教程》,并且认真学习这些著作。

1954 年以后,饶毓泰当选为第二届、三届全国政协委员和第四届全国政协常委。

1955 年,饶毓泰被选聘为中国科学院学部委员。

1966 年,"文革"开始,饶毓泰被诬为"资产阶级反动学术权威",受到迫害。1968 年 10 月 16 日,饶毓泰不幸逝世,终年 77 岁。

1987 年,为纪念饶毓泰先生,中国物理学会决定设立"饶毓泰物理奖"。

扩展阅读:

汪凯凡:《不该被遗忘的大师饶毓泰》,《科学家》2014 年第 12 期,第 36—39 页

八

周　仁

中国钢铁冶金
技术始祖

周仁(1892—1973年),江苏南京人,冶金学家和陶瓷学家。

1910年,周仁毕业于江南高等师范学校;同年考取第二期留美庚款公费生,与赵元任、任鸿隽、胡适等同行,并一起进入康奈尔大学学习。周仁坚信"强国必先利器",尽管他的数理成绩优异,但他还是选择了机械系。1914年夏,他攻读硕士学位,专业是冶金,仍属于工科领域。

1914年夏,一帮留美同学为了实现科学救国的理想,集资创办《科学》月刊,联合发起成立科学社。周仁与同学赵元任、胡明复、任鸿隽等都是最早的倡议者。次年,中国科学社正式成立,他被推举为第一届董事会5位成员之一。

1915年,周仁获得硕士学位。由于成绩优秀,他的导师希望他能继续攻读博士学位,美国摩尔公司也有意重金聘请他加盟。然而,为了中国的钢铁事业,他毅然放弃这些机会,于该年8月回国。周仁是他们那一批同学中最早回国者之一。

然而,周仁回国后,很快发觉要实现理想远非易事。当时,他的第一选择是到中国最大的钢铁公司之一——汉冶萍公司工作,但经多方接洽,却无果而终。无奈之下,他只好到南京高等师范学校教了几年书。后来成为著名物理学家的吴有训、严济慈,著名冶金学家的周行健等都是他在南京高师时的学生。

1919 年 8 月,康奈尔大学的同学任鸿隽受四川省政府委托筹建四川炼钢厂,邀请周仁到钢厂任总工程师。这对周仁来说是梦寐以求的机会,于是他兴致勃勃地上任,并与任鸿隽一起到美国摩尔公司采购电炉设备。然而,当他于 1921 年底回到国内,刚刚抵达上海时,四川政局发生变化,好不容易买回来的机器运到重庆便"搁浅"了。他一展抱负的愿望再一次落空。

周仁一度与王季同共同筹资创办实业,在上海天通庵办起大效机械厂。1922 年,他到上海任交通部南洋大学(上海交通大学的前身)机械系教授。当时,系主任是美国教授狄凯逊。机械系学生听过两位老师的课后,觉得狄凯逊的水平不能与周仁相提并论,便多次向学校请愿,要求以周仁代替狄凯逊。学校由于与狄凯逊有合约在,无法解除他的职务。倒是狄凯逊很识趣,自己选择了离开。

1924 年,周仁任南洋大学教务长。1927 年,校长凌鸿勋去职,当时希望周仁继任的呼声颇高,但周仁与凌鸿勋关系不错,不便接任。于是,他就转到中央大学任教授兼工学院院长,但周仁在中央大学的时间不长。蔡元培倡议成立中央研究院后,邀请周仁一起参加筹备。1928 年,中央研究院成立,周仁便辞去了中央大学的教职,转任中央研究院工程研究所研究员兼所长。

周仁一贯坚持理论联系实际,主张科学研究要为国民经济建设服务。因此,他在工程研究所内亲自创办的冶金、陶瓷、玻璃、纺织试验工场,致力于将科研成果转化为生产力。可以说周仁是中国推行产学研一体化的先驱之一。

周仁的专业是冶金,因此他在工程所内建立了钢铁试验工场,并从美国引进了当时十分先进的三相电弧炉,开展特种钢的试验和冶炼,试制成功了各种碳素钢、锰钢、镍铬钢、铬钢、不锈钢、碳素工具钢、高速钢、耐酸矽铁、合金铸铁等,有力地满足了我国铁路交通和其他一些工业发展的需要。

1937年七七事变爆发,周仁主持工程研究所内迁,将图书、资料、电弧炉、材料、实验机等打包,经过一年的长途跋涉到达昆明。抗战期间,钢铁是急需的军用物资。在周仁及其夫人聂其璧的努力下,在重庆国民政府云南省经济委员会主任兼新富滇银行行长缪云台等的帮助下,公私合股的中国电力制钢厂于1939年在昆明创办,周仁任总经理兼总工程师。周仁及其同事们日夜奋战,研制出了一些抗战急需的特种钢材,如硬磁钢、低锰弹簧钢、钨磁钢、镍钢、铬钢、高速工具钢等。在昆明期间,周仁还在所内开展了用于显微镜、望远镜、测距仪、潜望镜的特殊化学玻璃和光学玻璃的研究。这些都为抗战做出了很大的贡献。

抗战胜利后,周仁将工学研究所(此时已更名)迁回上海,并继续他在钢铁、陶瓷和玻璃领域的研究,并取得一系列的成果。周仁擅长从当时工业生产中的薄弱环节和实际问题出发,将工业生产中的难题转化为科学研究的课题,开展有针对性的研究工作。他努力将研究成果应用于实际生产中,以提升中国工业的整体水平。作为一位实干家,他的成绩主要体现在所开发的产品上。

1949年,上海解放前夕,中央研究院代院长朱家骅授意周仁将研究所迁往台湾,但周仁以需要选择所址为由拖着不办。后来,朱家骅两次亲笔写信,限令周仁率工学研究所速去台湾,周仁也以保全科研设备为由拒不执行。在朱家骅亲自召开的迁台事宜座谈会上,周仁的学生周行健发言道:"科学是国家的,我们研究科学是为国家,不是为某一党、某一派。国共战争是内战,我们反对迁台湾。"

周行健的话道出了周仁的心声。在周仁的主持下,工学研究所得以完整地留在了大陆。这对周仁来说不是一件容易的事,他虽然是科学家,但社会关系很不简单:他母亲是盛宣怀的姐姐,他姐姐周峻是蔡元培的第三任夫人,他夫人聂其璧,是聂缉规(上海道台)和曾纪芬(曾国藩之女)夫妇最小的女儿,聂家当时是上海有名的豪门,他与聂其璧结婚时,尚未出阁的宋美龄是其夫人的傧相。另外,周仁在半年之前就已拿到去美国考察的出国签证,但他放弃了,他不忍离开苦心经营多年的工学研究所,盼望着新中国诞生。

1949 年 7 月,周仁应邀前往北平商议成立中国科学院。中国科学院成立后,工学研究所改为中国科学院工学实验馆,周仁任研究员、馆长。

为新中国的工业发展,周仁呕心沥血,做出了很大贡献。新中国成立初期,由于生产水平低下,当时钢铁厂大多只能产铁而不能炼钢。周仁提出以铁代钢、以铸代锻的设想。他组织了一个试验小组,经过一百多次试验,终于研制成功球墨铸铁,性能达到当时的国际水平。1951 年,球墨铸铁在全国推广,为中国钢铁冶炼事业做出了重要贡献,此项研究成果荣获1956 年首届国家自然科学奖三等奖。

1953 年,工学实验馆更名为冶金陶瓷研究所,周仁继续担任研究员、所长。这里的陶瓷主要是特种陶瓷。在周仁的领导下,研究所在刚玉制品、高压电瓷、人造瓷牙等方面,都取得了可观的成绩。

接着周仁就进入了日用陶瓷和美术陶瓷领域。50 年代初,周恩来总理指示要抓好古瓷的研究和生产。经中国科学院院长郭沫若推荐,当时的轻工业部找到周仁。周仁年轻时就对陶瓷极有兴趣,可以说是中国现代陶瓷研究的第一人。早在抗战前,他领导的工程研究所就曾与中央大学合作建立了陶瓷试验工场,开展对中国传统陶瓷工艺技术的研究。

为响应周总理的号召,周仁在上海冶金陶瓷研究所内成立中国古陶瓷研究小组,亲自担任组长。他到景德镇进行实地考察,精心寻找最好的黏土原料,并对火候进行反复试验,终于制成工艺水平极高的瓷器精品。

与许多其他优秀技艺一样,中国陶瓷工艺也是只有经验而缺乏理论研究。周仁带领他的团队,在大量调研、试验和研究的基础上,先后发表了《我国黄河流域新石器时代和殷周时代制陶工艺的科学总结》《中央陶瓷试验场工作报告》《江西景德镇瓷器之制法及改良意见》等论文,填补了我国在这方面的空白。陶瓷研究项目于 1982 年荣获国家自然科学奖三等奖。

　　周仁后来还曾担任过上海冶金研究所所长、硅酸盐工学与化学所所长。1956年11月,中国金属学会正式成立,周仁是该学会的第一届、二届理事长。1959年,上海科学技术大学(后于1994年并入新组建的上海大学)成立,周仁担任首任校长。

　　"文革"中,周仁身心受到极大的摧残,致使一只眼睛失明。

　　1973年12月3日,周仁病逝于上海,享年81岁。

　　1987年,为表彰和纪念周仁为我国冶金工业和陶瓷工业发展所做出的重大贡献,上海市政府在中国科学院冶金研究所为他树立了铜像。

扩展阅读:

程新国:《海上大师:中国现代科学奠基者萍踪》,上海科学普及出版社2007年版

九

朱家骅

中央研究院"代"院长

朱家骅(1893—1963年),字骝先,浙江吴兴(今湖州吴兴区)人,地质学家。

朱家骅与其说是个学者,不如说是个政客。他真正从事学术研究的时间很短,也没有特别的学术成就。他之所以能当选为院士,主要还是得益于他的权位。当时评选院士的条件中有一条,是"领导学术机构成绩卓著者也可以当选",评选院士时,朱家骅正在中央研究院代院长任上,他应该就是凭这一条当选的吧。因为他是个政客,而且级别比较高,因此他也是三个被列为"战犯"的院士之一。

朱家骅在学术上有着不错的履历。1908年,考取上海德文医学堂(同济大学前身)。1911年参加辛亥革命,曾率敢死队攻打江南制造局。辛亥革命后,回到同济读书。1914年初,随国民党元老张静江乘坐横跨西伯利亚的火车,自费赴德国留学。在矿场实习半年后,朱家骅于同年10月进入柏林矿科大学采矿工程学系学习。因第一次世界大战爆发,德国学生陆续从军,依据德国有关规定,大学一个班级不满三个德国学生,便不能开课。到1916年,经常到班上上课的仅有三位中国学生,势必无法开课。朱家骅只好于这一年的12月15日离开柏林,取道丹麦、瑞典、芬兰、俄国回国。

1917 年初,朱家骅抵达上海,很快便得到北京大学的聘请,成为北大最年轻的教授之一。而实际上,当时朱家骅甚至没有拿到大学文凭,这也反映出当时中国人才的稀缺和教育水平的不足。所幸 1918 年 8 月,朱家骅在蔡元培的关照下,受教育部资助,以进修教授的名义再赴欧洲留学,先后就读于瑞士伯尔尼大学、苏黎世大学和德国柏林大学(现柏林洪堡大学),并于 1922 年获得了地质学博士学位。随后,他因北大采购设备等事宜留在德国,并在瑞士、法国、比利时、英国等地游历了一番。1924 年 1 月,他回国并重返北京大学地质学系,担任教授兼德文系主任。他这次的教授应该是名副其实了。

朱家骅与国民党元老张静江、戴季陶以及 CC 系陈果夫、陈立夫等都是浙江吴兴同乡,因此得到了他们的大力提携,仕途发展颇为顺畅。1926 年,朱家骅因参加反对北洋政府的政治活动而遭到"通缉",便南下广州,协助戴季陶创建中山大学,任矿物地质学系主任、校务委员、代理校务委员长。戴季陶在国民党中任职较多,无暇顾及中山大学的校务,因此中山大学的校务工作实际上由朱家骅主持。

1927 年 4 月,朱家骅出任广东省政府委员兼民政厅厅长、国民党中央广州政治分会委员。8 月任广东省教育厅厅长兼中山大学副校长。同年冬,回浙江任省政府委员兼民政厅厅长。1929 年 3 月,朱家骅出席国民党"三大"并当选为中央执行委员和中央政治会议委员。1930 年 12 月,任中央大学校长。次年 12 月,任国民政府教育部部长,不久又任交通部部长。此后,朱家骅担任的职务还有:国民党中央执行委员会秘书长兼党务委员会主任委员、中统局局长。1938 年 7 月,三民主义青年团成立,他任干事会常务干事,不久兼代中央团部书记长。12 月,朱家骅出任国民党中央委员会秘书长,为此,他辞掉了中央研究院总干事的职务,而由任鸿隽继任。其间,他还担任过 4 年多的国民党中央组织部部长。1944 年,朱家骅再任教育部部长。他在国民党中的最高职务是于 1949 年夏,在广州出任行政院副院长,而这也是后来蒋介石对他不满的原因之一。当时蒋介石已经下野，朱家骅居然跑到广州去就职，显然是不忠的表现。

朱家骅在国民党及国民政府中所担任的职务远远不止这些，即使如此，只要看一看他上面的简历，就可以知道，他在政学两界，都是行政岗位，哪有时间进行学术研究呢？抗战期间，朱家骅曾任边疆语文编译委员会主任，当时任副主任的顾颉刚说："朱氏对此事固极热心，但他太忙了，平均一天见 80 个客，夜中看 100 多件公事，又有开会交际等事务。"顾颉刚此番话的意思显然是说他没时间过问边疆语文的事。

但让朱家骅沾光的是，他与中央研究院颇有渊源。1927 年，中央研究院筹备时，他是筹备委员之一。中央研究院以拉丁文 Academia Sinica 为外文译名，就是朱家骅提出来的。1935 年，中央研究院第一届评议会成立，他是评议员之一。1936 年 6 月，他又应蔡元培之邀，继丁文江之后任第三任中央研究院总干事。第二届评议会，他任议长。当然，最重要的还是朱家骅长期担任中央研究院代院长。

1940 年，蔡元培在香港逝世，中央研究院院长空缺。对于继任人选，当时学界呼声较高的有胡适、翁文灏和朱家骅。蒋介石属意的却是国民党政坛的老资格顾孟余。可是，学界不买账，评议会选举的结果是：翁文灏与朱家骅各得 24 票，胡适得 20 票，顾孟余只有 1 票。按说学术界原来最满意胡适，但胡适正担任驻美大使，当时正是抗日战争的关键时刻，学界也知道胡适所任职务的重要性，没有全力选他。蒋介石对选举结果很不满意，纠结了半年，最后圈定朱家骅，但还是留了个尾巴，在院长前面加了个"代"字。让朱家骅郁闷的是，这个"代"字居然从他任职到去职整整 18 年也没有去掉。由此也可见蒋介石对这次选举的结果有多么不满。不过，这对朱家骅实际主持院务倒没有什么太大的影响。

朱家骅穿梭于政学两界，游刃有余，说明他绝非一般人物。但从一件事上可以看出，朱家骅毕竟是个官僚而非学者。1944 年，朱家骅在国民党组织部部长任上导演了一件事：向蒋介石"献鼎"。朱家骅当然是想拍蒋介石的马屁,但这件事太封建、太不合时宜了,因此招致社会的猛烈批评,弄得蒋介石不得不加以拒绝,并把他痛骂了一顿。

朱家骅主持院务18年,是历任院长中在位时间最长的。他也确实做了不少事,其中一件事就是确立院士制度和评选第一届院士。这在本书的第一部分已较详细地说过,这里不再赘述。

胡适曾说过:"没有朱先生,就没有'中央研究院'。"这句话是他在台湾继朱家骅后任"中央研究院"院长后说的,因此更确切的话应该是这样说:如果没有朱家骅,便没有台湾的"中央研究院"。确实,"中央研究院"在台湾的今天,离不开朱家骅当初的多方活动。

1948年底,国民党政权在大陆摇摇欲坠。作为国民党的高官,并已被中共列为"战犯",朱家骅只有出走一条路。当然,由于职责所在,他不可能只是自己一走了之。12月9日,朱家骅在南京鸡鸣寺中央研究院总办事处主持临时院务会议,决定把中央研究院迁往台湾。尽管由于人心所向,迁到台湾去的研究所只有史语所和数学所,但这毕竟为"中央研究院"日后在台湾的发展打下了基础。

当时,朱家骅还担任国民政府教育部部长,是他组织大批人马把故宫、中央博物院、北平图书馆的文物、书籍大量运往台湾。他还制订了"抢救学人计划",虽然收效不大,但他是拼了老命的。1949年4月24日,在朱家骅主持召集的院务会议上,中央研究院的成员同意了迁台的决议,但在会后不久,许多研究所就改变了初衷,拒绝迁台,朱家骅毫无办法。他于25日乘飞机黯然离开上海,飞往台北。

朱家骅到台湾后,由于派系倾轧,加之与大权在握的陈诚搞不到一块,渐渐失去了蒋介石的信任。后来他所担任的行政职务基本上都被拿掉了,而他"中央研究院"代院长一职还保留着。虽然此时所谓的"中央研究院"基本是一个有名无实的空架子,但他仍尽心尽力,到处奔波,筹措经费,找寻院址,购地建屋,最终于1954年在台北南港重建"中央研究院"。除了原来的史语所、数学所外,朱家骅设法陆续重建了植物、化学、动物三个研究所。1955 年 2 月,又增设了近代史所和民族学所,终于使"中央研究院"像了点样子,并为其日后成为台湾的学术中心奠定了基础。

然而,即便如此,蒋介石对朱家骅还是颇有意见。1957 年夏天的一个下午,已过了下班时间,蒋介石突然到"中央研究院"视察,结果看到那里的人懒懒散散,十分不满,拂袖而去。朱家骅得到蒋介石震怒的消息,马上知趣地递上辞呈,于 10 月辞去了"中央研究院"代院长职务,并于 1958 年 1 月 11 日正式移交。此后,朱家骅即赋闲在家,不问政事,颐养天年。

1963 年 1 月 3 日,朱家骅在台北寓所逝世,享年 70 岁。蒋介石亲临吊唁,并赠"怆怀勋硕"的挽额。"中央研究院"则召开院务会议,决定将刚落成的民族所研究大楼定名为"朱家骅纪念馆"。

扩展阅读:

黄丽安:《朱家骅学术理想及其实践》,社会科学文献出版社 2018 年版

十

吴　宪

中国生物化学
主要奠基人

　　吴宪(1893—1959年),字陶民,福建福州人,中国生物化学学科的主要奠基人,营养学家。

　　吴宪出生于官商并著的家庭,早年就读于私塾,曾中过秀才。1906年,入全闽高等学堂预科班接受新学教育。1911年春考入北京清华留美预备学校,经过一个学期的培训,于8月赴美留学,是年吴宪18岁。

　　吴宪来自中国最早的造船地区,因此他到美国后最初选择了麻省理工学院的造船工程专业。然而,第一个暑期,他在新罕布什尔州的一个农场里进行了大量阅读,尤其是读了赫胥黎的《生命的物质基础》后,他的兴趣和志向发生了转变,转向了生物化学领域。回到学校后,他便决定主修化学,副修生物学。1916年,吴宪获理学学士学位,并留校任助教。次年,他考入哈佛大学医学院生物化学系读研究生,师从生化学家奥托·福林教授研究血液化学。福林教授是当年美国生物化学方面的权威,他对吴宪的才华十分赏识。吴宪不负所望,1919年以论文《一种血液分析系统》获博士学位。这虽是一篇博士论文,但却引起了生化与临床化学界的重视,被认为"引发了一场血液化学方面的革命"。

　　获得博士学位后,吴宪又随福林进行了为期一年的博士后研究,完成了一系列的血液化学分析研究,并提出了血糖定量分析的改进方法。吴宪改进的血糖测定法,用血量少,操作简便,数据准确,大大优于当时的常规方法。按照科学界的习惯,此法被命名为"福林-吴方法(Folin-Wu method)",成为最早以中国人名字命名的科学方法之一。

1920年,吴宪学成回国,任北京协和医学院生理化学系助教,1924年升为襄教授(仅次于教授)。同年,协和医学院的生物化学从生理学科独立出来,单独成立了生物化学科,由吴宪任主任。吴宪从而成为协和医学院第一位中国籍主任。是年底,吴宪携新婚妻子严彩韵赴美国纽约的洛克菲勒医学研究所,与美国著名生物化学家范斯莱克共同开展科学研究。严彩韵则在哥伦比亚大学化学系攻读硕士学位。

1928年,吴宪在协和医学院晋升为教授。在后来的10多年中,吴宪不仅独立完成了许多重要研究,而且在他的带领下,协和医学院生物化学科发展成为中国生物化学的领军力量,取得了许多高水平的科研成果,在国际学术界也很有影响。

1929年,吴宪在波士顿召开的第13届国际生理学会上提出了蛋白质变性学说,指出蛋白质变性的发生与其结构上的变化有关。尽管这一理论在当时未能引起足够重视,但科学界后来逐渐认识到了它的意义。1995年,美国学术杂志《蛋白质进展》重印了吴宪1931年用英文发表在《中国生理学杂志》的论文《蛋白质变性研究XIII.变性的理论》。

吴宪是中国第一位诺贝尔科学奖提名人。1932年,作为北京协和医学院生物化学系教授,他提名了约翰·诺斯罗普和詹姆士·萨姆纳为诺贝尔生理学或医学奖候选人。他因此被广泛赞誉,被认为是"20世纪前半叶中国最伟大的化学家之一,或者说是最伟大的科学家之一"。

从1927年起,吴宪在妻子严彩韵女士的影响下,开始研究中国人的营养问题。严彩韵曾在芝加哥大学和哥伦比亚大学攻读食物化学和营养学,1923年回国后到协和医学院工作,成为吴宪的助教。因协和医学院规定夫妇不能同时任职,严彩韵辞去了协和医学院的工作,但在私下里,严彩韵仍是吴宪的科研助手,堪称学术伉俪。严彩韵晚年在美国继续从事曾经中断的营养学教学和研究事业,由于成绩显著,被收录进了《美国科学名人录》。

吴宪和他的团队进行了大规模的社会调查及科学实验,研究结论是中国人的动物蛋白摄入量太少,远小于西方人(以美国人为代表);每日摄入的钙、磷也比西方人少,并有缺乏维生素 A、D 的可能。吴宪据此得出结论:与西方人相比,中国人普遍体质偏弱和身材矮小的原因,主要不是种族和遗传上的,而是由于膳食质量差,只要加强营养,完全可以得到改善,这就从理论上推翻了西方对中国人体质问题的种种偏见。1929年,吴宪出版了我国第一部营养学专著《营养概论》,并于 1938 年根据当时国民经济情况,制定了我国第一个营养指南——《中国民众最低限度之营养需要》。

吴宪在专业领域里取得斐然成绩的同时,也十分关心时事。他与胡适、丁文江、翁文灏、傅斯年、蒋廷黻等人关系友好,并参与创办了当时国内颇具影响的《独立评论》周刊,他还以"涛鸣"为笔名,在该刊上发表过一些有关时政及社会文化的文章。

吴宪为人谦和,做事认真,富有修养。他曾对同事说:"我的座右铭是三真,即真知、真实、真理。求学问要真知,做实验要真实,为人要始终追求真理。"他有一枚图章,上面刻有 12 个字:"博学、审问、慎思、试验、明辨、笃行",这既是他一生的追求,亦是他一生的真实写照。

1935 年协和医学院老院长离开,新院长未到,经投票选举,吴宪当选为执行院长职务的三人领导小组成员,直到 1937 年新院长到来。1942年 1 月,协和医学院被日军占领,被下令解散。吴宪于是隐退家中,"埋首读书、练习书法、整理著作,但抗日之心,未尝或已"。

1944 年初,吴宪获悉国民政府希望他到重庆去组建一个营养研究所,十分兴奋,立刻着手准备。该年 3 月,吴宪告别家人,只身离开北平,前往重庆。途中,他即开始制订建所计划,当他 4 月 10 日抵达重庆后,立刻付诸实施,很快在重庆西郊歌乐山南麓中央卫生实验院内将营养研究所建立起来。

1944年8月,吴宪被派往美国,担任联合国善后救济总署的中国代表。1945年抗战胜利后,吴宪回到重庆,向当局汇报了美国之行,并起草了一份进一步扩大发展营养研究所的计划,然后才回北平与家人团聚。

1946年夏,吴宪在北平筹建中央卫生实验院北平分院,担任分院院长兼营养研究所所长,他将分院院址设在了先农坛。

1947年,吴宪应联合国教科文组织的邀请,赴英国出席第17届国际生理学大会。他在大会上宣读了论文《脂醇类对蛋白质的变性率》,会后再到美国做进一步的考察学习。1948年1月,他作为访问教授在哥伦比亚大学内外科医学院生化系学习质谱技术,以了解和掌握同位素技术的应用,为回国后在北京成立人类生物研究所做准备。5月,他参加了第4届国际热带医学和疟疾大会,并向大会提交了一篇关于中国和东南亚居民营养不足情况的论文。

1948年夏秋期间,吴宪曾两次订好回国船票,准备回国,并将购置的书籍和设备先行寄回,但由于码头工人的罢工而都未能成行。后来形势剧变,吴宪改变了想法。1949年1月,他的妻子严彩韵携其二子三女离开北平,经历艰辛、迂回的旅途,于半年后到达美国,全家团聚。

1949年,吴宪被阿拉巴马大学聘为客座教授。1952年10月,吴宪突发心肌梗死,不能继续高强度工作,遂于1953年8月退休,之后在波士顿定居。

吴宪晚年身体不好,退休在家,但并没有放弃研究,且笔耕不辍,写就《科学生活导论》,此书由其夫人严彩韵整理修订,于1963年10月分别以中英文出版。

据中国营养学开创者之一、著名营养学家周启源的说法,吴宪生前在写给他的书信中曾透露,仍想返回北京,而终因疾病缠身,未能如愿。

1959年8月8日,吴宪在波士顿逝世,享年66岁。

尽管吴宪在美国生活多年,但他始终保留中国国籍。

　　改革开放后,吴宪妻子严彩韵数次回国访问。为了纪念丈夫,继承他的遗愿,促进祖国生物化学事业的发展,她在国内设立"吴宪生物化学教授基金"(1983 年筹备,1987 年实施),以资助为中国生物化学做出贡献的教授。1993 年,她还捐款在中国医学科学院基础医学研究所成立"吴宪图书馆",帮助该所购置生物化学最新书刊。

扩展阅读:

曹育:《杰出的生物化学家吴宪博士》,《中国科技史料》1993 年第 14 卷第 4 期,第 30—42 页

十一

凌鸿勋
中国最有成就的
铁路科学家之一

　　凌鸿勋(1894—1981年),字竹铭,江苏常熟人,生于广州。中国铁路工程专家,是继詹天佑之后将西方铁路科技引入中国,并逐步实现铁路设计与建设自主化的又一重要人物。

　　凌鸿勋幼年受私塾教育,1906年考入广州府中学堂。他在班上虽年龄最小,但毕业成绩却排第一。1910年,凌鸿勋考取广东省官费赴邮传部上海高等实业学堂(交通大学前身)就读,因成绩优异,深受时任校长唐文治赏识。1915年,凌鸿勋从土木科毕业,成绩傲人,在所有毕业学生中名列第一。

　　毕业后,凌鸿勋回到广州老家,在寻找工作之际,接到唐文治校长的电报,说美国桥梁公司给学校两个实习生名额,为期三年,交通部负责往来旅费,每人每月还有20美元津贴,桥梁公司还会另给工资,问他是否愿意去。凌鸿勋复电以"家贫亲老,无法远行"婉谢,但目光远大的唐校长再次致电凌鸿勋,表示此次机会极好,不可错过,务望设法成行。凌鸿勋这才下决心赴美,并向亲友等借了盘费。

　　1915年冬,凌鸿勋抵达美国费城,到桥梁公司实习,月薪60美元,后增加到135美元。在工作之余,凌鸿勋还到哥伦比亚大学选修铁路工程。1917年12月,他与陈体诚、吴承洛、张贻志等中国工程界人士在纽约发起成立中国工程学会。几年之后,该学会与詹天佑在国内创建的中华工程师学会合并成中国工程师学会,成为中国现代史上一个举足轻重的学术组织。

1918 年 7 月,凌鸿勋结束在美国的实习,乘船回国,进入交通部工作,在京奉铁路唐山段当过一段时间工务员,之后又任职于路政司考工科。1920 年 2 月,凌鸿勋应唐文治校长之邀,回母校任教,并任土木科代主任。同年 10 月,唐校长因年迈多病,且眼疾几近失明而辞职,当时一下子找不到合适的继任人选,交通部即准唐文治病假而任命凌鸿勋代理校务。

1920 年,叶恭绰任交通总长,引进美国学制,拟将交通部直属的上海、唐山及北京三地学校合并组成交通大学,任命凌鸿勋为筹备委员。1921 年交通大学正式成立,叶恭绰亲自担任校长,并任命凌鸿勋为交通大学上海学校的副主任,茅以升是唐山学校的副主任,故此有"南凌北茅"之称。不久,凌鸿勋回交通部,后奉调为京汉铁路桥梁工程师,负责对京汉铁路最长的黄河铁桥进行加固,1922 年 3 月,在路政司任署技正兼考工科副科长。

1922 年 5 月,高恩洪接替叶恭绰任交通总长,他的一个荒唐之举竟是将部内所有广东籍职员一律免职。于是,凌鸿勋南下上海,一面帮朋友做些杂事,一面在家编撰两部教科书:《市政工程学》《铁路工程学》,后由商务印书馆出版。1923 年 9 月,他再回母校做专任教授。1924 年 12 月,交通部任命他为南洋大学(即交通大学)校长,时年仅 30 岁。当时校中虽有不少年长的教授,但大家知道凌鸿勋的学识与能力,因此对他来当校长都无异议。

凌鸿勋任南洋大学校长时间虽然不算长,才 3 年多一点,但他在任期内贯彻教研结合的办学宗旨,颇多建树,如制定了比较完整而系统的课程体系和比较科学合理的教学计划,强调实习和实验训练,推动学术研究;举办了工业展览会,修订了规章制度;恢复了每年一次的国文大会等。他还利用美国退还的庚子赔款创办了工业研究所，这是国内最早成立的工科大学研究机构之一，后来取得了不俗的科研成绩。

1927年4月，国民政府在南京成立，即派员接收南洋大学。凌鸿勋被迫辞职，赋闲在家时编了两本书：《桥梁工程学》《工厂设计学》。是年8月，凌鸿勋远赴广西，在梧州市政府当了一名工务局长。

1929年1月，经交通部美国顾问推荐，时任交通部部长孙科任命凌鸿勋为铁道部技正，总算又回到了铁路界。同年6月，交通部又任命他为陇海铁路工程局局长。陇海铁路是一条贯穿中国中西部的铁路干线，早在1903年就由盛宣怀提出建设的设想，但到凌鸿勋接手前，只完成江苏海州（今连云港）至河南灵宝段部分。凌鸿勋上任后，本来计划将陇海线向西拓展，经西安一直修到兰州，但是没多久就爆发了中原大战，主战场就在陇海线一带，铁路修建工程被迫停顿，凌鸿勋被调回部里。1930年7月，他被派往欧洲和美国参加国际工程技术会议。

1931年，回到国内的凌鸿勋被委任为潼西段工程局局长兼总工程师，负责潼关—西安段铁路工程建设。由于工程费由陇海铁路管理局及平汉、津浦两路筹措，凌鸿勋根据款项推进工程，因此进展殊不理想。

1932年10月，铁道部新任部长顾孟余调凌鸿勋任粤汉铁路株洲—韶关段工程局局长兼总工程师。粤汉铁路的建设很早就有规划并已动工，但到1918年，南段只有广州至韶关一段224公里通车，北段由武昌只通到长沙。其中株洲至韶关一段456公里，10余年间迟迟没有动工。凌鸿勋上任后，精心筹划，加上有英国退还庚款的资金保障，工程进展顺利。不到3年，株韶铁路于1936年4月下旬在太平里车站接轨，这也意味着粤汉铁路终于全线贯通了。凌鸿勋没有举行庆典，而是亲手打下了最后一根道钉。这是继詹天佑之后的第二条由中国工程师自行设计和施工的重要干线，受到中外人士的一致赞扬。同年，凌鸿勋也因完成粤汉铁路工程，获得中国工程师学会首次创设的金质奖章。

1937年7月，抗日战争全面爆发，中国的出海口陆续被封锁。凌鸿勋迅速将粤汉线与广州九龙线接通,从香港进口了大量物资,为抗战做出了特殊的贡献。

1937年底,凌鸿勋任中法合作湘桂铁路南宁—镇南关段工程处中方处长兼总工程师。次年又被任命为湘桂铁路桂林—南宁段工程处长兼总工程师,同时在他的领导下,桂柳段加快建设,于1939年12月通车,为修建柳州至贵阳的黔桂铁路创造了条件。后因日军侵入广西,凌鸿勋遂于1940年1月,调任天水—成都铁路工程局局长兼总工程师,并兼任西北公路管理处处长,统管西北公路建设。1942年1月,因时局需要,将陇海铁路由宝鸡延展筑至天水,他又改任宝天铁路工程局局长兼总工程师。这段铁路历经艰险,终于在1946年元旦修成。

到1945年2月宝天铁路快完工时,凌鸿勋被国民政府任命为交通部常务次长,开始了4年的从政生涯。1929—1945年,他从事铁路建设16年,主持修筑的新路约有1 000公里,测量路线约4 000公里,管办公路5 000公里,对民国时期的铁路和公路建设厥功甚伟,因此被誉为"中国铁路的先驱"。

凌鸿勋一生,虽然以从事工程建设为主,但在学术上,也颇多建树,除前面说过的《铁路工程学》《市政工程学》等著作外,还著有《中国铁路志》《十六年筑路生涯》《铁路大意》《全国铁路提要》《台湾工业概况》《抗战八年交通大事记》《桥梁学》《工厂设计》《五十年来的中国工程师学会》《詹天佑先生年谱》等书。

1931年12月,凌鸿勋当选为美国土木工程学会(ASCE)正式会员,后来成为该会终身会员;1935年当选中央研究院第一届评议员(以后连任8届);1948年3月,当选中央研究院第一届院士。

1949年初,国民党大势已去。身为国民党高官的凌鸿勋,自然无法留在大陆。2月,凌鸿勋奉令代理交通部部长。3月,他向行政院辞去本兼各职。6月,他借家人移居香港,靠翻译美国最新科学著作的稿费维持生活。

1950 年 10 月，凌鸿勋偕家人定居台湾。当地电力公司特聘其任顾问。1951 年 2 月，凌鸿勋兼任台湾大学教授。不久，因资源委员会聘其为石油公司董事长而辞掉了台大教职。他在董事长位子上干了 20 年，直到 1971 年 78 岁时方退休，但仍任顾问。

1956 年，交通大学成立 60 周年。旅居纽约的交大校友筹划在台湾"复校"，但在当时要建一个大学并非易事，便想先建立一个电子研究所。经过一段时间的运作，1957 年台湾当局核准筹设计划，并聘凌鸿勋为筹备主任。当时，因新竹县愿捐赠一部分土地，于是台湾交通大学就建在了新竹。1958 年，台湾交通大学开始招收研究生。1964 年，台湾交通大学申请设立大学本部，获得当局批准。以后台湾交通大学逐渐扩充，发展为有 3 个学院的大学。

1981 年 8 月 15 日，凌鸿勋病逝于台北，享年 87 岁。

扩展阅读：

凌鸿勋、沈云龙：《凌鸿勋口述自传》，湖南教育出版社 2011 年版

十二

庄长恭

中国甾体化学先驱

庄长恭(1894—1962年),字丕可,福建泉州人,化学家。中国甾体化学的先驱者和有机微量分析的奠基人。

庄长恭出身于书香门第,1916年毕业于泉州中学(今泉州市第五中学),因学业优异,获得了地方奖学金,并被保送入北京大学化学系学习,但不知何故,于当年转到了北平农业专门学校(现中国农业大学)学习,他在那里读了3年农业化学。

1919年,庄长恭考取清华学校津贴留美生,但因得到菲律宾华侨庄汪料的资助,就放弃了清华的名额,直接赴美学习。他到美国后,进入芝加哥大学,原本打算学习农业化学,准备将来从事甘蔗制糖业,走实业救国之路,后在导师劝说下,改学化学。1921年,他本科毕业并获学士学位,之后继续在该校深造。学习期间,庄长恭与旅美化学学者李宝庆等人发起成立中华化学会,有留美学生数十人参加。

1924年,庄长恭在芝加哥大学获博士学位后,学成归国。在湖北武昌大学任教一年后,转赴东北,任东北大学教授、化学系主任。1926—1933年,他还得到中华教育文化基金会的资助,担任该基金会的研究讲座,研究讲座授予专门从事科学研究工作并已取得较大成就的科学家。

庄长恭在东北大学任教期间,讲授化学课程的同时,还开展基础研究,并指导学生发表了有关玄参、狼毒、泽泻等中草药化学成分的研究文章。关于科学研究,还有一段他与校长张学良的轶事。那是一个星期天,他带着一名助手在实验室里工作。他像往常一样全神贯注、心无旁骛。在实验中,他感觉到身后有人,便随手将一个玻璃瓶交给站在背后的人,说:"请把它洗干净。"那人回答:"晓得,庄教授!"接着笑出了声。庄长恭回头一看,背后竟是张学良。张学良在背后观察有一段时间了,看到他聚精会神、认真工作的情景,竖起大拇指,由衷地称赞道:"你是真正的科学家!"

1931 年,九一八事变爆发,东北沦陷。庄长恭再度出国,赴德国哥廷根大学师从著名化学家、诺贝尔化学奖得主温道斯研究有机化学。庄长恭对麦角甾醇结构的研究卓有成效,探明了它的化学结构,有力地推动了多环化合物化学的发展。他还设计了一种合成带有角甲基的双环 α -酮的方法,被称为"庄氏法",后在国际有机化学界被长期沿用。

庄长恭的相关成果在《李比希化学年报》发表后,迅速引起化学界的关注。有一位在哥廷根实验室的同行既羡慕又妒忌,酸酸地说他运气好,但庄长恭回答说,科学研究不是靠运气的,必须要有坚强的毅力、严谨的态度、敏锐的观察才能获得成就。他后来在不同场合反复说过类似的话。这应该是他成功的心得。

1942 年出版的国际通用教科书——卡勒的名著《有机化学》第二版中所列举的 166 项参考文献中,关于麦角甾烷的文章就是庄长恭所著,这是书中唯一引用的中国人的著作。此后,其他两本美国专著也提到了庄长恭的这一工作。

1933 年,庄长恭结束在德国的访问研究,回到国内,任中央大学理学院院长。1934 年,蔡元培聘请庄长恭担任中央研究院化学研究所所长,他是化学研究所继王琎之后的第二任所长。1935 年中央研究院第一届学术评议会成立,他是当然评议员。

庄长恭在化学所内继续开展甾体化学全合成这一国际前沿课题的研究。甾体结构复杂,不对称碳原子多,当时全世界只有少数人敢问津。庄长恭率领团队,艰苦攻关,取得了丰硕成果。他们从中药防己中提出一种新的生物碱,命名为防己诺林,并证明它是去甲防己碱。而且,经过 5 年的艰辛努力,他们终于合成了第一个天然甾体产物——雌马甾酮。在研究的同时,庄长恭不忘著述。1935—1941 年间,他和他的团队在当时全球最有名的化学期刊之一——德国《化学会志》上前后发表的论文有 14 篇之多。

从在中央大学任教开始,庄长恭培养了一批始终追随他的学生,这些学生在他的科研工作中发挥了不可或缺的作用。在他的悉心培养下,这些学生后来都成为化学界的翘楚,如高怡生、黄耀曾后来都当选为中国科学院院士。

庄长恭对中国有机化学的另一贡献是将国外刚刚发展起来的有机微量分析技术引入国内。当年各种谱学仪器尚未问世,有机微量分析是测定结构的重要手段。在德国研究期间,他已经认识到了有机微量分析技术的重要性,专门到奥地利格拉兹大学诺奖得主浦瑞格尔的实验室学习有机微量分析技术,并订购了相关仪器。回国后,他创建了中国第一个有机微量分析实验室。

庄长恭非常重视有机化学名词的标准化工作,认为这是有机化学事业中重要的一环,也是该学科在中国发展的先决条件。现在一些常用的名词,如吲哚、吡咯等杂环化合物的名称都是由他倡议定名的。

1937 年,正当庄长恭在进行第二和第三次探索合成脱氢去甲雌马甾酮的时候,七七事变爆发。庄长恭只得停止研究工作,与物理研究所所长丁燮林一起,陪同蔡元培离开上海赴香港。后又辗转长沙和昆明,勘察新所址,最后选定了昆明。他在把化学研究所的图书设备搬迁到昆明后,辞去了中央研究院化学所所长职务,离开昆明来到位于上海法租界的北平研究院药物研究所,继续从事甾体和性激素的合成研究。

1940 年 3 月 13 日,庄长恭当选中央研究院第二届聘任评议员[①]。

———————————

① 关于聘任评议员,详见本书第一章第二节中的相关内容。

1941 年 12 月太平洋战争爆发后,日本强占了英美法等国在上海的租界,庄长恭如不附逆,便很难在上海工作下去,于是他只得离开科研条件相对优越的上海,南下昆明,任北平研究院药物研究所研究员和代所长。虽然庄长恭十分努力,但战火对他的研究还是造成了很大影响,例如,性激素雌马甾酮研究就在与欧美团队的竞争中失去了先机。

抗日战争结束后,1946—1947 年,庄长恭得到中华教育文化基金会的资助,以北平研究院研究员的名义,赴美国考察,与美国有机化学界的科学家进行学术交流。陈克恢所在的美国礼来公司欲以高薪聘他,被他婉言谢绝了。德国拜耳药厂要买他的专利,他说:"成果不是属于我私人的。"

1948 年 3 月,庄长恭当选为中央研究院第一届院士。

1948 年 4 月,国民政府行政院任命庄长恭为台湾大学校长。他是台湾大学第三任校长,也是第一位欧美教育系统出身(留学美国和德国)的校长。

6 月,庄长恭满怀信心地赴台上任,可很快发现,这里不是他理想的工作场所:他的教育思想得不到贯彻,一些有关系的不合格的教职员工无法辞退,国民党特务还时不时地进校抓捕进步学生。两个月后,他便向当时的国民政府教育部部长朱家骅请辞,后又接连两次递上辞呈,但朱家骅不同意他辞职,并一再慰留。11 月 4 日,庄长恭要搭机离开台湾,但被支持他的师生劝回。12 月 7 日,正当国民党紧急实施"抢救学人计划"之际,庄长恭终于下决心乘上飞机,离开了台湾,飞往上海。台湾大学校长一职,月底由傅斯年接任。

回到上海的庄长恭,担任商务印书馆特约编辑。他深居简出,靠审阅书稿为生。国民党向他发出了前往台湾的邀请,他置之不理。

1949 年 10 月,中华人民共和国成立,赋闲在家的庄长恭被聘为中国科学院的筹备委员。1950 年 4 月,中国科学院接收原中央研究院化学研究所。6 月,原化学研究所撤销,组建新的有机化学研究所,它由原中央研究院化学所和北平研究院化学所与药物所合并组成，所址设在上海，庄长恭被任命为有机化学研究所所长。人民政府显然对庄长恭在化学界的地位及其专业和专长十分清楚。中国科学院院长郭沫若对他所做出的贡献盛赞有加，称他为"我国化学家的一面旗帜"。

有机所建立初期，庄长恭广泛延聘人才，调整研究方向，为新中国的有机化学发展创造了条件。他虽然年纪稍长，但思想新颖，具有国际眼光。他领导有机所后，向中国科学院提出许多建设性的意见，都获采纳，如在有机所内开拓高分子和抗菌素两个新领域。后有机所高分子组搬往北京，成为中国科学院化学所的一支主力。庄长恭又被任命为该所筹备委员会主任委员。

1955年，中国科学院设立四个学部，庄长恭被选聘为学部委员并被任命为物理学数学化学部常务委员和副主任。

1956年，庄长恭被任命为国务院科学规划委员会委员，参与制定《1956—1967年科学技术发展规划纲要》等文件。

1962年2月15日，庄长恭不幸于上海逝世，享年68岁。

扩展阅读：

冯丽妃：《庄长恭：中国化学界的"一面旗帜"》，《中国科学报》2019年10月25日第4版

十三

茅以升
中国现代桥梁学奠基者

　　茅以升(1896—1989年),字唐臣,江苏镇江人,土木工程学家、桥梁专家,中国土力学的开拓者。

　　茅以升出身于知识分子家庭,曾在南京最早的新式小学,也就是陈三立创办的思益学堂求学。1905年,茅以升入江南商业学堂。1911年入唐山路矿学堂(后改为唐山工业专门学校)。1916年夏,清华学校第一次招考各大学校的优秀毕业生,资送他们前往美国读研究生。茅以升以全国第一名的成绩入选,赴美国康奈尔大学桥梁专业学习,翌年获硕士学位。毕业后,经导师贾柯贝介绍,在匹兹堡桥梁公司实习,同时利用业余时间到卡内基理工学院(现为卡内基·梅隆大学)攻读工学博士学位。他于1919年以论文《框架结构的二次应力》获博士学位。这是一篇具有世界水平的论文,该文中提出的创见被称为"茅氏定律"。

　　1919年12月,茅以升学成归国,即回母校交通大学唐山学校(由唐山工业专门学校改称)任教。1921年,上海、唐山及北京四所交通部直属学校合并组成交通大学,交通总长叶恭绰亲自担任校长,并任命凌鸿勋为上海学校的副主任,茅以升是唐山学校的副主任。不久之后,由于政局变化,交大解散,在唐山的部分改称交通部唐山大学。茅以升受排挤而去职,1922年7月到东南大学任教授。1923年,东南大学成立工科,茅以升任第一任工科主任。1924 年，东南大学工科与河海工程专门学校合并，成立河海工科大学，茅以升任首任校长。1926 年，茅以升回任交通部唐山大学校长，并兼任北洋大学教授。次年，茅以升辞去其他职务，专任北洋大学教职。1928 年，北平大学区成立，北洋大学改为北平大学第二工学院。校长李石曾邀请茅以升担任第二工学院院长。后北平大学取消，北平大学第二工学院改称北洋工学院，茅以升还任院长。

茅以升在教学中，创造了不少成功的教学方法，其中之一就是"学生考老师"，如果学生提出的问题，把老师考倒了，学生就能获得满分。他以这样的方法，鼓励学生积极开动脑筋，深入思考。

茅以升是学桥梁的，但旧中国基础设施差，又缺资金，他一直没有找到施展才华的机会。20 世纪初，沪杭铁路就已修建完成，到 30 年代初，又在兴建浙赣铁路，但钱塘江成为沪杭线与浙赣线不可逾越的一道天堑。1933 年 3 月，浙江省决定在钱塘江上建桥，将两条铁路连接起来。当时，茅以升正在北洋工学院任院长，闻讯十分兴奋。他两下杭州，对钱塘江的水文地质等情况进行调查，为钱塘江建桥做可行性方案。1933 年，浙江省政府成立"钱塘江桥工程处"，茅以升辞去了舒适的北洋工学院教职，就任浙江省钱塘江桥工程处处长，全面负责钱塘江大桥的筹办、设计、建造、炸断以及修复工作。

在钱塘江大桥设计方案、工程方案评选中，茅以升的设计方案以桥面短、工时省、造价低，一举击败了美国人的方案，拔得头筹。

1935 年 4 月，钱塘江大桥正式开工建设，这是一座全长 1 453 米的铁路公路两用桥。茅以升和他的团队，夜以继日，全身心扑在工地上。这毕竟是中国人第一次建造这样的大型桥梁，钱塘江的水文地质又十分复杂，茅以升碰到了许多难以预料的困难。但他运用自己的聪明才智，将所碰到的困难一一化解。钱塘江水流湍急，难以施工，他发明了"沉箱法"。钱塘江水下流沙厚硬，难以打桩，他发明了"射水法"。他还创造了"浮运法"，巧妙地利用江潮的涨落在桥墩上架设钢梁。茅以升带领团队前后共攻克 80 多个难题。作为教授的茅以升,还把工地办成了学校,吸收大批土木工程专业的学生参加工程实践,为国家培养了最早的一批桥梁工程人才。

经过两年多的日夜奋战,大桥终于建成。1937 年 9 月 26 日,铁路桥提前通车,为上海保卫战起到了关键的支援作用。11 月 17 日,公路桥又正式开通。这是我国自行设计、建造的第一座现代桥梁,它的建成,毫无疑问是中国桥梁史上的一座里程碑。

然而,大桥建成不到三个月,茅以升又奉命将它炸断,这成为他心中永远的痛。1937 年 12 月 23 日,日军攻打杭州。为防止日军利用钱塘江大桥,茅以升接到炸桥的命令。于是,茅以升忍痛将自己呕心沥血、刚刚建成的作品摧毁。炸桥的这天晚上,茅以升以十分悲壮的心情写下了八个字:"抗战必胜,此桥必复。"他还写了一首诗表达复桥的决心:"斗地风云今变色,炸桥挥泪断通途,五行缺火真来火,不复原桥不丈夫。"

钱塘江大桥被炸断,确实给日本在浙江的交通造成不小的困难。而且,日本人也始终没能让钱塘江大桥完全恢复通车。中国人民经过苦战,终于赢得抗战的胜利,钱塘江大桥又回到了中国人民的手中。1948 年 3 月,还是在茅以升的主持下,钱塘江大桥修复通车。在这之前,国民政府已任命茅以升为北洋大学校长,但由于需要修复钱塘江大桥,他辞去了北洋大学校长的职务。

1938 年,茅以升复任唐山工程学院(由其母校唐山路矿学堂几经更名而来)院长,为唐山工程学院内迁、复校做了大量艰苦卓绝的工作。1942 年,唐山工程学院恢复正常教学后,茅以升再次辞职,就任交通部桥梁设计工程处处长。在任上,他已开始谋划战后中国修复铁路、新建桥梁的工作了。

抗战期间,大众生活艰苦,许多工程技术人员找不到工作。茅以升筹建了中国桥梁总公司,自任总经理。他把相关的技术人员尽可能招进公司。当时没有桥梁工程可做,茅以升就组织他们进行学习,研究桥梁的设计和施工方法,安排他们做桥梁标准设计,并让他们搜集参考资料,为武汉长江大桥、上海越江工程以及修复受损桥梁等工程准备方案。此举为国家储备了一批优秀的桥梁专业人才。

为了让中国桥梁公司维持下去,茅以升不顾他人责难,派人经营商业,以商业利润贴补桥梁公司的运营。1944年,在桥梁公司经济十分困难的情况下,茅以升着眼未来,毅然资送优秀人才去美国实习。这些人员归国后,大多成为祖国大型桥梁建设的前驱和骨干,在新中国建设中发挥了重要作用。

1942年,茅以升成为第一批30位"部聘教授"之一。1948年3月,茅以升当选中央研究院第一届院士。

茅以升在学界、工商界都有很高的声誉,国民党自然不会忘记他。1949年5月15日,即将离开上海的蒋介石特意派轿车将在同济大学中美医院"养病"的茅以升接到自己的住处。一番好言抚慰之后,蒋介石提出要任命他为上海市政府秘书长。茅以升以身体不支婉言推辞。中共地下组织得知这一情报,立刻派人与他联系,希望他就任并利用这一职位为保卫上海做工作。这样,茅以升就当了十天的上海市政府秘书长,并做了一件大事:说服外国领事团起草一份照会,禁止汤恩伯施行焦土政策,以保护外国在沪开设的工厂不受破坏。照会措辞非常强烈,汤恩伯只得放弃这一计划。

1949年7月,中共中央军委铁道部决定唐山工学院(由唐山工程学院更名而来)与北平铁道管理学院、华北交通学院合并组成中国交通大学,茅以升出任总校校长。

1950年,茅以升被任命为铁道技术研究所(后改为研究院)所长。当时,全所只有60人,4个研究组,只能从事一些试验性工作,但茅以升不计较单位大小、职位高低,欣然就职。他认为要发展铁路运输事业,必须发展铁道科学技术,铁道科学是一门内容极其复杂而理论又比较高深的综合性的技术科学,这是一个需要开拓和发展的领域。他结合在科研管理上遇到的问题,先后发表了 20 多篇论文和文章,如《科学研究的组织和体制问题》《我国铁路科学研究的远景》等,阐述了科学与生产之间的关系,基础科学、技术科学(应用科学)、生产技术之间的关系。

1955 年,我国第一座跨越长江的大桥——武汉长江大桥开工在即,茅以升担任由中外专家组成的技术顾问委员会主任委员,他帮助解决了武汉长江大桥建设中的 14 个技术难题。武汉长江大桥于 1957 年 10 月 15 日建成通车,比原计划提前两年。

1955 年,中国科学院成立学部,茅以升被选聘为学部委员,并被任命为中科院技术科学部副主任。1982 年,他当选美国国家工程院外籍院士。

1987 年 10 月,茅以升以 91 岁高龄,申请加入了中国共产党。

1989 年 11 月 12 日,茅以升在北京病逝,享年 93 岁。

扩展阅读:

赵泰靖、孟宪明:《华人十大科学家:茅以升》,河南文艺出版社 2012 年版

十四

吴有训

中国现代物理学
奠基人

吴有训(1897—1977 年)，江西高安人，中国现代物理学奠基人。

1916 年 7 月，吴有训从江西省立第二中学毕业后，考入南京高等师范学校理化部，得到刚从哈佛大学留学回国的胡刚复先生的指导，并由此逐渐培养起对 X 射线研究的浓厚兴趣。

1920 年，吴有训从南京高等师范学校毕业。1922 年，考取江西省留美官费生，赴美入芝加哥大学物理系学习。在这里，吴有训有幸成为年轻的物理学家康普顿的门生。康普顿只比吴有训年长 5 岁，但他在物理学界已经相当有名。1923 年，康普顿发现，被散射的 X 射线中有频率比入射 X 射线低的部分，此现象被称为康普顿效应，但在当时并未得到公认。于是，康普顿便和吴有训一起，通过实验和理论分析，证实了康普顿效应的存在，因而轰动了国际物理学界。吴有训因此成为康普顿最得意的两名学生之一，康普顿则因发现康普顿效应获 1927 年诺贝尔物理学奖。

1926 年，吴有训凭借题为"康普顿效应"的论文获得博士学位。这篇论文一举奠定了他在国际物理学界的地位。拿到博士学位后，吴有训谢绝老师康普顿的再三挽留，于当年返回中国。

但在回国之初，于短短一年多时间里，吴有训几易教职，工作上并不顺利。直到 1928 年秋，吴有训应同在芝加哥大学学物理的叶企孙之邀加入清华大学,任物理系教授,事业才算走上了正轨。1929 年,吴有训在清华大学建立了我国最早的现代物理实验室之一,开创了国内 X 射线研究的先河。

吴有训在芝加哥大学留学时期,在康普顿效应的实验证明过程中,掌握了高度精密实验技术。遗憾的是,受制于当时国内的实验条件,他这方面的特长后来并未得到充分发挥。于是,他只好利用清华比较丰富的文献情报资源,努力开展理论性质的研究工作。严济慈曾撰文指出:"在国内作研究,最早而最有成就者,要推吴有训,他于民国十九年曾把一篇关于 X 线散射的研究论文,寄往英国《自然周刊》发表,我们中国人在中国做的物理研究,寄往国外杂志刊布,这还是破题第一遭,确是一件值得纪念的事!"

1932 年,吴有训在美国《物理学评论》上发表了《多原子气体的 X 射线散射》一文。吴有训的研究得到了世界同行的高度认可。1936 年 4 月,德国哈莱自然科学研究院推举他为该院院士。吴有训成为第一位被西方国家授予院士称号的中国人。

1934 年,吴有训接替叶企孙任清华大学物理系主任。1937 年,他又接替叶企孙任清华大学理学院院长。1938 年以后,他在西南联合大学任理学院院长,1945 年 10 月任中央大学校长。虽然吴有训在学校的职务不断升迁,但他始终没有脱离教学的第一线。1942 年,吴有训被国民政府教育部聘为"部聘教授"。

吴有训担任中央大学校长不久,解放战争爆发。当时,反独裁的民主运动风起云涌,中央大学学生也积极参与,国民党军警对此十分痛恨,几度准备进入校园搜捕进步学生。吴有训表示,若军警入校捕人,他就辞去校长之职。在他任校长的两年里,军警始终未能进入中央大学捕人,但他因此与国民党当局的关系十分紧张。

吴有训早有辞去中央大学校长之意,苦于一直没有合适的借口和机会。1947 年 11 月,联合国教科文组织向当时的国民政府发出邀请,希望派代表参加会议。蒋介石决定指派吴有训作为代表出席,这正合吴有训之意。5月,吴有训前往美国讲学访问,并游历了英、法等国。之后,吴有训在美国东北部的剑桥隐居下来。他一面到美国的大学学习考察,一面通过家信、报纸、电台等了解国内局势的变化。

国民党当局见吴有训迟迟不归,且没有任何音讯,有些着急。像吴有训这样有学术地位和威望的人可是不多的呀!经过一番探寻,国民党终于觅到了吴有训的行踪,先是朱家骅接连发了两份电报,吴有训不予理会。蒋介石便亲自致电吴有训:"望顾念大局,接电速归国返校。"吴有训回了电,说明考察尚需时日,不能马上回国。蒋介石对此自然无可奈何。1948年10月,吴有训中央大学校长职务被免的消息传到了美国,于是他决定回国。

是年底,吴有训回到南京。蒋介石召见了他,并授予他青天白日大勋章。随后,蒋介石邀请他到台湾去。吴有训虚与委蛇一番,说需要时间准备云云。与此同时,中共地下组织也在做吴有训的工作,希望他留下来,不要去台湾。吴有训因对国民党十分失望,便做了留下来的准备。

1949年初,吴有训夫人王立芬以探亲为名,带着两个孩子先去了上海。2月1日,吴有训在共产党的帮助下,坐汽车由南京直驱上海。清华大学校长梅贻琦被"抢救"出北平后,在上海与吴有训见了面。梅贻琦劝吴有训去台湾继续与他合作,吴有训反劝他远离国民党腐败政治为好。两人话不投机,便没有深谈下去。梅贻琦不会向蒋介石告密,吴有训这点是深信不疑的。

吴有训觉得老待在家里不是办法,就到交通大学去上了点课,并利用那里的图书和仪器继续做研究。这时,他收到恩师康普顿先生邀他赴美的信件,在犹豫一番之后,最终还是决定留下来。中共对吴有训也十分重视,专门派交大地下党组织负责人胡永畅同他联系,而国民党还没有完全放弃对吴有训的争取。一天,国民党政府教育部部长杭立武来到吴有训家中,说了一番蒋介石对他十分关怀之类的话后,掏出一大把金圆券,希望他尽早去台湾。吴有训表示故土难离，暂时走不开。杭立武也没有办法，只好留下电话号码，嘱咐一旦决定了告诉他，他会安排好一切。形势越来越紧，交大也不是安全之地。吴有训就去了北平研究院镭学研究所，很少人知道他在那里，几乎像是隐居一般。

这时，共产党也在积极做知识分子的争取工作。新华社向全体学界人士广播公告，宣布中共将欢迎一切爱国知识分子留下来参加未来国家建设。广播还特别提及吴有训不要离开大陆，说胜利后会安排他继续担任中央大学校长。这无疑进一步坚定了吴有训留下来的决心。

1949年5月，上海解放，吴有训同上海市民一样欢欣鼓舞，并随即参加上海军管会召集的各界人士座谈会。中共对吴有训果然委以重任：1949年6月，任交通大学校务委员会主任；1950年5月，任中国科学院近代物理研究所所长；同年12月，任中国科学院副院长。

1955年，中国科学院成立了学部，吴有训兼任物理学数学化学部主任，从此负责领导科学院的数、理、化、天文等学科的学术研究工作。吴有训在中国科学院威信很高，物理学数学化学部集中了中国顶级的科学家，但所有的科学家都对他尊重有加。

吴有训对调整和充实中国科学院的布局和研究力量倾注了很多心血；他既注重基础理论的研究，也关心新兴技术科学的发展，强调科学研究应为国民经济和国防建设服务。1956年，在制定12年科学发展远景规划时，他把握学科发展方向，提出并参与制定加速发展新技术的紧急措施，为我国半导体、自动化、原子弹、电子计算机的起步，做了大量工作，也为国家发现和培养了大批科技人才。因此，称他为中国科学事业的杰出领导人和组织者，一点也不为过。

1960年，吴有训提出了加入中国共产党的请求，但中国科学院的党组织通过他的女儿吴希如（中共党员）转告他，留在党外，比入党发挥的作用更大，他入不入党，党一样信任他。

"文革"时，周恩来总理将吴有训列入特别保护名单，因而使他没有受到大的冲击。1976 年 11 月，他恢复了中国科学院副院长的职务。夕阳无限好，只是近黄昏。1977 年 7 月，他的学生、诺贝尔物理学奖得主杨振宁回国访问。他看到老师身体不好，劝他休息。吴有训说："我做不到百分之百，也应该把百分之九十九的时间用到祖国的科技事业上去，这也是一个有良心的科学家的责任吧。"同年 11 月 30 日，吴有训因病逝世，享年 80 岁。

扩展阅读：

林家治：《吴有训图传》，湖北人民出版社 2006 年版

十五

杨钟健
中国古脊椎动物学
第一人

　　杨钟健（1897—1979年），字克强，陕西华州（今渭南市华州区）人，古生物学家、地层学家、地质学家，中国古脊椎动物学的开拓者和奠基人。

　　杨钟健于1910年毕业于华州教育会附设两等小学堂，1916年毕业于陕西省立第三中学，1917年，考入北京大学预科。1919年，五四运动爆发，杨钟健是积极参加的健将，火烧赵家楼时，他也在场。同年9月，杨钟健顺利升读北京大学本科，入地质学系。这是中国高等院校设置的第一个地质学系。1920年9月，与地质学系的其他6名同学，议决建立"北京大学地质研究会"，杨钟健当选为委员长。这是中国第一个地质研究团体，得到了校方与李四光、葛利普、丁文江等地质界前辈的支持。

　　1920年，杨钟健经邓中夏介绍，参加了少年中国学会和北京大学马克思学说研究会。1921年，他当选为少年中国学会执行部主任，即给当时在湖南的毛泽东写信，请其补填加入少年中国学会的志愿书，毛泽东很快给他回了信，并填好了志愿书。

　　1923年，杨钟健从北京大学地质学系毕业，获学士学位。9月，杨钟健自费赴德国留学。经过半年的德文补习，于次年4月入慕尼黑大学地质系古生物专业，随世界著名的施洛塞教授和布罗里教授专攻古脊椎动物学研究。1927年，杨钟健通过毕业论文答辩，获得哲学博士学位，其博士论文《中国北方之啮齿类化石》于当年甫一发表,即受到国内外学者的赞誉,被认为是中国古脊椎动物学诞生的标志。

杨钟健在欧洲瑞典、英国、法国等地游历一番后,于 1928 年 2 月取道西伯利亚回到国内。随即,他应地质调查所所长翁文灏之邀,任该所技师,月薪 200 元,主持周口店发掘工作。1929 年 12 月 2 日,杨钟健的下属裴文中在周口店发现了中国猿人第一颗头盖骨化石,使"直立人"这一古人类演化阶段得以确立,这是中国考古及人类发展研究史上具有里程碑意义的事件。

在发现北京猿人头骨化石的同一天,新生代研究室成立,杨钟健担任副主任。这个研究室的体制和名称后来虽屡经变化,但杨钟健一直担任该机构的领导职务。

在这之前的几年,杨钟健除负责周口店的工作外,大部分时间都用在野外考察上,行程遍布大半个中国,北起蒙古高原,南至粤海八桂,西达新疆塔城,东迄青岛海滨,收集了大量地质资料和古生物化石,这些珍贵的原始资料为他后续的科学研究奠定了坚实基础。

杨钟健一生从事古脊椎动物学和中、新生代地层研究,成就卓著。在古脊椎动物学方面,杨钟健专注于对啮齿目、兔形目和偶蹄目的研究,记述了大量新的属、种,从而丰富和充实了人们对中国北方第四纪动物群的认识,加深了对其分布和演化历程的理解。

在新生代地质研究方面,杨钟健最重要的贡献之一,是对华北黄土高原的综合研究。他根据啮齿目、兔形目及鹿科等哺乳动物化石带,对黄土层进行了详细的划分和对比,把黄土堆积分为红土、红色土和狭义的黄土三部分,并将红色土的时代明确为第三纪上新世末到更新世,还进一步细分为 A 带、B 带和 C 带三个带,分别代表三个不同地史阶段的沉积,每一个带都有代表性的哺乳动物化石。另外,杨钟健还确立了上述各时期中国北方黄土地层的大致分布范围,探索了黄土与古气候、地壳运动的关系。他是国内最早提出华北黄土风成说的学者之一。

1934年,杨钟健的研究重点逐步转向爬行动物,野外考察的地点也转到了长江流域,如雨花台砾石、龙潭下蜀壤土和庐山地貌等。1935年春,杨钟健作两广之行,对南方的洞穴堆积展开调查,发表了《广西和广东的新生代地层》一文,为中国南方新生代地质的研究奠定了基础。

1935年冬,杨钟健任地质调查所北平分所所长。

1936—1937年,杨钟健连续两年当选中国地质学会理事长,并在1937年,荣获葛氏(葛利普,在中国工作的美国地质学家、古生物学家)纪念金质奖章。

1937年8月,日军进入北平。杨钟健利用新生代研究室与协和医学院的合作关系,将地质调查所的重要设备、标本和资料等寄存在协和医学院。当时日本还没有与美国开战,对美国尚有几分忌惮。这些宝贵的科研资源得以免受战火的破坏。

为了避免日本人的纠缠,杨钟健于1937年11月只身经天津乘船南下,几经辗转,抵达云南昆明。1938年夏,他与同事到云南禄丰进行野外调查,获得了大批恐龙及原始哺乳类化石,那就是后来举世闻名的禄丰蜥龙动物群。其同事卞美年发现的著名的卞氏兽就是其中的一件。杨钟健前后花了近10年时间,对这批标本进行了仔细的研究,记述了20多个新属、种,发表了20余篇论文和3种专著,取得了丰硕的科研成果。其中,他于1941年出版的《许氏禄丰龙》是我国第一部研究恐龙的专著。

1940年夏,杨钟健被聘为地质调查所古生物研究室脊椎古生物组主任和地质调查所新生代研究室名誉主任。同年10月,他随地质调查所昆明办事处迁到四川北碚(今重庆北碚区),并应邀兼任重庆大学名誉教授,给学生上脊椎动物化石课。此后几年,杨钟健除在北碚做研究工作,以及在重庆大学兼课外,还去陕西、甘肃、新疆等地考察。

1944年4月,杨钟健由资源委员会委派,经印度赴美欧考察和讲学。出国考察时,他将卞氏兽标本随身带到美国,在纽约进行进一步的修理和研究,最后确定卞氏兽是很接近哺乳动物的爬行动物。杨钟健在这个专题上,先后发表和出版了多篇文章和多部专著,介绍了包括卞氏兽在内的动物群组成内容、性质分析、形态特征、系统关系以及地质时代、科学意义等。杨钟健的研究成果发表后,影响很大,使得古生物学发生了一次重大的分类改变,推迟了哺乳动物在地球上的最初出现时间。我国的云南禄丰也因此成为世界古生物界公认的晚三叠世的脊椎动物标准化石点,禄丰的化石层位也被广为征引。杨钟健则因此跻身世界顶级的爬行动物学家行列,先后被北美洲古脊椎动物学会、莫斯科自然博物协会、英国林奈学会聘为会员或名誉会员。

1946 年 4 月,结束近两年的国外考察,杨钟健返回国内,并回到了在南京的中央地质调查所工作。同年冬,杨钟健当选中国古生物学会理事长。1947 年春,兼任北京大学地质学系教授。

1948 年 3 月,杨钟健当选为中央研究院院士。当年,他还被授予中国地质学会丁文江先生纪念奖金。是年 10 月,杨钟健赴西安出任西北大学校长,但西北大学复杂的程度远超他的想象。从美欧考察回国后的这几年,诸事不顺,是他"生活最感烦闷的时期"。他曾积极筹划恢复新生代研究室,却因各种因素最终也未能实现。

为了筹措学校经费,杨钟健于 1949 年 1 月回到了南京。几经周折,好不容易搞到了经费,已到了南京解放的时刻。杨钟健与国民党素无瓜葛,他还有一大家子人在北平和陕西老家,自然不会跟着他们到台湾去。他留在了南京,迎接解放。

1949 年 6 月,杨钟健应邀到北京出席中华全国科学工作者代表大会筹备会。"万物更新意,人心喜慰狂",杨钟健以他的诗表达了对新中国的兴奋和期待之情。

1949 年 12 月,杨钟健任中国科学院编译局局长,但他的兴趣还在古生物研究上,不久就与裴文中等筹建中国科学院古脊椎动物研究室。1953 年,杨钟健就任中国科学院古脊椎动物研究室主任。后来,研究室改为研究所,杨钟健继续任所长。

1955 年,杨钟健被选聘为中国科学院生物学地学部委员。1956 年 4 月,他加入中国共产党。在《入党抒怀》中他写道:"余年为科学,不负党所盼。"1956 年,杨钟健率中国古生物学访苏代表团去苏联各地访问。在此期间,达成了中苏古生物科学考察协议,并为以后古脊椎动物研究做了战略性的部署。

1959 年,杨钟健兼任北京自然博物馆馆长。

杨钟健一生醉心于科学研究。从新中国成立到"文革"期间的十几年,是杨钟健学术活动最活跃时期,除了大量的学术领导、组织工作、国外考察外,他还多次赴野外,考察足迹遍及全中国,研究领域则涉及爬行动物所有重要门类,基本上填补了我国在这方面的空白。即使在"文革"期间,杨钟健仍没有放下科研。他在当时困难的境况下,完成论文多篇,研究涉及新疆白垩纪的翼龙、华南水生爬行动物化石、马门溪龙、中国龙和青岛龙等。杨钟健一生的科学成果极其丰硕,共发表学术论文 600 余篇,还有专著和教科书 20 多种以及大量的科普文章,是现代我国自然科学界著述最多的学者之一。值得一提的是,他还是一位优秀的诗人,一生留下了 2 000 多首诗。

1979 年 1 月 15 日,杨钟健在北京逝世,享年 82 岁。

扩展阅读:

杨钟健:《杨钟健回忆录(修订版)》,陕西师范大学出版社 2020 年版

十六

叶企孙

培养大师的大师

叶企孙（1898—1977 年），原名叶鸿眷，字企孙，上海人，物理学家、教育家，中国物理学界的一代宗师。

叶企孙出身于书香门第。1907 年，9 岁的叶企孙到其父叶景沄任校长的上海敬业学堂读书。敬业学堂是我国早期引进西方教育的现代学校，林则徐曾为敬业书院（敬业学堂前身）题额"海滨邹鲁"。1911 年 4 月，叶企孙第一次考入北京清华学堂，成为"游美肄业馆"正式更名"清华学堂"后的第一批学生。后因辛亥革命爆发，学校停课，他在清华只读了半年，便返回了上海。

1913 年夏，清华学校在上海恢复招生，叶企孙报名应考，但在身体检查时，大夫说他心律不齐，取消了他的考试资格。叶企孙不甘心，以字"企孙"为名重新报考，并请同学代验身体，才过关获准参加考试，考取了清华高等科。从此他便以叶企孙为名。

叶企孙在进清华的第二年，他的父亲叶景沄应聘到清华任国文教员。在他父亲的指导下，学习了大量中国古代典籍，打下了比较扎实的旧学基础。1915 年，后来长期担任清华大学校长的梅贻琦应聘回到清华讲授物理课程，曾教过叶企孙数学和物理。叶企孙在清华学校毕业时选择物理学作为奋斗方向，正是受了他的影响。高等科的学制是 4 年，但叶企孙因体育不及格留了一级，以致他延迟到 1918 年毕业。

叶企孙从清华学校毕业后，赴美国芝加哥大学物理系三年级就读。芝加哥大学物理系是当时美国的物理学研究中心之一，素有重实验的传统，叶企孙因此走上了实验物理学的道路。

1920 年，叶企孙获芝加哥大学学士学位。同年 9 月，叶企孙入哈佛大学研究院，师从实验物理大师布里奇曼攻读实验物理。布里奇曼后来于 1946 年获得诺贝尔物理学奖。在布里奇曼的指导下，叶企孙专注于压力对铁磁性物质磁导率影响的研究。在叶企孙之前，已有多人做过一些实验，但所获的数据相差很大，无法得出一个令人满意的概括性结论。叶企孙通过实验，完美地解决了这个问题。他把研究成果写成博士论文，并于 1925 年发表。他的导师布里奇曼在其《高压物理学》一书中对叶企孙的实验给予了详尽介绍和高度评价。叶企孙也因此成为我国从事现代磁学研究的第一人。

叶企孙于 1923 年获哲学博士学位。因父亲年事已高，他便取道欧洲，在英、法、德、荷兰和比利时五国游历一番后回国。1924 年 3 月，叶企孙回到上海，4 月应聘出任东南大学物理系副教授，经任鸿隽介绍，加入中国科学社，担任《科学》杂志编辑。

1925 年 5 月，清华学校大学部正式成立，开始招生。不愿卷入驱赶校长风波的叶企孙，便于 8 月离开东南大学，应聘回母校任物理系副教授。他还把刚刚从东南大学毕业的赵忠尧、施汝为也带到清华做助教。

1926 年，叶企孙升任教授，并接任梅贻琦的物理系主任之职。虽然号称物理系，但实际上系里只有他一位教授，还有两名助教。第一届学物理的只有 4 个人，即王淦昌、周同庆、施士元和钟间。第二届只有 2 个人，第三届只有 1 个。由此可见，清华的物理系在开创之初，是多么的艰难。其实，清华物理系的情况就是当时中国科学界的一个缩影。

叶企孙并不气馁，在他的领导下，短短几年，清华物理系迅速成长为全国大学中最好的物理系之一。叶企孙成功的关键，就是将当时中国物理学界为数不多的精兵强将中的大部分汇集到了清华，如吴有训、萨本栋以及后来的周培源、赵忠尧等，可谓群星荟萃，大师云集。强将手下无弱兵，清华因此培养出一大批在物理学界崭露头角的优秀人才，如王淦昌、赵九章、张宗燧、彭恒武、钱三强、何泽慧、王大珩、陈芳允、邓稼先、朱光亚、胡宁、葛庭燧等。这些名字，无论是中国的还是世界的物理史，都不能将他们忽略。在新中国成立50周年之际公布的23位获得"两弹一星功勋奖章"的科学家中，有9位是叶企孙的学生，2位是他学生的学生。叶企孙在中国物理界的地位可见一斑，他也因此被誉为"培养大师的大师"。

1928年，清华学校正式易名为清华大学。次年，清华大学成立理学院、文学院、法学院，叶企孙出任理学院院长兼物理系主任。他还被推选为决定学校大政的7位评议员（教授会议的最高议事机构）之一，并几度以校务委员会主席和代校长名义主持校务。11月22日，叶企孙在清华校刊上发表《中国科学界之过去、现在及将来》一文。他在文中指出："纯粹科学和应用科学须两者并重。纯粹科学的目标，应重在养成对于研究的兴趣；应用科学方面，则应明定目标，切实去做。"

1936年，叶企孙当选中国物理学会会长。

1937年七七事变爆发，叶企孙随校南迁。到天津时，不幸染病，幸得学生熊大缜悉心照料。不久，熊大缜放弃出国深造的机会，怀着一腔热血，前往八路军冀中抗日根据地。不久，熊大缜任军区供给部部长，参与研制高效火药。其间，滞留在天津的叶企孙还曾为其采购无线电零件、医药和军火原料提供过帮助。叶企孙甚至一度准备亲自前往抗日根据地，最后还是于1938年10月离开天津南下，出任西南联合大学物理系教授、清华大学特种研究所委员会主任委员。

1941年9月，叶企孙受时任教育部部长朱家骅的邀请，赴重庆任中央研究院总干事，是当时中国科学界实际上的领导，但他在中央研究院任职的时间并不长,因和历史语言研究所的傅斯年在争聘陈寅恪一事上发生龃龉,便于1943年8月辞去中央研究院总干事职务,返回西南联大任教。1945年,叶企孙接替吴有训出任西南联大理学院院长,还曾代梅贻琦主持西南联大的校务。1946年,国民政府实施派员赴美学习原子技术的"种子计划",遴选出的6人中,最年轻的李政道当时还只是大二学生,因此引起一些非议。叶企孙慧眼识人,一锤定音。李政道因此对叶企孙感激不尽。他在获得诺贝尔物理学奖之后,立刻致信叶企孙,感谢他当年的栽培之恩。

叶企孙一生发表的论文不多,仅有1921、1925年学生时代发表的两篇论文,因为回国后叶企孙"即不研究特别问题",一心扑在教育上了。在清华,叶企孙是仅次于校长梅贻琦的重要人物。

1946年秋,清华大学复员回到北平,叶企孙继续担任校务委员兼理学院院长。1948年3月,叶企孙当选第一届中央研究院院士。

1948年底,在北平即将被围城之际,梅贻琦南飞。他在走之前,曾劝叶企孙一起走,利用美国的资金,在海外重建清华,但叶企孙"自信作孽无多,共产党也需要教书匠",便留了下来。当时,叶企孙还有一个机会可以离开大陆:他已申请到美国一基金会提供的赴麻省理工学院或哈佛大学研究科学史的奖学金,但叶企孙最后没有回复基金会的来信,也没有去领款,而是"留在清华,等候解放"。

1950年3月,根据中央人民政府指令,清华大学校务委员会改组,叶企孙被任命为主任委员(校长),主持全校工作。1952年院系调整,叶企孙随物理系一起进入北大,淡出了中国科技、教育界的核心圈子,只做一名普普通通的物理学教授。1955年中国科学院成立,叶企孙被选聘为学部委员,并担任物理学数学化学部常务委员。

"文革"中,叶企孙被诬为"特务"受到迫害,一度被关入狱中。后经周恩来总理批示,获得释放。

1972年5月,北京大学恢复了叶企孙的教授待遇和每月350元的工资,并在北大中关园给他分配了住房。

1977 年 1 月 13 日,叶企孙不幸病逝,享年 79 岁。

扩展阅读:

虞昊:《叶企孙》,金城出版社 2011 年版

十七

曾昭抡
中国化学开拓者

曾昭抡（1899—1967 年），字叔伟，湖南湘乡人，我国化学科学的开拓者，曾国藩的曾侄孙，其曾祖曾国潢是曾国藩的胞弟。

曾昭抡出生于一个重视教育的官宦之家，他的学习成绩一向优异。1912 年考入长沙雅礼学堂，1915 年考入清华学校，学制 8 年。曾昭抡入读清华后，感到课程十分容易，通过考试，一下子从一年级跳到了四年级。这样他用 5 年时间便读完了 8 年的课程。1920 年，曾昭抡赴美留学，进入麻省理工学院攻读化学工程。在麻省理工，曾昭抡一鼓作气，在 3 年内修完了 4 年的课程，获学士学位。随后，他继续在麻省理工深造，并于 1926 年以论文《有选择的衍生物在醇类、酚类、胺类及硫醇鉴定中的应用》获科学博士学位。学校和老师希望他留在美国工作，但他婉拒了，说："我很热爱母校，但更热爱我的祖国"最终，他选择在这年夏天回到中国。

曾昭抡回国后，先在广州兵工试验厂任技师，但为时甚短。1927 年他到南京东南大学化学系任副教授（该校只设副教授、讲师、助教，没有教授职务），后又兼化工科主任。东南大学后改为第四中山大学，不久又改为中央大学。

曾昭抡乃名门之后，学识又高，名士气十足。他从中央大学转到北京大学，就与他的名士气有关。据北大学生何兆武回忆：有一次，中央大学校长朱家骅召集各系主任开会，曾昭抡来了，朱家骅不认得，问他是哪个系的。曾昭抡答是化学系的。朱家骅注意到他衣着简朴，就说："去把你们主任找来开会。"曾昭抡二话没说，扭头就走。随即他便自己收拾东西走人，到北大就任化学系主任去了。

　　曾昭抡是1931年8月任北京大学化学系教授、系主任的。他对北大化学系做了许多革新，引进优秀教师，并增添设备、购买药品、扩充实验室，很快使原本衰败的北大化学系成为全国同类系中的佼佼者，受到全国教育界的瞩目与称誉。曾昭抡还在北大化学系要求每个学生在毕业前必须完成毕业论文，确为高教史上的重要之举。

　　在曾昭抡的倡导和带动下，北大化学系形成了浓厚的研究氛围，学术成绩斐然。20世纪30年代，我国现代化学研究还处在起步阶段，曾昭抡奋战在科研第一线，开展了许多开创性的研究工作，仅在1932—1937年间，他就发表了50多篇论文，其中对-亚硝基苯酚的研究成果，已载入《海氏有机化合物词典》，被国际化学界广泛采用。他对中国现代化学的发展做出了至关重要的贡献，可谓功不可没。

　　1932年8月4日，中国化学会在南京成立，曾昭抡是主要发起人之一，并当选为首届理事。他创办了中国化学会第一个学术刊物——《中国化学会会志》，并任该杂志总编辑达20年之久。面对刊物资金不足的困境，他自掏腰包解决资金短缺问题，以确保刊物能继续出版。此外，他还是《科学》《化学》《化学工程》等杂志的编委。1936年8月，曾昭抡当选为中国化学会会长，此后，他连续16次被选为理事会理事和常务理事，并曾担任4次会长和1次理事长。

　　曾昭抡对中国化学的另一个贡献是化学名词的统一和命名。中国化学译名的工作，从西方近代化学传入中国就开始了，但因没有规范可依，因此较为混乱。1915年，当时的教育部颁布了《无机化学命名草案》，但之后就没了下文。直到1932年国立编译馆成立，化学名词与其他科学名词的命名一起，走上了正轨。而在化学名词的统一和命名工作中出力最多的，就是曾昭抡。他自始至终参与了《化学命名原则》《化学工程名词》《化学仪器设备名词》等工具书的编纂工作。中华人民共和国成立后，名词的审定和统一工作备受重视，并在政务院文化教育委员会下设立了学术名词统一工作委员会，这个委员会中，化学名词审查小组召集人是曾昭抡。1953 年，名词委员会通过了曾昭抡主持审定的 15 000 多个化学名词，并予以颁布。

1937 年七七事变爆发，清华、北大、南开三所大学南迁，合并为西南联合大学。曾昭抡一直在西南联大任教，专心致力于教学和科研工作。1942 年，曾昭抡是第一批被国民政府教育部聘为"部聘教授"的 30 位教授之一。

曾昭抡是个学者，本来离政治很远，但由于对国民党的专制政策十分不满，于 1944 年在昆明加入中国民主同盟，成为第一批民盟盟员，并担任民盟中央执委。费孝通在曾昭抡 100 周年诞辰纪念会上的发言中说："进民盟没有别的理由，就是爱国。当时我们觉得，再那么搞下去不行了，要当亡国奴了，要救亡，所以要加入民盟。"

第二次世界大战最后阶段，美国在日本扔下两颗原子弹，震惊世界。曾昭抡很快写就了《从原子弹说起》一文，于当年 9 月 9 日发表在昆明《正义报》上。蒋介石也关注到了原子弹的威力，找了军政部部长陈诚和兵工署署长俞大维探讨中国制造原子弹问题。俞大维是曾昭抡的内兄，研制武器是他的分内事。经曾昭抡推荐，他找了当时最著名的科学家吴大猷与华罗庚，商谈制造原子弹问题。最终，科学家的意见是：我国毫无基础，只能由培育人才着手。国民政府接受了科学家们的意见，并以兵工署制造经费支应考察和学习费用。1946 年 7 月和 8 月，曾昭抡和华罗庚、吴大猷带着唐敖庆、王瑞骈、孙本旺、李政道及朱光亚等先后赴美，考察原子科学，但因美国政府封锁，他们根本接触不到核心的机密技术。1947年，曾昭抡离开美国赴欧洲考察，他们所带的学生则留在美国继续深造。

1948 年 1 月 27 日，曾昭抡从欧洲回国。由于当时民盟已被国民党勒令解散,作为民盟盟员的曾昭抡便留在香港,任教于香港达德学院。这时,全国面临解放,曾昭抡的内心是欢迎的。如他于 1949 年 1 月 26 日给学生王瑞駪的信中写道:"北平和平易手……中国前途有望……"3 月 2 日,他在给王瑞駪的信中又写道:"北平情形不错,北大同仁同学均安,生活较解放前安定。"并说:"久居香港无聊,已决于日内启程北上。"在周恩来的关怀下,经潘汉年妥善安排,曾昭抡于 3 月 19 日乘船离开香港北上,参加了新政协的筹备会。

中华人民共和国成立后,曾昭抡任北大教务长兼化学系主任。1950 年 8 月,曾昭抡当选为中华全国自然科学专门学会联合会副主席。同年 10 月,曾昭抡任教育部副部长,后兼任高教司司长。1952 年 11 月,他被任命为高等教育部副部长,分管全国综合性大学和理工科大学的工作,并主导了当时全国高等院校的院系调整工作。1955 年,曾昭抡当选中国科学院学部委员,同时兼任中国科学院化学研究所所长和全国高分子委员会主任。

为了发展全国科学事业,1957 年,曾昭抡以民盟中央科学规划组召集人的身份,和千家驹、华罗庚、童第周、钱伟长等一起,就科研的领导体制问题,写成《对于有关我国科学体制问题的几点意见》一文,建议保证科学家的时间;为他们配备助手、设备和经费;合理协调高等学校、科学院与工业部门之间的关系;合理使用人才;升学、留学、提拔时,应业务和政治条件并重,一视同仁等。这些建议后来在 1963 年制定的《高校工作六十条》和《科研工作四十条》里都有反映,但在 1957 年反右派斗争中,这些条例却被视为"反党、反社会主义"的纲领,遭到批判。他与钱伟长、费孝通、黄药眠、陶大镛、吴景超等 6 位教授被错划为"右派",成为著名的"六教授右派"之一。他的高教部副部长职务就此被罢免,并从一级教授降为三级教授。曾昭抡是中央研究院第一届数理组院士中唯一被打成"右派"的。

对科学家来说,行政职务全部没有了,未尝不是好事。1958 年 4 月,曾昭抡应武汉大学李达校长之邀,经中央有关部门同意后,前往武汉大学化学系执教。在武汉大学期间,曾昭抡主持编写了《元素有机化学》丛书,一共 6 册,他亲自执笔撰写第一册《通论》,其他 5 个分册分别是《有机硼化学》《有机氟化学》《有机硅化学》《有机磷化学》以及《有机金属化学》,由他的五位助手编写。这套丛书的出版,推动了我国有机化学的发展与进步。

1967 年 12 月,曾昭抡在武汉不幸逝世,终年 68 岁。

扩展阅读:

戴美政:《曾昭抡评传》,云南人民出版社 2010 年版

十八

严济慈
"科学之光"

严济慈(1900—1996年)，浙江东阳人，物理学家，中国现代物理学研究的开创人之一。

严济慈是个农家子弟，家境贫寒，父母节衣缩食，才能供他上学。由于天资聪颖，他的成绩十分优异。1918年，严济慈以四年全部第一的成绩毕业于东阳中学。同年夏，他参加全国六大学区高师联考，又以浙江省第一名的成绩考入南京高等师范学校。

在南高，严济慈初读商业专修科，一年后转到工业专修科；因对自然科学兴趣浓厚，后又转到数理化部，师从数学家何鲁、熊庆来和物理学家胡刚复等，并深得这几位名师的青睐。何鲁更待他亲如子弟，正课之外，还指导他学习法文。1923年夏，严济慈以第一名的成绩毕业于南京高等师范学校数理化部，由于他已修满东南大学规定的学分，故同时毕业于东南大学物理系，获理学学士学位。同年8月，他编著的《初中算术》《几何证题法》由商务印书馆出版，并被民国教育部审定为教科书。这本教科书被当时的中学使用了近20年，严济慈的学术功力由此可见一斑。

1923年底，严济慈赴法国留学。他家的经济条件根本无力支持他出国深造。他出版的两部书可以补贴一部分，但还不够。老师何鲁就和熊庆来、胡刚复共同筹集了几百元路费，严济慈才得以踏上赴法路程。何鲁在将他们几位老师一起筹集的路费交给严济慈时说：不要讲什么感激的话了，只要你学有所成，日后报效国家，我们的心已足矣。严济慈在法国初期的费用，大部分是这几位老师资助的。直到后来他申请到了官费，几位老师才停止汇款。老师们的道德和胸怀，真是令人感佩！

1925 年，严济慈获巴黎大学理学教育硕士学位。1927 年 6 月，他以论文《石英在电场下的形变和光学特性变化的实验研究》，获法国国家科学博士学位。他是第一位获此学位的中国人，也是世界上第一个精确测定石英压电效应反现象的科学家。

1927 年 7 月，严济慈启程回国。他在船上结识了国民党元老、留法前辈、生物学家李石曾。他后来的事业与李石曾大有关系。同船回国的徐悲鸿在船上为他画了一幅肖像素描，并在素描下题写了一行法文小字："致我的朋友严济慈——科学之光。"

由于各校争聘，严济慈回国后同时任上海的大同大学、中国公学、暨南大学和南京的第四中山大学教授，并兼任正拟建中的中央研究院理化实业研究所筹备委员，因此他不得不在沪宁两地之间奔波。

1928 年秋，严济慈获得中华教育文化基金会第一届第一名甲种研究补助金，便辞去四所大学教授的教职，舍弃每月共计 880 枚银圆的高薪，偕夫人张宗英再次赴法国从事短期科学研究。

在法国的两年时间里，严济慈在巴黎大学光学研究所和法国科学院大电磁铁实验室紧张地进行研究工作，并在《法国科学院周刊》等学术刊物上发表了 7 篇论文。严济慈在两次赴法期间，与居里夫人有过多次交往，结下了深厚的友谊。回国前夕，居里夫人送给他一些放射性氯化铅，以支持他在中国开展放射学研究工作。

1930 年底，严济慈偕夫人从巴黎取道西伯利亚回国，途经北平时，感到这里是一个适于做科学研究的地方，遂应北平研究院院长李石曾之邀，接替李书华出任物理研究所所长。

从 1931 年 1 月到 1937 年七七事变爆发，在短短六七年里，严济慈就把北平研究院物理研究所办成一个学术氛围浓厚、科研成果丰硕、人才辈出的学术机构，成为中国物理学的研究中心。该所主要开展光谱学、感光材料、水晶压电效应、重力加速度和经纬度测量、物理探矿等方面的研究，并在国内外学术刊物上发表了70多篇研究论文。连续数年，严济慈还邀请了世界顶级的科学家到北平研究院物理研究所参观、讲学和交流。1932—1937年相继应邀访华的有：朗之万、朗谬尔、狄拉克、阿达玛和玻尔等。

吴大猷在回顾中国物理学发展历程时，对严济慈所做的工作评价甚高，他说："当时中国重要的实验物理研究都是在北平研究院的物理研究所做的。"

为培养年轻人才，严济慈每年选拔几名大学毕业生进行精心指导，不仅为他们确定研究方向，还亲自参与仪器研制和实验操作，使他们很快取得了一系列高水平研究成果。严济慈悉心栽培的青年学生先后有陆学善、钟盛标、钱临照、翁文波、吴学蔺、钱三强、方声恒、陈尚义、吕大元、杨承宗等十余人，后来他们都成为著名科学家。

严济慈在领导北平研究院物理研究所工作的同时，还创建了北平研究院镭学研究所，着力培养青年人才，开创了中国的放射化学研究。

1927—1938年的12年间，是严济慈科学创造力最活跃的时期，他在压电晶体学、光谱学、大气物理学以及压力对照相乳胶感光的作用等领域都取得了重要成果，是中国现代物理学研究工作的创始人之一，也是中国光学研究和光学仪器研制工作的奠基人之一。鉴于其卓越的学术成就，严济慈于1935年当选为法国物理学会理事。

1937年7月，严济慈代表中国参加在法国召开的第二次世界文化合作各国协会联合会议。会议期间，传来七七事变爆发的消息，严济慈在会上呼吁国际舆论谴责日本侵略中国的暴行。

1938年初，严济慈谢绝外国友人的挽留，经香港抵达云南昆明。他决定将北平研究院物理研究所迁至昆明。其间，严济慈停止了理论研究，转而为抗战服务。为适应战时需要,严济慈在昆明带领北平研究院物理研究所全体人员,全力从事军需用品的研制工作。他们研制出先进的石英振荡器装备警报器,为大后方预防敌机空袭做出了贡献。他们还生产了大批军用望远镜、显微镜、测距仪等军需产品,不仅武装了抗战军队,还支持了在印缅战场作战的盟军。1946 年夏,为表彰严济慈为抗战所做的贡献,国民政府授予他三等景星勋章。

1945 年 6 月,严济慈作为访问学者,到美国考察访问,后因夫人生病,提前于 1946 年 2 月赶回国内。当时国内形势让正常的科研活动无法进行。恶劣的环境迫使他改变了"专心做研究,远离政治"的初衷,加入了九三学社。1948 年初,他出任中国科学工作者协会北平分会理事长。3 月 29 日,他在北平分会成立大会上的演讲中说:"目前的情形实在令人惶恐。要弄到科学家寸步难行、寝食不安的地步。"

1948 年 9 月下旬,严济慈到南京出席中央研究院首届院士大会后,以探亲为名,离开南京南下昆明,与尚滞留在北平研究院物理研究所昆明工作站的夫人和 3 个幼子团聚。面对急剧变化的形势,一向对国民党没有好感的严济慈决定留在大陆。这年底,严济慈接到正在清华大学数学系读书的长子严又光的电报:"麟舅盼晤。"严济慈一看就明白了。"麟"即妻子张宗英的堂弟张宗麟,是共产党员,时任北平市军管会文教部副部长。严济慈接电后即从昆明转赴香港,随后于 1949 年 3 月与曾昭抡、臧克家等文化艺术界人士一道乘坐第一艘北上塘沽的海轮,转而回到刚刚解放的北平城。

5 月 4 日,严济慈在中华全国民主青年联合会第一次代表大会上,发表了《青年与科学》的报告。在 7 月 18 日闭幕的中华全国第一次自然科学工作者代表大会筹备会上,严济慈被推选为秘书长,协助吴玉章主任委员负责大会的筹备工作。

1950 年 6 月,中国科学院将原中央研究院物理研究所与北平研究院物理研究所合并,重组为中国科学院应用物理研究所(后更名为中国科学院物理研究所),严济慈担任首任所长。同时,他还兼任中国科学院办公厅主任。1952 年 8 月,中国科学院东北分院成立,严济慈被任命为院长。1955 年 6 月 1 日,中国科学院学部成立,严济慈被选聘为物理学数学化学学部委员,并兼技术科学部主任。1958 年,严济慈受郭沫若院长的委托参与创办中国科学技术大学,1961 年出任中国科学技术大学副校长。

"文革"中,严济慈的工作受到影响,但在周恩来的保护下未受到严重冲击。"文革"后,严济慈重新得到重用,1978 年 3 月 1 日,中国科学技术大学研究生院在北京正式成立,严济慈出任首任院长。同一年,他被任命为中国科学院副院长。1979 年 11 月 1 日,中国科学院建院 30 周年茶话会在人民大会堂举行,严济慈代表科学家讲话,他在讲话中提出:第一,要更好地发挥科学家在学术上的带头作用和指导作用;第二,要按照科学的发展规律领导科学研究工作。1980 年 1 月,严济慈加入了中国共产党。1980 年 2 月,严济慈出任中国科学技术大学第二任校长。1938—1993 年,严济慈任第六届、七届全国人大常委会副委员长。

1988 年 5 月,法国总统密特朗签发证书,授予严济慈"法兰西荣誉军团勋章"。

1996 年 11 月 2 日,严济慈逝世,享年 96 岁。

扩展阅读:

马新生:《严济慈》,贵州人民出版社 2005 年版

十九

赵忠尧
鲜为人知的
中国核物理先驱

赵忠尧(1902—1998 年),浙江诸暨人,核物理学家,我国核物理研究的开拓者,中国核事业的先驱之一。

1920 年,赵忠尧考入南京高等师范学校数理化部,1924 年毕业。因家庭困难,他只能先就业,同时争取进修机会。幸运的是,在物理系任教的叶企孙对他十分赏识,聘他做助教。他便一面教书,一面听课,同时参加课程考试,次年补足了高师与大学本科的学分差额,取得了东南大学(当时南京高等师范学校已更名为东南大学)毕业资格。也就在这年夏天,叶企孙应清华之聘,任物理系副教授。他将赵忠尧一同带了去,让他在新筹建的物理实验室任职。这对赵忠尧后来的发展意义重大。赵忠尧仍然坚持一边工作,一边自学。

清华当时有个很好的规定:教师每 6 年有一次公费出国进修一年的机会,但求知若渴的赵忠尧觉得 6 年的等待时间太长了,便自筹经费,于1927 年赴美留学。清华对他还不错,给了他半额补助金——每月 40 美元。赵忠尧到美国后,入加州理工学院,师从诺贝尔奖获得者密立根教授进行实验物理研究。学习一段时间后,密立根给赵忠尧布置了博士论文的研究课题,即利用光学干涉仪进行实验,但赵忠尧觉得这个题目太普通,缺乏挑战性,请密立根给他换一个更具创新性和潜在突破性的题目。

过了几天,密立根便给了他新的题目:探究硬伽马射线穿透物质时的吸收系数。

经过一年多的实验和研究,到1929年底,赵忠尧终于完成了论文,并把它交给了密立根。两三个月过去了,没有任何动静。原来赵忠尧的实验结果让密立根感到很吃惊,也与他的预期不相符,他不太敢相信这一结果的正确性。后来,管理研究生工作的教授鲍文向密立根证实,实验结果是可靠的,文章才得以于1930年5月发表在美国的《国家科学院院报》上。

就博士学位而言,赵忠尧的那篇论文已经足够,但他并不满足,决定进一步研究硬伽马射线与物质的相互作用机制,观测重元素对硬伽马射线的散射现象。他选择铝和铅分别作为轻元素、重元素的代表。实验表明,当硬伽马射线通过重金属铅时,会产生成对的正反物质——反物质碰到正物质,两者迅速消失,并演变成光子。湮灭后产生的光子是一种没有方向性的被"软化了"的伽马射线,能量相当于电子的静止质量。这是人类历史上第一次观察到正负电子对的产生与湮灭现象,赵忠尧也成为物理学史上发现反物质的第一人。他把这个结果撰写成第二篇论文《硬伽马射线的散射》,于1930年10月发表在美国的《物理评论》杂志上。

赵忠尧的这些研究成果是正电子发现的前导,意义十分重大。与赵忠尧同时在加州理工学院攻读博士学位的还有安德森,受赵忠尧实验的启发,继续这一方向的实验,发现了正电子。1936年安德森因此获得诺贝尔物理学奖。现在,人们普遍认为,赵忠尧的发现是20世纪中国人最早的具有世界性影响的科学贡献之一。密立根在他1946年出版的专著《电子、质子、光子、中子、介子和宇宙线》中还多处引述了赵忠尧论文中的结果。可以说,赵忠尧是当时中国科学家中最接近诺贝尔奖水平的人。

1931年,赵忠尧赴英国剑桥大学卡文迪什实验室访问。九一八事变后,他为报效祖国,应清华大学之聘,回国担任物理系教授,开设了我国首个核物理课程,主持建立了我国第一个核物理实验室。

1937 年 7 月,赵忠尧应云南大学校长熊庆来之邀,到云南大学理化系任"中英庚款"讲座教授,1938 年回西南联大任教。后来为我国的原子能事业做出重要贡献的人才:王淦昌、彭桓武、钱三强、邓稼先、朱光亚、周光召、程开甲、唐孝威,以及诺贝尔物理学奖得主李政道和杨振宁都是他的学生。

当时条件十分艰苦,赵忠尧除了教学之外,还和张文裕用盖革-米勒计数器做了一些宇宙线方面的研究工作。可是受条件所限,要进一步完成这些实验是完全不可能的,他便将实验方案写成文章在国外发表。1945 年冬,赵忠尧应中央大学吴有训校长的聘请,到暂迁重庆的中央大学任物理系主任。

1946 年夏,赵忠尧受中央研究院推荐,作为观察员前往比基尼群岛参观美国在太平洋上进行的原子弹试验。之后,赵忠尧回到加州理工学院,对加速器的操作台和零部件进行了深入研究,迅速掌握了加速器的设计和制造细节。赵忠尧的有利条件是:回旋加速器的发明者正是他的老师、诺贝尔物理学奖得主密立根。带着特殊使命的赵忠尧在完成科研项目的同时,拼命工作,尽可能多地掌握有关加速器制造的技术资料和零件参数。为此,他每日工作时间都在 16 个小时以上。后来,赵忠尧又到美国麻省理工学院、卡内基地磁研究所等处进行了核物理和宇宙线方面的研究。

1946 年 8 月,中央研究院商议设立近代物理研究所,因此中央研究院总干事萨本栋秘密汇了 5 万美元给赵忠尧,让他购置核物理实验所需设备。赵忠尧觉得国内要开展核物理研究,必须有加速器,但当时一台加速器要 40 万美元。他精挑细选,只购置一些国内无法制造加工的关键器材和部件,同时跑了不少美国工厂制造所需零件。

赵忠尧为制造和购买核研究所需器材前后花了整整两年时间。后来,他将这些器材和部件发运回新中国,为建成我国最早的加速器立下了汗马功劳。出于对新中国的敌视,美国联邦调查局还是扣留了赵忠尧的部分器材,特别是扣下了 4 套完整的供核物理实验用的电子学线路,令赵忠尧痛心不已。

1948 年 3 月,身在美国的赵忠尧当选中央研究院第一届院士。

1949 年 10 月,中华人民共和国成立,赵忠尧十分兴奋。他婉谢了美国友人的挽留,于 1950 年 8 月 29 日,登上了美国的"威尔逊总统号"回国。同船回国的还有钱学森、邓稼先、涂光炽、罗时钧、沈善炯等 100 多位留美学者。后来,钱学森夫妇被美国政府扣留,赵忠尧虽然得以成行,但当他乘坐的船抵达日本时,美军武装人员上船,将他和另外两位回国的学者押进了美军在日本的巢鸭军事监狱。赵忠尧等人在美国人的监狱中被关押了一个多月,经受了各种审查。出狱后则被送到国民党驻日代表团处。台湾方面要把赵忠尧等人带到台湾去,并威胁如不去台湾,就要"枪毙"他。与此同时,傅斯年发来急电:"望兄来台共事,以防不测。"但赵忠尧不为所动,坚决要求回大陆。

赵忠尧等人被扣的消息传出后,中国掀起了谴责美国政府暴行、营救赵忠尧的巨大浪潮,周恩来总理为此发表了声明。经过两个多月的留难,美国政府最后只得将赵忠尧放行。

11 月 28 日,赵忠尧冲过重重险阻,终于回到了祖国,他将带回来的器材和零部件全部交给了新成立的中国科学院近代物理研究所,并在该所主持核物理方面的研究工作,在他的领导下,我国第一个核物理实验室很快建立起来。1955 年,赵忠尧用带回的器材和零件,主导建成了我国第一台 70 万电子伏的质子静电加速器;1958 年又率领团队成功研制 250 万电子伏的质子静电加速器。这两项研究的成功,在我国的核事业发展史上具有非凡的里程碑意义。

1958 年,赵忠尧参加中国科学技术大学筹建的工作,创办了国内第一个近代物理系,为国家培养了一批又一批优秀的核物理学家。

"文革"中,由于曾滞留美国的经历,赵忠尧被戴上"特务嫌疑"的帽子,被关了 9 个月的牛棚。1973 年,中国科学院高能物理研究所成立,赵忠尧恢复工作,担任副所长并主管实验物理部的工作。

1995 年,为了表彰赵忠尧对我国核物理研究的开拓性贡献,香港的何梁何利基金会向赵忠尧颁发了"何梁何利基金科学与技术进步奖"。获奖后,赵忠尧当即决定将奖金全部捐出,设立"赵忠尧奖学金",以奖励清华大学、中国科学技术大学、东南大学、北京大学和云南大学物理系的优秀学生。

1998 年 5 月 28 日,赵忠尧在北京逝世,享年 97 岁。

赵忠尧晚年,在他简短的回忆录《我的回忆》的末尾写道:"回想自己一生,经历过许多坎坷,唯一希望的就是祖国繁荣昌盛,科学发达。我们已经尽了自己的力量,但国家尚未摆脱贫穷与落后,尚需当今与后世无私的有为青年再接再厉,继续努力。"其殷殷爱国之情,溢于言表。

扩展阅读:

段治文、钟学敏、万斌:《核物理先驱:赵忠尧传》,浙江人民出版社 2007 年版

二十

萨本栋
谢世最早的院士

　　萨本栋(1902—1949年),字亚栋,号仁杰,福建闽侯人,物理学家、电机工程专家、教育家。萨本栋当选院士后的第二年,便撒手人寰。因此,他是第一届院士中逝世最早的一位。

　　萨本栋出生于官宦之家,6岁进入福州明伦小学就读。1913年6月,萨本栋小学毕业,在福州成功通过清华学校的入学考试,远赴北平求学。1921年,他从清华毕业,翌年赴美留学,入斯坦福大学电机工程系三年级学习,1924年以论文《长途交流电线之计算法》获工学学士学位。同年入麻省伍斯特理工学院深造,翌年获电机工程学士学位。这时,他对物理产生很浓厚的兴趣,进入该校研究生院后,便改习物理,1927年获理学博士学位。随即留校做研究助理,同时兼任西屋电机制造公司工程师。

　　1928年,萨本栋应叶企孙之聘,回国任清华大学物理学教授,讲授普通物理学、电磁学、无线电物理,并从事电路、无线电和电机工程以及真空管性能方面的科研工作,取得了丰硕的研究成果。

　　他编写的《普通物理学》《普通物理学实验》,先后于1933年和1935年由商务印书馆出版,是首次用中文正式出版的大学物理教材。其中《普通物理学》被物理学泰斗吴大猷誉为"唯一的一本水准相当好的大学物理标准教科书"。1940年,该书被教育部正式颁定为"部定教材",在国内普及使用10多年。1943年，李政道流落到赣南，在茶馆打工之余，在新赣南图书馆读到了萨本栋的这本教材，从而奠定了他的物理学基础。

和其他学科一样，在中国的词语库中，当时还没有形成完整、规范的现代物理学术语。1930年，中华教育文化基金会下属的科学教育顾问委员会委托萨本栋负责整理物理学科学名词。萨本栋历时两年，将在中国科学社起草、科学名词审查会通过的《物理学名词》和后来国民政府教育部订正的《物理学名词》作为编著基础，编成了《物理学名词汇》，并于1932年出版。

1935年9月，萨本栋应邀赴美任俄亥俄大学电机工程系客座教授，开设双矢量电路分析讲座。1936年8月，他在美国电气工程师学会的会刊上发表了论文《应用于三相电路的并矢代数》，被认为开拓了电机工程的一个新研究领域，因而于1937年获得美国电气工程师学会颁发的"理论和研究最佳文章荣誉奖"。翌年，他在上文的基础上，扩充展开，出版了一本专著：《并矢电路分析》。该书集数学、物理、电机三角地带的最新理论，因此入选国际电工丛书系列。由于萨本栋在电机工程学上的突出成就，他被美国电气工程师学会接纳为外籍会员。

1937年3月，萨本栋回国继续在清华大学任教。他原准备在电机工程学方面继续深入研究，以期取得更大的成就，但就在这一年，著名爱国华侨陈嘉庚经营失败，无力继续支持厦门大学。于是厦门大学由私立改为国立，1937年7月6日，年仅35岁的萨本栋被任命为厦门大学校长，是当时最年轻的大学校长之一。对于是否接任厦门大学校长，萨本栋有过犹豫，但为了家乡福建培育精英人才以报效祖国，他最后还是决定接受这一职务。

7月27日，萨本栋就任厦门大学校长。9月初，日本侵略军的炮火就打到了厦门。为使厦门大学免陷敌手，他上任做的第一件事就是组织学校搬迁。9月上旬，厦门大学搬进了当时属于公共租界的鼓浪屿。萨本栋审时度势，认为鼓浪屿绝非久留之地。12月初，厦门大学再次搬迁到闽粤赣交界的山城长汀。1938 年 1 月,厦门大学正式在长汀复课。在这两次搬迁过程中,一切都有条不紊,萨本栋指挥若定,充分显示了他的组织领导才能。

萨本栋之所以选择把厦门大学搬到接近战区的长汀,而不是像其他大学那样迁移到西南大后方,是出于对东南半壁江山有大学的坚持,确保东南数省学生有书读。这一点充分显示了他坚韧不拔的性格和独特的思维方式。

长汀办学条件极为简陋,萨本栋只能借长汀文庙作为办公场所。长汀没有发电厂,萨本栋把学校分配给他乘坐的小汽车发动机拆下来,改装成发电机给学校发电。

萨本栋深知,要办好一所大学,最根本的是要聘请学有专长的人任教。为此,他做了大量的工作。长汀时期的厦门大学的 51 名教授中,有 47 位来自清华。为了表示对他们的尊重,他宁可自己住在普通的宿舍里,而把租来的饭店和新盖的楼房让给教授们住。萨本栋一心想把厦门大学办成"南方清华"。

萨本栋在办学中有一个鲜明的特点,就是强调应用科学对国家的重要作用。为此,他倾注了很多精力,在厦门大学办起土木、机电、航空等应用科学的院系。1941—1949 年,厦门大学工科各系毕业生数达 452 人,分布在全国各地,成为国家建设的栋梁之材。

在萨本栋的苦心经营下,厦门大学树立起严谨和朴实的良好校风,教学质量也得到显著提高。在 1940 年、1941 年的全国大学生学业竞试中,厦门大学脱颖而出,连续两年荣获团体冠军。由于萨本栋办学治校成绩显赫,1944 年 5 月,他同罗家伦、竺可桢、严济慈一起,被国民政府授予三等景星勋章。

在担任厦门大学校长期间,萨本栋还亲自登上讲台,最多时每周上课达 20 课时。他除教授与物理相关的课程外,还给理工科学生讲授微积分。当时没有现成的微积分教材,他就在晚上加班,为学生编写教材。经过一年多的努力，终于完成了《实用微积分》一书的编写，并于 1942 年出版。抗战胜利后，这本书被审定为大学通用教材，为很多高校所采用。

萨本栋严于律己，为政清廉，不畏权势，刚正不阿，恪守原则，不偏袒私情。堂弟萨师煊曾回忆说："他在厦门大学当了 7 年校长，除初去时带了一个亲戚当秘书外，没有再引用我们家里一个亲人。在招生上，他坚持原则，不徇私情。我们家中有几个堂弟妹多次报考厦门大学，因分数不够，照样未被录取。"

1944 年 7 月，萨本栋接受美国国务院邀请，再度赴美讲学，先后在麻省理工学院、密歇根大学、哈佛大学等知名学府做了多场关于交流电机学的报告，反响极佳。在美期间，他根据多年研究心得，撰写了《交流电机基础》一书，于 1946 年在美国出版。该书出版后，受到英、美等国科学界的高度评价，被誉为物理学、电机学巨著，因此被加州大学、卡内基理工学院等十几所院校用作教科书。

1945 年 5 月，萨本栋完成在美国讲学任务后，受英国学界邀请，又转赴英伦，进行短期讲学。他在英国的讲学，同样受到英国科技界的高度赞誉。

萨本栋接任厦门大学校长职务时，风华正茂，是全国最年轻的大学校长，但由于长期在艰苦环境下超负荷工作，在担任 7 年校长后，他的健康受到了严重损害，到 1944 年，仅 42 岁的他却因操劳过度而弯腰驼背，须拄杖而行，显得异常衰老。他还患有严重的胃病和关节炎。因此，萨本栋在美国讲学期间，三次电函请辞厦门大学校长之职。尽管厦门大学和教育部多次挽留，但他仍然坚决辞职，并最终于 1945 年获准。为感谢萨本栋多年来卓有成效的服务，翌年厦门大学设立了"本栋奖学金"。

1945 年 9 月，萨本栋由伦敦回到重庆，并应中央研究院代院长朱家骅之聘，担任中央研究院总干事，负责中央研究院的日常工作。在他的具体领导下，中央研究院各研究所有条不紊地从西南大后方陆续迁回南京、上海等地。当时，他还兼任中央研究院近代物理研究所筹备处主任。

　　中央研究院第一届院士的选举，是在萨本栋具体负责下进行的，他为此做了许多联络和协调的工作。"院士"这个称谓，也是经萨本栋建议定下来的。1947 年 3 月，中央研究院评议会委托他和傅斯年各拟了一个院士选举法草案，提交会议讨论。1948 年 3 月，中央研究院成功完成了第一届院士的选举，萨本栋毫无悬念地跻身院士的行列。

　　可是，这时萨本栋已然走到了人生的尽头，他的胃病已发展成胃癌，并急剧恶化。1948 年底，他赴美国旧金山加州大学医院治疗，但这时他已病入膏肓，再好的医生也无回天之术。萨本栋在弥留之际，还念念不忘祖国的科学发展，并对医生述说了他一系列的设想。他还立下遗嘱："死后将尸体检验，为研究胃癌、关节炎及其他所有症状，可将身体上的器官及组织，尽照所需分量取出。"

　　1949 年 1 月 31 日，萨本栋逝世于美国旧金山。是年，他还不满 47 岁，真是天妒英才。萨本栋是唯一在新中国成立之前逝世的院士。

扩展阅读:

陈武元:《萨本栋博士百年诞辰纪念文集》,厦门大学出版社 2004 年版

二十一

吴学周
中国分子光谱研究
开拓者

　　吴学周(1902—1983 年),谱号同棠,名化予。江西萍乡人,物理化学家。中国分子光谱研究的奠基者之一。

　　吴学周出身于书香门第,自幼受到良好的家庭教育。1916 年入萍乡县立中学,1920 年考入南京高等师范学校数理化部,1924 年毕业,后继续在东南大学修大学学分,1925 年 6 月毕业于文理科化学系,留在化学系任助教。1927 年,经吴有训教授介绍,在江西省立南昌中学高中部任教半年。1928 年,在吴有训的推荐下,吴学周参加江西省教育厅公费留学生考试,以全省第一名的成绩获公费赴美留学。

　　1928 年 11 月,吴学周远渡重洋,入美国加州理工学院,攻读物理化学,1931 年获博士学位。是年,他有两篇论文发表在《美国化学会志》上,作为一位在读学生,这个成绩相当不俗。当时加州理工学院的校长为获得诺贝尔奖的密立根教授。

　　20 世纪 30 年代初,量子力学的发展方兴未艾,吴学周看到了这一趋势,并敏锐地察觉到,分子光谱研究将是未来重要的前沿领域。因此在读博期间,他就自学量子力学,并与贝杰教授合作,开展多原子分子的吸收光谱研究,逐步把研究方向转到了分子光谱领域,并发表了一系列研究论文。他的这些工作成果受到了国际学术界的关注。

当时，世界科学重镇在欧洲，量子力学也是从那里发展起来的，对于吴学周的研究领域——分子光谱来说，欧洲也比美国更先进。因此，吴学周于1932年秋以访问学者的身份前往德国，在达姆施塔特工业大学进行合作研究与讲学。在这里他结识了赫兹堡教授，后者还因分子光谱研究而荣获1971年诺贝尔化学奖。他们两人年龄相仿，研究方向和兴趣又有许多共同点，因而建立起了深厚的友谊。

1933年夏，应中央研究院化学研究所所长王琎的邀请，吴学周回国担任化学所的专任研究员。王琎知道吴学周在分子光谱研究方面所取得的成绩，因此希望他能在该所继续这一处于世界科学前沿的研究，以促进理论化学的发展。因为当时在化学所里，有机化学和药物化学的研究实力最强，而理论化学研究较为薄弱。

吴学周不负所望，潜心于直线型、高度对称的多原子分子乙炔、联炔、双氰等近紫外线吸收光谱的研究，取得了重要成果。在双氰分子吸收光谱中，他发现一个新的光谱带系，把多原子分子的近紫外线吸收光谱学向前推进了一步。他率先阐明了电子吸收光谱在研究分子激发态时的意义，尤其是对激发态分子结构的推断，为后来利用共振拉曼光谱研究激发态势能面提供了思想基础。他的研究论文先后在美国著名的《物理评论》《化学物理》和德国的《物理化学》等学术期刊上发表，赢得了国际同行的尊重和认可。吴学周是中国多原子分子光谱研究领域的开创者，是中国最早把光谱数据应用于分子常数和热力学函数计算的学者之一。

1937年七七事变爆发不久，吴学周随中央研究院化学研究所，历经种种艰难和险阻，途经中国香港和越南等地，辗转迁往云南昆明。难能可贵的是，他们不仅人到了昆明，还把102箱图书和仪器设备也完好无损地运到了昆明。蔡元培因此对吴学周所表现出的组织管理能力留下了深刻的印象。

1938年，吴学周出任化学研究所代所长，并受命主持筹建科学实验馆。吴学周全身心地投入实验馆的建设中，在短短的6个月内，就将临时实验馆建成,一年以后,永久性实验馆宣告落成。在抗战艰苦的环境中,化学所的研究工作在吴学周的主持下,很快恢复并走上了正轨。1942年,吴学周被正式任命为中央研究院化学研究所所长。由于经费、试剂和仪器的限制,气体吸收光谱研究无法进行下去,吴学周就转而研究溶液和液体光谱,同时开展反应动力学研究,也取得了不俗的成绩。

1945年抗日战争胜利后,中央研究院化学所搬回上海,吴学周除在该所任职外,同时还兼任交通大学和上海医学院教授,在这两所学校讲授物理化学。

1948年3月,吴学周当选为中央研究院院士。

1949年,上海解放前夕,从来不关心政治的吴学周面临人生重大的选择。最终,他怀着对国民党的失望和对新中国的憧憬,拒不执行院部将化学研究所迁往台湾的命令。为了保护科研资料和仪器设备,防止国民党特务的破坏,他不惜携带资料和仪器躲入山区,最后将一个完整的化学研究所交给了新生的共和国。

吴学周此举得到中国共产党的充分肯定。上海解放仅一个多月,吴学周就应邀北上,到北京参加了中华全国第一次自然科学工作者代表大会筹备会议。会后,他随代表团到东北参观考察。东北地区的资源和热火朝天的工业建设给他留下了深刻印象,这为他两年后到东北工作埋下了伏笔。

1949年11月,中国科学院在北京成立。1950年4月,中国科学院接收化学研究所。6月,原化学研究所撤销,组建新的物理化学研究所。吴学周被任命为物理化学研究所所长。

20世纪50年代初,东北是中国重要的工业基地,在中国经济的版图上有着举足轻重的地位。1950年,中国科学院郭沫若院长电邀吴学周抵京,请他与严济慈、武衡等一起去东北组建中国科学院东北分院。当时,郭沫若问他:"毛主席提出要建设好东北,你们迁一部分人去那里怎样?"已近天命之年的吴学周毫不犹豫地回答:"可以。"1952年12月,吴学周率领物理化学研究所的科研团队，从条件相对优越的上海搬迁到相对艰苦的长春。吴学周克服重重困难，开展科研工作，创办了《分析化学》《应用化学》等化学界的权威杂志。

1954年6月，中国科学院决定，将长春综合研究所的化学部分与吴学周所在的物理化学所合并，组建中国科学院应用化学研究所（后更名为中国科学院长春应用化学研究所）。吴学周出任该所首任所长，并担任这个职务长达30年之久。他在任上主要抓3项工作：科研组织和管理；选择好研究课题；培养训练一支具有高科学水平的研究队伍。这为长春应用化学研究所后来的发展打下了坚实的基础。

1959年，在吴学周的倡议下，长春应用化学研究所建立了中国第一个光谱实验室，60年代发展成为我国超纯物质分析测试基地。

长春应用化学研究所在中国率先开展稀土研究、从独居石中提取钍和稀土元素的技术研发，这一创举为发展我国稀土科学和稀土产业发挥了先导作用。接着，长春应用化学研究所又分离出全部15个单一稀土元素，并把研究成果推广至工厂生产，移植至全国。这一综合性研究带动了我国稀土化学与物理等方面科学研究的勃兴。

在有关单位的协助下，长春应用化学研究所还成功地制造了国内第一台激光拉曼光谱仪，为国家填补了一项空白。

"文革"中，吴学周遭到迫害，被戴上"反动学术权威"的帽子，打成"特务"，关进监狱一年多。随后不久，他恢复了工作。1979年，还兼任了中国科学院环境化学研究所所长。

在科学生涯的最后几年，吴学周对自己所处的分子光谱领域进行审视，发现我国虽然进口了很多光谱仪器，但分子光谱研究的基础领域依然十分薄弱，这方面有创见的论文少之又少。1980年，他受中国化学会的委托，在长春举办了分子光谱基础理论学习讨论班。吴学周以年近八旬的高龄，亲自登台上课，介绍激光产生的理论与实践背景、激光拉曼光谱的进展等内容，受到学生的普遍好评。该班还探讨了分子光谱简正坐标计算的新方法,以及电子计算机在分子光谱中的应用等新技术,有力地推动了中国分子光谱学的发展。

吴学周借鉴国内外的经验,根据国家建设的需要和科研发展的趋势,对长春应用化学研究所的研究方向不断调整和优化,新增了超纯物质及稀土元素分析、辐射化学和激光化学等十余个研究室,使中国科学院长春应用化学研究所逐渐形成包括无机化学、分析化学、物化与结构、有机高分子四大中心的综合研究机构,并先后组织力量在合成橡胶、塑料、黏胶剂、稀土材料、电分析化学、有机结构、痕量分析、催化和激光分离同位素等多方面攻关,取得很大的成绩。

吴学周于 1951 年加入九三学社,1956—1983 年任九三学社中央委员会常务委员。

1983 年 10 月 31 日,吴学周在吉林长春逝世。临终前,吴学周实现了他多年的夙愿: 加入了中国共产党。

扩展阅读:

全国政协文史和学习委员会:《回忆吴学周》,中国文史出版社 2018 年版

二十二

苏步青
中国微分几何学创始者

苏步青（1902—2003 年），浙江平阳人，数学家。苏步青是中央研究院中为数不多的接受日本高等教育的院士之一。

苏步青出生于贫寒的山民之家，父母省吃俭用，供他上学。1911 年，他的父亲挑了一担米作为学费，把他送进县城平阳第一高等小学读书。由于他是山里来的，与县城人语言不通，他听不懂老师讲什么，因此连续三个学期都是"背榜"（最后一名）。他的父亲虽然十分失望，但还是把他送到离家近些的平阳第三高等小学，让他继续读书。苏步青在这里能够听懂老师的课了，但已养成不爱学习的习惯，学期结束时，成绩还是最后一名。直到五年级，他遇到了一位好老师，给他讲父母省吃俭用供他读书不容易，让他开了窍。从此他发奋努力，成绩也飞速上升，1914 年以优异的成绩考入位于温州的浙江省第十中学。

中学二年级时，一位从日本回来的叫杨霁朝的数学老师影响了他的一生。这位杨老师上的第一堂数学课，讲的不是数学，而是世界大势，以及中国积弱被欺的现实。他在这堂课上的最后一句话是："为了救亡图存，必须振兴科学。数学是科学的开路先锋，为了发展科学，必须学好数学。"苏步青听了深受感动，从此立志学好数学，为国争光。"读书不忘救国，救国不忘读书"因此成了他的座右铭。

1919年，苏步青以门门90分以上的成绩名列"头榜"，并从中学毕业。当时的浙江十中校长洪岷初慧眼识英才，知道他家里困难，特意汇给他大洋200元，资助他赴日本留学。

1919年，苏步青东渡日本，1920年2月，考进东京高等工业学校电机系学习。1924年，又以优异成绩进入日本东北帝国大学数学系。1927年大学毕业，免试直升该校研究生院，师从著名几何学家洼田忠彦教授，1931年获理学博士学位。因研究成果突出，苏步青获得该校研究生奖学金，打破了该校历史上从未将奖学金授予外国留学生的旧规。

1928年，苏步青在一般曲面研究中发现了四次（三阶）代数锥面。论文发表后，在国际数学界引起较大反响，他所发现的代数锥面也被学术界称为"苏锥面"。在日本期间，他一共写了41篇射影微分几何、仿射微分几何方面的论文，分别发表在日本、美国、意大利等国数理期刊上。

苏步青在日本学习的时间长达12年。其间，他与日本女子松本米子恋爱并结婚，米子的父亲是苏步青在日本帝国大学的教授。米子后来历经磨难，但与苏步青相濡以沫，始终不渝。1953年，米子加入了中国籍，成为新中国成立后第一批入籍的外国人，并改名为苏松本。

1931年初秋，苏步青放弃了留在日本的机会，应同乡学长、著名数学家陈建功之约，带着妻子儿女一同回国，到浙江大学任数学系副教授；1932年晋升为教授并接替陈建功担任数学系主任。1934年，他发表了创造性的"构造性微分几何"。后来，他在"射影曲线论""射影曲面论""高维射影空间共轭网理论""一般空间微分几何学"和"计算几何"等方面都取得世界同行公认的成就，特别是在著名的戈德序列中发现第二个伴随二次曲面被国内外同行称为"苏氏二次曲面"。苏步青的关于仿射微分几何学的成果，使他在30年代初就成为世界上著名的微分几何学家。

七七事变爆发后，苏步青随浙江大学南迁至江西泰和，在极其艰苦的条件下，继续他的教学和科研工作。对于抗战时期的艰苦，苏步青在一篇回忆录中写道："一谈到菜根香，我就想起了抗战时期随浙江大学'流亡'

到遵义附近的湄潭的情景来。那时，一家八口在破庙安身，生活困难，吃地瓜蘸盐巴过日子，总算熬过来了。"他的一个小儿子因营养不良，出世不久就死去了。就是在这样艰苦的环境下，他依然没有终止教学和研究。在躲避空袭时，他还带着文献，在防空洞里坚持射影微分几何的研究，取得了一系列的重要成果。

经过苏步青几年的努力，浙江大学数学系发展神速，人才迭出，已经可以和清华、北大的数学系并驾齐驱了。英国驻华科学考察团团长、剑桥大学教授李约瑟于1944年11月，参访了浙江大学数学系和理学院后，赞赏有加，称誉它是东方的剑桥，是中国最好的四所大学之一。1931—1952年间，苏步青在浙江大学培养了百余名学生，其中，在国内10多所著名高校中任正副系主任的就有25位，还有5人当选为中国科学院院士，比较著名的有熊全治、张素诚、白正国、谷超豪、张鸣镛等人。由于成果显著，以陈建功、苏步青为首的数学研究群体，被称为"浙大微分几何学派"。

1942年，苏步青被国民政府教育部聘为"部聘教授"。1945年，苏步青受命赴台湾，作为接收人员之一，从日本人手中接收台湾大学。1947年10月，国民党当局秘密杀害浙江大学进步学生于子三，使得群情激奋，掀起了一场"于子三运动"。苏步青站在学生一边，以浙江大学教授会主席的名义，建议罢教一天，获得教授会通过。

1949年3月，国民党为了拉拢苏步青，要把他的几个孩子先送到台湾去。苏步青因孩子多，生活比较困难，国民党的建议对他减轻生活压力还是很有帮助的，但苏步青经过再三考虑，最后还是拒绝了。是年春，中共地下组织通过他的学生谷超豪给他送来了贺年卡，卡上有毛泽东的署名。苏步青知道这份贺年卡的含义，决定留下来，迎接解放。

中华人民共和国成立后，苏步青任浙江大学教务长。1952年10月，因全国高校院系调整，他转到复旦大学数学系任教授、系主任、教务长，有力地推动了复旦大学数学学科的快速发展，使之成为中国数学领域的中心之一，并在国际学术界享有盛誉。1956年9月，苏步青被任命为复旦大学副校长。

1955年，苏步青作为科学代表团成员，访问日本。回国后，毛泽东在上海接见了苏步青。当两人握手的时候，毛泽东对他说："我们欢迎数学，社会主义需要数学。"这次接见，对苏步青影响深远，按照他自己的说法："主席接见的时间虽然不长，但对我的后半生却影响极大。"

影响之一是素不关心政治的苏步青，从此以后积极向共产党靠拢，并于1959年3月加入了中国共产党。影响之二是苏步青落难的时候，毛泽东亲自发话，保了苏步青，从而使他免遭厄运。

虽然在政治上表现积极，但苏步青也没有停止专业的追求。1956年，他获得新中国第一次颁发的国家自然科学奖，以表彰他在"K展空间微分几何学"方面的研究成果，同时也表彰他多年来在"一般量度空间几何学"和"射影空间曲线微分几何学"上所取得的佳绩。50年代后期，苏步青应用外微分形式法来研究高维射影空间中的共轭网理论，得出一系列新颖而深入的成果，并总结成专著《射影共轭网概论》。1958年，包含上述成果的另一部专著《一般空间的微分几何学》由科学出版社出版。

在"文革"中，苏步青一度受到冲击。条件稍好之后，他即走上讲台授课，同时鼓励学生搞研究。1972年9月，苏步青结束"下放"和"劳动改造"，到江南造船厂参加船体数学放样研究工作。苏步青在这项密切联系工业生产的研究中，把曲线论中的仿射不变量方法首创性地引入计算几何学科，使过去凭经验直观的一些方法有了可靠的理论基础，开辟了计算几何的新领域。1974年9月—1975年1月，他还到上海工具厂给工人师傅讲课。1981年，苏步青和刘鼎元合著的《计算几何》出版，成为当时CAD应用开发工程师必不可少的工具书。

1977年8月，苏步青到北京参加中央召开的科学和教育工作座谈会，他的发言得到邓小平等领导同志的高度重视。1978年4月，已76岁高龄的苏步青被任命为复旦大学校长。

1935年，中国数学学会成立，苏步青是发起人之一，并当选为理事。

1948 年 3 月,他当选为中央研究院第一届院士,1955 年被选聘为中国科学院学部委员兼学术委员会常委。他历任多届全国政协委员、全国人大代表,1988 年起,任第七届、八届全国政协副主席。

1998 年,苏步青获香港何梁何利基金科学与技术成就奖,得到奖金100 万港元。苏步青获奖后,将奖金全部捐出,作为奖励优秀教师的基金。

2003 年 3 月 17 日,苏步青在上海逝世,享年 101 岁。他是中央研究院第一届院士中仅次于贝时璋和袁贻瑾的第三长寿者。

扩展阅读:

王增藩:《苏步青》,浙江科学技术出版社 2010 年版

二十三

谢家荣

第一位建议到东北和华北找石油的地质学家

谢家荣(1898—1966年),字季骅,上海人,地质学家、矿床学家、地质教育家,中国矿床学的主要奠基人。

谢家荣出生于职员家庭,从小热爱学习。1913年,他从上海制造局兵工学堂附属中学毕业,考入工商部地质研究所学习地质学。1916年结业后,进农商部地质调查所工作。当年,他就发表了河北滦县、江西丰城和江西进贤三个煤田的调查报告;由于工作表现优异,次年被派送美国留学。谢家荣最初在斯坦福大学地质系学习,后转入威斯康星大学地质系读研究生,1920年毕业,获该校硕士学位后回国,并回到农商部地质调查所工作。

1920年底,我国甘肃海原(今属宁夏回族自治区)发生8.5级大地震。1921年初,北洋政府派翁文灏、王烈等组成考察团赴灾区考察。这是我国地震史上第一次对大地震进行全面和详细的科学调查。刚回国不久的谢家荣是考察团成员之一,考察结束后,谢家荣发表了《民国九年十二月甘肃地震报告》。

1921年,谢家荣参与中国地质学会的筹创,是26名创始会员之一,为首任秘书长,并先后于1934年、1946年担任第11届及第23届理事长。

1922年,谢家荣在其调查报告中论述地质构造对油气生成及运移、储存的控制作用,并揭示了背斜层在其中的重要性。这一年,他还在《科学》杂志上发表了《矿床学大意》一文,从而成为中国矿床学的主要奠基人。20 年代,他还先后在湖北、两广等地进行地质勘察及研究工作。

1929 年,谢家荣赴德国进行考察与研究,先后在柏林地质调查所和弗赖堡大学从事煤岩学和金属矿床学的研究。1930 年,谢家荣回国后,任地质调查所技正兼沁园燃料研究室名誉主任,该研究室为著名实业家金沁园捐款所建,专门开展煤炭、石油及有关地球化学等方面的研究。1931 年,他兼任清华大学地学系教授。1935 年,地质调查所迁往南京,在北平成立了分所,谢家荣被任命为分所所长。1936 年,他兼任北京大学地质学系主任。同年,他建议并参与创办了《地质论评》,并兼任了编辑主任。这一年,他发表《中国的成矿时代与成矿区域》一文,指出扬子区与南岭区矿产组合的差异,将中国成矿学向前推进了一大步。

谢家荣是一名一专多能的地质学家。他在区域地质学、地层古生物学、矿物学、岩石学以及陨石、地文、地貌、古地理、水文地质与工程地质等方面均有研究和建树。

1937 年,七七事变爆发,谢家荣未能及时离开沦陷的北平。日本侵略当局企图要他做伪北京大学教授及校领导,谢家荣坚决拒绝。他几经周折,离开了北平,表现了崇高的民族气节。

1937 年秋,谢家荣到湖南江华矿务局任总经理,后来又任经济部资源委员会专门委员,在湖南、广西一带做锡矿地质的勘查和研究工作。1940 年 6 月,他到云南任叙昆铁路沿线探矿工程处总工程师。同年 10 月,该处改名为经济部资源委员会西南矿产测勘处,谢家荣任处长。1942 年 10 月,该处进一步扩大为全国性的矿产勘测机构,去掉了“西南”二字,谢家荣继续任处长。

1944 年,谢家荣作为丁文江先生纪念奖金委员会主席,主持了此奖金之授奖仪式。

1945 年抗战胜利,谢家荣率矿产测勘处返回南京。1946 年,他基于对煤地质学的研究以及对中国大地构造、古地理和煤田地质的深刻理解，发现了安徽淮南八公山煤田。这一年，他还发现了安徽凤台磷矿及福建漳浦三水型铝土等矿床。

1948年3月，谢家荣当选为中央研究院首届院士。

1949年初，南京面临解放，谢家荣身为中央研究院院士，毅然放弃了前往新西兰参加学术会议的机会。胡适召集中央研究院院士开会，动员他们去台湾。谢家荣不为所动，他组织矿产测勘处的职工坚守岗位，保护设备和资料，迎接解放，将矿产测勘处完好地交给了解放军后，他随军进入上海，参与了接管上海的工作。

中华人民共和国成立后，谢家荣先后被任命为南京军管会、华东工业部和中央财经委员会矿产测勘处处长。1950年，面对国家对矿产测勘人才的迫切需求，谢家荣创办了南京地质探矿专科学校，自任校长。该校设矿床、勘探、物探和石油地质四个专业，聘请南京各地质专家来授课，他亦亲授矿床学。到1952年结业，共培养学生116名，后来他们都成为中国地质界的骨干。

1950年9月，中国地质工作计划指导委员会成立，谢家荣前往北京担任副主任兼计划处处长。他统筹考虑，将中国六大区地质勘探、普查或调查性质的队伍分别予以编码，使中国地质勘探工作初步进入科学管理的轨道。1952年，地质部成立，谢家荣任地质矿产司总工程师。

谢家荣在中华人民共和国成立后的最大贡献之一，是帮助国家找到了石油。中国一向被外国地质学家和石油学家视为"贫油"的国家。新中国成立后，随着国家大规模建设的开展，对石油的需要日益迫切。为此，毛泽东主席于1953年把当时的地质部部长李四光请到中南海，向他询问中国到底有没有石油。李四光的回答是肯定的。

寻找石油无疑成了当时地质部的一项重大而迫切的任务。李四光依靠的左膀右臂，一个是谢家荣，再一个是黄汲清。

谢家荣可以说是中国最早关注石油的科学家之一。早在1916年10

月,刚走出校门不久的他就在《农商公报》上发表了译作《论美国之石油》。他也是中国最早的石油调查者之一,早在 1921 年,他随翁文灏调查完西北地震后,顺道穿过河西走廊去了甘肃玉门调查石油地质,回京后谢家荣发表了《甘肃玉门石油报告》这一初步成果。1930 年,他在商务印书馆出版了《石油》,这是我国出版的第一部石油专著。1936 年,他编制了《中国各种储油区域油苗、油页岩及地沥青分布图》。1937 年,他在地质调查所《地质汇报》上发表《中国之石油储量》,并将中国含油区划分成陕北、四川赤盆地、准噶尔和塔里木四个区,含油地层为中生代的大陆沉积和海相沉积地层,还提到塔里木盆地"有海相之始新统及白垩纪地层,转运宜于产油"。同一年,他向在莫斯科举行的第 17 届国际地质大会提交了论文《中国之石油富源》。1945 年底,他还到台湾一次,专门考察当地的石油蕴藏情况。1954 年,谢家荣发表了著名论文《中国的产油区和可能含油区》,乐观地断言:"中国肯定是有油的,并且其储量一定是相当丰富的。"他还在文中具体点到了:"从大地构造推断,希望很大……包括桂滇黔地台区、华北平原、松辽平原等八个区域。"1956 年,谢家荣与黄汲清等合作制作了一幅《中国含油远景分区图》,在中国划分出了 22 个产油区和可能含油区。这是迄今为止对中国石油分布做出的最为全面的预测之一,其中就包括非常著名的大庆油田。以前,所有大油田都是海相生油,而谢家荣则多次指出陆相生油的可能性,并且指出"大陆沉积生油的理论在我国是应该予以很大的考虑的"。谢家荣是中国最早提出陆相生油的学者之一,更是在华北和东北平原找油的第一位地质学家。

　　谢家荣的这些理论,对后来我国发现大庆油田、胜利油田等极具指导意义;反过来,这些油田的发现,也证明谢家荣理论的正确。1982 年,为表彰发现大庆油田的功绩,相关人员被国家授予自然科学一等奖,谢家荣当时虽已逝世多年,但仍是获奖者之一。

　　1954 年,谢家荣调任地质部普查委员会常务委员兼总工程师,该委员会当时的主要任务就是进行全国性的石油、天然气普查勘探。他和黄汲清主持编写的《普查须知》是野外地质人员必备的工具书。

1955 年,谢家荣被选聘为中国科学院学部委员。

1956 年,地质部成立地质矿产研究所,翌年,改为地质部地质研究所,谢家荣担任副所长。

正当谢家荣为新中国建设大展身手的时候,1957 年,在反右派斗争中,谢家荣被错划成"右派",随后被调离地质部关键岗位。幸运的是,谢家荣没有被调出地质部。1964 年,他被任命为地质部矿床地质研究所矿产综合研究室主任,并着手编著《中国矿床学》。谢家荣是我国最早提出运用地质理论找矿的学者之一,他强调应用研究的重要性,倡导使用综合勘查方法,重视经济效益。因此,他还是我国经济地质学的奠基人。

1966 年 8 月 14 日,谢家荣不堪忍受"造反派"的冲击,在家中自杀,终年 68 岁。

扩展阅读:

张立生:《中国石油的丰碑:纪念谢家荣教授诞辰 110 周年》,中山大学出版社 2011 年版

张立生:《谢家荣年谱长编》,上海交通大学出版社 2022 年版

二十四

黄汲清

中国大地构造学
奠基人

黄汲清(1904—1995 年),四川仁寿人,原名黄德淦,地质学家、中国大地构造学奠基人。

黄汲清出生于书香之家,1917 年考入四川省立第一中学,1921 年考入北洋大学预科,因参与学潮,并不愿做检讨,被学校开除;1924 年改名"汲清",考入北京大学地质学系。在大学三年级时,他便在《中国地质学会志》上发表英文文章《北京西山之寒武纪及奥陶纪地层》,因此崭露头角,获得了中国地质学会和地质调查所颁发的 140 块银圆奖金。

1928 年,黄汲清从北大毕业,进入了地质调查所。他从练习生干起,跟随所中前辈,先后到东北、华北、陕西、西南地区进行地质考察,获得了大量第一手资料和化石标本。黄汲清曾自编一首《青年地质学家的山歌》以鞭策自己:"手把锤子出大门,上高坡,下深谷,越大山,爬峻岭,前行前行复前行。"黄汲清对野外考察工作的热情跃然纸上。

从 1930 年开始,黄汲清利用实地调查获得的大量一手材料,潜心研究、专心著述,在短短两年内陆续发表了《秦岭山及四川之地质研究》(与赵亚曾合写)、《中国南部之二叠纪珊瑚化石》《中国南部之二叠纪地层》等多篇有影响力的文章。其中,《中国南部之二叠纪地层》一文,不仅填补了国内空白,而且在国际上处于领先地位。黄汲清由此获得"黄二叠"

的美誉。

1932年夏,黄汲清得到中华教育文化基金会资助,赴瑞士纳沙泰尔大学留学,师从世界著名构造地质学家阿尔冈,1935年以论文《瑞士华莱线素女峰——破金瓜峰地区之地质研究》获该校理学博士学位。黄汲清学习结束后,没有马上回国,而是前往德国、英国、美国等地游历,作地质考察旅行。

1936年初,黄汲清回国后,被任命为地质调查所地质室主任。1937年春,他代理地质调查所所长职务。七七事变爆发后,他组织地质调查所西迁。12月,黄汲清被任命为地质调查所所长,这个职务是翁文灏、李四光等中国地质学界元老都曾经担任过的。

七七事变前夕,中国地质事业各项工作已步入正轨,黄汲清认为当时地质工作"照此加速进行,十年或二十年间中国的地质学不难与欧美并驾齐驱"。然而,由于战争全面爆发,我国科学事业严重受挫,几乎处于停滞状态。地质所迁到重庆,此后相当一段时间,黄汲清的工作重点转到了中国西部地区。1938年,黄汲清布置并亲自参加四川省的石油、天然气及其他矿产资源普查工作。1939年,他调查了隆昌圣灯山地质构造,并亲自布置钻探,发现了我国第一个工业气田——圣灯山天然气田。

1940年夏,黄汲清辞去地质调查所所长职务,任《中国地质学会会志》主编。1941—1943年,黄汲清带队调查甘肃、新疆等地的石油地质。经过对中国西部陆相盆地石油地质的广泛调查,黄汲清与杨钟健、程裕棋等合作,于1943年写出《新疆油田地质调查报告》(1947年出版),提出了"多期多层生储油"的陆相沉积生油学说。因此,黄汲清是中国最早提出陆相生油说的地质学家之一。此说突破传统理论,为后来摘掉"中国贫油"的帽子奠定了理论基础。

1945年,黄汲清出版了《中国主要地质构造单位》(英文版)。此书对中国的大地构造旋回和基本构造单元做了系统划分,全面论述了中国和邻区的大地构造特征及其演化历史,从而创建了中国大地构造理论体系,并由此确定了他作为中国大地构造学奠基人的地位。

1948年3月,黄汲清当选为中央研究院首届院士,当时他并不在国内。早在这年夏天,黄汲清就应英国文化委员会之邀,前往访问,并参加在伦敦举行的第18届国际地质大会。会后,他又赴瑞典、丹麦和瑞士进行地质考察,年底转赴美国,专门考察石油地质。1949年6月,黄汲清离开美国乘船抵达中国香港。当时,上海已经解放,已任台湾大学校长的傅斯年,电邀黄汲清前去主持台大地质系,但他没有答应,而是回到了重庆北碚。

1949年11月30日,重庆解放。当时主政西南地区的刘伯承、邓小平先后接见黄汲清,肯定了他的学术成就和为新中国服务的立场,并希望他继续从事地质工作,为新中国的建设做出贡献。1950年初,黄汲清被任命为西南军政委员会委员、西南地质调查所所长。同年,中央地质工作计划指导委员会成立,他当选为委员会委员。1952年秋,地质部西南地质局成立,他被任命为局长。黄汲清明确指出,四川盆地的天然气储存和开采有很好的前景,一定要继续勘探,不能停止。

1955年,中国科学院设立了4个学部,黄汲清被选聘为学部委员并被任命为生物学地学部副主任。1957年5月,中国科学院将生物学地学部一分为二,成立生物学部和地学部,黄汲清继续担任地学部副主任。

新中国成立后,工农业得到迅速发展,但"工业的血液"——石油燃料的缺乏,成为制约中国经济发展的重要因素。寻找石油,成了关乎中国未来发展命运的紧迫任务。

1954年春,对大地构造和石油勘探素有研究的黄汲清被调到北京,担任地质部全国矿产普查委员会常务委员(主任委员为李四光)。全国矿产普查委员会,从名义上看,是要调查所有矿产,实际上只普查一项:石油。这个委员会后来干脆改名为地质部石油地质局。黄汲清调到北京,就是来主持石油普查的技术工作。全国矿产普查委员会改名为石油地质局后,黄汲清被任命为该局的总工程师。

到北京后,黄汲清根据他的大地构造研究和陆相生油论,提出华北、松辽、鄂尔多斯和四川盆地为重点普查地区。1955 年 2 月,地质部第一次石油普查工作会议召开。黄汲清的很多建议得到认可,列入了普查计划。但会议所确定的普查项目计划中,竟遗漏了黄汲清一向看好的松辽平原。会议结束后,黄汲清发现了这一缺漏,立即补报了《松辽平原石油地质踏勘设计任务书》。普查计划中为什么会遗漏松辽平原,现在谁也说不清楚了,但如果不是黄汲清及时发现,那大庆油田的发现,就不知要等到什么时候了。就这一点来说,黄汲清可谓功不可没。

1957 年 3 月,在地质部第三次石油普查工作会议上,黄汲清展示了一幅他精心绘制的 1∶300 万的《中国含油远景分区图》,并配合这幅大型挂图,作了题为《对我国含油远景分区的初步意见》的学术报告。在《中国含油远景分区图》上,黄汲清用醒目的橘黄色把松辽、华北、四川、鄂尔多斯四大盆地标示为重点远景区。会后不久,黄汲清即离开石油地质局,去地质部地质矿产研究所担任副所长兼大地构造研究室主任,后来则长期担任地质科学研究院副院长。

1960 年,黄汲清开始主编《中国大地构造基本特征》。

"文革"期间,黄汲清被下放到江西干校劳动,研究工作被迫中断,但为时不长。从干校返回单位后,他又投入科研工作之中。1974 年,他与团队成员共同发表了《对中国大地构造若干特点的新认识》一文;以后又发表《试论地槽褶皱带的多旋回发展》等多篇论文。1987 年,黄汲清还出版了专著《中国及邻区特提斯演化》,利用对青藏高原深入考察所获得的丰富资料,对特提斯构造演化做出了全面总结。

黄汲清于 1954 年加入九三学社,是九三学社第四届、五届中央委员会委员,第六届、七届中央委员会常务委员。1984 年 3 月,黄汲清加入中国共产党。

1980 年,黄汲清被瑞士联邦理工学院授予自然科学名誉博士学位,1985 年,美洲地质学会授予他名誉会员称号,1988 年,当选为苏联科学院外籍院士。

1982 年,他因发现大庆油田的重大贡献及与人合作编制《中国地质图类及亚洲地质图》,获两项国家自然科学奖一等奖,《中国大地构造基本特征》一书获二等奖。1994 年,何梁何利基金科学与技术成就奖第一次颁奖,年已 90 岁高龄的黄汲清与钱学森、王淦昌、王大珩一起获奖,每人各得奖金 100 万元港币。

1995 年 3 月 22 日,黄汲清在北京病逝,享年 91 岁。

扩展阅读:

何建明:《秘密档案》,四川人民出版社 2002 年版

二十五

吴大猷
中国台湾科学之父

　　吴大猷(1907—2000年)，广东高要人，著名物理学家。在第一届物理学院士中，他最年轻；然而他却有着"中国物理学之父"的美称，可见他对中国物理学的贡献和影响之大。

　　吴大猷出生于官宦之家，但父亲早逝，与母亲相依为命。1920年考进广府中学学习。次年其伯父吴远基北上办学，将吴大猷也带到了天津，他于是转入南开中学读书。

　　1925年，吴大猷考入南开大学矿科，次年矿科停办，他才改入物理系。正是在南开大学物理系，吴大猷遇见了他的恩师、中国现代物理学先驱之一饶毓泰。饶毓泰将吴大猷引入物理学殿堂，他们后来也由师生变为好友。1929年，吴大猷从南开大学毕业，因学习成绩"极其杰出"而留校任教。

　　吴大猷在南开大学毕业前夕，报考清华公费留美未果。1931年，经饶毓泰与清华大学叶企孙教授联合推荐，吴大猷获得中华教育文化基金会的研究奖助金赴美留学，于是他结束了10年南开生涯，掀开了人生新的一页。

　　吴大猷在美国期间，学习和研究了当时物理学最新的成果，只用了两年时间，便获得美国密歇根大学硕士和博士学位，并被选为PHI BETA

KAPPA(美国历史最悠久、最负盛名的学术荣誉协会)会员。吴大猷在博士论文中提出"铀元素之后是否存在一系列 14 个化学性质相同的元素"的问题。可惜他并没有对这个问题继续展开深入研究便回国了。18 年之后,美国西博格博士因发现 9 种以上的超铀元素而获得 1951 年的诺贝尔化学奖。1989 年,西博格见到了吴大猷,满怀感激地对他说:"我当年能获得诺贝尔奖,应该归功于你的论文。"

1934 年夏,吴大猷应饶毓泰的邀请,回国执教于北京大学。他把当时刚刚兴起的量子力学介绍到中国,并开始从事原子分子光谱研究。当时,饶毓泰在北大任物理系主任。

七七事变爆发后,吴大猷随校南下,任教于西南联大。教学之余,在十分艰苦的条件下,他没有中断科学研究。1938 年,为纪念北大建校 40 周年,他用英文写了《多原子分子的结构及振动光谱》一书。这本书后来成为分子物理学的入门读物,到 20 世纪 70 年代,仍是这一领域的权威参考书。因为这本书,他于 1939 年获中央研究院设立的丁文江奖金,并于 1943 年获教育部学术审议委员会学术奖励作品一等奖。

在吴大猷漫长的教学生涯中,最得意的莫过于在西南联大时期所教的两位学生,后来于 1957 年共同获得了诺贝尔物理学奖,即李政道和杨振宁。当李、杨得知自己获诺贝尔物理学奖的消息后,都不约而同地在第一时间向吴大猷老师报喜并感谢在昆明的受教之恩。此外,后来成为中国科技界领军人物的朱光亚、黄昆等也都是他在西南联大时的学生。

1946 年 7 月和 8 月,曾昭抡、华罗庚和吴大猷带着唐敖庆、王瑞䭅、孙本旺、李政道及朱光亚等先后赴美,目的是考察原子科学相关领域。但因美国政府对此类技术实施了严格的保密措施,他们未能接触到原子能技术的核心机密。吴大猷便先后在密歇根大学和哥伦比亚大学任客座教授,从事原子核物理学研究。

1948 年 3 月,身在海外的吴大猷,当选中央研究院首届院士。

1949 年,吴大猷本来准备回国的,但因国内形势剧变,他感到无所适从。恰好这时加拿大国家研究院要加强基础理论研究,邀请吴大猷去主持理论组。吴大猷就从美国去了加拿大,他在那里干得颇有兴味,后来还加入了加拿大籍。

1956年,吴大猷应胡适之邀,利用假期在台湾大学和台湾清华大学联合举办的研究生班讲授经典力学、量子力学和流体力学。当时台湾在基础科学方面的研究十分薄弱,受过西方教育的物理学博士一共也只有两三人。吴大猷的讲学,对台湾来说犹如久旱逢甘霖。

胡适对吴大猷非常推崇,积极向蒋介石推荐。他曾说,五四运动后中国的发展需要"德先生"与"赛先生",他本人可以致力于哲学思想的更新,为中国铺下德先生的路,但如果要赛先生,就必须由另一个人来做,那就是吴大猷。于是,蒋介石对吴大猷青睐有加。吴大猷对蒋介石和胡适则有知遇之感。

1957年,朱家骅召集在台湾及海外的院士召开会议。吴大猷向大会提了些建议,其中一项就是后来实施的所谓"国家长期发展科学委员会"。同年,吴大猷当选为加拿大皇家学会会员。1958年,"中央研究院"院长胡适在任上突然逝世。在继任院长推选中,吴大猷得票第一,蒋介石也对他非常中意,但吴大猷那时还不想离开加拿大,婉辞了。

1963年,吴大猷离开工作了14年的加拿大国家研究院,到美国纽约布鲁克林理工学院任物理学教授。1965年秋,他又转到纽约州立大学布法罗分校任物理学和天文学系主任。

1967年,蒋介石决定成立"科学发展指导委员会",并任命吴大猷为主任委员。当时,吴大猷的妻和子都在校学习,蒋介石特许吴大猷不必辞去在美国的教职,每年利用寒暑假回台湾地区工作几个月即可。吴大猷上任之后,果然每年只在寒暑假回台湾,并拟定了一系列的科学发展规划和科学政策,有力地推动了台湾的科学发展。1983年,吴大猷终于回到台湾任"中央研究院"院长,直到1994年1月卸任,为台湾科学的发展做了很多事情。吴大猷因此被称为"台湾科学之父"。

大陆首次成功进行核试验后,台湾当局也开始制订秘密研制核武器的计划。吴大猷得知后,坚决反对这一计划,并呈递了书面意见,蒋介石予以了采纳。这是他对两岸关系的一大贡献。

1978 年,吴大猷从纽约大学退休,回国到台湾定居,担任台湾教育主管部门科学教育委员会主委,负责台湾中学科学课程的改革事宜。

20 世纪 70 年代中期后,吴大猷开始关注物理学哲学问题。他认为,一位物理学家,若能更深刻、更具批判性地理解物理学的历史和哲学,就能更全面地了解物理学。他关于物理学哲学和科学哲学的深刻思考,后来集结成《吴大猷科学哲学文集》一书。在西方,最成功的科学家都有哲学层面的思考,如牛顿、爱因斯坦等皆是如此。

吴大猷主张科学研究与政治分开,加强两岸的学术交流。80 年代,中国物理学界希望能有更多的机会参与国际交流,但苦于不是国际物理学会的会员。按照国际物理学会的规定,一个国家只能有一个物理学会成为其会员,而当时我国台湾地区的物理学会早已取得其会员资格。于是,周光召在李政道的建议下,找到了吴大猷,吴大猷便积极促成此事。最终,海峡两岸的物理学会,分别以国家和地区的身份,双双成为国际物理学会的会员。

1983 年 6 月,吴大猷前往新加坡参加第一届亚洲—太平洋地区物理学大会。这是亚太地区物理学家的一次空前盛会,也使海峡两岸的物理学界同行能有机会欢聚一堂。吴大猷不仅见到了西南联大时的同事周培源,还见到了杨振宁、黄昆、李荫远等当时的学生。

1992 年 5 月,时任"中央研究院"院长的吴大猷在学生李政道的陪同下,率团经香港到北京参加国际学术会议,中国科学院院长周光召等到机场迎接。5 月 31 日,吴大猷出席了在北京举行的中国当代物理学家联谊会。吴大猷回台后大声呼吁,要积极推动海峡两岸的学术交流,最终促成了中国科学院学部委员于同年 6 月访问台湾,掀开了两岸科学界交流新的一页。

1997 年，香港回归祖国，吴大猷写下《国耻尽雪　科技兴国》一文，欢欣之情，跃然纸上。1998 年，吴大猷在儿子吴葆之、女儿吴吟之的陪同下，返回祖籍地广东肇庆，这是他晚年最愉快的一次旅行。吴大猷晚年曾有回祖国大陆定居的想法，他曾给自己的堂弟吴大任的夫人写信说："南开大学如可能给我一个名誉教授，可不给薪金，但给我住的地方，如医药问题容易，我可以考虑在母校终老。"

在他生命的最后几年，在学生李政道的提议下，他本来准备写一本完整的中国近代物理史，并打算到北京搜集资料，但因身体状况急剧恶化，未能成行。后来根据他口述，整理成一本《早期中国物理发展之回忆》，这比他原来的设想差了许多，尽管如此，还是为中国物理发展史留下了许多珍贵的资料。

2000 年 3 月 4 日，吴大猷病逝于台大医院，享年 93 岁。

时任国家主席江泽民在唁电中说："吴先生毕生献身科学研究和教育事业，为中国科学发展作出了重大贡献，在世界物理学界享有盛誉。吴先生关心国家统一，致力于民族富强，并且为海峡两岸科技学术交流作出了杰出贡献，为两岸同胞所赞誉。"

扩展阅读：

丘宏义：《中国物理学之父：吴大猷》，新疆人民出版社 2004 年版

二十六

许宝騄
中国概率论
与数理统计学开创者

许宝騄(1910—1970年)，浙江杭州人，被公认为第一位在数理统计和概率论领域享有国际声望的中国数学家。

许宝騄出生于名门世家，其祖父曾任苏州知府，父亲曾任两浙盐运使。兄弟姊妹共7人，他最幼。其兄许宝驹、许宝骙均为政治人物，表兄俞平伯则是著名的文学家。许宝騄年少时一直在家由家庭教师教读，1925年始进北京汇文中学，1928年考入燕京大学理学院。因对数学有特殊的兴趣，他于1930年转入清华大学数学系，从一年级读起，与华罗庚、柯召等为同学。清华大学数学系当时堪称中国的数学中心，有熊庆来、杨武之等教授。正是在清华期间，他立下了要为人类知识宝库增砖添瓦的壮志。

1933年，许宝騄从清华大学毕业，获理学学士学位。同年，经考试录取赴英留学，却因体检时体重太轻，未能成行。后经检查，他是患了肺结核。于是，他到北京西山休养了一年，身体状况大为好转。但他一生中，一直受到疾病的困扰。在第一届院士中，有三位终身未婚，许宝騄是其中一位，还有两位则是叶企孙、金岳霖。许宝騄没有结婚的一个重要原因，是由于健康问题。

1934年，许宝騄进入北京大学数学系，担任正在访问北京大学的美国哈佛大学教授奥斯古德的助教,前后共两年。奥斯古德是分析学方面的专家,他在后来出版的书中,专门提到了许宝騄的帮助。许宝騄则于这两年中,在分析学和代数两方面打下了扎实的基础,并开始做一些研究。1935 年,他发表了两篇论文,都是关于分析学方面的,其中一篇是他与江泽涵合作完成的。

1936 年,许宝騄再次通过了英国庚款留学的考试,赴英留学,入伦敦大学统计系学习数理统计,1938 年获得哲学博士学位。同年,系主任内曼被聘至美国加州大学伯克利分校,他推荐许宝騄担任讲师,接替他在伦敦大学的教职。与此同时,许宝騄还在剑桥大学攻读科学博士学位,并于1940 年获得这一荣誉。

当时,伦敦大学被广泛认为是国际数理统计研究中心,现代数理统计学的奠基者费希尔、内曼和皮尔逊等都在那里工作。许宝騄在伦敦大学学习和任教期间,正是内曼-皮尔逊理论的形成时期,因此他很快就接触到了公认的数理统计方面的前沿动态,并参与其间。许宝騄发表了一系列的论文,其中包含开创性的推导和证明,为内曼-皮尔逊理论最终的形成做出了十分重要的贡献。他的演算技巧十分高明,能把非常复杂且难以处理的数学问题变得条理清晰、易于理解。

1940 年,许宝騄回到战火纷飞的祖国,被北京大学聘为数学系教授,执教于昆明西南联大。西南联大当时群英聚会,有"数学三杰",即华罗庚、陈省身和许宝騄。他们所教的学生则有钟开莱、王寿仁、徐利治等。当时在西南联大,生活条件十分艰苦,本来身体就不好的许宝騄,这时日渐衰弱。然而在教学之余,许宝騄不顾病体,仍潜心于他所钟爱的数理统计研究,并取得丰硕的研究成果。1941—1945 年,许宝騄在国际权威性专业刊物上,发表了十多篇在数理统计等领域具有开创性的文章,这些文章奠定了他在数理统计界的地位。

许宝騄是个纯粹的学者,对于名利、权位,他从来不在乎。西南联大时的数学系学生徐利治对三位老师有个评论:"华(罗庚)先生是入世派。

陈省身先生也是入世派。许宝騄先生是位观世派。"许宝騄淡泊名利是真的,但他并不是一个钻在象牙塔里的人,他热爱祖国,关心时事,痛恨腐败。因此,他加入了中国民主同盟,这或许与家庭环境有关。他的两位哥哥许宝驹和许宝骙,都是民盟的杰出领导人。

1944年,他的老师内曼决定离开加州大学伯克利分校,返回英国。他向学校推荐许宝騄来接替他的位置。于是,许宝騄接到了该校的聘书。1945年秋,许宝騄应邀赴该校任访问教授。在该校完成一学期的讲学后,又到哥伦比亚大学进行了一学期的讲学。1946年,许宝騄到北卡罗来纳大学统计系任教,讲授多元分析。在多元统计分析中,许宝騄将矩阵演算融合于分析的积分计算之中,得到了一个一般性的积分公式,这个公式被称为"许氏公式"。因此,许宝騄被公认为是多元统计分析的奠基人之一。

1947年,许宝騄谢绝了一些大学的聘任和老师内曼的一再挽留,束装回国,重到北京大学任教。这时,他肺结核病复发,但他坚持带病工作,从未停止教学和研究,在矩阵论、概率论和数理统计方面又发表了10余篇论文。

除了专注于教学和研究工作外,许宝騄还积极参加文教界的民主革命运动。对于新中国,他是由衷欢迎的。北平解放以后,他曾致电美国同行,表达了自己的欢悦心情。

中华人民共和国成立以后,许宝騄在北京大学任一级教授和概率统计教研室主任。新中国于1956年制定的第一个科学技术发展远景规划,将概率统计和计算数学、微分方程等一起列为数学科学的重点发展方向,许宝騄极为感奋。50年代末,他曾致力于将数理统计运用到实际工作中,为此,他先后在实验设计、次序统计量的极限分布、二次型与二次型之比的精确分布、过程统计等多个领域,带领学生开展研讨活动。

许宝騄是我国概率统计方面公认的学科带头人,对这一学科的建设和发展做出了重要贡献。1948年,他以高票当选为中央研究院第一届院士;1955年,被选聘为中国科学院学部委员。

许宝𬴂的天赋极好,少年时代,他曾写过小说;还曾为表兄俞平伯手书的《古槐书屋词》刻版印行;还会唱昆曲、拉二胡,熟悉音律。他除了精通英语外,还掌握法语、德语和俄语。

许宝𬴂在数理统计方面能够取得重要的成就,除了归功于极好的天赋外,还与他勤奋刻苦、锲而不舍的努力分不开。他的一生,和研究工作密不可分,他的生命就是研究科学,科学研究就是他的生命。

1956年,在许宝𬴂的主持下,北大举办了国内第一个概率统计专业学习班,为我国概率统计学科培养了一批教学和科研人才。后来由于身体太差,他无法前往教室上课,只能在自己一室一厅的寓所内挂起一块黑板,坚持给学生讲学。

1959年以后,许宝𬴂的兴趣转向组合数学,他感到可以将矩阵的方法系统地引入其中。1961年,他主持了一个组合设计讨论班,开展这方面的研究,研究成果后来发表在《数学进展》上。

50年代末,许宝𬴂的肺结核进一步发展,身高1.76米的他,体重只有80多斤,每天主食只吃2两或3两,主要靠一磅半牛奶维持所需的营养。北京大学安排他到国外或国内一些地方去疗养,他都婉拒了,只在离北京大学很近的黑山扈疗养院住了几个月,这样能经常了解校内的情况。1963年他的肺部出现空洞,且他体内的结核菌已具有抗药性。这时,北大再次安排他去疗养,他还是拒绝了。他对学生说:"我知道时间不多了,我再带你们去闯一个新方向,好让你们知道新方向该怎么闯。"就在这一年,他同时领导了数理统计、马氏过程和平稳过程三个讨论班。

许宝𬴂一生发表的论文,篇数并不算多,总数不超过40篇。篇幅最长的只有50页,最短的只有1页多一点。他对自己的论文要求十分严格。他曾说过这样一句话:"我不希望自己的文章登在有名的杂志上而出名,我希望杂志因为登了我的文章而出名。"这既是他的自负,也是他对自己的严格要求。关于论文,他还说过一句十分发人深省的话:"一篇文章的价值不是在它发表的时候得到了承认,而是在后来不断被人引用的时候才得到证实。"

"文革"中,许宝騄沉疴在身,且无法接触到任何学术杂志,但就是在那样艰苦的条件下,他仍然没有中断学术研究。在生命的最后岁月,他已瘫痪,卧床不起。他对前来探望的亲友说:"我身体不行,不能动了,但我的头脑还是很清楚的,我还可以用脑子为祖国服务。"

但是,天不假年,1970 年 12 月 18 日,许宝騄病逝于北京大学,终年只有 60 岁。在他的床前,人们看到一叠未完成的手稿和一支使用多年的派克钢笔。

1983 年,德国施普林格出版社刊印了英文版的《许宝騄全集》。如今,许宝騄的相片依然悬挂在斯坦福大学统计系的走廊上,与世界著名的统计学家并列。

扩展阅读:

许宝騄先生纪念文集编委会:《道德文章垂范人间:纪念许宝騄先生百年诞辰》,北京大学
　　出版社 2010 年版

二十七

华罗庚
自学成才的科学大家

华罗庚（1910—1985 年），江苏金坛人，数学家。在中央研究院第一届院士中，他是唯一一个自学成才的人。他正式的学历是初中，还身有残疾，依靠顽强的毅力和不懈的努力取得非凡的成就。如今，他的成才经历，已成为一个经典励志故事。

华罗庚出生于贫寒之家。1925 年，华罗庚从金坛县立初级中学毕业后，到上海中华职业学校学习会计，因家中无力负担读书费用（免学费，但需膳费），未毕业即回老家，帮着父亲照看小杂货铺的生意。在上海期间，他开始对数学产生兴趣，于是一边工作，一边研读，手不释卷，如痴如醉。1929 年冬，他患伤寒几乎死去，后来病好了，左腿却瘸了，落下终身残疾。他走路时要左腿先画一个大圆圈，右腿再迈上一小步。对于这奇特而费力的步履，他自己幽默地戏称为"圆与切线的运动"。

华罗庚独自在数学的殿堂里遨游，水平日益提高。一天，《学艺》杂志上的一篇谈数学的文章引起了他的注意。华罗庚发现作者的计算有错误，便写了一篇文章加以纠正。这篇文章于 1930 年刊登在当时中国著名的学术期刊——《科学》上。文章刊出后，引起了数学家、当时任清华大学数学系主任的熊庆来的好奇。因为他从未听说过数学界有华罗庚这个名字。经多方打听，他了解到华罗庚的传奇经历，对这位数学奇才十分欣赏,立刻电请华罗庚到清华。

1931 年 8 月,华罗庚应邀来到北京,但他只有初中学历,怎么安排呢? 熊庆来给了他一个助理员的职务,月薪 40 元。于是,华罗庚一边工作,一边与陈省身等研究生一起听课学习。20 世纪中国两位最有名的"数学双星"就这样奇异地相逢了。华罗庚一点也没有因为自己的低学历或残疾而自卑,他开朗幽默,学习努力。他的宏愿是:"以过人的努力,追求自己的成就。"他用非凡的努力来弥补先天的不足,陈省身后来曾回忆华罗庚的用功是"每天工作十几小时"。功夫不负有心人,华罗庚仅用一年半时间就学完了数学系全部课程,还在国内外杂志上发表了多篇论文。

这时,华罗庚的才华已得到广泛认可,然而在提拔和任用问题上,还是产生了分歧。最后是理学院院长叶企孙拍板:"清华出了个华罗庚,是好事,我们不要被资格所限制!"于是,华罗庚被破格提拔为助教。这样,华罗庚以一个初中生的资格,开始了在中国顶级大学的教学生涯。

1936 年 9 月,《大公报》为纪念续办 10 周年,颁发"科学奖金",征集科学论文。华罗庚以《华林问题之研究》一文投稿应征。此文本应获数学类奖,因华罗庚已获得中华教育文化基金会乙种补助金,就不再给他奖金,而改为荣誉入选。

中华教育文化基金会给的乙种补助金可是个大奖,每年可得 1 200 美元,凭借这个奖项,华罗庚以访问学者的身份偕夫人到英国剑桥大学进修两年。在剑桥,华罗庚师从数学大家哈代。哈代在世界数学界,有"数学皇帝"的美称。在剑桥,拿博士学位通常需要 3 年时间。哈代看了华罗庚的论文,表示他 2 年内可以拿到博士学位。然而,华罗庚却说,拿博士学位繁文缛节太多,太浪费时间,他到剑桥是为了多学东西,而不是拿学位。华罗庚在剑桥 2 年,真没拿学位。他甚至没有办过正式的入学手续。因此,他的最高学历还是初中。

确实,学位对华罗庚实在不算什么。在剑桥期间,他在国外学术杂志上发表了18篇论文,都是高水平的,每篇都达到了博士学位论文的水平,其中几篇已成为数学史上的经典。他提出的一个理论被数学界称为"华氏定理",改进了哈代的结论。他在剑桥大学虽只有2年,但做出了世界上第一流的成绩,从而使他跻身于世界一流数学家的行列。

1938年,华罗庚婉谢了英国方面的挽留,回到中国。他再次获得破格晋升,连跃4级,受聘为西南联合大学教授,时年28岁。而7年前,他还只是一个初中毕业生。华罗庚的经历可以说是绝无仅有。西南联大的岁月极其艰苦,他的第三个孩子诞生时,因为没有钱送妻子去医院分娩,只能在家里生下。他对妻子说:"我们家的钱又花光了!孩子就叫华光吧!"

1939—1941年,在极端困难的条件下,他写了20多篇论文,并完成了第一部数学专著《堆垒素数论》。1941年,此书获得国民政府教育部学术审议委员会评定的首届学术奖励作品一等奖,从而进一步确立了华罗庚在数学界的地位。华罗庚也因此成为中国的"数论之父"。此书后被翻译成多种文字在国外出版。

1946年,国民政府想开发原子弹,选派曾昭抡、华罗庚、吴大猷三位大名鼎鼎的科学家赴美考察。9月,华罗庚到普林斯顿高等研究院开展数学研究,同时在普林斯顿大学数学系教授数论课。普林斯顿高等研究院是世界最高数学学府之一。1948年,华罗庚被美国伊利诺伊大学聘为终身教授。伊利诺伊大学给他的待遇很高,年薪约1万美金,还配给他4位助教。

然而,怀着对祖国的热爱,华罗庚抛弃了美国优裕的研究和生活条件,冲破美国政府的阻挠,于1950年初启程回国。回国前,他在给学生徐利治写的一封信中说,他回国是怀有一个远大志向的,这就是推动中国数学的独立,中国应该搞出自己的数学来。

1950年2月,华罗庚到达香港,并在那里发表了一封致留美学生的公开信,信中充满了爱国激情,鼓励海外学子回来为新中国服务,他在信中说:"梁园虽好,非久留之地,归去来兮。"这封信后来由新华社播发,在国内外影响很大。是年3月,华罗庚一家五口抵达北京。

1952年7月,中国科学院数学所成立,华罗庚担任所长。当年,他向中共中央提出发展计算机的建议,着手设立当时还是空白的计算数学研究方向。1955年,中国科学院成立学部,华罗庚被选聘为学部委员并被任命为物理学数学化学部副主任。1956年6月19日,华罗庚主持召开了中国科学院计算技术研究所第一次筹备会议,提出了"先集中,后分散"的原则,由中国科学院、总参三部、二机部(后为四机部)、高校专家14人组成中国科学院计算技术研究所筹备委员会。他为中国计算机的发展做出了特殊的贡献。

中华人民共和国成立后,华罗庚在学术和培养新一代人才方面都取得了显著成就。他的论文《典型域上的多元复变函数论》于1957年1月获国家自然科学奖一等奖。他的专著《指数和的估计及其在数论中的应用》于1959年首先在莱比锡以德文出版,然后又出版了俄文版和中文版。1963年,华罗庚和他的学生万哲先合写的《典型群》一书又获出版。在为新中国培养人才方面,华罗庚的成绩也十分显著。在他的培养下,王元、陆启铿、龚升、陈景润、万哲先等成为世界知名的数学家。

华罗庚对新中国的另一贡献是推广统筹法和优选法。1958年,华罗庚被任命为中国科学技术大学副校长兼数学系主任。这样,他不仅要从事纯粹的数学研究,还要进行运用数学的探索。经过一段时间的研究,他发现数学中的统筹法和优选法在工农业生产中具有广泛的应用潜力,可以提高工作效率,优化工作管理。后来,他写成了《统筹方法平话及补充》《优选法平话及其补充》等书,并亲自带领中国科学技术大学师生到一些企业工厂推广和应用"双法",取得了很大的经济效益和社会效益。正如他的弟子王元所说:"他的确已把普及数学方法作为晚年的事业了。"

美国著名数学史家贝特曼曾著文称:"华罗庚是中国的爱因斯坦,足够成为全世界所有著名科学院的院士。"华罗庚确实获得了多国科学院院士的头衔。1983 年 10 月,他应美国加州理工学院邀请,赴美进行了为期一年的讲学,其间,赴意大利里亚利特市出席第三世界科学院成立大会,并被选为院士;1984 年 4 月,他在华盛顿出席了美国科学院授予他外籍院士(经陈省身和另一美国数学家介绍)的仪式。

1979 年 6 月,华罗庚加入了中国共产党。1985 年 4 月,在全国政协六届三次会议上,他被选为全国政协副主席。

1985 年 6 月,华罗庚应邀赴日本访问。6 月 12 日下午 4 时,他在东京大学数理学部做完一个多小时的讲演,正准备接受听众的献花时,突发心肌梗死倒下,几小时后便遽然逝世,时年 75 岁。

扩展阅读:

王元:《华罗庚》,大连理工大学出版社 2010 年版

二十八

陈省身
最"年轻"的院士

陈省身（1911—2004 年），浙江嘉兴人，被誉为 20 世纪最伟大的数学家之一。在中央研究院第一届 81 名院士中，陈省身最年轻，当选时只有 37 岁。

1922 年，陈省身在故乡秀州中学毕业后，随父举家迁到天津，1923 年入扶轮中学，1926 年连跳两级考入南开大学，时年 15 岁，因此被誉为"天才少年"。

陈省身善于动脑而不善于动手，他的实验经常做不好，因此他最后放弃了物理和化学，选择了数学专业，受教于"中国现代数学奠基人"姜立夫。在大学三年级时，他就成了姜立夫的助手，协助批改作业。1930 年，陈省身大学毕业，考入清华大学研究生院。因只有他一人报到，清华决定推迟开学一年，并聘他做助教。1934 年，陈省身从研究生院毕业，获硕士学位，成为中国自己培养的第一名数学研究生。正是在清华，陈省身确定了微分几何为自己的研究方向。

当时，世界数学的中心在欧洲。因此，尽管陈省身在 1934 年成功考取了清华的留美庚款公费生，但最终却负笈德国，入汉堡大学，师从著名几何学家布拉施克研究数学。在学习过程中，他发现老师关于"网几何"的证明不完全，就把它继续做下去直至证明完成，他把成果写成论文《关于网几何的计算》在校刊上发表。陈省身在数学上表现出来的才华得到布拉施克的充分肯定,称他为汉堡数学界的新一代领袖。1936 年 2 月,他获得科学博士学位。这一年,陈省身得到中华教育文化基金会的资助,转去法国巴黎随著名数学大师嘉当研究微分几何。

1937 年七七事变爆发,陈省身经美国回国,应聘回到清华大学教学。他随清华南迁到西南联大。他在联大教过的学生有王宪钟、严志达、吴光磊、杨振宁、黄昆等,后来他们都成为大师级的人物。

教学之余,在当时极端恶劣的情况下,陈省身没有停止对数学的研究,联大 6 年,他完成 10 多篇论文,其中 3 篇发表在美国《数学纪事》上。陈省身自己说过:"我一生数学工作的突破,是于普林斯顿完成的,但事前在西南联大的准备,实为关键。"

陈省身的论文引起美国同行的高度关注,1943 年《数学纪事》的主办方美国普林斯顿高等研究院邀请他前去从事研究工作。那里汇集的都是科学界顶级的人物,比如爱因斯坦、哥德尔等。陈省身从昆明出发,乘坐美国军用飞机,经印度、中非、南大西洋、巴西,前后用了一个星期,来到世界数学研究的新中心普林斯顿。此后两年间,陈省身在那里完成了一生中最重要的工作之一:证明了高斯-博内公式,这是微分几何最难同时也是极为重要的问题之一。他于 1945 年把它发展成现今普遍使用的"陈省身示性类",为整体微分几何学奠定了基础。当然,这个成就也奠定了陈省身在世界数学界的大师级地位,他因此被称为是"微分几何之父"。

1945 年 12 月,陈省身回到中国,重回清华大学执教,同时参与中央研究院数学所的筹备。1947 年,数学所正式成立,姜立夫为所长,陈省身为代理所长。姜立夫一直没有到任,陈省身实际承担所有工作。他把"训练新人"作为首要任务,以"代数拓扑"作为主攻方向。他把吴文俊、廖山涛、陈国才、张素诚、杨忠道等领入现代数学的殿堂。这些人后来都成为中国数学界的中坚力量。

就在陈省身埋头数学研究的时候,时局发生了急剧的变化。1948 年岁尾,应普林斯顿高等研究院院长奥本海默的邀请,陈省身偕家人乘坐泛美航空公司的班机离开上海,再度进入普林斯顿,担任微分几何讨论班的主讲人。随后,他转往芝加哥大学任教。1950 年秋,第 11 届国际数学家大会在美国波士顿的剑桥召开,这是中断 14 年以后举行的大会。陈省身应邀在大会上作题为"纤维丛的微分几何"的全会演讲,这是少数顶尖数学家才能获得的荣誉。1960 年再转到加州大学伯克利分校任教授。陈省身在那里一直干到 1980 年退休,使该校成为几何学和拓扑学的研究中心。在他退休前一年,加州大学伯克利分校特意为他举行了为期 5 天的国际微分几何会议。

中华人民共和国成立,对所有在海外的华人影响极大。1950 年,华罗庚准备从美国回国的时候,也与陈省身谈过。陈省身当时也不是没有动过回国的念头。据徐利治说,华罗庚回国了,陈省身就不会回来了,他们两个有点"瑜亮"情结吧。

20 世纪 50 年代初期,陈省身对德国老师布拉施克和法国老师嘉当的微分几何学研究加以发挥,创造性地总结为"纤维丛""拓扑学""李群"论,综合归纳为高斯－博内定理,被美国科学委员会命名为"陈氏级理论",简称"陈类"。"陈类"广泛应用于美国国防科学和工农业生产技术、航天航海业。

1961 年,陈省身当选为美国科学院院士,为此他加入了美国国籍。1963 年,他当选为美国人文与自然科学院院士。1975 年,美国总统福特给他颁发了美国国家科学奖。1982 年,加州大学伯克利分校从美国国家科学基金会争取到经费,建立美国数学研究所,由陈省身出任第一任所长。1984 年,陈省身获得沃尔夫奖,以表彰他对整体微分几何的卓越贡献,这个奖相当于数学界的诺贝尔奖。

陈省身虽然加入了美国籍,但他没有忘记自己是炎黄子孙,他的根在中国。1972 年中美关系刚解冻,他便回国访问。看到祖国翻天覆地的变化和欣欣向荣的发展,他感到由衷的喜悦。同昔年同学、好友吴大任交谈时,他表示愿将自己最后的心血贡献给祖国。他在《回国》诗中写道:"飘零纸笔过一生,世誉犹如春梦痕。喜看家园成乐土,廿一世纪国无伦。"显然,他已敏锐地看到了国家发展的趋势。

此后,陈省身差不多每隔两年就要回国一次。早在 70 年代末,陈省身就打算在国内建一个数学研究所。可是,他已加入美国籍,是外国人了,能否让一个外国人担任中国的研究所所长引发了争议。这件事从提出到实现,费时较长,最后由邓小平拍板同意。1985 年,南开数学研究所成立,聘请陈省身为所长。在数学所成立大会上,陈省身感慨万分地表示:"我把最后一番心血献给祖国,我的最后事业也在祖国。我要为中国数学的发展鞠躬尽瘁,死而后已。"

年逾古稀的陈省身回到国内,不是为了安度晚年,而是想干一番事业。他立志要使中国成为 21 世纪的数学大国,并为此不懈努力。陈省身还有一个想法,把人才送到国外去培养固然重要,但国内培养人才更重要。他在国内真正培养了一些科学人才,让科学在中国生根。这也是他要在自己的母校南开大学办数学所的初衷之一。

在筹建南开数学研究所时,他捐款 1 万美元,捐书 7 000 余册,还有轿车 3 部,并立下遗嘱:将自己遗产的分配由一分为二(分给两个子女)改为一分为三,再加上南开数学研究所这个"新生儿"。随后他又将所获沃尔夫奖的全部款额 5 万美元,捐献给南开数学研究所。1998 年他再次捐出 100 万美元建立"陈省身基金",供南开数学研究所发展使用。

南开数学研究所成立后,陈省身每年到南开两次,每次两个月。数学研究所以"立足南开,面向全国,放眼世界"为宗旨,实行全方位开放的策略。每年邀请国内外著名数学家来做演讲。由于陈省身的大力支持,南开数学研究所经费充足,图书资料齐全,在全国数学研究所中首屈一指。南开数学研究所(于 2005 年 12 月更名为南开大学陈省身数学研究所)现在已经成为国内外瞩目的数学中心。

2002 年,第 24 届国际数学家大会在北京召开。这是全球数学界最高层次、最具权威性的会议之一，有数学奥林匹克之誉，也是这个大会创办一百多年来，第一次在发展中国家召开。陈省身担任大会的名誉主席。1995 年，陈省身当选为首批中国科学院外籍院士。同年，陈省身被天津市政府授予"荣誉市民"称号。2000 年，陈省身落叶归根，从美国回归，定居于南开大学的"宁园"。

2004 年 12 月 3 日，陈省身在天津病逝，享年 93 岁。如今，陈省身和他的夫人永远安息在南开大学省身楼旁边的一块绿地里。

扩展阅读：

付婷婷：《陈省身传》，江苏人民出版社 2009 年版

第二节 生物组（25 位）

（含动物学、植物学、医学、药学、人类学、心理学、生理学、农学）

二十九

钱崇澍
中国植物学奠基人

钱崇澍(1883—1965 年),字雨农,浙江海宁人,中国植物学的开拓者和奠基人,被誉为中国植物界的一代宗师。

钱崇澍出身于书香门第,乃五代时吴越国王钱镠之后。在生物组所有院士中年龄最大。他于 1904 年考中秀才,但由于清政府于 1905 年宣布废除科举制度,便在当年考入上海南洋公学。1909 年毕业,因成绩优秀,被保送进唐山路矿学堂学习。次年,考中第二期庚款赴美留学,与竺可桢、胡适、赵元任等同一期,在录取的 72 名考生中名列第 16,名次可不低。

钱崇澍在美留学 6 年,起初在伊利诺伊大学学习农学,随后改学植物学,于 1914 年毕业,获理学学士学位,之后到芝加哥大学进修植物生理学和生态学,获硕士学位。1915 年,再到哈佛大学格雷标本馆与阿诺德树木园进修。在哈佛,钱崇澍看到许多来自中国的植物标本,大为震撼,认识到"中国的植物还是要靠中国的植物学家去调查、去研究、去讲授,现在该是结束外国人采集调查与研究中国植物独霸天下的时候了"。

1916 年钱崇澍学成回国,应江苏甲种农业学校校长过探先之聘到该校任教,教授植物学和树木分类学。1919 年,被南京金陵大学聘为农林科教授。1922 年,钱崇澍被聘为北京农业大学教授,讲授植物学、植物生理学、植物分类学、树木学等课程。在北京农业大学期间,他与邹秉文、胡先骕合作编著了我国第一部生物学教科书《高等植物学》,该书于1923年由商务印书馆出版,对当时青年学生学习植物学有很大帮助。1923年,钱崇澍应清华学校校长曹云祥之聘,任清华学校教授,开始在清华教授植物学。1926年,他负责筹建生物系,并担任第一任系主任。

中国是一个植物资源十分丰富的国家,然而直到20世纪初,近代植物学在我国仍然是一片空白。钱崇澍在教学之余,积极开展植物学的研究。他的研究领域广泛,在许多方面具有开创性。1916年,钱崇澍在留学美国时发表了《宾夕法尼亚毛茛两个亚洲近缘种》一文,这是第一篇由中国学者用拉丁文对植物进行命名和分类的文献。1917年,他在美国《植物学公报》上发表《钡、锶、铈对水绵属的特殊作用》一文,成为我国应用近代科学方法研究植物生理学的第一篇文献。钱崇澍是研究中国植物生态学的第一位学者。1926年夏,钱崇澍带领清华学生在安徽黄山进行植物考察,1927年,他在《中国科学社生物研究所丛刊》第3卷第一期上发表了《安徽黄山植物之初步观察》一文,对黄山的地理、地貌、地质、土壤等进行了描述,并对植被群落及其植物成分进行了详细阐述,这是我国植物群落学和区系学领域的开创性著作之一。

钱崇澍还是国内首位对分类难度较大的兰科、荨麻科、豆科、毛茛科等植物进行系统研究的专家,发表了多篇有关中国兰科与荨麻科植物的开创性论著。

钱崇澍很重视野外考察,曾深入浙江和苏南进行植物区系研究,采集植物标本1万多号。他还制定了江苏、浙江、安徽、四川各省的植物调查规划,对安徽、四川多地的植物进行了采集调查,这为后来编写地区植物志、全国植物志及研究植物地理学创造了条件。

1928年,钱崇澍担任中国科学社生物研究所植物部主任及四川大学教授兼生物系主任。这是钱崇澍第一次到四川。1933年8月,钱崇澍和李继侗、张景钺、胡先骕、陈焕镛、陈嵘等19名植物学家在四川北碚发起成立了中国植物学会,标志着我国植物学发展进入新的阶段,会上钱崇澍被选为评议员。

1937 年,抗战全面爆发,国民政府的首都南京是日军的主攻目标。10 月,中国科学社生物研究所在钱崇澍的带领下,紧急启动内迁工作。新所址设在四川北碚的中国西部科学院办公场所内。

在民生公司总经理兼中国西部科学院院长卢作孚的帮助下,内迁还算顺利。到北碚后,生物研究所遇到了前所未有的困难:物价飞涨,经费短缺;国民政府则以不改为国立就不发给平价米作为要挟,企图控制这个研究所。为摆脱困境,钱崇澍带领大家种菜、养猪等,他还将赚取的一部分讲课费来补助困难的职工。

其间,英国学者李约瑟访问中国科学社生物研究所,对中国学者在这样艰苦的条件下坚持从事科学研究敬佩不已。钱崇澍以身作则,克服种种困难,在抗战期间陆续撰写了《四川北碚植物鸟瞰》《四川的四种木本植物新种》《四川北碚之菊科植物》等论文。他还带领团队在青城山一带进行植物标本的采集和植物资源的调查研究。

1945 年,钱崇澍担任复旦大学教授兼农学院院长。当时,国民党镇压学生的正义斗争,钱崇澍总是站在革命学生一边,凡学生参加反蒋斗争活动都不算缺课。

1948 年 3 月,钱崇澍当选中央研究院首届院士。

中华人民共和国成立前夕,钱崇澍也是国民党"抢救学人计划"中的专家之一,但钱崇澍拒绝了国民党方面的邀请,留在上海,迎接解放。

1949 年 11 月,中国科学院在北京成立。1950 年 6 月,中国科学院对所属科研机构进行撤并调整,成立植物分类研究所,钱崇澍被任命为第一任所长。该所由北平研究院植物研究所和静生生物调查所植物部合并改建,以植物调查和分类学研究为主,也做一部分植物病理和经济植物的研究。

1953 年,植物分类研究所更名为植物研究所,钱崇澍依然担任所长。

他在主持植物研究所期间,相继在南京、庐山、昆明和武汉设立工作站,以便在该地区开展植物调查和研究。他还亲自参加了植被与植物区划的研究工作,先后完成了《黄河流域植物分布概况》《中国植物区划草案》《中国植被类型》《中国森林植物志》等重要论著。

1955 年,钱崇澍被选聘为中国科学院学部委员。

1956 年,钱崇澍等 5 位科学家向全国人大提交的关于需要在全国各省(区)划定若干个森林禁伐区(自然保护区)的 92 号提案得以通过。当年 10 月,林业部提交了《关于天然森林禁伐区(自然保护区)划定草案》,并于当年率先在广东鼎湖山建立了中国第一个自然保护区。

1959 年 11 月,中国科学院批准成立《中国植物志》编辑委员会,将其设在中国科学院植物研究所,由钱崇澍、陈焕镛任主编。编撰《中国植物志》是一项功在千秋的浩大工程,也是中国植物学家梦寐以求的理想。近代以来,至新中国成立前,约有 300 位外国人,从中国采集了 121 万份植物标本,带到欧洲、美国、日本等地进行研究,发表了数以千计的论著和命名了大量的中国植物。1947 年,又有人提出,由美国出资与中国合编《中国植物志》。尽管编撰《中国植物志》是中国植物学家们的梦想,但钱崇澍一口拒绝。他说:中国的植物志,必须由中国人自己编写,不能有外国人染指。

早在 1934 年的中国植物学会第二届年会上,胡先骕就首先提出了编纂《中国植物志》的倡议。因各方面条件不具备,《中国植物志》的编撰工作未能如期开展。随着新中国的成立和中国科学家二三十年的积累,编撰《中国植物志》再次提上议事日程。1959 年 5 月,由钱崇澍、胡先骕等 26 位植物学家联名在《科学报》上倡议编写《中国植物志》,引起中国科学院的高度重视并得到批准。

1959—1965 年钱崇澍任主编期间,《中国植物志》共出版了 3 卷。"文革"期间这一工作停顿。1973 年以后,出版工作逐渐恢复,终于在 2004 年完成了 126 卷册的全部出版任务,2005 年完成了总索引的编制与出版。

1963 年 10 月,中国植物学会在北京科学会堂举行 30 周年纪念会,并隆重庆祝钱崇澍从事科学研究工作 50 周年。会上,他继续当选为植物学会理事长。

钱崇澍毕生从事植物学研究、教育和组织工作,为国家培养了许多植物学人才,他的不少学生如李继侗、郑万钧、曲仲湘、方文培、杨衔晋、秦仁昌等,后来都成为国内外知名的植物学家。

中国科学院院长郭沫若为庆祝钱崇澍八十华诞,曾赋诗祝贺:"桃李满天下,东风遍海涯。老来当益壮,努力建新华。"

1965 年 12 月 28 日,钱崇澍因病在北京逝世,享年 82 岁。

扩展阅读:

中国科学院院士工作局:《科学的道路》(上),上海教育出版社 2005 年版

三十

秉　志

中国生物学的开山宗师

　　秉志(1886—1965年)，原姓翟佳氏，原名翟秉志，满族，河南开封人，动物学家、教育家，中国生物学的开拓者和主要奠基人。在中央研究院首届院士中，秉志是唯一既在国内考中举人又在国外获得博士学位的学者。

　　秉志是1903年考中的举人，但他继续求学，次年由河南省政府选送入京师大学堂，1908年毕业。在此期间，他对达尔文的进化论产生浓厚兴趣，这为他以后的生物学研究之路播下了最初的种子。1909年8月，秉志考取第一期留美庚款公费生，入康奈尔大学农学院昆虫系学习，1913年获学士学位。后继续在康奈尔大学生物系深造，1918年以论文《咸水蝇的生物学》获哲学博士学位。第一批庚款留学生中仅有两位获得博士学位，他是其中之一，他也是中国获昆虫学博士学位的第一人。随后，他赴费城韦斯特解剖学与生物学研究所，跟随著名神经学家唐纳森从事脊椎动物神经学的研究工作。

　　1914年，即他在康奈尔大学学习期间，秉志与留美同学任鸿隽、赵元任等共同发起组织以提倡科学、介绍科学于国人为宗旨的中国科学社，并编辑出版《科学》杂志。1915年10月，中国科学社在美国正式成立时，秉志被选为5位董事之一。

　　1920年，秉志回国。他的第一个教职是1921年在南京高等师范学校农业专修科教授普通动物学,南京高等师范学校在此期间改为东南大学,后改为中央大学。不久,秉志即在南京高等师范学校创建了中国大学里的第一个生物系,并担任系主任。他根据中国的实际情况,编写了生物教材。在秉志、邹秉文、胡先骕等教授的努力下,南京高等师范学校成为中国生物研究的重镇,培养了大批生物学人才,他们后来都成为中国生物学界的栋梁。

秉志一向重视科学研究,他经常说:"教自然科学的人,必须亲自动手做自然科学研究工作。"1922 年,他在南京参与创办了中国科学社生物研究所,并任所长。这是中国第一个生物学研究机构。所内设动物、植物两部,秉志兼任动物部主任,植物部则由植物学家胡先骕先生主持。秉志认为,该所成功的一个重要经验就是与大学保持着密切联系与合作。他认为只有当生物学研究机构与大学生物学教育像美国韦斯特研究所与宾夕法尼亚大学的关系那样,两者比邻、合作,国内生物学才能有所发展。因此,中国科学社生物研究所与东南大学比邻,该所的专职研究人员都在或曾在东南大学任教,而东南大学生物系教师、学生也常在业余时间到研究所工作或研习。

值得注意的是,这个研究所是民间研究所,科学社所给的常年经费只有 240 元的办公费,每个月只有 20 元。所有研究员不仅没有薪水,而且还要往里贴钱。他们怀着对科学的热忱和科学救国的信念,不知疲倦地投身于科学事业。研究工作所需要的图书都是他们私人所藏,标本室则对外开放。该所自成立之日起除了主要开展形态学和生理学的研究外,还对中国动植物资源进行大量调查和研究。由于该所成立后成绩斐然,中华教育文化基金会决定,1926 年起,每年补助该所经费 15 000 元。

经过二十余年的不懈努力,该所收集了大批标本,积累了宝贵的资料,俨然成为我国东南地区的一个小型博物馆。1950 年该所并入中国科学院水生生物研究所。

1928 年,著名化学家、实业家范旭东为纪念其兄长范源濂(字静生),

捐出范家在北平石驸马大街 83 号的房产,创办北平静生生物调查所。是年 10 月 1 日,调查所正式成立,聘任秉志为所长。由于秉志在南方工作,而胡先骕已定居在北平,因此秉志每年在北平工作两个月;秉志不在北京时,由胡先骕主持所务。1932 年,秉志感到难以兼顾南北两所,因此决定专注于生物研究所的工作,将静生所所长一职交由胡先骕担任。

秉志创建了中国大学的第一个生物系和中国第一个生物学研究机构,这些成就彰显了他在中国生物学界的地位。秉志为中国生物学界培养了大批人才,其中不少人成为有重要贡献的科学家,如王家楫、伍献文当年在南京高等师范学校是同班同学,同为秉志先生的得意门生,后来在 1948 年与秉志一起荣膺中央研究院首届院士,堪称科苑佳话。而秉志自己在脊椎动物形态学、神经生理学、动物区系分类学、昆虫学、古生物学等不同领域进行了大量开拓性的研究,发表 30 多篇有创见的学术论文,在国内外都产生了重要影响。

1934 年 8 月 23 日,中国 30 名著名动物学家在庐山莲花谷组织成立了中国动物学会,并举行了第一届年会,推举秉志为会长。

1937 年南京沦陷后,残暴的日军把生物研究所的图书、标本、仪器设备抢掠一空,并把房屋烧为灰烬,令秉志痛心疾首。

抗战时期,秉志因夫人患病,困居上海。为维护民族尊严,避免受到日本人的拉拢和迫害,他隐姓埋名,先是藏身于中国科学社,随后转移到震旦大学,最后隐蔽在友人经营的中药厂里,一面继续其动物学的研究,一面著书立说。1942 年,秉志当选为国民政府教育部第一批"部聘教授",因他在敌占区,为保护他,当时没有公布他的名字。

抗战胜利后,秉志在南京中央大学和上海复旦大学任教,同时在中国科学社做研究工作。

1949 年,秉志也被列入了国民党"抢救学人计划"名单之中,但他拒绝了国民党的邀请,留在了大陆。1949 年 9 月,中国人民政治协商会议第一届全体会议在北京召开,秉志获邀参加会议。

中华人民共和国成立初期，秉志在复旦大学任教。筹建中国科学院时，周恩来总理曾多次找秉志谈话，希望他出任副院长，但秉志再三谦辞。中国科学院成立后，他先后在水生生物研究所和动物研究所担任室主任和研究员，1954 年水生所从上海迁至武汉，秉志随之到武汉工作。1955 年，秉志被调到设在北京的中国科学院动物研究所工作，从此常住北京。1955 年，被选聘为中国科学院学部委员。

秉志虽然是个纯粹的学者，但他对政治和社会也很关心。这一点，从他的著述中就可以看出。除了科学著作外，秉志还发表过《竞存论略》（1940 年 12 月）、《科学呼声》（1946 年 11 月）以及《生物学与民族复兴》（1946 年 11 月）等专业之外很有影响力的文章。

秉志还是个忠诚的爱国者，抗美援朝期间，他将自己在抗日战争前节衣缩食在南京购置的四处房产全部捐献给国家，用于购买飞机和大炮。对于他的三千册藏书，后来他也留下遗嘱全部捐赠给国家。

秉志从心底由衷地欢迎新中国。他常说：“活在这么好的时代，就是活到 130 岁也活不够。”

在生命的最后 10 年中，秉志集中精力对鲤鱼形态进行系统深入的研究。50 年代中期，秉志制订了关于鲤鱼的长期研究计划，鲤鱼的形态学、胚胎学、生理生化、实验生物学等都在研究的计划之中，但在他有生之年，只完成了形态学的研究，出版了《鲤鱼解剖》一书，完成了《鲤鱼组织》的手稿（后于 1983 年出版）。这两本书全面充实了鱼类生物学的理论基础，是科研与教学的重要参考文献。

秉志对国家还有一大贡献，即向中央提出消灭血吸虫病的建议和具体办法。1953 年 8 月，他分别向毛泽东主席、朱德总司令、周恩来总理写信，呼吁消灭钉螺、根治血吸虫病。他在信中写道：“因民间血吸虫病日益严重，秉志为良心所驱使，向卫生当局呼吁，皆对于捕灭钉螺（该虫的中间寄主）办法不以为然。今患病者日见其多……约为千万人左右，国家前途受其威胁……”秉志的信得到毛泽东等国家领导人的高度重视，1956 年中央防治血吸虫病小组成立后,毛主席转去了秉志的建议。后来的事实证明,消灭钉螺对于根治血吸虫病意义重大,秉志为治愈困扰我们民族多年的痼疾立了大功。

秉志在科学上努力攀登高峰,在品行上也不断砥砺。他有一张卡片,右侧写的是"工作六律":"身体强健、心境干净、实验谨慎、观察深入、参考广博、手术精练。"下首为:"努力努力、勿懈勿懈。"左侧写的是"日省六则":"心术忠厚、度量宽宏、思想纯正、眼光远大、性情平和、品格清高。"下首为:"切记切记、勿违勿违。"这是他一生的座右铭。

1965 年,秉志因心脏病突然发作,抢救无效,不幸逝世,享年 79 岁。

扩展阅读:

翟启慧、胡宗刚:《秉志文存》,北京大学出版社 2006 年版

三十一

吴定良

中国体质人类学
主要创始人

　　吴定良(1893—1969年),字均一,江苏金坛人,中国著名人类学家、生物统计学家和教育家,是中国体质人类学的主要创始人和奠基人。

　　吴定良年幼失学,靠自学于1916年以同等学力考入位于扬州的江苏省立第五师范学校。1920年考入南京高等师范学校,就读于教育心理学系。毕业时由于成绩优良,留校担任助教。

　　1925年,吴定良考取江苏省乡村教育赴美官费生,于8月出洋,入美国纽约哥伦比亚大学心理学系攻读统计学,次年,转到英国伦敦大学文学院继续攻读统计学,1928年获该校统计学博士学位。此时,吴定良虽然已年过30,但仍孜孜求学。1929年,他获得了中华教育文化基金会的研究资助,继续在英国深造,师从英国著名的统计学家和人类学家卡尔·皮尔逊教授,深入研究人类学,1934年获牛津大学人类学博士学位,成为首位获得该领域学位的中国留学生。

　　在英国留学期间,吴定良在国际著名学术杂志上发表论文近20篇,有与导师皮尔逊及著名人类学家莫兰特合作的,更多的是他独立完成的。其中比较重要的文章有《人体内特有骨骼的形态测量学特点的进一步调查》《对人的面部骨骼扁平度的生物统计学研究》《依据头盖骨的尺寸对亚洲人种的初步分类》等。这些论文对人类头骨的形态学特点、人种学特征、测量方法等都有论述,在面骨扁平度的测量方法上更有新的创造,被各国人类学家采用,并沿用至今。因为瑞士有大量头骨标本,1934 年夏,吴定良前往瑞士苏黎世大学,专注于研究九世纪埃及人的头骨,发表了论文《对埃及九世纪七十一个头骨的研究》。

吴定良从统计学转到人类学,一个很大的原因来自他对欧美种族主义偏见的不满。当时的"黄祸论""中国人种西来说""中国人先天不足"等论调在西方甚为流行。吴定良决心从人类学入手,全方位研究中国人,为民族身份正名。1934 年,他由人类学教授马斯介绍加入国际人类学社,同年参加在伦敦举行的国际人类学大会。会上,他与中国科学家欧阳翥一起以翔实的论文有力地驳斥了当时盛行的中国人大脑结构和功能不如欧洲人的谬论。

吴定良在人类学领域的研究使他在国际上声誉鹊起,一向对人类学很有兴趣的中央研究院院长蔡元培,于 1934 年特电邀他回国到中央研究院工作。吴定良欣然从命,1935 年夏登程归国,出任该院历史语言研究所人类学组主任兼专任研究员。

当时,历史语言研究所是中央研究院里规模最大、成员最多的研究所。史语所旗下分四组,历史组由陈寅恪担任组长,语言组由赵元任负责,考古组则由李济领导,皆是一时无二之人选,吴定良甫一归国,即与其他三位大师并驾齐驱,由此可见他在学术上的成就。

吴定良在中央研究院工作期间,创立并主编了《人类学集刊》。他还在国内外杂志上发表了 10 余篇体质人类学方面的论文。

殷墟的发现和发掘是中央研究院早期非常突出的成就。吴定良加入史语所后,对殷墟的遗骸进行了详尽的人类学分析,创立了颅容量的计算公式、测定额孔位置的指数,并论述了中国人额中缝的出现率及其与颅骨其他测量值的关系。在此期间,他还深入贵州、云南山区的少数民族地区做体质调查,发表了《贵州坝苗人的体质》《贵州坝苗和华南其他居民的体质》等论文,在中国人类学的发展上都具有开创性的意义。人类学当时在国内还是一门新兴学科，吴定良于是成为中国在这个领域里的主要奠基人。

吴定良最初攻读的是统计学，这一专业背景让他在该领域也取得了卓越的学术成就。他花费了数月时间，用手摇计算机计算出约七万个数据，得出了相关系数计算法和相关率显著性查表，让他享誉国际。该表的问世对当时统计学相关分析的发展起了一定的推动作用。

吴定良回国后两年，全面抗战爆发，他跟着史语所颠沛流离，最后在四川的李庄安定下来。1943 年 7 月 13 日，蒋介石给中央研究院代院长朱家骅发来一封电报，要求他们就民族素质问题展开系统的科学研究，但由于种种原因，这项研究最后不了了之。

1944 年 3 月，中央研究院决定将史语所下辖的人类学组独立出来，成立体质人类学研究所，由吴定良负责筹备。然而，经过一年多的努力，因经费短缺，研究所最终还是没有能成立起来。这对吴定良是一个很大的打击，也是他一生的憾事，但他在研究提高民族素质方面的工作还是得到国民政府的首肯，因此于 1946 年获颁"胜利勋章"。

抗战后期，学界关于中国多民族的问题有很多讨论。吴定良于 1944 年在《康导月刊》第 5 卷第 7 期、第 8 期上，发表了《国族融合性在人类学上之证明》一文，从人类学的角度，说明中华民族的形成是一个多民族长期融合的过程。他在文中写道："谓中华民族，乃由多数宗族融合而成，此说与科学事实，适相吻合，各宗族之血统，经春秋、战国、南北朝、少数民族南下及蒙满入主中原诸大变迁，早已混合多次，证诸史实，班班可考。"他不仅支持和认可考古学和历史学在揭示中华民族多元一体性方面的研究成果，而且在体质构造研究中进一步证明中华民族是由长期通婚和混血形成的民族。

1945 年抗日战争胜利后，吴定良随史语所迁回南京。不久，他应浙江大学校长竺可桢的邀请，到浙大任史地系教授。在吴定良的努力下，浙江大学于 1947 年 9 月成立人类学系与人类学研究所，他任系主任兼所长。他曾试图建立一个汇集骨骼、生理、统计、血液、历史、民族、语言、考古、艺术等各个学科的人类学系,但由于时局和经费的影响,这一构想未能最终实现,但他还是为中国培养了第一批体质人类学的科研精英与教育骨干。

1948 年 3 月,吴定良当选中央研究院首届院士。9 月,他在南京参加了中央研究院第一次院士会议。

1949 年,随着国民党政权的瓦解,史语所大部分人员随傅斯年去了台湾,但吴定良留了下来。他对新中国的态度,从给儿子吴宗元的信中即可看出。他在信中引用了王安石的诗句:"千门万户曈曈日,总把新桃换旧符。"

1950 年,吴定良与卢于道、欧阳翥、刘咸、谈家桢等教授在杭州发起组织成立了中国人类学学会。

1952 年,全国高等院校院系调整,浙江大学与暨南大学两所学校的人类学系均并入复旦大学生物系。于是,吴定良就从浙江大学转到了复旦大学,担任人类学教研室主任,为全系学生开设人体解剖学等课程。

在复旦大学期间,吴定良带领团队和学生,对南京、丹阳等地少年儿童的身体形态、生理机能、身体素质及其发展规律进行了调查研究,并与 20 年前的资料进行对比分析,从而证明了新中国成立后人民生活条件有所改善,儿童的体质状况普遍得到提高。这一时期他还对上海市新生儿的色素斑进行了深入研究,从形态学和组织学的角度做了分析,并与世界各种族的资料加以对比分析,阐明它在人种学与遗传学上的意义。

吴定良与教研组的人员一起,调查与收集汉族、壮族、蒙古族、回族、维吾尔族等多个民族的血型资料,为阐明我国各民族的起源、迁徙、融合及相互关系积累了数据。他在人类学研究方面涉及人类进化、现代人体质、测量仪器的改进等各方面,并对人类工效学这一新领域进行了探索。1957 年,他受有关方面委托,还参与了方志敏烈士遗骸的鉴定工作。

1962 年,吴定良积劳成疾,患脑卒中而半身瘫痪,卧床不起。即使在病榻上,他依然坚持指导研究生的教学科研工作,并整理自己的科研资料。

"文革"中,吴定良因学术观点受到批评,尽管身体不适,他仍然坚持科研。

1969 年 3 月 24 日,吴定良在上海逝世,享年 76 岁。

扩展阅读:

吴定良:《吴定良文集》,知识产权出版社 2014 年版

三十二

戴芳澜

中国植物病理学与真菌学奠基人

戴芳澜(1893—1973 年),字观亭,湖北江陵人,出生于浙江镇海,中国植物病理学和真菌学的奠基人。

戴芳澜祖上为官,但到他出生时家道已中落,他的小学学业曾几度中断。幸有伯父资助,他才有机会与哥哥一起到上海震旦中学学习。由于家贫,兄弟俩连各买教科书的钱都没有,只能买一套轮流看。他在震旦打好了法语的基础。1911 年,戴芳澜考入清华学校,1913 年毕业,并被选派赴美留学。然而因时局动荡,这一年的庚款经费没有着落,戴芳澜因此未能成行。为了生活,他只得先回湖北,任沙市商业学校临时英语教员。延至次年,戴芳澜才得以成行。

1914 年,戴芳澜怀着希望祖国赶快富强起来的心愿,选择入威斯康星大学农学院就读,决心以学到的农业科学知识为祖国的农业生产服务。1915 年,他转到美国康奈尔大学农学院,主修植物病理学和真菌学;1918年毕业,获农学学士学位。随后,他入哥伦比亚大学研究生院,师从著名植物学家道奇教授继续攻读植物病理学和真菌学。不久,因父亲失业,家里生活无法维持,戴芳澜只好中断学业,于 1920 年提前回国。

回国后,戴芳澜先是应聘到天津一私人农场做园艺师,其间曾在《科学》杂志上发表了《植物病害之现行治法》一文。1921 年夏,他应广东公立农业专门学校校长邓植仪之邀到该校任教。教学之余,戴芳澜在广东对芋疫病进行了深入研究,并于1923年发表了研究报告《芋疫病》。这是我国第一篇对疫霉病害的研究文章,因此也是我国芋疫病研究的开端。

1923年,戴芳澜应康奈尔大学时期的同学、东南大学农科主任邹秉文之邀,到该校讲授植物病理学。1926年,东南大学发生"易长风波",影响到了戴芳澜,不久他被东南大学解聘。

1927年,戴芳澜应金陵大学之邀,任农林科生物系教授兼植物病理系主任。后来也是中央研究院首届院士的俞大绂这时是他的助教。戴芳澜对真菌的研究,正是开始于金陵大学时期。当时,金陵大学生物系主任、美国籍教授史德威受哈佛大学委托,在中国采集真菌标本送往美国鉴定。史德威教授邀请戴芳澜参与其事。戴芳澜了解了这项工作的来龙去脉后,提出要在中国做鉴定,并要留一份标本在中国。史德威教授说,中国没人能做这项工作。确实,在这之前还没有一个中国人进行过这方面的研究。这时,戴芳澜自告奋勇地表示他可以承担。他在美国学过真菌学,而真菌是农作物病害的主要病原。从此,戴芳澜就把主要精力放到了真菌学上。他从零开始,采集标本,搜集文献资料,把标本逐个解剖检测,鉴定其目、科、属、种,为中国真菌的分类工作打下了基础,开辟了道路。当时学生较少,一切实验都是他亲力亲为。

1930年,戴芳澜发现了寄生于三角枫上的真菌新种——白粉菌。这也是中国人第一次发现真菌新种,因此被认为是中国真菌学创立的标志。1932—1939年,戴芳澜共发表了9篇《中国真菌杂录》系列文章,其中包括锈菌、白粉菌和尾孢菌等对农作物病害关系极大的菌类。戴芳澜因此成为中国真菌学研究的奠基人。

金陵大学是教会学校,且由外国人主持,戴芳澜在那里工作总觉得有点伤自尊。因此,当1934年清华大学农业研究所成立,邀请戴芳澜担任该所病害组主任时,他非常愉快地接受了母校的邀请。

就在这个时候,戴芳澜获得了中华教育文化基金会的资助,可以赴美国纽约植物园开展研究工作。清华大学知道这个机会非常难得，就给了他一年的学术假期。于是，戴芳澜再次赴美，在纽约植物园与在哥伦比亚大学研究生院学习时的老师道奇教授合作，深入探究脉胞霉的分类和细胞遗传学。后来，研究成果形成了两篇论文：《脉胞霉的两个新种》与《脉胞霉的性反应连锁》，分别于 1935 年和 1936 年发表在美国《真菌学报》上。这次美国之行让戴芳澜坚定了一个信念："真菌分类学的未来必然以遗传学为核心。"也就是说，只有通过遗传研究才能真正揭示出真菌个体之间的内在联系。

1935 年 8 月，戴芳澜结束了访学，回到清华大学正式赴任。虽然清华大学农业研究所成立伊始，条件简陋，但总算有了一个安定的环境。戴芳澜带领团队，着手对农作物病害进行研究。他们调查了河北 63 种作物，其中对小麦锈病、线虫病、粟白发病、玉米黑粉病等 18 种病害做了重点调查，鉴定出 151 种病害，采集制作标本 2 000 余号。中国植物病理学的教学与科研系统就这样在戴芳澜手中一步一步确立，他对这一学科在中国的形成与发展起到了关键的奠基作用。

与此同时，戴芳澜开始着手编写《中国真菌名录》。到 1937 年，他完成了第一部分（藻状菌）和第二部分（子囊菌、担子菌、半知菌及寄主索引）的编写，并以清华大学农业研究所病害组的名义印刷出版。

正当戴芳澜研究事业蒸蒸日上之际，1937 年，日本发动了全面侵华战争。戴芳澜随清华大学一路南迁，于 1938 年抵达云南昆明。农业研究所在昆明西郊大普吉村安顿好后，戴芳澜即带领他的团队开展研究。第一步是对云南植物病害进行了调查，他们将工作重点放在小麦、水稻、大豆等作物的病害研究上，并重新采集当地的籽种。云南是植物王国，戴芳澜及其团队取得了丰硕的研究成果，采集了大量白粉菌、尾孢菌、锈菌等标本，发现了很多新种、新记录、新寄主和新的分布地区，并在国内外杂志上发表了多篇高质量的论文。

1935 年 8 月，戴芳澜当选中国植物学会第三届副理事长。1936 年，他当选第四届理事长,任期从 1936 年到 1949 年,是任期最长的一位理事长。1940 年,戴芳澜当选为中央研究院第二届聘任评议员,这些任职足以说明戴芳澜的学术地位已得到学界的充分认可。

抗战胜利后,戴芳澜于 1946 年 7 月返回北平。当时,清华大学以农业研究所为基础筹建农学院,戴芳澜坚决拒任院长,只任农学院植物病理系主任。

1948 年 3 月,戴芳澜当选中央研究院第一届院士。

1948 年冬,北平临近解放。戴芳澜一向对政治不感兴趣,对国民党也没有好感,因此他不仅自己决意在北平等候解放,还写信给在任上海检疫所所长的四弟戴芳渊,希望他也留下别走。

1949 年 3 月,戴芳澜出任清华大学校务委员会委员。同年 10 月,清华大学农学院与北京大学农学院、华北大学农学院、辅仁大学农学院合并组建北京农业大学,戴芳澜任校务委员会委员。人民政府有意任命他为农大校长,但他认为自己只对专业感兴趣,就如推辞清华农学院院长一样再次推辞了,只任植物病理学系教授。

1949 年 12 月,在戴芳澜的奔走倡议下,中国植物病理学会复会大会在北京召开(该学会于 1929 年 5 月在南京成立,主要发起人为戴芳澜和邹秉文,受抗战和解放战争影响,学会的活动陷于停滞),戴芳澜被临时推选为理事长,并负责筹备第一次代表大会。该代表大会后来于 1953 年举行,会上,戴芳澜正式当选为理事长。

1953 年,中国科学院在植物研究所成立真菌植(物)病(理)研究室,由戴芳澜负责筹建并兼任研究室主任。1956 年底,这个研究室扩大为中国科学院应用真菌学研究所(1959 年改名为微生物研究所),戴芳澜任所长。从此戴芳澜结束了从 1919 年开始的教书生涯,专注于科学研究。戴芳澜任教期间,培养出了一大批有水平且敬业乐道的植物病理学家和真菌学家,他们成为中国植物病理学和真菌学的中坚力量。戴芳澜一生在国内外专业杂志上发表论文 50 余篇。

1955年，戴芳澜被选聘为中央科学院学部委员。同一年，他还当选为德意志民主共和国农科院通讯院士。为新中国欣欣向荣的发展所鼓舞，一向不关心政治的戴芳澜，于1956年加入了中国共产党。

戴芳澜一辈子研究真菌。他最初的愿望是想弄清楚中国植物病原真菌的种类及其形态与所处的环境，以此作为植物病理学的基础。后来，他进一步想搞清中国真菌或菌物资源的全貌。为此，他从20世纪20年代起就开始收集中国的真菌资料。1958年出版的《中国经济植物病原目录》，是他这一长期研究工作的初步展现。

1963年，已是古稀之年的戴芳澜老骥伏枥，着手整理几十年来精心收集的资料，开始《中国真菌总汇》的撰写。1972年，戴芳澜亲自主持编写的200万字的《中国真菌总汇》书稿基本完成了。他在该书的前言中写道："谨以这本书作为我个人晚年对人民的一点贡献吧。"他的学生郑儒永等继承他的遗志，在1979年出版了该书。

1973年1月，戴芳澜逝世，享年80岁。

扩展阅读：

刘楠楠：《戴芳澜：芳华岁月战"菌"章》，《中国档案》2020年第9期，第88—89页

三十三

陈　桢

中国动物遗传学
创始人

　　陈桢（1894—1957年），字席山，后改为协三，江西铅山人，出生于江苏邗江。中国动物遗传学创始人，中国动物行为学、生物学史研究的开拓者，中国实验生物学的领军人物。

　　陈桢出生于贫寒之家，断断续续只上过几年私塾和两年小学，但他天资聪颖，且自学不辍。1912年末，陈桢参加了江西省公费生考试，初试和复试均名列第一，从而获得公费进入上海中国公学大学部预科学习。1914年考入金陵大学农林科。1918年，陈桢以优异成绩毕业，获得农学学士学位，并留校任育种学助教。

　　1919年秋，陈桢考取清华留美公费生，赴美留学，先进入美国康奈尔大学农学系学习；1920年，转入哥伦比亚大学动物学系，师从"遗传学之父"、美国著名生物学教授摩尔根专攻遗传学。摩尔根在遗传学、胚胎学、进化论方面都有突破性成就，并因发现染色体在遗传中的作用而获得1933年诺贝尔生理学或医学奖。陈桢是摩尔根的第一个中国学生。1921年，陈桢获得理学硕士学位后，继续留在果蝇实验室，跟随摩尔根等大师进一步深造遗传学实验技术。在摩尔根的指导下，陈桢接受了极为严格的遗传科学训练，掌握了杂交实验与细胞学研究相结合的方法。

　　1922年，陈桢学成归国，接受东南大学郭秉文之聘，任东南大学生物系教授。他选用摩尔根的《遗传的物质基础》等专著作为授课教材,成为在中国高等学校开设现代遗传学课程的第一人。由于当时中国还没有中文生物学教材,陈桢在教学之余,在讲课讲义的基础上几易其稿,编著了大学教科书《普通生物学》,于1924年由商务印书馆出版。他后来还编写了一本针对高中生的《生物学》课本,于1933年11月出版发行。这本堪称典范的中学生物学教科书,在接下来的20余年间不断修订,共发行了181版,一直使用到1954年,对生物学在中国的普及做出了很大贡献。陈桢还在中国科学社的《科学》杂志上,陆续发表了《孟德尔略传》《遗传与文化》等文章,系统地介绍孟德尔及其遗传学说,并阐述现代遗传学在经济和文化上的重要意义。

1923年,陈桢根据摩尔根遗传学理论,开始了长达30余年的金鱼遗传研究。1925年,他在英文版的《中国科学社生物研究所丛刊》第1卷第1期上发表了《金鱼外形的变异》一文,用进化论的观点论证了金鱼是由野生鲫鱼演化而来的。该篇论文被誉为是对鱼类变异研究的经典文献,也是中国遗传学家最早的研究成果之一。

1925年夏,陈桢受清华学校大学部生物学系主任、植物学家钱崇澍之邀北上,任清华学校生物系教授。由于在清华无法进行金鱼遗传实验,陈桢于1926年回南京任东南大学动物系主任,并兼任中华教育文化基金会科学教授。因时局关系,1927年秋,陈桢又回到北京担任北京师范大学生物学教授。次年秋,陈桢再次回到南京,到中央大学担任教授。这一年,他在美国《遗传学》杂志上用英文发表了论文《透明和五花,金鱼中的第一例孟德尔式遗传》。该文在世界上第一次用金鱼证实了基因的不完全显性和基因的多效性,受到生物学界的高度重视。此前不少学者对孟德尔遗传规律是否也适用于鱼类存有怀疑,陈桢的论文证明了孟德尔遗传规律的普遍意义。

除进行金鱼遗传的实验外,陈桢还对蚂蚁的筑巢行为进行了深入的研究,后来于1937年,发表了两篇关于蚂蚁筑巢行为的论文,揭示了蚂蚁筑巢行为中的一些规律。

1929 年,陈桢应清华大学校长罗家伦之聘,第三次赴清华,任生物系教授兼系主任。此后的几十年,他就一直留在清华大学任教了。为了壮大清华大学生物系的力量,陈桢先后延聘了汤佩松、李继侗、赵以炳、寿振璜、崔芝兰等著名教授到生物系任教。在陈桢的主持下,清华大学生物系很快就成为中国高等学校生物系中的翘楚。我国的生物学研究由于种种原因,以动植物的分类和资源调查为主,实验生物学十分落后。陈桢以实验生物学作为教学和研究的主导方向,领导全系的教学科研都围绕着这一中心进行,取得了非常可观的科研成果,有力地提升了中国生物学的发展水平。

陈桢自己继续以金鱼为样本,开展鱼类遗传学的研究工作。1930 年,他在《清华学报》上发表了《金鲫鱼的孟德尔遗传》。1934 年,他再次以英文在美国《遗传学》杂志上发表了题为"金鱼的蓝色和棕色的遗传"的论文,首次在金鱼身上证实了一对因子和四对因子的孟德尔式遗传。

1937 年,七七事变爆发,陈桢随清华大学南迁长沙。1938 年,他回到北平,想悄悄把家属带出日占区。可他的行踪被日军侦知,他们派出日本遗传学家劝说他留在北平工作,但被他婉言谢绝。后来,陈桢设法避开日本特务的监视,举家连夜离开日寇占领的北平,由天津乘船经香港、海防绕道前往昆明西南联合大学,继续担任生物学教授。西南联大生物系主任由李继侗担任。

抗日战争期间,西南联大的生活条件和工作条件都极为艰苦。以实验设备为例,当时的西南联大只有陈桢的清华生物系带出了一些仪器到昆明,这也成为西南联大生物系仅有的教学辅助工具。即使在这样艰难的条件下,陈桢依然没有气馁。由于设备材料的缺乏,他的金鱼遗传和变异的研究无法进行,他就转而利用当地可获得的果蝇,仿效他的老师摩尔根,继续进行遗传学的教学和研究。

1940 年,陈桢当选为中央研究院第二届评议员。1943 年,他当选为中国动物学会会长。

抗战胜利后,陈桢于 1946 年回到北平,复任清华大学生物系主任。在陈桢的精心组织和安排下,清华大学生物系的教学和科研迅速走上正轨,并很快取得了不俗的成绩。

1948 年 3 月,陈桢以遗传学成就当选中央研究院第一届院士。

1949 年,山河鼎革之际,美国哥伦比亚大学给陈桢发来邀请函,希望他赴美执教。他回函婉谢,决心留下来为新生的共和国服务。

新中国成立后,陈桢继续担任清华大学生物系主任。当时,中国生物科学界受苏联李森科学派的影响,对来自欧美的孟德尔、摩尔根学说进行全面批判,作为摩尔根的第一个中国弟子和学术传承人,陈桢多少也受到过冲击和影响。有一位东南亚华侨青年曾给陈桢写信,向他询问:"国外风传您已被去职批判,停止工作,不知是否真的如此?"陈桢在复信中表示,苏联在遗传学方面的激烈争论对中国虽有一定影响,但他本人仍担任清华大学生物系主任,教学、研究工作仍在进行,《生物学》一书仍在持续更新并发行新版。他后来不断有新著出版,并得到中国科学院的重用,这些都说明,批判摩尔根对他影响不是很大。

1951 年,陈桢兼任中国科学院动物标本整理委员会主任委员。1952年,中国高等院校院系调整,清华大学生物系并入北京大学生物系,陈桢因此成为北京大学生物系教授。1953 年,出任中国科学院动物研究室主任,并主持《中国动物图谱》和《动物学报》的编辑工作。

1954 年,陈桢在《动物学报》上发表了论文《金鱼家化史与品种形成的因素》。翌年,该文由科学出版社出版了单行本。这篇长文是陈桢几十年来金鱼遗传和变异工作的总结,同时也是他广泛深入查阅古代文献的成果。他以确凿的资料证明,金鱼起源于中国。其演化的过程大体是:由浙江杭州、嘉兴等地野生的鲫鱼中产生了红黄色变异体,称为金鲫鱼。后来又经过半家化、家化、盆养、有意识选择等四个时期的演变,形成了众多的品种。陈桢不仅论证了金鱼是从中国的野生鲫鱼演化而来的,还指出世界各地金鱼的源头在中国：最先于 1502 年传到日本，17 世纪末传到英国，之后传遍欧洲各国，1874 年传入美国。此文发表后，在遗传学界引起轰动，并被奉为中国遗传学领域中的经典文献。

1955 年，陈桢被选聘为中国科学院学部委员。

1957 年，中国科学院动物研究室改为动物研究所，陈桢任所长。正当陈桢在生物科学的研究上继续拼搏的时候，不幸罹患重病。但他仍忍着病痛主持了动物研究所第一届学术委员会会议，提出了动物遗传学的研究规划和设想。在他生命的最后一刻，陈桢还在为中国遗传学发展规划蓝图。

1957 年 11 月 15 日，陈桢因甲状腺癌复发逝世，享年 63 岁。

扩展阅读：

冯永康：《陈桢》，《遗传》2009 年第 31 卷第 1 期，第 1—2 页

三十四

胡先骕

"思想保守"的科学家

　　胡先骕(1894—1968 年),字步曾,号忏盦,江西新建人,植物学家,中国植物分类学的奠基人。

　　胡先骕出生于官宦之家,自幼聪颖过人,5 岁即学完《论语》,被誉为"神童"。1905 年春,11 岁的胡先骕被补选为博士弟子员,称府学庠生,是同科中年纪最小的。1906 年,至南昌府洪都中学堂学习,开始接受现代自然科学教育,但以前的传统教育,也为他打下了坚实的基础,尽管他在某些方面显得保守,但仍然不断追求进步。

　　1909 年,胡先骕考入京师大学堂预科,后因辛亥革命爆发,学校停课,辍学回家。1912 年,他参加江西省留学考试,名列第五,得以赴美留学。胡先骕怀着"乞得种树术,将以疗国贫"的宏愿,入美国加州大学学习农学,后改为植物学。1916 年获植物学硕士学位后回国,这个学位对他而言,是继续追求更高学术成就的起点。

　　胡先骕学成回国后,即回江西任庐山森林局副局长。1918 年,胡先骕得到南京高等师范学校农科主任邹秉文的邀请,任该校农业专修科教授。胡先骕是继北京大学钟观光教授之后,第二个大规模采集植物标本、从事植物分类学研究的学者。1919 年,他到天目山、武功山、武夷山一带进行为期半年多的科学考察,采集到大量的植物标本,写出了许多极具价值的论著,如《浙江植物名录》《浙江菌类采集杂记》《江西菌类采集杂记》《东南诸省森林植物之特点》等。

1922年,南京高等师范学校扩为东南大学后,胡先骕被聘为生物系主任。同年,他和秉志等受中国科学社委托,在南京创办中国第一个生物研究所,秉志任所长兼动物学部主任,胡先骕任植物学部主任,他领导并参加华东和长江流域各省的植物采集和调查研究工作。1923年,年已30的胡先骕再度赴美,入哈佛大学攻读植物分类学。他在两年内,获得博士学位(博士论文为《中国有花植物志属》)。在中国植物学界获博士学位的,胡先骕乃第一人。1928年,静生生物调查所在北平成立,由秉志任所长,并由秉志、胡先骕分别主持动物部和植物部。4年后,胡先骕接任所长。在秉志和胡先骕等人的共同努力下,静生生物所植物部成为全国声誉卓著的植物分类学研究中心。分类学在中国兴起,推动生物学成为在中国首先发展起来的一个学科领域,形成了一支有相当水平的植物分类学研究队伍。

1932年,在胡先骕的倡议和指导下,静生生物调查所经与江西省农业院协议,合办庐山森林植物园,它后来成为中国研究园林植物的重要基地,为国家培养了大批优秀的科技人才。

1923年,胡先骕与邹秉文、钱崇澍一起合编出版了我国第一部大学植物学教材《高等植物学》。胡先骕出版的其他著述还有:1928年的《种子植物分类学近来之趋势》,1933年翻译哈第著作《世界植物地理》,1934年的《植物分类学研究之方法》等。

为了加速中国植物学科研工作,并进一步了解国外到底掌握中国多少资料,1933年,胡先骕参与创立中国植物学会。在1934年举行的中国植物学会年会上,胡先骕当选为第二任会长。会议通过了他提出的编纂《中国植物志》的倡议。

胡先骕在植物界有这么高的地位,与他所取得的科研成果分不开。作为"中国植物分类学的奠基人",胡先骕在广泛调研、采集标本的基础上,毕生共发现1个新科,10个新属,数百个新种;其中更以40年代发现

"世界珍奇活化石"水杉而震惊中外,并被誉为"20 世纪最重要的植物学发现之一"。

1937 年全面抗战爆发,胡先骕滞居北平,但他杜门谢客,坚决拒绝出任伪职。随后他设法脱身,前往抗日大后方。

1940 年,国民政府江西省主席熊式辉在南昌创办"中正大学"。熊式辉希望由本省才高资深的学者担任校长。经吴有训等再三劝荐,胡先骕就任该校首任校长。他专注教育,不问政治。1942 年 1 月,国内掀起倒孔(祥熙)学潮,中正大学学生也有响应,国民政府当局对此极为不满,要求严惩相关学生。胡先骕始终坚持以教育为主,对学生不做处理,因此迭遭上司指责。他 3 次提出辞职,终于在 1944 年 4 月挂冠而去。

1946 年 7 月,胡先骕赴庐山参加江西暑期学术讲习会。正在庐山的蒋介石听说胡先骕已上庐山,亲自写下指令要求接见,共商高等教育之事,但胡先骕不想与蒋介石空谈,于次日提前下山,返回南昌。

和一般科学家不同,胡先骕在潜心研究之余,还喜爱填词作诗,议论时政。他在历史、地理、语言、文学方面都有很深的造诣,尤其在诗词方面创作颇多,著名诗人陈三立对他的诗十分欣赏,认为他的诗"意、理、气、格俱胜"。

中国传统文化和西方现代科学,在胡先骕身上有着十分奇特的结合。由于受家庭影响,他酷爱中国传统文化。1919 年,他在《东方杂志》上发表《中国文学改良论》一文,站在中国传统文化的立场上,对北京大学陈独秀、胡适等所倡导的白话文和文学革命提出批评。1921 年,胡先骕与梅光迪、吴宓等创办《学衡》杂志,公开与新文化运动唱对台戏,因此成为捍卫中国传统文化的"学衡派"主将。梅光迪、吴宓都是学文的,唯有他是研究自然科学的。

在辞去中正大学校长后,胡先骕用心写了一部书——《中华民族之改造》。胡先骕在该书的绪论中写道:"吾族皆饱受成功与失败之教训,宜条分而缕析之,使其得失尽明,而求有以保存其优点,扬弃其劣点,然后以卓越之科学哲学眼光,用冷静之头脑、大无畏之精神、热诚之努力,以谋吾族身体之改造、思想之改造、政治经济之改造、教育之改造、社会之改造。"对于中华民族的未来,他充满信心地写道:"西方之文艺复兴时代,不过与有明中叶相当。距今只四百五十年耳。……安知再过四百五十年,中华民族不能领导世界走上更高尚更优美之文明之路乎?此则吾人所以不可自馁而改造中华民族所以不可缓也。"

在时人眼中,胡先骕是个传统观念的守护者、思想保守的代表。加上他有担任中正大学校长的历史,还发表过一系列"不合时宜"的时评,本不宜留在大陆。作为正直的科学家,他与国民党方面的关系也不好,而更重要的是,他实在放不下他的事业。要研究植物,最好的选择自然是留在大陆。共产党通过北平地下组织积极争取他留下,并成功说服了他。虽然国民党把胡先骕列入了"抢救名单",但他最终并没有坐上国民党南下的飞机。

中华人民共和国成立后,静生生物调查所被新成立的中国科学院接收,改组为植物分类研究所。1951年,胡先骕根据对现代植物形态学、解剖学和分类学的研究,创建多元植物分类系统,提出被子植物多元起源的著名分类学理论,对现代植物学的研究与发展具有很高的科学价值。

1955年3月,胡先骕所著《植物分类学简编》一书出版,他在书中驳斥了一度流行的苏联生物学家李森科关于物种的见解。他还上书中共中央,建议在高等院校恢复讲授遗传学。

1955年,中国科学院生物学地学部成立,胡先骕没有被选为学部委员,后来毛泽东主席知道了他落选学部委员的事,在中央会议上说:"恐怕还是要给,他是中国生物学界的老祖宗。"1956年,胡先骕被评为一级研究员。

1968年7月16日,胡先骕病逝,享年72岁。

扩展阅读:

胡宗刚:《不该遗忘的胡先骕》,长江文艺出版社2005年版

三十五

李宗恩
中国热带病学创始人

　　李宗恩(1894—1962 年),江苏武进人,热带病学家、医学教育家,中国热带病学研究的创始人。

　　李宗恩出身于江苏武进的名门望族之家,父亲李祖年为前清进士,民国初年曾任山西财政厅厅长、全国烟酒事务署署长等职。李宗恩幼时就读于其父所办之新式小学,后来进入上海震旦学院学习法文。1911 年夏,得到正在苏格兰格拉斯哥大学就读的叔父李祖鸿资助,留学苏格兰。他先在格拉斯哥大学预科习英文和自然科学课程,1915 年考入该校医学院。1920 年毕业后他没有立即回国,而是到伦敦大学卫生与热带病学院担任蠕虫病助理研究员。1921 年,李宗恩参加英国皇家丝虫病委员会组织的考察团,赴西印度群岛考察热带病。他在圭亚那首府乔治敦对华人的生活习性进行了调查,访谈了 1 300 余位华人(约占当地华人的一半),并进行血液化验,得出结论:华人患病率低是因为他们有使用蚊帐的卫生习惯以及遵循日落而息的传统生活方式;丝虫病对所有的人种都有同样的危害性。这是李宗恩学术生涯中的第一个成果。

　　1923 年,李宗恩回到国内,任职于北京协和医学院。协和医学院由美国洛克菲勒基金会出资开办,1921 年落成。从校长到教师,绝大部分是美国人,李宗恩是为数不多的中国教师。他在协和从助教开始,一步步晋升,继而成为讲师、副教授,再到襄教授,一直到教授。

在20世纪二三十年代,李宗恩主要研究寄生虫病,尤其是丝虫病、血吸虫病、疟疾和黑热病。我国曾是全球丝虫流行病最为严重的国家之一,东南沿海地区的疫情尤为严重。李宗恩通过调查研究,于1926年发表《江苏的丝虫病调查》一文,标志着中国丝虫病研究的开端。在此后的十来年中,李宗恩先后在国内外医学杂志发表了18篇医学论文。

1937年上半年,协和医学院开始实行"本地化"方案,成立了一个计划委员会。七七事变后,李宗恩升为教授并成为这个计划委员会的成员之一。显然,学校当局希望他能留在北平,但他打定主意,决不能在日军的铁蹄下工作。是年深秋,他只身南下,到达武汉,准备筹办武汉医学院。不久,南京陷落,武汉也岌岌可危。于是,国民政府教育部决定将医学院办到贵阳。当时,沿海沦陷区医学院校的学生失去了校园这个学习和生活的场所,面临无处可去的困境。为使这些学生不至辍学,同时也为前线和后方培养急需的医务人员,李宗恩二话不说,前往贵阳筹备建立贵阳医学院,并迅速搭起了一个教学班子。经过紧张艰苦的准备,贵阳医学院于1938年6月1日如期开学,李宗恩担任院长。他为贵阳医学院拟定的校训是:"诚于己、忠于群、敬往思来。"

贵阳医学院一成立,就招收了一至五年级的学生,由来自北平、河北、河南、山东、上海、广东等地医学院的流亡学生组成。当时学校的条件极为简陋,没有像样的校舍,教材也极度缺乏。使用的是全英文教材,四到五个学生才能合用一本书,每人每天读两小时,有的学生轮到深夜,只能将他从睡梦中叫醒,读到天亮。

学校的条件虽然艰苦,但李宗恩丝毫没有降低办学标准。他按人文科、基础学科、临床前学科和临床学科的次序来排列贵阳医学院的科目。在李宗恩的心目中,人文科目绝非可有可无,它应该居于先行的位置。他为各科聘请了当时顶尖的教授,如朱章赓、杨崇瑞、汤佩松、杨济时、王季午、陈学诗、洪士希等。

抗战中,贵阳医学院共培养了 1 477 名医学生,他们当中许多人后来成为中国医学发展的栋梁之材。抗战胜利后,贵阳医学院一部分随上海医学院迁回了上海,一部分则在李宗恩的坚持下留在了贵阳,这对提高西南地区的医疗水平起到了非常重要的作用。

抗战胜利后,美国人重新恢复了协和医学院。1947 年 3 月 12 日,协和董事会决定聘李宗恩为院长,并请任董事会负责人的胡适写信给李宗恩,宣布这一决定。是年 5 月,李宗恩赴北平就任,他是协和医学院历史上第一位名副其实的中国籍院长。

经过紧张的努力,复校后的第一期招生于 1947 年 9 月完成,录取新生 19 名,其中 12 名具有科学学士学位。协和医学院一如既往地保持了以往的学术水准。复校工作初步完成后,李宗恩于 1947 年 12 月应纽约中华医学委员会的邀请,赴美访问,与美国各方面建立了良好的关系。

1948 年 3 月,凭借在裂体虫病、线虫病、疟疾、回归热等领域的研究成就,以及曾主持贵阳医学院,李宗恩当选中央研究院首届院士。

正当协和医学院走上正轨,准备快速发展的时候,解放战争爆发。直到 1949 年 1 月 31 日北平和平解放时,协和医学院的教职员工,包括美籍人士在内,没有一个中途离去。在此期间,胡适、傅斯年等都做过李宗恩的工作,均无功而返。

1949 年 9 月,李宗恩受中华全国自然科学工作者代表会议筹备会议推举,当选政协委员,参加了第一次全国政协会议。他当时的想法是:"过去的一年发生了极为巨大的转变,但我真诚地相信,在中国的医学教育和医疗工作的范围内,协和仍然占有一个重要地位,可以符合创办者的崇高的期望。"

1950 年 7 月 20 日,协和医学院向卫生部登记,正式并归教育部领导。当年 10 月朝鲜战争爆发,美国财政部宣布终止美中两国的一切银钱往来;冻结了中国人在美国的所有财产,包括已拨给协和的洛氏基金;冻结一切与中国有关的银行账户;禁运所有准备运往中国的物资。来而不往非礼也。中方的反制措施就是将美国在中国的资产收归国有。1951 年 1 月 23 日,洛克菲勒基金会所属的中华医学基金会收到李宗恩的最后一封电报,简单写道:"1 月 20 日,学院被收归国有。"

协和医学院被收归国有后,进行了大规模的改造,大批部队医务人员来协和学习和工作。李宗恩作为有良知的经过科学训练的知识分子,自然要发表对医学教育的看法,他坚持协和医学院的八年制,坚持办高级护校和坚持进修生、研究生的水准,坚持医学教育中"质"的领先地位,等等。在行使学院院长职权时,他还明确要求"三权",即人事调动权、财务支配权和行政管理权。

1956 年,李宗恩加入了农工民主党。次年,他被错误地打成了"右派",1958 年被下放到云南昆明,在昆明医学院担任内科门诊部临床医师,每日工作 6 小时。他毫无怨言,全心全意地为病人解除病痛,并帮助医院改进门诊部的工作,建立了更合理的门诊流程。

1962 年,李宗恩病逝于昆明,享年 68 岁。

扩展阅读:

李宗瀛:《回忆李宗恩》(节选),贵州医科大学官网,https://xds.gmc.edu.cn/info/1029/1643.htm

三十六

张景钺

中国植物形态学
奠基者

张景钺(1895—1975年),字岘侪,原籍江苏武进,生于湖北光化,生物学家,中国植物形态学和解剖学的奠基人。

张景钺出生于官宦之家,远祖张惠言是清嘉庆进士、翰林院编修、常州词派创始人。其父后来在安徽当涂做知府,遂落籍安徽。1916年,张景钺从安徽芜湖圣雅各中学毕业,考入清华学校。年幼丧父,家境不宽裕,使张景钺从小养成了刻苦和勤奋好学的作风。1920年,张景钺从清华毕业,即远渡重洋,赴美留学。他先入得克萨斯农工学院学习,1922年转入芝加哥大学植物学系。该校因聚集了几位植物比较形态学大师,成为这一学科的国际研究中心。1923年,张景钺获学士学位后,又入该校研究生院深造,师从著名植物形态学家张伯伦,从事研究工作。1925年,他以论文《蕨根茎组织的起源和生长发育》获哲学博士学位。1927年,张景钺的博士论文部分内容,发表在美国《植物学杂志》上,受到学界的好评。

1925年秋,张景钺回国,任东南大学生物系教授,次年兼任系主任,同时兼任金陵女子大学生物系教授。他开设了植物形态学、植物解剖学等多门课程。1928年,东南大学改名后,张景钺任中央大学理学院生物系(后改为植物系)副教授,并兼任系主任。后来成为他夫人的崔之兰,同时也是一位著名的生物学家、动物组织胚胎学家，正是他在东南大学时的学生。

1929 年，张景钺在《中国地质学会志》上用英文发表了题为"河北新异木"的论文。这是中国用植物形态解剖学实验方法研究化石植物的首次尝试，也是该领域的经典之作，由此开拓了中国地区化石木研究的新领域，确立了他作为中国形态解剖学研究的先驱，以及中国首位现代化石植物学家的地位。

1931 年，张景钺获中华教育文化基金会的研究资助赴欧洲进行学术考察和研究。他前往英国利兹大学，在著名的植物解剖学家普利斯特利指导下从事植物解剖学研究。1931 年下半年，张景钺又赴瑞士巴塞尔大学师从植物学教授薛卜开展实验形态学的研究工作。张景钺于 1938 年发表的《光强度对白芥菜茎干生长和分化的影响》，就是与薛卜教授合作的成果，这篇论文是我国实验形态学最早的研究文献之一。

1932 年从欧洲回国后，张景钺任北京大学生物学系教授兼系主任。其间，他不仅增聘专职教授，还建立了植物形态学实验室和动物生理学实验室，使北京大学生物学的教学和科研水平有了很大提高。此后，张景钺长期担任北京大学生物学系主任，培养了大批生物学和植物学领域的专业人才，他们遍布中国的高等院校、科研机构和有关产业部门，成为中国生物学和植物学的骨干力量。

1934 年，张景钺在《中国植物学杂志》上发表了《植物徒手切片法》一文。这虽然是一篇科普文章，但因中国当时配备切片机和能够制备显微制片的学校很少，张景钺介绍和提出了徒手切片法，只需要一把中式锋利的剃刀或新的安全刀片就可以了。这简易可行的切片方法，使学生在课堂实习或实验时能够看到显微镜下的细胞结构，对当时我国植物学的教学和科研工作起到了推动作用。

1937 年，张景钺的研究工作向生理解剖学和实验形态学等领域开拓。这一年，他发表了《被子植物苗端原生韧皮部的分化》一文，对植物组织的起源和分化过程进行了观察和阐述。这是中国发育解剖学的早期研究成果之一。

七七事变爆发后,张景钺随校西迁。北大与清华、南开在云南昆明合组为西南联合大学。因李继侗到校较早,已任生物学系主任,所以张景钺就没有再担任系领导职务,只任教授,但他与李继侗之间的合作关系很融洽。1940 年,他和李继侗、吴韫珍一起合作在西南联合大学生物学系为学生开设了必修课"普通植物学"。李继侗负责植物解剖和生理学部分,张景钺负责形态学(或隐花植物学)部分,吴韫珍负责分类学(或显花植物学)部分。当时没有现成的教材,他们就各自编写讲义,由学生分头用钢板刻写,通过油印制作出教材。张景钺一生中最重要的著作之一《植物系统学》后来于 1957 年出版,就脱胎于他当年在西南联大时期编写的植物形态学讲义。

1942 年,国民政府公布了第一批教育部 30 位"部聘教授"名单,张景钺是其中之一,足见他在生物学界的地位。

1945 年日本投降,就在各校准备分别复员返回平、津之际,张景钺已远渡重洋,再度赴美。他赴美国加州大学伯克利分校进行学术交流一年。当时,以美国为中心的分子生物学刚刚兴起,并带动整个生命科学进入分子层面的发展阶段。这大大开阔了他的眼界,为今后他把生物学系办成一个学科齐全、人才济济、科研设施充足、规模恢宏的学院奠定了基础。

1946 年,张景钺结束在美国的学术交流回国,仍任北京大学植物学系主任。

1948 年 3 月,张景钺当选为中央研究院院士,但他没有参加 9 月在南京举行的第一次院士会议。

1949 年北平和平解放。张景钺怀着对新中国的憧憬,选择留在大陆。他继续担任北京大学植物学系主任,不久,还被任命为北京大学教务长。一度,他还代理过北大理学院院长一职,但张景钺的性格平淡谦和,对官场事务也没有什么兴趣,因此他担任北大高层行政职务的时间并不长。

新中国吏治清明，万象更新，与旧中国的情况有霄壤之别。这让张景钺心悦诚服。当时，他为争取旅美学者回国做了不少工作。如当时在耶鲁大学任教的李正理教授，就是在他的鼓励下于 1956 年回国的。

1951 年，新中国掀起对知识分子的思想改造运动。其发端是北京大学校长马寅初上书周恩来总理，转达北大 12 位教授写的一封请周恩来等领导到北大指导思想改造的信。张景钺是在这封信上签名的 12 位教授之一。当然，张景钺对政治一向不太关心，他之所以签名，主要还是因为当时担任着北大教务长。张景钺性格恬淡，为人谦和，因此思想改造运动对他影响不大。

1952 年，中国各大学进行院系调整，清华大学、燕京大学的生物学系，都合并进了北大生物学系，张景钺仍担任合并后的生物学系主任。新的生物学系，每年招收新生超过 100 人，张景钺对此深感鼓舞。生物学系在他的领导下，教学质量不断提高，科研工作也得到不断发展。

抗美援朝战争期间，中国邀请国际上的科学家组成"美帝国主义细菌战罪行调查团"，到朝鲜和中国东北进行调查。张景钺作为中国生物学家参加了调查，做了许多有益的工作。

1951 年，国际植物形态学会创办《国际形态学》杂志，聘请世界各国第一流形态学家为评议员，张景钺被聘为首届评议员之一。1955 年，张景钺被选聘为中国科学院学部委员。

张景钺非常了解国际生物学的发展潮流，因此在 50 年代中期，他就主张生物学系应尽快建立微生物学专业。在他的不断努力下，北大生物学系和中国科学院微生物研究所共建了微生物学专业。可惜的是，由于运动不断，特别是"文革"打乱了教学秩序，微生物学专业几起几落，始终没有真正建立起来。

1965 年，张景钺和梁家骥共同编写的《植物系统学》由高等教育出版社出版。该书后来于 1978 年由人民教育出版社重印发行。

20 世纪 60 年代初开始,张景钺患帕金森病,行动不便,不能经常到系里工作,但他仍坚持指导研究生,经常在家中用显微镜检查学生的实验切片,并亲自修改论文。

当时学校领导和同事考虑他在植物形态解剖学方面的功底深厚,建议他指导大家编著一本高质量的植物解剖学著作以填补国内空白。他欣然答应,也想在有生之年,有进一步的作为。由于历史原因,这项工作未能完成。

1975 年 4 月 2 日,张景钺在北京大学寓所中逝世,享年 80 岁。

扩展阅读:

张景钺文集编委会:《张景钺文集》,北京大学出版社 1995 年版

三十七

蔡　翘

中国航空航海生理学
创始人

蔡翘(1897—1990年),字卓夫,广东揭阳人,生理学家、医学教育家,中国生理科学奠基人之一。

蔡翘幼时在家乡私塾读书,1913年考入潮州金山书院,1917年毕业。1918年,他只身赴复旦大学附中补习英文,不久到北京大学中文系旁听。翌年,怀着科学救国的理想,自费赴美留学。他受郭任远影响,先后在加利福尼亚大学和印第安纳大学学习心理学,1921年末进哥伦比亚大学读研究生,一学期后转入芝加哥大学生理学系。1925年,蔡翘以论文《大白鼠的记忆曲线》获哲学博士学位;因学业成绩优秀,获芝加哥大学金钥匙奖,并被推荐为美国解剖学会会员。在美国留学期间,蔡翘在神经解剖学领域取得了一项令学界瞩目的发现——大脑顶盖前核,这一构造后来被命名为"蔡氏区",一举奠定了他在世界生理学界的地位。

与当时大多数获官费资助的留学生不同,蔡翘是自费留学,因此在学习之余,还必须勤工俭学,靠打工养活自己。因此,他的留学之路比当时一般留学生要坎坷艰辛得多。

1925年夏秋之交,蔡翘绕道加拿大经日本回国,任复旦大学教授,执教生物学和生理学。他是我国在综合性大学开设生理学课程的第一人。1927年,蔡翘受聘于第一家中国人自己创办的医学院——第四中山大学

(后为中央大学)医学院(在上海吴淞),任生理学教授。他在医学院内创建了生理学科,并培养了一批在生物、生理、医学领域蜚声国内外的科学家,其中著名的有童第周、冯德培,他们两位于1948年也当选为中央研究院第一届院士。

当时的中国,大学里的自然科学课程普遍使用外文教科书,生理教科书也一样。蔡翘觉得这不利于学生掌握相关知识,更不利于知识的传播与普及,于是他花工夫用中文写成《生理学》一书,于1929年由商务印书馆出版。该书共50章,50余万字,是中国第一部中文生理学教科书,一直为国内各大学所采用。抗战时期延安卫生学校也曾采用此书作为教材。1937年,他与助手吴襄共同编著的《生理学实验》一书出版。

1930年秋,蔡翘获得美国洛克菲勒基金会资助,再次出国深造。他先在伦敦大学著名生理学家埃文斯教授的实验室从事糖代谢研究,后在剑桥大学著名神经生理学家、诺贝尔奖获得者阿德里安教授的实验室从事神经传导生理研究,均取得可观成就,共发表了7篇论文。1931年冬,蔡翘还到德国法兰克福大学进修。

1932年春蔡翘回国,继续在中央大学医学院任教。1932年夏秋之际,他应聘到上海雷士德医学研究所任副研究员,系统研究了肝脏在糖代谢中的作用,发表了相关论文11篇。蔡翘的科研成果得到了国际同行的充分肯定,1935年,他应邀加入了英国生理学会。

虽然雷士德医学研究所的待遇优厚,研究条件也非常好,蔡翘所取得的研究成就也非常卓著,但该院毕竟掌握在外国人手中,尽快培养中国人才的愿望不能实现。蔡翘遂于1937年1月提前与雷士德医学研究所解约,放弃高薪,而到条件较差的中央大学医学院任生理学教授兼科主任,再次创建该校生理学科。

然而,正当蔡翘摆开架势,准备继续利用慢性动物进行肝糖代谢科学研究的时候,日本发动了全面侵华战争,中央大学西迁重庆,而医学院不得已迁入在成都的华西大学。虽然条件艰苦,但蔡翘并不气馁。他一方面借用华西大学医学院的校舍上课,另一方面还借用华西大学实验室,建立了我国第一个生理学研究所,并着手招收我国第一批生理学研究生。对于秘密来自延安的学生,他也欣然接受,一视同仁地悉心培养。

1938 年秋,在蔡翘的努力下,当时华西三大医学院(中央大学医学院、齐鲁大学医学院、华西大学医学院)生理学研究学者在成都创立中国生理学会成都分会,蔡翘被推选为分会会长。

1942 年,国民政府公布第一批教育部"部聘教授"名单,一共 30 名,蔡翘名列其中。这是当时中国教授所能获得的最高荣誉。

1943 年夏,蔡翘应美国国务院文化关系科邀请,与费孝通等 6 位教授赴美讲学与研究一年。在讲学研究之余,他作了许多介绍中国军民艰苦抗日的演讲,呼吁国际社会积极对华援助。他的讲演稿与其他教授的讲演稿一起被编成《来自中国的声音》一书在美国出版。

在美国期间,蔡翘与哥伦比亚大学医学院生理学系的两位美国科学家合作,研究血清中的平滑肌收缩物质的化学性质。回国后,虽然研究条件非常有限,但他依然坚持对血液生理这一领域进行深入研究。

1945 年,蔡翘随中央大学医学院复员南京。他再次领导生理学科的恢复工作,并继续进行小血管受伤止血方面的研究。在 1947 年 8 月国际生理科学会英国牛津会议上,蔡翘报告了止血机制的科研成果,得到国际同行的重视。1948 年,他任中央大学医学院代理院长。

1948 年 3 月,蔡翘当选为中央研究院第一届院士。

1949 年,蔡翘拒绝了国民党方面的邀请,选择留在大陆。之后,中央大学改称南京大学,蔡翘被正式任命为医学院院长。

新中国成立初期,国家卫生部副部长兼解放军卫生部部长贺诚曾对蔡翘说,由于抗美援朝、保家卫国的需要,一定要建设一支强大的空军和海军,希望他能在航空航海医学及劳动生理领域开个头。当时,航空航海医学在我国还是一片空白,蔡翘在这方面经验也不多,但他响应国家的号召,立即就朝这个方面努力,并很快就出了成果,于 1951 年编著出版了

《航空医学入门》一书,1953—1955 年逐年撰写了《航空生理研究总结初步报告》。

1952 年,南京大学医学院独立出来,转入军队编制,被改编为第五军医大学,蔡翘担任校长,由此蔡翘正式成为解放军中的一员。1954 年,他调任军事医学科学院副院长、学术委员会主任,同时,他也是中国人民解放军医学科学技术委员会主任委员。1957 年,军事医学科学院成立军事劳动生理研究所,他兼任所长。

根据建设强大的空军和海军的需要,1951—1968 年,蔡翘主要从事并领导特殊环境生理学的研究。他是中国军事劳动生理学、航空航天医学和航海医学的创始人,曾领导建成中国第一座混凝土人用低压舱。他领导开展了许多具有理论意义,同时又与军事作业紧密结合的生理课题研究,陆续研制建成中国第一座人体离心机、高压减压舱、爆炸减压舱、人用加速度离心机、地面弹射救生装置、失重模拟装置,以及航海医用潜水加压舱、高温舱、低温舱等大型地面实验模拟装置;同时开展了低压、高压、缺氧、超重、失重、飞行错觉、弹射、震动、高温、低温、深潜等航空和航海特殊环境下人的生理反应、耐受限度、训练方法及防护措施等一系列研究。在短短的几年内,蔡翘为中国航空与航海医学这一新兴领域创建了研究基地,培养了一批有专长的研究技术人员,大大缩小了中国与国际先进水平间的差距,为中国的航空及航海医学研究发展打下了坚实的基础。

1949 年以后,蔡翘的科研环境和条件总体较好,还数次参加科学代表团出国访问。1961 年,蔡翘加入了中国共产党。对医学、生物学界多次出现的违反“百家争鸣”方针的倾向和做法,蔡翘也敢于说真话,提出自己的科学见解。1962 年,周恩来总理、聂荣臻副总理在广州召开全国科技会议,蔡翘在会上就如何发展中国自然科学和对待知识分子问题发表了坦诚的意见。1963 年 8 月,他就如何贯彻“科学十四条”写了“关于科研工作的建议信”,得到中央军委副主席聂荣臻的充分肯定和高度评价。

"文革"期间,各行各业都受到了冲击,蔡翘坚持工作和科研,并埋头著书,于 1979 年出版了 60 多万字的《航空与空间医学基础》。

1978 年,经蔡翘倡议,军事医学科学院成立了基础医学研究所,他主要指导神经生物学的研究工作,并培养研究生。1981 年,蔡翘辞去担任了 17 年的中国生理学会理事长职务,但仍被学会推举为名誉理事长。

1990 年 7 月,蔡翘因病在北京逝世,享年 93 岁。

扩展阅读:

《中国当代科学家传》第一辑,知识出版社 1983 年版

三十八

林可胜

第一位当选
美国科学院院士的华裔科学家

　　熟悉鲁迅先生的人都知道,他离开北京南下,第一站到的是厦门大学。厦门大学由马来亚华侨陈嘉庚创办,而陈嘉庚所聘请的校长为林文庆。林文庆其实是海外华人、新加坡著名医生。我国现代生理学的奠基人林可胜(1897—1969 年),正是他的儿子。林可胜还有一位很了不起的姨父,就是被称为"国士"的伍连德,因成功消灭 20 世纪初中国东北的鼠疫而闻名于世。

　　林可胜在英国完成了全部教育:他 8 岁就被送往英国爱丁堡上学,中学毕业后考进爱丁堡大学,专攻医科。林可胜在学期间,正值第一次世界大战爆发,遂应征入伍,被分配到英国南部朴次茅斯附近的军医院当外科助理。4 年紧张的战地医护工作经历,为他后来在抗战时期为祖国创办救护站打下了坚实的基础。战争结束后,林可胜复学。1919 年,他以优异的成绩连续获得医学内科和医学外科的学士学位,并留校当生理学讲师。1920 年与 1924 年,他又先后获得哲学博士与科学博士学位。1923年,林可胜获美国洛克菲勒基金会赞助,赴美国芝加哥大学进行为期一年的肠胃生理学研究。

　　1925 年秋,林可胜回到中国,担任北平协和医学院生理科客座教授兼系主任。1927 年,年仅 30 岁的林可胜升为教授,成为协和医学院第一个华人教授。林可胜在协和医学院期间，在科研、教学、培养人才等方面都取得了突出成绩，从而使协和成为中国生理学的研究中心。1935—1937 年，林可胜还是协和医学院三人领导小组成员，执行院长职务。

林可胜在协和医学院工作的 12 年中，培养了大批医学专业人才，其中许多后来成为中国医学界的翘楚，如著名的妇科医生林巧稚、内科医生张孝骞、泌尿外科医生吴阶平、神经生理学家冯德培等。

协和医学院是美国洛克菲勒基金会出资在中国创办的医学院，对中国医学的发展起到了推动作用。然而，由于存在一些不适合中国国情的做法，林可胜对协和医学院持有批评意见。早在 1930 年，林可胜在一次全国医学协会的演讲中就指出："我们现在必须面临的一个问题是如何为几乎占我国全部人口的农村大众提供医疗服务。……我想提出的建议是，当我们一定要力争得到不亚于西方人的医学标准时，照抄西方的全部细节并不重要。……对我们的教学大纲和科系进行改变而仍然保持使人满意的科学标准是可能的。比方说，我们可以培养出一个'普通的生物学者'来代替各自为政的解剖学、生理学、生物化学和药剂学等三四个学科。"虽然林可胜因自幼生长在国外，不会中文，但他认为教学应该同时使用中英文两种语言。

1926 年，林可胜同吴宪等 16 人创建了中国生理学会，并任第一届会长。第二年，林可胜又创办英文的《中国生理学杂志》，自任主编。该杂志是我国当时少数几个具有国际水平的学术刊物之一。

林可胜在行医、教学和编辑刊物之余，还从事科学研究。他是当时中国能开展世界级高水平科学研究的极少数科学家之一。他的一项重要科研成果就是发现了肠抑胃素，这项成果得到国际医学界高度认可。到1937 年前，林可胜在国内外发表了近 50 篇消化生理领域的论文。他的研究成果得到国际同行的充分认可。

1937 年七七事变爆发，国难骤至，林可胜立即以休假为名，将妻子儿女送到新加坡，旋又匆匆返国，但他没有再回协和，而是抛弃了优裕安定的生活,奔赴抗日最前线,担任中国红十字会临时救护委员会总干事兼救护总队队长,负责组织和领导全国范围内的医疗救护体系。随着战事的变化,救护总队逐渐从汉口移至长沙、祁阳,最后到贵阳图云关,改名为救护总站。此后,直至抗战胜利,贵阳图云关一直是救护总队的中枢所在。他还制定了中国红十字会救护总队的各项制度。

1938年底,因战事的扩大,救护总站的人员不足,林可胜便在图云关成立了军政部战时卫生人员训练所,自任所长。该所成为中国战时最大的医学中心之一,先后培训了1.5万余名医疗医护人员,对提高卫生人员的医疗水平,缓解战时医护人员的紧缺起了很大作用。

为了充分肯定林可胜在生理学科研方面所做的贡献,同时也为了表示美国对中国抗战的支持,美国科学院于1942年授予他外籍院士的荣誉。林可胜是最早在外国科学院当选外籍院士的中国人之一。

由于林可胜的国际声望,救护总站得到了国际进步团体、个人以及爱国华侨的广泛支持。1938—1944年间,林可胜共募得善款6 600余万美元。救护总站先后派遣了100多个救护队分赴各战区,并在五个战区设立分站,救治了无数位伤员。陈嘉庚于1940年率领南洋华侨慰劳团回国慰问。他对国民党政府的腐败现象有颇多非议,唯独对林可胜专心任职及其"努力之精神"极其赞许,并主动应承每月由南侨总会捐助1万元给救护总站。

林可胜对于共产党没有偏见,他赠送了许多药品和医疗器材给新四军,还冲破阻力组织了四支医疗队带着医药器材前往延安,并为八路军培养了许多医护人员。国民党因此对他极为不满,差点将他逮捕。翁文灏在致胡适的函电中,道出了国民党对林可胜不满的原因,他说:"究其原因,林君自言救护总队之方针,端在由全体人员专心担任救护工作,而不应分力于任何政治事项,现已由军委会派有特务人员驻队考察,如查有轨外行动者自可随时惩处云云。"蒋介石在致驻美大使胡适的电函中也说:"近据密报,林左倾颇甚,且有利用交通工具,阴助延安情事。"林可胜于

1942年被迫辞去救护总站站长的职务。

这时,美国友人的帮助起了一定的作用。1942年,林可胜奉命随中国远征军到缅甸,任中缅印战区司令官史迪威将军的医药总监。是年末,陈诚任军政部部长,他被任命为军医署署长。1944年12月1日,中央研究院在重庆成立了医学研究所筹备处,林可胜被任命为筹备处主任。由于他还在负责军政部军医事宜,遂请冯德培担任代理主任。

1945年,抗日战争胜利,林可胜将国内各军事医学院校及战时卫生人员训练所改组为国防医学院(现上海第二军医大学的前身),他任首任院长。由于林可胜为抗战做出了卓越贡献,1946年,国民政府授予他胜利勋章。

当时马来亚属于英国殖民地,因此出生于马来亚的林可胜拥有英国国籍,但这并没有影响他于1948年3月当选中央研究院首届院士。不仅如此,蒋介石为借用他的声望,还准备委任他为国民政府卫生部部长,但他坚辞不就。

上海解放前夕,林可胜来到冯德培家。他说,我本人由于种种原因要走,你们没有理由要走,不要相信国民党的各种恶意宣传。他所说的"种种原因",其实就是他长期以来与国民党错综复杂的关系,尤其是他曾在国民党政府和军队中任职,但实际上,他的任职主要出自爱国的情怀,而非与国民党关系密切。

1949年5月,林可胜离开在内战动荡中的中国大陆,但他没有前往台湾,而是远渡重洋去了美国。林可胜虽为官多年,但洁身自好,廉洁奉公。他赴美时连路费也没有,只好变卖家当,最后连袜子也卖了。

到美国后,林可胜先后任伊利诺伊大学客座生理研究教授,克雷顿大学医学院生理学与药理学教授、系主任。1952年后,他受聘于印第安纳州迈尔斯实验所,负责生理、药理研究工作及医学科学研究指导,直到1967年退休。林可胜在此期间,对于疼痛及止痛机制做了比较深入的研究。他是首位成功区分外周和中枢镇痛效应的实验者,并证明阿司匹林的镇痛作用是在外周,而吗啡的作用则在中枢。这个实验至今仍被国际医学界公认为镇痛研究的经典案例。

1955 年,林可胜被迫加入美国国籍;1956 年,当选为美国科学院院士。他是第一位当选美国科学院院士的华裔科学家。

林可胜虽然加入了美国籍,但他到美国后至逝世以前,始终十分关心中国的科学,特别是生命科学的发展。他是那个年代少有的在英文刊物上引用中国科研文章的科学家。

1969 年 7 月 8 日,林可胜因患食道癌在牙买加的金斯敦逝世,终年72 岁。

扩展阅读:

池子华:《救死扶伤的圣歌——林可胜与中国红十字救护总队的故事》,山东书画出版社
　　2018 年版

三十九

张孝骞
中国消化病学奠基人

　　张孝骞(1897—1987年),字慎斋,湖南长沙人,内科专家、医学家,中国消化病学奠基人。

　　张孝骞出生于贫寒之家,6岁时入私塾,读了几年后考入长沙长郡中学。因交不起膳宿费,他只得每天走读,但他学习刻苦,1914年,以全校第一名的成绩毕业。

　　就在张孝骞中学毕业的这一年,湖南省育群学会与美国雅礼会合办的湘雅医学院在湖南长沙成立并于当年招生,学制7年。12月,张孝骞以考试第一名的成绩,进入湘雅医学院第一班学习,成为湘雅医学院的首批学生之一。7年后的1921年,张孝骞从湘雅医学院毕业,毕业总成绩和毕业论文双双获得第一名。因成绩优异,张孝骞获得留校工作的机会,成为湘雅医院一名住院医师。1923年,他就被提升为内科总住院医师。这一年,他还用英文发表了论文《腹膜内盐水输注》,显示出他在医学研究方面的潜质。

　　1923年9月,由美国洛克菲勒基金会开办的协和医学院在北京开办了一个短期内科进修班。张孝骞获得基金会的资助,进京参加进修班学习。

　　张孝骞的学习表现和过人才智,得到了协和医学院内科主任美国罗

伯逊教授的赏识,向他发出留在协和医学院工作的邀请,但当时有个实际
问题:张孝骞在湘雅医学院是总住院医师,而他到协和医学院后只能从
住院医师做起,不仅地位下降,经济收入也将相应减少。协和医学院先进
的医疗设备、精密高效的实验室条件、藏书丰富的图书馆都是张孝骞梦寐
以求的。他对医学进步的追求超越了对物质的追求,促使他下决心离开
湘雅医学院投奔协和医学院。于是,1924 年 1 月,张孝骞再次来到北京,
成了协和医学院的医生。他从头做起,仅做了半年的住院医师后,就被协
和医学院重新提拔为助教,第二年,又被提升为总住院医师。

　　1926 年,洛克菲勒基金会出资从中国选送一批有造诣的医务人员去
美国学习,张孝骞脱颖而出,成为其中一员。张孝骞到约翰斯·霍普金斯
大学医学院深造。他除了常规的学习外,还师从导师哈罗普襄教授(地位
在教授和副教授之间)做血容量测定的研究。

　　张孝骞在美国学习的时间虽然只有短短的一年,但取得了非常可观
的成绩。他在美国临床研究学会 1927 年年会上,宣读了论文《糖尿病酸
中毒时的血容量》,受到医学界的一致好评。1928 年,张孝骞所撰写的
《测定循环血容量的一氧化碳法》和《糖尿病酸中毒时的血容量》两篇论
文在美国的《临床研究》杂志上发表,并被收入相关医学教科书中。

　　1927 年 7 月,张孝骞结束在美国的进修,回到协和医学院。这时,他
已不仅仅是个医术高明的内科临床医师,更是一个具有医学研究经验的
科学家了。在继续给患者问诊治病的同时,张孝骞主持了一系列的研究
工作,比如研究甲状腺功能亢进和甲状腺功能低下患者的血容量变化以
及肾脏患者(主要是肾病综合征患者)的血容量变化,研究结果以论文
《甲状腺功能亢进时的血容量》发表在 1928 年美国的《临床研究》上。
1932 年,张孝骞晋升为助教授。

　　1933 年 12 月,张孝骞再次前往美国,与斯坦福大学著名消化学专家
布龙菲尔德教授共同进行胃分泌功能研究。消化病理学是协和医学院的
弱项。1934 年 7 月,张孝骞回国后,协和医学院专门成立了内科消化专

业组,由他负责。于是,张孝骞在繁重的门诊和教学工作之余,坚持对胃肠疾病进行深入研究,尤其是对胃的分泌功能进行多方面的探索,并取得了丰硕的成果。他先后发表了《发热时胃酸缺乏的暂时性》《胃液分析的组织胺法》《维生素 A 缺乏症时的胃液分泌》《肠系膜淋巴结核模拟胃器质性病》《阿米巴痢疾的乙状结肠镜检诊断》等一系列重要论文,提出发热对胃分泌功能有抑制作用的新论点,从病理生理的角度阐述了发热患者不愿进食的机制。

1936 年,张孝骞接到湘雅医学院院长王子玕的聘书,邀请他回母校担任教务长兼内科教授。协和医学院同意张孝骞回湘雅,但希望他再为协和服务一年。张孝骞只好一边担负起湘雅医学院内科教授兼教务长的重任,一边仍然留在北京继续消化系统疾病的研究。

1937 年,七七事变爆发,北平被侵华日军占领。协和医学院因与美国的关系,并没有受到太大的影响,但张孝骞还是携家离别了工作和生活了 13 年的协和,绕道山西大同、太原,回到湖南,出任湘雅医学院内科教授兼教务长。是年冬,湘雅医学院院长王子玕去职,张孝骞又担任了院长的职务。这时,按照 1914 年湖南育群学会与美国雅礼会联合办校的合约,湘雅医学院已由中方全权管理。

1938 年夏,日军的侵略战火逼近长沙,张孝骞不顾美方反对,克服重重困难将湘雅医学院西迁贵阳。当时,他在协和医学院时的老同事沈克非执掌的中央医院也由南京搬迁到了贵阳。他与沈克非商量后,决定两家合作:中央医院为湘雅医学院提供临床教学服务,湘雅人员包括张孝骞本人分担医院的诊务。

1940 年 8 月 1 日,教育部下达批文,湘雅医学院由私立改为国立,医学院的经济困难得以缓解,教学、科研和临床工作也得到稳步发展。据统计,在张孝骞领导的 8 年流亡办学中,共有 174 名 6 年制本科生毕业,占 1949 年新中国成立前湘雅医学院毕业生总数的 49.6%。学校在解剖学、生理学、细菌学、病理学等学科领域的科学研究,也取得了一些进展。

1945 年 8 月,日本投降后,张孝骞回到长沙。湘雅医学院在抗日战争中被毁,所以他首先做的,就是修复校舍。1946 年夏秋之间,湘雅医学院顺利迁回了长沙,各项工作均已回到正轨。张孝骞觉得自己对湘雅已完成历史使命,渴望回到科研和教学的第一线,因此向国民政府教育部提出了辞职的申请,但没有得到批准。这时,美国国务院邀请他赴美访问交流。1946 年 6 月,张孝骞东渡太平洋,在美国逗留了一年,访问考察了 40 多所医学院,为湘雅聘请了急需的教授,又搜集了一大批医学书刊,于1947 年 7 月回到了长沙。

1948 年 3 月,张孝骞以其医学成就当选中央研究院第一届院士。

1948 年 4 月,张孝骞辞去湘雅医学院院长的报告得到了批准。9 月,他接受协和医学院院长李宗恩的聘请,再次离开工作了 11 年的湘雅医学院,回到北京协和医学院,任内科学教授和内科主任。张孝骞到任后,把内科分成消化、心肾、传染、血液、呼吸等专业组,推动了内科学分支学科的专业化发展,并开启了全面的科研工作。

尽管当时战云密布,张孝骞依然坚守岗位,这体现了他对医学事业的热爱和责任感。他回到协和医学院两个月后,解放大军即包围了北平。当时人心惶惶,住院医师和实习医师一下子走了一大半,协和医学院的不少教师也不辞而别,但张孝骞坚守岗位。

新中国成立之初,协和医学院还独立于体制之外。随着朝鲜战争的爆发,中美两国关系迅速恶化。1951 年,卫生部正式接管了协和医学院,并更名为中国协和医学院。张孝骞留院继续任职,负责内科方面的教学、医疗和科研工作。1955 年,张孝骞被选聘为中国科学院生物学地学部委员。其间,他开始进行胃运动功能的研究,并取得了显著成果。当时国际上还很少有人涉足这个领域。

1957 年,中国协和医学院并入中国医学科学院,学制为 5 年。张孝骞觉得,医学教育不同于其他教育,需要一定的时长才能保证教学质量。他向中央直言进谏,阐述了恢复 8 年制医学教育的必要性和可能性。中央后来采纳了张孝骞的建议,于 1959 年在中国医学科学院恢复了 8 年制的医学教育。

1962 年 9 月,张孝骞被任命为恢复招生后的中国协和医科大学副校长。60 年代,他主持制定了胃肠炎病的国家重点科研规划,还根据国际国内医学发展的需要,在学校内科筹建遗传专业组。中央领导对张孝骞等医学专家也十分尊重。1964 年,邓小平曾给卫生部下过一个通知,指示他们派专车接送协和的张孝骞、刘士豪、许英魁和张庆松 4 人上下班。

张孝骞长期在协和医学院担任内科主任,始终坚守着"治人而非仅治病"的初心,在临床中牢记四个字"戒、慎、恐、惧",为无数患者摆脱了病魔的折磨。直到 89 岁,他还拄着拐杖,到医院坐诊。

1985 年 12 月 18 日,张孝骞在 88 岁华诞这天,加入了中国共产党。2 年后,1987 年 8 月 8 日,张孝骞在北京协和医院逝世,享年 90 岁。

扩展阅读:

北京协和医院:《张孝骞》,中国协和医科大学出版社 1988 年版

四十

汪敬熙
文学家与科学家

汪敬熙(1893—1968年),字缉斋,山东历城人,现代生理心理学家,中国生理心理学的开拓者。

汪敬熙早年接受比较传统的家塾教育。17岁离家就读于山东公立法政学校,开始接受近代教育,1915年,顺利考入北京大学法科经济学门。大学期间,他读的虽然是经济,但已对心理学有兴趣。

汪敬熙在北大读书期间,正是中国新文化运动风起云涌的时期,处在运动中心的他,积极投身其间,与傅斯年、罗家伦、俞平伯等同学共同发起成立"新潮社"并创办了《新潮》月刊。他不仅为《新潮》撰稿,发表了许多白话小说和诗歌,还负责杂志的编辑工作,从而成为新文化运动中的风云人物之一。在《新潮》第一期上,有汪敬熙的短篇小说《雪夜》,这是他的代表作,奠定了其在中国现代文学史上的地位,曾得到鲁迅先生的"点赞"。然而,具有文学天赋的汪敬熙,后来并没有沿着文学创作的道路继续走下去。他将五四时期曾经产生过一定影响的小说集结为《雪夜》,于1925年由上海泰东书局出版,他在《〈雪夜〉序》中说:"我这些短篇小说是不会有什么批评人生的意义。"这或许是他退出文坛的思想动因。

1919年7月,汪敬熙从北京大学经济系毕业。恰在此时,上海实业家、棉纱大王穆藕初捐款5万银圆给北京大学,设立穆氏奖学金,委托蔡元培等遴选 5 名品学兼优的学生出国留学，以为国家造就栋梁之材。奖学金除支付学费外，还为每人提供每月 120 美元的生活补助，当时的官费留学生每月只有 90 美元，因此穆藕初给的条件十分优厚。蔡元培经与蒋梦麟等商量，选中汪敬熙与罗家伦、段锡朋、康白情、周炳琳等 5 位学生获此奖学金，当时报纸称之为"新五大臣出洋"，一时传为佳话。

汪敬熙荣获穆藕初奖学金后，登舟赴美，入美国约翰斯·霍普金斯大学医学院，主修心理学。当时，新潮社员中对心理学感兴趣者颇多，如傅斯年在留学英国的初期学的就是实验心理学，但真正把心理学作为终身事业的，只有汪敬熙。中国从此少了一个文学家，却又多了一个科学家。

汪敬熙之所以选择约翰斯·霍普金斯大学，是为了追随美国行为主义学派创始人华生。汪敬熙到了约翰斯·霍普金斯大学，才发现华生因家庭原因已离开了这里。汪敬熙只好退而求其次，师从华生的学生、心理生物学家里希特。他在里希特的指导下做实验，后又在胚胎学家科纳的指导下，对白鼠的性欲周期进行测定。在完成了实验和论文并进行答辩后，汪敬熙于 1923 年 6 月拿到了哲学博士学位。一个文科生，转行读理科类的心理学，只用 3 年多时间，即获得哲学博士学位，可见汪敬熙的才智是非常高的。

汪敬熙毕业后，约翰斯·霍普金斯大学给了他讲师的职位，但他选择回国报效桑梓。1924 年，汪敬熙接受河南中州大学校长张鸿烈的邀请，担任该校心理学教授兼教育系首任系主任。河南中州大学位于河南开封，前身为河南留学欧美预备学校。中州大学教育系从零开始，教师仅有 3 人。汪敬熙一人承担所有的心理学类课程，教学之余，他坚持进行有关脑和神经的研究。他在十分简陋的条件下，开启了中国生理心理学、神经生物学领域的拓荒和探索。不过，因当时国内时局动荡，中原军阀混战，汪敬熙在河南中州大学待的时间并不长。为了进一步研究生理心理学和神经生物学，他于 1926 年辞去教职，重返美国约翰斯·霍普金斯大学继续与里希特合作进行实验研究。

　　1927 年 8 月,汪敬熙在美国的研究告一段落后,应中山大学副校长朱家骅之邀任心理学教授。到任不久,中山大学成立了心理学系和心理研究所,汪敬熙出任主任和所长,他在所内建立了国内最早的神经生理学实验室之一。

　　1930 年 12 月,蒋梦麟出任北京大学校长。在蒋梦麟的盛情邀请下,汪敬熙辞去在中山大学的教职,出任北京大学心理学教授,他又在北京大学创建了心理学实验室。中国神经科学的奠基人张香桐就是他在北大时期的学生。

　　1934 年 7 月,汪敬熙应中央研究院院长蔡元培之聘,出任中央研究院心理研究所所长。其间,心理研究所由上海迁至南京。汪敬熙在上海和南京都建立了实验室,经常往来于沪宁之间,致力于生理心理学和行为神经生理学的基础研究。

　　汪敬熙是第一个将电子仪器引入中国并用于脑功能研究的学者。他通过实验,证明了皮肤电反射是由于汗腺内汗液的分泌引起的,不受意识控制;皮肤电是由各种刺激诱发出的动作电位,包含五个兴奋中枢和抑制中枢,其最后通路为脊髓交感柱中神经元集团。他还发现了控制瞳孔收缩和扩张的皮质区域。汪敬熙利用示波器记录到了光影通过猫的视野运动时,猫的外膝体内产生的诱发电位。通过实验和研究,汪敬熙先后发表了《皮肤电反射和情绪测量》(1930 年)、《生理电学在心理学上之运用》(1932 年)、《中国心理学的将来》(1933 年)等文章。1944 年,他还出版了生理心理方面的研究专著《行为之生理的分析》。

　　中央研究院心理研究所在汪敬熙领导下,还开展了胚胎行为发展与神经系统发展之关系、输精管隔断的各种影响、大声惊吓对于习得能力的影响等多方面研究,并取得了一定科研成果。

　　1932 年 8 月,汪敬熙还在胡适主持的《独立评论》第 12 号上刊出《中国今日生物学界》一文,反对经典学派。而作为经典植物学的领军人物胡先骕在《独立评论》第 15 号上刊出《与汪敬熙先生论中国今日之生物学》

的长文,予以反驳。双方此后进行了长达半年多的论战。这也是中国早期生物学史上的一段学术轶事。

1937 年 7 月,日本发动全面侵华战争,汪敬熙只得带领心理研究所同仁西迁。几经辗转,最后于 1940 年迁至桂林雁山村才稍微安定下来。在极端困难的条件下,汪敬熙依然研究不辍。当时科研的条件十分艰难,他曾哀叹"有钱买不到货,买到也难运到,工作更加不易""一切工作大部分都停顿了"。汪敬熙只能就地取材,对蝌蚪开展胚胎研究,并观察两栖类几种蛙的游泳行为及其发育情况。后来,他把一系列论文以英文发表在《自然》和《生理学杂志》上。1942 年还发表了《胚胎行为研究的历史》一文,系统总结了胚胎行为研究的历史,并前瞻性地提出胚胎生理研究可能是最有前景的新趋势。1944 年,汪敬熙又跟随中央研究院心理研究所从桂林迁往四川北碚。

抗战胜利后不久,汪敬熙接受美国国务院邀请,以访问教授的身份应邀前往美国,在哥伦比亚大学德特威勒教授实验室工作一年。

1946 年 9 月,中央研究院心理研究所从重庆迁回上海。汪敬熙结束在哥伦比亚大学的访问工作之后回国,曾短暂代理中央研究院总干事一职,因总干事萨本栋当时到国外讲学和治病去了。

1946 年 10 月,北京大学复校。复校后的生物学系分为植物学系和动物学系,由汪敬熙兼任动物学系主任。

1948 年 3 月,汪敬熙因在生理心理学、神经生物学领域的卓越成就,当选中央研究院第一届院士。就在这一年,经英国科学家、联合国教科文组织自然科学部主任李约瑟的推荐,汪敬熙前往法国巴黎,出任联合国教科文组织科学组织部主任。

1952 年,汪敬熙在联合国教科文组织任期结束后,回到母校约翰斯·霍普金斯大学担任教授、博士生导师,并继续与里希特博士合作做实验研究。

1957 年,汪敬熙应威斯康星大学之邀,到该校研究室工作,担任教授、博士生导师。1964 年,汪敬熙出版了《发汗的神经控制》一书,系统总结了他一生在皮肤电反射领域的工作。

虽然汪敬熙在工作上一直如鱼得水,年届 70 还没有从威斯康星大学退休。但是,他的身体却每况愈下。因糖尿病诱发半身不遂,使他失去了生的欲望。1968 年 6 月 30 日,汪敬熙在威斯康星家中自缢身亡,终年70 岁。

扩展阅读:

鲁子惠:《汪敬熙先生传略》,载于《中国生理学史》,《中国神经科学杂志》2001 年第 4 期,

第 357 页

四十一

陈克恢

现代中药药理学
开创者

陈克恢（1898—1988 年），上海青浦人，药理学家，中药药理学的创始人。在第一届院士中，获博士学位者不少，但获得两个博士学位的人真不多，而陈克恢是其中一位。

陈克恢 10 岁时就读于公立金溪初等小学堂，接受新式教育。1916年，考入清华留美预备学校。他出生于中医世家，因此 1918 年赴美留学时，立志以科学的方法研究中药，插班进入威斯康星大学药学系三年级学习。他的导师克雷默斯为了满足他研究中药的愿望，从中国进口了 500磅肉桂，让他进行桂皮油的研究。陈克恢以此完成了学士论文，并以K. K. Chen 的署名发表。陈克恢后来发表的文章都如此署名，他后来也以 K. K. Chen 驰名于医学界。

陈克恢 1920 年大学本科毕业，进入该校医学院深造，并于两年后获生理学博士学位。正当陈克恢准备在美国做进一步研究的时候，得到母亲病重的消息，因此不得不中断在美国的研究事业，回国侍疾。陈克恢一面把母亲送进协和医院治疗，一面自己入协和医学院药理系任助教，与从美国聘来的药物学家施密特合作，从事中药的化学与药理学研究。他了解到麻黄的治疗作用，因此从几百种常用中药中，选出麻黄作为研究对象。经过半年多的努力，他不仅从麻黄中成功提取了麻黄碱，且发现麻黄多方面的生理活性。1924 年,陈克恢和施密特在美国实验生物与医学学会北京分会上做了初步报告。同年,他们联名将研究结果发表在美国权威的《药理学》杂志上。这为后来推动交感胺类化合物的化学合成奠定了基础。

1925 年,陈克恢回到清华学校做学术报告,得到校长曹云祥的帮助重返美国,在威斯康星大学读完了第三年的医学课程,获得生理学硕士学位。1926 年,他转入约翰斯·霍普金斯大学医学院临床室实习,并任该校著名药理学泰斗埃布尔教授的助教。1927 年,陈克恢获医学博士学位,并晋升为副教授,从而成为清华留美学生中拥有双博士学位的第一人。

拿到学位后,陈克恢进入约翰斯·霍普金斯大学医学院药理系工作。除了给学生上药理课,就是继续进行麻黄的研究,并在临床上进行试验,证明麻黄素(碱)在治疗支气管哮喘、干草热和其他过敏性疾患方面很有疗效。1926 年麻黄素(碱)获得许可,开始在美国上市销售,麻黄碱随即在世界范围内得到广泛应用。这时,陈克恢还做了一件有意义的事:他分析了世界各地产的麻黄草,确认只有中国和东南亚地区产的含左旋麻黄碱。生产麻黄类药的美国药厂礼来公司因此每年都要从中国大量收购麻黄运到美国作为制药原料。

1930 年,陈克恢和施密特联合出版了《麻黄素及类似的化合物》一书,详细阐述了麻黄素的用法用量和毒副作用。随着时间的推移,西方社会逐渐认可中医的药物学实践经验及智慧,并且越来越多的科学研究开始关注中药的药理作用。从这个意义上说,陈克恢的研究是具有开创性的。麻黄素也因此成为西方药典收录的第一种中药。当然,陈克恢从麻黄中成功提炼出麻黄碱还有一层意义,即麻黄碱的研究是从天然产物中寻找先导化合物进行优化,从而为从天然产物中寻找开发新药起了典范作用,同时也为研究和开发中医药宝库开辟了新路径。屠呦呦后来以乙醚提取青蒿素并发现其抗疟药效而获得 2015 年诺贝尔生理学或医学奖,与陈克恢走的是完全相同的路子。陈克恢因此被尊为"现代中药药理学研究的创始人"。

1927年,陈克恢第一次与凌淑浩女士共同署名发表文章。凌叔浩乃著名作家凌淑华的妹妹,在协和实习时与陈克恢相识。1925年燕京大学毕业后,她获奖学金留学美国,1928年获西储大学医学博士学位。毕业后,凌淑浩在匹兹堡做妇产科医生。

1929年7月,陈克恢和凌淑浩在巴尔的摩结为连理,成为志同道合的夫妻。婚礼过后,他们即从美国东海岸的巴尔的摩驱车4天,来到中部的印第安纳波利斯。这里是美国当时五大药厂之一,礼来公司的所在地。礼来公司因麻黄类药与陈克恢早有联系,深知他的才学与能力,因此花重金聘请陈克恢担任公司的药理研究所所长,这个所是专门为陈克恢建立的。

礼来公司不仅给陈克恢很高的待遇,而且还给他完全的学术研究自由,实验室的仪器设备也完全按照他的要求订购和配置。陈克恢也以渊博的知识和新药研发能力,赢得了公司同事和科研人员的尊重。

在第二次世界大战期间,陈克恢发现常山碱丙的抗疟作用为奎宁的148倍。美国研究者根据这一结果,很快合成了千种以上的衍生物和结构类似物,但遗憾的是没能找到更好的可用于临床的化合物。

第二次世界大战结束后不久,陈克恢得到从德国缴获的美沙酮样品,并证实了它的镇痛作用。在此基础上,他和同事们在礼来药厂合成并开发了丙氧芬,此药临床效果虽仅与可待因相当或稍差,但因其成瘾性小,所以畅销了近20年。

50年代以后,陈克恢又涉足了多种抗生素的药理学研究,如红霉素、万古霉素和环丝氨酸等,取得了显著成果,并成功开发了一系列新药。

陈克恢和他的团队还有一个很有意义的研究是关于急性氰化物中毒解救。他们发现用两种无机盐——亚硝酸钠和硫代硫酸钠进行静脉注射可有效地解除急性氰化物中毒。至今,这个办法还在应用,而且效果很好。

陈克恢在医学界成名虽然主要由于他对麻黄碱的研究,但该项研究其实只用了几年时间,相比之下,他一生中用时最长、费力最多的还是对蟾蜍毒素的研究。早在1927年,陈克恢还在埃布尔实验室时就开始了对蟾蜍毒素的探索。他从北京一药店买了大量蟾酥,很快从中分离到两种成分,即华蟾蜍精和华蟾蜍毒素,并发现这两种成分都有与洋地黄一样的强心作用。

1937年,陈克恢在礼来公司工作的同时,兼任印第安纳大学医学院药理学教授和印第安纳波利斯医学院顾问。

陈克恢投身药理学事业50余年,在各类专业杂志上发表论文和综述350多篇,研究领域广泛、深入,对新药开发贡献很大,在药理学界有着崇高的地位。1951年,陈克恢任美国药理与实验治疗学会主席(任期2年);1953年,任美国实验生物学联合会主席(任期2年);1972年,陈克恢还被选为国际药理联合会名誉主席。

美国实验生物学联合会为表彰陈克恢在科学研究和学会工作中所做的贡献,于1987年将该会新建的会议中心命名为"陈克恢会堂"。

在中央研究院第一届院士中,在国外时间最长、与国内联系最少,当属陈克恢。1936年,陈克恢曾偕夫人凌淑浩一起回国,本有在国内发展的打算,但因抗战爆发,他们又迅速返回美国。从30年代起,陈克恢夫妇就长期定居美国了。因此,对陈克恢来说不存在去留选择的问题。

新中国成立初期,很多留学美国的中国学生在回国前到他的实验室参观,他不仅热情接待,还给予详细指导。在国际性学术会议上遇到国内学者,他也热情交谈,对祖国药理学事业的发展十分关心。1964年,在一次国际药理学会上,中国药理学会曾邀他回国参观访问,但因种种原因,未能成行。1987年中国药理学会又邀请他到北京参加该会成立80周年庆祝大会,但他此时已年迈体弱,无法长途旅行了。陈克恢不仅未回大陆,也从未去过台湾。

1988 年 12 月,陈克恢因病在美国旧金山逝世,享年 90 岁。

扩展阅读:

中国科学技术协会:《中国科学技术专家传略·医学编:药学卷(一)》,中国科学技术出版

社 1996 年版

四十二

王家楫

**中国原生动物学
奠基者**

王家楫(1898—1976 年),上海奉贤人,动物学家,中国原生动物学的奠基者。

王家楫的求学之路颇为曲折,1914 年 7 月—1917 年 6 月,他先后在江苏省立第一商业学校、江苏南通私立专门纺织学校预科和南京私立金陵大学附属中学高中部就读。1917 年 7 月,他考进南京高等师范学校学习农学,1921 年毕业。

王家楫虽然在南京高师学习了 4 年,但该校当时只是专科,改为东南大学才有了本科。因此,王家楫在南京高师毕业后,一边在东南大学附中任自然和生物学教员,一边在东南大学生物系带职学习,补足了大学本科毕业所需的学分,才拿到了东南大学的农学学士学位。

对王家楫来说,最幸运的是中国生物学的开山宗师秉志于 1921 年来到了南京高师,成了他的导师。王家楫对秉志十分崇敬,他曾说:"在他身上,每句话和每个动作都代表了一种尊严。"

1922 年 7 月,秉志在南京创立了中国科学社生物研究所,聘王家楫为助理员。王家楫在秉志的指导下,于 1925 年在国内学术刊物上发表了《南京原生动物之研究》。这是王家楫发表的第一篇论文,也是中国关于原生动物研究的第一篇论文,因此它的发表标志着中国原生动物学研究的开端。

1925 年 1 月，王家楫考取江苏省公费留学生，赴美国费城宾夕法尼亚大学动物系深造。经过 3 年苦读，王家楫于 1928 年完成博士论文《淡水池塘原生动物季节分布的生态学研究》，获哲学博士学位。因成绩优异，王家楫还被授予优秀生物工作者金质奖章。随即，他被美国耶鲁大学聘为斯特林研究员。

1929 年，王家楫获悉将有外国科学考察团赴华采集标本，强烈的爱国情怀让他毅然放弃了耶鲁大学优越的工作和生活条件，回国开拓中国原生动物学的研究事业。他说："我们应当让外国人知道，中国人自己的事应由中国人自己来解决；中国的生物资源应该由中国人自己来开采。"

回国后，王家楫回到南京中国科学社生物研究所动物学部任研究员，同时兼任中央大学（原东南大学）生物系教授，讲授普通动物学、无脊椎动物学、组织学及胚胎学。1930 年 1 月，中央研究院成立自然历史博物馆，王家楫被聘为顾问。1934 年 7 月，自然历史博物馆改名为动植物研究所，他任研究员兼所长。

在此期间，王家楫的原生动物学研究取得了可喜的成绩。为取得第一手样本，王家楫的足迹踏遍大江南北。闽粤齐鲁，皖赣川康，他都曾走过，而对华东一带的调查尤为详尽，取得了我国原生动物学研究的第一手资料，发现了许多海洋与淡水原生动物的新属种。据此，王家楫发表科学论文 12 篇，为我国深入开展原生动物区系调查奠定了基础。

1937 年 7 月，七七事变爆发，王家楫别妻抛子，率动植物研究所人员由南京开始迁往长沙，后又到南岳，再迁至广西阳朔，1939 年初抵达四川北碚，这才算安顿下来。

北碚的条件虽然艰苦，但在王家楫的领导下，动植物研究所的各项科学研究有条不紊地次第展开。1942 年，当时身为生物化学家的李约瑟受英国政府委派来到中国，担任中英科学合作馆馆长。在接下来的几年中，李约瑟访问了中国 200 多个学术研究机构。作为同行，李约瑟对动植物研究所格外关注。1943年4月,李约瑟在中国科学社生物研究所所长钱崇澍陪同下到北碚访问动植物研究所。他后来在《战时中国之科学》一书中,对王家楫的动植物研究所赞赏有加:"动植物研究所在王家楫博士领导下,工作甚为紧张,约有二十位科学工作人员,专心致力于研究。王博士自己是一位著名的原生动物学家,他除任该研究所所长以外,还兼原生动物组组长。……此研究所高踞嘉陵江上(西岸),环境清幽,其中工作人员甚形紧张。参观之人,欣羡之余,深觉其具有世界上最优良的实验室之研究空气。"

1944年5月,中央研究院评议会做出决定,动植物研究所分建为动物研究所和植物研究所。王家楫任动物研究所所长。

1948年3月,王家楫当选为中央研究院首届院士。同年,他应李约瑟教授邀请,赴英国考察,先后参观剑桥大学、牛津大学、伦敦大学学院、利物浦大学等各学术研究机构,历时3个多月。返国后,正值国民党当局命令各研究所迁台,但王家楫拒不执行迁台命令,选择留在大陆,并将动物研究所宝贵的人才和设施整建制留了下来。

1949年5月,上海解放。6月,中国人民解放军上海军管会接管原国民党政府所属的中央研究院和北平研究院在沪的各研究所。7月,王家楫应邀参加了在北平召开的中华全国第一次自然科学工作者代表大会筹备会。

1949年11月,中国科学院在北京成立。1950年6月,中国科学院对所属科研机构进行撤并调整,成立水生生物研究所,王家楫被任命为第一任所长。水生生物研究所由原中央研究院动物研究所的主体、植物研究所的部分研究人员以及北平研究院动物研究所的部分研究人员合并组建,所址设在上海。

1954年,为解决全国人民动物蛋白源短缺、吃鱼难的问题,同时也为了更好地开展科学研究,充分结合与利用素有"千湖之省"美誉的湖北省的渔业资源,王家楫奉命率水生生物研究所从繁华的大都市上海整体搬迁到湖北武汉郊野之地——东湖之滨。武汉的生活条件虽然艰苦,但研究环境十分优越。水生生物研究所在王家楫的带领下,克服了种种生活上的困难,立足湖北、面向全国,着重围绕淡水水域的生命过程、生态环境保护与生物资源的利用等一系列前沿科学问题,开展了许多重要的和开拓性的研究,并取得丰硕的成果。

1955 年,王家楫被选聘为中国科学院生物学地学部(后为生物学部)委员。1959 年,兼任中国科学院武汉分院(中南分院)副院长。1960 年 6月,王家楫加入中国共产党。

王家楫虽然身负要职,但始终没有放下科研,在原生动物学研究领域成绩卓著:共发现原生动物 3 个新属、58 个新种、4 个新变种、8 个新亚种,在原生动物的区系与系统发育等方面做了许多开创性的工作,在国际原生动物学界受到极高评价。

1961 年,王家楫担任主编的《中国淡水轮虫志》正式出版发行。该书首次对分布在中国沼泽、池塘、湖泊及水库内常见的轮虫种类进行详细的分类和描述,开创了中国生物学上的一个新纪元,王家楫也因此成为中国淡水轮虫学的开创人。

“文革”中,王家楫虽然一度受到冲击,身处逆境,但依然不改为国效力的初心。20 世纪 70 年代,随着国家经济建设的发展,工业废水污染环境的问题日益严重。王家楫组织无脊椎动物分类研究组,深入全国 30 多家配有废水处理设备的各工业门类代表工厂,进行现场调查及显微观察,分析废水中原生动物的种类、数量、生长情况,筛选出 166 个可用来判断废水类型和质量的指示物种。随后,他编写并出版了《废水生物处理微型动物图志》一书。这是王家楫将原生动物学知识应用于我国环境治理研究的成功尝试。

20 世纪 70 年代,王家楫还相继完成了《珠穆朗玛峰地区的原生动物》《西藏高原部分地区的原生动物》等论文,共记述了该地区原生动物400 多种,远远超过前人对该地区原生动物区系的调查研究,为完成珠穆朗玛峰地区科学考察做出了贡献。

王家楫最大的愿望是要完成《中国原生动物志》，这是一项极为浩繁且需要长期积累的艰巨工作，可惜天不假年，他生前未能实现这一宏愿。但他遗留下的极为珍贵的大量手稿和资料，为这部科学巨著后来的编写打下了坚实的基础。

1976年12月，王家楫因患胃癌在武汉逝世，享年78岁。

扩展阅读：

汪前进、黄艳红：《中国科学院人物传第一卷》，科学出版社2010年版

四十三

罗宗洛

中国现代植物生理学奠基人

罗宗洛（1898—1978 年），浙江黄岩人，中国现代植物生理学的奠基人之一。

罗宗洛出生于小康家庭，幼年在家乡接受私塾教育。1911 年，赴杭州安定中学就读，翌年转入上海南洋中学。1917 年 7 月毕业。

1918 年，罗宗洛考取东京第一高等学校预科，东渡日本留学。由于成绩优异，他获得了浙江省官费资助。翌年，罗宗洛被分配到仙台第二高等学校学习理科，并于 1922 年毕业。随后，罗宗洛考入札幌市北海道帝国大学农学部植物学科学习。在入学的第二年，他遇到了日本著名植物生理学家坂村彻教授。坂村彻对他十分欣赏，从此，他们师徒朝夕相处，共同度过了 7 个寒暑，这段经历让他受益匪浅。1925 年 3 月，罗宗洛大学本科毕业。毕业前，在坂村彻教授的指导下，他先后用德文、英文在《东京植物学杂志》上发表了 4 篇论文，令日本乃至国际植物学界刮目相看。

接着，罗宗洛在北海道帝国大学攻读博士学位，继续在坂村彻教授的指导下进行学习和研究。他研究的课题是"玉米幼苗对铵和硝酸根的吸收"。1930 年 6 月，罗宗洛的博士论文《氢离子浓度对植物吸收铵和硝酸盐的影响》获得通过，从而获得农学博士学位。他成为该校第二位获得博士学位的中国留学生。

　　1930 年,罗宗洛结束了长达 12 年的留学日本生涯,学成归国,应广州中山大学之聘,任理学院生物学系教授。罗宗洛回国时对于中山大学的实验设备和教学条件有一定的心理准备,认为可能比较落后,但到了中山大学以后,看到的生物学系各方面条件之差,还是远超他的想象。所谓的实验室里,竟然连供实验用的瓶瓶罐罐也少得可怜。罗宗洛只好一切从头开始,苦心孤诣,逐步建立了中国第一个植物生理实验室。1931 年,罗宗洛任中山大学生物学系主任。

　　1932 年 8 月,罗宗洛辞去中山大学的教职,转到位于上海的暨南大学理学院任教授。暨南大学校长郑洪年曾答应为罗宗洛建立研究实验室提供资金支持,但后来始终不能兑现。为了能够更好地开展研究工作,罗宗洛不得不再次转换工作,于 1933 年 9 月,改到南京中央大学生物学系任教。次年,他在校长罗家伦的支持下,建立了配有现代化设备的植物生理实验室。在此期间,他还创办了《中国实验生物学杂志》《植物学汇报》及《植物生理学报》。他在中央大学生物学系讲授三门课程,即普通植物学,为农学院开设的普通植物生理学(一个学期),以及为生物学系开设的植物生理学(一个学年)。

　　罗宗洛在教学之余,坚持科学研究,并取得不俗成绩。1935 年罗宗洛将无菌条件下玉米离体根尖的研究成果撰写成英文论文,发表于 1936 年创刊的《中国实验生物学杂志》第一卷第一期上。

　　1937 年,七七事变爆发。罗宗洛随中央大学西迁重庆。尽管抗战时期的工作条件十分艰苦,日军飞机时常来轰炸,他仍然与助教、高年级学生一起,坚持开展植物激素、微量元素等方面的研究工作,并写成报告公开发表。

　　由于在中央大学受到排挤,罗宗洛于 1940 年应聘到浙江大学生物系担任教授。1940 年春,浙江大学迁至贵州遵义,生物系设在贵州湄潭县城西郊。湄潭的风景虽然优美,但浙江大学各方面的条件没法与中央大学相比。可是,罗宗洛没有灰心,一面自编教材,进行授课;一面因陋就简,克服种种困难,继续进行微量元素生理功能的研究。他设想凡是植物生长上必要的物质,凡是能促进植物生长的物质,在理论上都应该有引起燕麦胚芽鞘弯曲的功能。他先后发表了 8 篇关于微量元素生理功能的论文,包含许多开创性的研究成果。他所做的学术报告有《植物的春化作用》《植物的性转换》《茶的生理》《植物水分生理和抗寒性》等。

1943 年冬,中央研究院评议会决议将原有的动植物研究所,分为动物研究所和植物研究所,动物所所长由王家楫担任,植物所所长由罗宗洛担任。1944 年 5 月,罗宗洛离开浙大,到重庆履新。

1945 年 8 月,抗战胜利,9 月,时任中央研究院代院长、教育部部长的朱家骅在重庆约见罗宗洛,委任他为特派员赴台负责接收台湾的文教科研机构,其中包括负责接收台北帝国大学。10 月 17 日,罗宗洛率陈建功、苏步青、陆志鸿等人赴台接收台北帝国大学。11 月,台湾行政长官公署成立大学校务委员会,罗宗洛、范寿康、杜聪明为常务委员。11 月 15 日,在罗宗洛的领导下,国民政府完成了对台北帝国大学的接收,行政院核定校名为台湾大学。由于候任校长陈大齐不愿接任,朱家骅于 12 月 4 日电请罗宗洛出任代理校长。因此,罗宗洛成为台湾大学的首任校长。

罗宗洛在担任台湾大学代校长期间,有步骤地遣散日本学生、行政管理人员、教职员工,然后以大陆新聘的教授接替,整个过程十分平稳,得到各方面的好评。由于朱家骅迟迟不拨经费给台湾大学,而当时主政台湾的陈仪也干涉颇多,罗宗洛被迫请辞台大代校长一职。在未获准许的情况下,他于 7 月 1 日自行回到上海,继续干他原来的中央研究院植物研究所所长。植物所在罗宗洛的苦心经营下,陆续添聘人员,增添仪器药品,到 1948 年已初具规模,设置了植物分类、森林真菌、藻类、细胞遗传、植物病理、植物形态、植物生理等研究室。

1948 年 3 月,罗宗洛当选为中央研究院院士。

1948 年 12 月 29 日,台湾大学校长傅斯年写信请罗宗洛到台湾,1949 年 1 月 5 日,罗宗洛写信给傅斯年:"植物所无一人愿去台湾,上海各所亦皆不愿迁移,大家既愿意与所共存亡,弟何能独离。"

1949 年 7 月,罗宗洛与竺可桢、吴有训、周仁、冯德培等一起,赴北平参加了中华全国第一次自然科学工作者代表大会筹备会。

1950 年,中国科学院实验生物研究所在上海成立,罗宗洛任该所植物生理研究室主任。

1952 年,江苏省在苏北海岸营造防风林带,贸然动手,却一无所成。罗宗洛得知后,亲自到苏北,进行实地采样,并在上海实验室对苏北常见树种耐盐力进行测定,帮助解决了盐土树木育苗中经常发生的一些问题,从而保证了沿海营造防风林的苗木供应。

1953 年,罗宗洛被任命为中国科学院上海植物生理研究所所长。他曾动情地说:"成立植物生理研究所是我生平的夙愿,这个所是亚洲第一个独立的植物生理研究所,只有共产党领导下的新中国,才可能实现这样的大事。"罗宗洛根据国家经济建设和科学发展的需要,在植物生理研究所先后创建了水分、抗性生理、辐射生理等研究室。罗宗洛于 1958 年开始进行高等植物辐射生理研究,研究的目的是在理论上了解生物对不良环境的适应过程,在实践上探寻如何减轻辐射伤害的途径。这在当时是十分前沿的研究,国际上也只有少数国家刚刚开始着手这方面的工作。

1957 年 10 月,罗宗洛赴东京出席日本植物学会成立 75 周年纪念大会,在会上做了《中国植物生理学的现状》的报告,被选为该会名誉会员。同年 11 月,罗宗洛应邀赴莫斯科出席全苏列宁农业科学院院士大会,在会上做了《中国植物生理研究》的报告,并被选为该院通讯院士。

1958 年,举国"大跃进",各地竞放"卫星",亩产千斤、万斤的新闻报道接连不断。作为农业专家的罗宗洛曾公开声称这些报道是不可信的。

1962 年,罗宗洛赴京参加全国政协会议。他在小组会上的发言中,强调了基础理论研究的重要性,并指出科学上追求形式花架子将危害无穷;呼吁贯彻"双百"方针,真正做到学术自由,实事求是,反对弄虚作假、形式主义、报喜不报忧。他的发言稿被陈毅副总理读到,陈毅鼓励他在大会上发言,并安排周恩来总理来听。

为了推动我国的植物生理研究和发展,1963 年 10 月 26 日,罗宗洛和汤佩松、殷宏章等人共同发起创立了中国植物生理学会,罗宗洛被选为第一届、二届理事长。在中国植物生理学会成立大会上,罗宗洛提出:重大任务、尖端科学技术与基础理论研究应该并重,直接为生产服务的课题,应该放在重要地位,尖端科学技术必须迅速发展,基本理论研究也必须重视。1964 年,罗宗洛还倡导创办出版《植物生理学报》,并担任主编。

1978 年 10 月 26 日,罗宗洛在上海逝世,享年 80 岁。

扩展阅读:

黄宗甄:《科学巨匠:罗宗洛》,河北教育出版社 2001 年版

四十四

袁贻瑾
联合国公共卫生专家

　　袁贻瑾(1899—2003 年),字怀如,湖北咸宁人,医学家,中国公共卫生学和卫生统计学的创始人之一,世界卫生组织的筹建者之一。

　　袁贻瑾出生于官宦之家,1918 年从湖北汉口博学书院高中毕业。该校由英国基督教伦敦会牧师杨格非于 1899 年创办,是当时中国最早的西式学堂之一。1919 年 10 月,袁贻瑾考入北京协和医学院,这一年,协和医学院正式开办医学本博连读教育,学制 8 年。1926 年,在学业即将完成之前,袁贻瑾任协和医院实习医师。1927 年获医学博士学位,因学业优秀,留校任公共卫生科助教、讲师。

　　1928 年,袁贻瑾赴美国深造,入约翰斯·霍普金斯大学公共健康与卫生学院学习,该学院是由洛克菲勒基金会于 1916 年出资建立的,是全世界公共卫生管理领域规模最大、历史最悠久的教育机构之一。袁贻瑾仅用一年,即获公共卫生学硕士学位。一年后,他又获得该校卫生学博士学位,并因成绩优异被学校授予卫生学博士高级奖章。1931 年,袁贻瑾再获生物统计学科博士学位。在那个时代,一个人获得两个博士学位还是罕见的。在中央研究院第一届院士中,仅有陈克恢和袁贻瑾两人获此荣誉。

　　1931 年,袁贻瑾学成回国,回协和医学院公共卫生科任教,先后担任副教授、教授。在回国当年,袁贻瑾赴广东中山县(今中山市)开展调查研究。他对该县李氏家族的家谱中1365—1849年间的3 748名男性和3 752名女性做了统计,计算出不同时期"20岁时的期望寿命"(即活过20岁的男女,不同时期的寿命),分析的结果为:男性33.7岁,女性36.5岁。袁贻瑾以"1365—1849年间一个华南家族的生命表"为题,将研究成果用英文撰写,发表在《人类生物学》1931年5月号上。这是中国人首次计算人口平均寿命并发表论文。

袁贻瑾的专业是公共卫生,因此,除协和医学院的教职外,他还兼任北平第一卫生事务所所长。1935年,在袁贻瑾的倡议下,该所动用民间募集的结核病院筹建基金,在所内设立了结核病门诊处,这是中国第一个治疗和防治结核病的专门医疗机构,也是第一次将结核病与公共卫生(预防医学)工作联系起来。袁贻瑾因此成为我国现代结核病防治事业的奠基人之一。

1937年七七事变爆发,因协和医学院是美资背景,所以暂时没受到战争影响。也就在这一年,袁贻瑾升任协和医学院公共卫生系主任,这是第一次由中国人担任此职务。随着太平洋战争爆发,美日两国处于战争状态,日军于1942年初占领了协和医学院,医学院被迫停课关闭。

1942年5月,不甘为侵略者服务的袁贻瑾,听从国民政府的召唤,辗转千里抵达陪都重庆,在中央卫生实验院担任流行病学实验所所长,中央卫生实验院创建于1941年4月,由李廷安担任院长。

1943年5月,中华医学会在重庆成立防痨委员会,袁贻瑾被推举为秘书。

1945年,袁贻瑾任国民政府卫生部防疫设计委员会主任委员、卫生部南京结核病防治院院长。此后,他还在1946—1948年间,担任了国民政府卫生署流行病学研究所所长。

世界卫生大会于1946年6月19日—7月22日在纽约召开,大会通过了世界卫生组织章程,建立了由18个国家组成的临时委员会。袁贻瑾与沈克非、施思明三人代表中国参加会议,并于 7 月 22 日与其他与会国家代表共同签署了《世界卫生组织组织法》。沈克非时任中华医学会会长、中山医院院长;而施思明则是世界卫生组织的倡议者和创始者之一,世界卫生组织这个名称也是根据施思明的提议定下来的。

1948 年 4 月 7 日,《世界卫生组织组织法》正式生效。同年 6 月 24 日,第一届世界卫生大会在瑞士日内瓦召开,世界卫生组织正式宣告成立。中国是世界卫生组织的创始国之一。

袁贻瑾从事公共卫生学研究、教学和实际工作多年,发表了 5 篇与公共卫生学相关的学术论文,涉及生物统计学、流行病学、人口统计学以及结核病学等多个方面。《医潮》1948 年第 2 卷第 1 期上,就有袁贻瑾写的《防痨运动》。1948 年 3 月,袁贻瑾以其在防疫统计学的贡献,当选为中央研究院第一届院士。不过,他也是因主持学术机构而登榜的院士之一。

1948 年 9 月 23 日,中央研究院在南京召开成立第二十周年纪念会暨第一次院士会议,袁贻瑾是到会参加的 48 位院士之一。这时的袁贻瑾,又有了一个新的身份: 国民政府卫生部政务次长。这是一周前,也就是 1948 年 9 月 16 日由国民政府任命的,但他在这个位子上没干多久,就于 1949 年 1 月 13 日辞去了这个职务。

袁贻瑾之所以辞去卫生部政务次长,是因为他接受了世界卫生组织的聘请,前往瑞士日内瓦担任世界卫生组织结核病资源办公室主任。他由此成为联合国的官员,在世界范围内开展结核病防治的领导工作,以减少结核病在世界范围内的传播和蔓延,任期从 1949 年到 1952 年。

1953 年,袁贻瑾作为世界卫生组织的官员,派驻联合国儿童基金会任医学主任、首席医学顾问。联合国儿童基金会总部设在美国纽约,袁贻瑾担任这一职务 6 年,直到 1959 年,年满 60 周岁才正式退休。这期间,袁贻瑾也参加"中央研究院"在美国的活动。如 1955 年 3 月,胡适在美国纽约召集举行"北美院士谈话会",袁贻瑾就参加了。

1960 年,袁贻瑾从联合国退休后,选择返回台湾,担任台湾大学公共卫生学访问教授、台湾大学医学院客座教授。以他的经历、思想和圈子，这样的选择也是理所当然的。1962 年 9 月，袁贻瑾赴利比亚考察。1963—1964 年，袁贻瑾又回到美国，担任夏威夷大学"E－W 中心"的访问学者。

　　1964 年，袁贻瑾应"中央研究院"院长王世杰之邀，回到台湾。王世杰以湖北同乡之谊，邀请他担任"中央研究院"总干事。面对湖北老乡、老领导、老朋友的盛情邀请，袁贻瑾答应出山，以 64 岁的年龄协助王世杰主持"中央研究院"的日常工作，但袁贻瑾在"中央研究院"总干事任上干得并不如意，院内山头林立，植物所所长李先闻等对他并不买账，后来甚至与王世杰相处也不是很融洽，两人最后竟有点不欢而散。袁贻瑾在总干事任上干了 4 年，没有留下值得一书的业绩。2008 年，台湾出版纪念"中央研究院"八十周年的书籍——《追求卓越》，煌煌三大册，130 余万言，并以到台湾后的发展为主，但提及袁贻瑾的地方不过三四处，且仅寥寥数言，令人唏嘘。袁贻瑾于 1968 年正式退休，2003 年在台湾逝世，享年 104 岁。

扩展阅读：

袁贻瑾：《防痨运动》，载于《医潮》1948 年第 2 卷第 1 期，第 2—19 页

四十五

伍献文
中国鱼类分类学、形态学和生理学奠基人

伍献文（1900—1985 年），字显闻，浙江瑞安人，动物学家、鱼类学家，中国鱼类分类学、形态学和生理学的奠基人之一。

伍献文于 1918 年以第一名的优异成绩毕业于瑞安中学，但因家境贫寒，因此报考了南京高等师范学校农业专修科，原因是该校不仅可免除学费还可供应膳食。可以说，伍献文学业的起点并不高。幸运的是，与王家楫一样，伍献文在南京高师遇到了他科学道路上的领路人和恩师——秉志。

1920 年，我国动物学研究的创始人秉志，从美国学成归国，受聘到南京高师担任教授。秉志所教的动物学、动物比较形态学等课程激发了伍献文极大的兴趣，立志将从事动物学研究作为自己一生追求的事业。

1921 年，伍献文从南京高师毕业，应聘到福建厦门市集美学校任教。1922 年，厦门大学成立，伍献文又应聘到厦门大学动物学系担任外籍教授赖特的助教。1925 年，秉志教授也来到厦门大学动物学系任教，伍献文又给秉志当助教。

由于在南京高师获得的学历是专科，为了继续深造，伍献文在做助教的同时，于 1925 年考取厦门大学的工读生，一边工作，一边学习，并于 1927 年获厦门大学理学学士学位，这段经历为他提供了扎实的科学训练。在此期间,他还抓紧时间进行关于动物学的科学研究。1925 年,他在厦门大学季刊上发表了他的第一篇研究论文——《浙江瑞安所产蛇类初志》,迈开了学术生涯的第一步。

从厦门大学毕业以后,伍献文应聘到南京中央大学生物学系教动物学。当时,中国鱼类学的书都是外国人写的,中国淡水鱼的名字没有一种是中国人自己研究并命名的。伍献文决心改变这种状况,开展中国人自己的鱼类学研究。经过十几年的努力,伍献文在鱼类学的研究上取得了骄人的成绩。1928 年,他发表了第一篇鱼类学论文《厦门鱼类之调查》,这也是中国鱼类研究的开山之作。

1929 年,伍献文得到中华教育文化基金会的资助,前往法国留学。经过 3 年苦读,伍献文于 1932 年以论文《中国比目鱼类的形态学、生物学和系统学的研究》获得巴黎大学科学博士学位。这篇论文至今仍是研究比目鱼类的重要文献,此文也初步确立了伍献文在鱼类学研究上的学术地位。

伍献文学成回国后,任中央研究院自然历史博物馆动物学部教员兼研究主任。1934 年,自然历史博物馆改为生物研究所,不久又改称动植物研究所,伍献文升任研究员。伍献文主要从事鱼类、蠕虫类、河蟹和蝎类动物研究,先后发表《中国沙蟹志略》《中国之蝎及蝎蛛》等著作。他在线虫研究方面也颇有建树,有多篇论文在美国、德国和法国等地的权威性刊物上发表,受到学界的好评。伍献文在中央研究院动植物研究所任职的同时,还先后在中央大学、复旦大学等校生物系任教授。

1935 年 4 月 10 日,中央研究院召开太平洋科学协会海洋学组中国分会成立大会,会议决定开展海道测量、渤海渔业调查、珊瑚礁调查三项工作。其中渤海渔业调查团团长由伍献文担任。

1935 年 6—11 月,伍献文在海军的协助下,组织了渤海湾及山东半岛的海洋及海洋生物综合调查。工作区域南起青岛,北抵北戴河,西至大沽,东出庙岛海峡,共设 31 个工作站,平均每月航程 1 441 海里。这次考察虽然规模不算大,却是我国海洋科学研究的重要开端。

1937年,七七事变爆发,伍献文随动植物研究所一路南迁。在广西阳朔的短暂停留中,他写出了《漓江的鱼类》一文,文中揭示了发现于漓江的11个新鱼种。1939年,动植物研究所再次西迁,搬到了四川北碚,总算有了稍微安稳些的科研环境。

面对战争带来的困难,调查我国自然资源的计划难以实现,伍献文遂将研究工作的重点从野外调查转移到实验室内。这一转移不仅为伍献文开辟了科研的新领域,也标志着我国鱼类学研究进入了以鱼类生理学和功能形态学为主的新阶段。

抗日战争胜利以后,曾经南渡西迁的中央研究院各研究所开始筹划北归东还。由于经费等原因,动物研究所直到1946年中,才搬回上海。这时,伍献文在中央研究院动物研究所任研究员。当时,内战正酣,物价高涨,伍献文等人面临一个完全不适合科研的环境。

1948年3月,伍献文以其在鱼类研究方面的贡献,当选为中央研究院第一届院士。

1949年,伍献文顶住了国民党方面的威逼利诱,与动物研究所同仁一起留在了大陆。伍献文的人生也就此翻开了新的一页。上海刚刚解放不到两个月,伍献文应邀参加了中华全国第一次自然科学工作者代表大会筹备会。

1949年11月,中国科学院在北京成立。1950年6月,中国科学院对所属科研机构进行撤并调整,成立水生生物研究所,伍献文被任命为副所长兼太湖淡水生物研究室主任。该研究室由原中央研究院动物研究所(除昆虫学部分外)及植物研究所的藻类学部分合并组建,研究室室址设在无锡蠡园。

国家统一,社会安定,科研再无战火干扰,伍献文深感大显身手的时机到来。从1951年开始,他领导所里的鱼类分类组的科技人员,系统地调查我国丰富的淡水鱼类资源,全面开展鱼类分类的工作。伍献文跋山涉水,足迹遍及祖国的江河湖泊,采回了大批鱼类标本,在水生生物研究所建立了收藏有 30 余万号标本的淡水鱼类标本室。这是当时亚洲最大的淡水鱼类标本室之一,水生生物研究所因此成为有国际影响力的鱼类学研究中心之一。

1954 年,伍献文随水生生物研究所及其所属太湖淡水生物研究室一起搬迁到武汉的东湖之滨,该所的鱼类学研究在伍献文的领导下,已扩大到鱼类分类学、生态学、生理学、遗传学和组织学等各个领域,并取得令人瞩目的成就。在拥有大量标本的基础上,伍献文以占中国淡水鱼类一半的鲤科鱼类为研究对象,于 1964 年出版了《中国鲤科鱼类志》(上卷),在国内引起较大的反响,但这一工作却因"文革"而中断。"文革"期间,水生所的鱼类分类组被迫解散,作为学术权威的伍献文一度身处逆境,但他依然不忘"鲤科鱼类志"。他重新工作的第一天,提出的第一个要求就是:"请允许我拿起笔,我要将《中国鲤科鱼类志》写完。"于是,这位年逾古稀的老人,无论白天黑夜还是节假日,他都把自己关在办公室里,不停地观察和测量标本,或查阅文献,或俯首疾书。1976 年,《中国鲤科鱼类志》(下卷)终于出版了。

《中国鲤科鱼类志》全书共 70 余万字,系统地描述了分布于我国的鲤科鱼类 113 属 412 种,并附有精美的插图。它不仅是研究中国淡水鱼类的必备文献,也是研究全世界鲤科鱼类的重要参考资料。1978 年,这部著作在全国科学大会上得到表彰,1982 年荣获国家自然科学奖二等奖。

伍献文极其关心三峡工程对长江鱼类资源的影响问题,持续开展长江鱼类资源调查及其变动规律的研究。在葛洲坝工程建设中,81 岁的伍献文撰写建议书《葛洲坝水利枢纽修建鱼道问题应慎重考虑》,并上报中央,建议葛洲坝工程取消兴建鱼道这一设想。经过进一步论证,经国家批准,葛洲坝工程取消兴建鱼道,为国家节省了一大笔投资。

1978 年后,已 78 岁高龄的伍献文又投入到鲤亚目鱼类的系统发育的研究之中。1981 年,伍献文和他的助手在《中国科学》上发表了研究报告《鲤亚目鱼类分科的系统及其科间系统发育的相互关系》,提出了鲤亚目鱼类的一个新的分类系统。这项成果在他逝世后的第二年荣获中国科学院科技进步奖二等奖。

伍献文一生从事科研,在国内外发表各类著述共计 80 余篇,其中有关鱼类学的论文 45 篇,有关线虫及其他蠕虫的论文 16 篇,有关节肢动物和爬行类、两栖类等其他动物的论文 11 篇,还有关于海洋及湖泊调查、鱼类考古学研究的报告多篇。

1955 年,伍献文被选聘为中国科学院学部委员。他曾担任过中国科学院武汉分院院长、水生生物研究所所长和国家科委水产组副组长。1983 年,伍献文当选为英国林奈学会外籍会员。

1985 年 4 月 3 日,伍献文在武汉逝世,享年 85 岁。

扩展阅读:

汪前进、黄艳红:《中国科学院人物传第一卷》,科学出版社 2010 年版

四十六

俞大绂

中国农学界泰斗

俞大绂(1901—1993 年),字叔佳,祖籍浙江绍兴,生于南京,植物病理学家、微生物学家、农业教育家。俞大绂出生于著名的俞氏家族,20 年代初,傅斯年在德国留学时,曾对友人说:"在柏林有两位中国留学生是最有希望的读书种子,一是陈寅恪,一是俞大维。"这两位,一个是俞大绂的表哥,一个是俞大绂的亲哥。说话的傅斯年,则是他的妹夫,还有一位中央研究院第一届院士曾昭抡是他另一个妹夫。

俞大绂幼年随家在上海和安东(今辽宁丹东)读小学,1915 年进入复旦中学,1918 年进入复旦大学预科,后入南京金陵大学,主学农科,兼修化学。金陵大学按照美国的模式教学,俞大绂在那里受到很好的训练。1924 年,他从南京金陵大学毕业,获学士学位,并留校任助教、讲师。

1928 年,俞大绂怀着科学救国的理想,赴美国留学,入爱荷华州立大学研究生院深造,4 年后,获得该大学哲学博士学位。因成绩优秀,俞大绂被选为科学研究荣誉学会(Sigma Xi)会员,并获得"斐陶斐"奖,入选美国植物病理学会会员。

1932 年,俞大绂学成回国,任金陵大学教授兼植物病理系主任,刚好接替了戴芳澜的工作。20 世纪上半叶,中国科学极不发达,虽然是农业大国,但农业方面的科学研究十分贫乏,植物病理学尤其落后,俞大绂可以说是中国农业科学研究的先驱者之一。

早在 1929 年，他就在中国权威的《科学》杂志上发表了《江苏省大麦之坚黑穗病》一文。随后，俞大绂的科学成就接二连三，一发不可收拾：育成抗黑粉病小麦、抗荚疫病大豆、抗稻瘟病水稻；首创中国禾本科作物黑粉病菌生理小种的研究；对粟病及蚕豆病害进行了全面系统研究；对苹果树腐烂病、谷子红叶病的防治做出了重要贡献；在我国首先开展赤霉素的研究，培养出优良菌种，研究出发酵工艺流程及提纯技术；在稻恶苗菌的异核遗传研究中，揭示该菌在自然界中三种不同核型组成的异核体，解决了国际科学界长期争论的关于异核现象在自然界中是否普遍存在的问题，受到国内外科学界的广泛关注和重视。他撰写的《粟病害》和《蚕豆病害》等专著以及《中国植物病毒病害的观察》和《豌豆耳突花叶病毒》等研究论文在当时我国植物病理学领域颇具开创性，并成为我国防治此类病害的重要参考。

1937 年七七事变爆发后，南京被日军占领。次年，俞大绂离开金陵大学，应戴芳澜之邀，到清华大学农业研究所病害组任教授。俞大绂结合云南当地的农作物，开展了科学研究，包括由镰孢霉引致的蚕豆病害，以及小麦三种锈病菌的生理分化等工作。农业研究所有几十亩的试验田，整地、播种、记载、考种，俞大绂都亲自参加。对这种单调的重复劳动，有的助手表示厌烦，但俞大绂说："学打铁要先拉五年风箱。"

抗战胜利后，俞大绂回到北平，受命筹组北京大学农学院，并受聘为农学院院长。当时，北大校长是胡适，他知道农学对国家的重要性，因此在北大设立了农学院。俞大绂利用胡适的影响力和号召力，先后聘请了李先闻、熊大仕、李景均、蔡旭、吴仲贤等一批学者到院任教，并陆续成立了农艺学系、兽医学系、农业经济学系、昆虫学系、植物病理学系、土壤肥料科学系等 10 个系。北大当时一共 6 个学院 33 个系，俞大绂的农学院占了差不多三分之一。短短 4 年，俞大绂把北大农学院办成了中国最好的农学院之一，为中国农业大学后来的发展打下了坚实的基础。

1948 年 3 月,俞大绂当选为中央研究院第一届院士。

1949 年,俞大绂谢绝了国民党和国外大学的邀请,选择留在大陆。他不仅自己不走,还劝同事们都不要走,他说:"我们不能走,一走就全完了。"

1949 年 9 月,北京大学农学院、清华大学农学院和华北大学农学院合并成立北京农业大学的时候,最具实权的校务委员会主任委员由华北大学的乐天宇担任,俞大绂和汤佩松被任命为校务委员会副主任。乐天宇是毛泽东早年的学友、林业专家,曾任陕甘宁边区林务局局长。但是,由于乐天宇对苏联李森科学派盲目崇拜,并利用行政权力对中国的"摩尔根遗传学派"的专家进行打压,引起了一些风波,造成了很不好的影响。毛泽东知道后很生气,亲笔批示对乐天宇予以批评和处分,并于 1951 年 3 月将其调离北京农业大学。

1951 年,我国东北地区发生了严重的苹果树腐烂病,300 多万棵苹果树濒临死亡。俞大绂受命主持东北苹果树腐烂病的防治工作,他迅速带领防治小组奔赴病区,对发病规律及侵染循环进行了深入的调查研究,制定了防治措施,很快成功制止了正在蔓延的病害,使濒临死亡的果树又恢复了生机。俞大绂及其团队因此受到了党中央的嘉奖。

50 年代中期,俞大绂主持开创了中国植物检疫工作,开办了植物检疫培训班,培养了首批检疫技术人才。

1955 年,俞大绂被选聘为中国科学院生物学地学部委员,次年还被选为苏联农业科学院通讯院士。

1958 年,俞大绂培育出中国特有的 3010 优良赤霉素菌种。

1959 年,北京农业大学设立了中国第一个农业微生物专业,俞大绂负责创办并长期主持该专业的工作,开辟了在微生物遗传学方面的新领域。60 年代以后,在俞大绂主持下,又开展了真菌的遗传变异,特别是异核现象的研究。他们先后以水稻恶苗病菌、玉米叶斑病蠕孢菌、棉花枯萎病菌和炭疽病菌为材料,研究真菌的变异性、异核现象、致病力以及菌种在自然界中形成异核或进行准性生殖对抗病育种的影响等问题。

1966 年,俞大绂在对水稻恶苗病菌(能够产生赤霉素,也叫赤霉菌)的异核遗传研究中发现,该菌在自然界中以 3 种不同核型组成异核体,并证明各异核菌株系在赤霉素产量和寄生力上均有差异。此项研究成果形成《赤霉菌的自然变异研究》一文,发表在 1966 年的《中国科学》(英文版)上,并在 1980 年荣获农业部技术改进一等奖。

60—80 年代,俞大绂还先后当选为中国植物病理学会理事长、名誉理事长,中国农学会第二届副理事长,中国植物保护学会理事长,中国真菌学会名誉理事长等职。

"文革"时期,俞大绂一度受到冲击,研究工作中断,但他仍心系科研。

1973 年,环境好转,他便立即开始了赤霉菌的遗传变异研究工作。这时,他已年逾古稀,且一眼已失明,但仍坚持每天去实验室,并在真菌异核现象研究方面获得丰硕成果,得到了国际学术界的广泛认可。

1980 年 1 月,俞大绂以八十高龄,出任北京农业大学校长,1982 年改任北京农业大学名誉校长。俞大绂执教 50 多年,桃李满天下,为中国农学培养了一代又一代的人才,其中很多人已成为我国知名的植物病理学家和教授,如林传光、裘维蕃、吴友三、方中达、王焕如、王清和等。

1993 年 5 月 5 日,俞大绂于北京逝世,享年 92 岁。

扩展阅读:

文伟:《树大根深说俞家》,今日出版社,2017 年版

四十七

童第周

中国克隆第一人

童第周(1902—1979年),浙江鄞县(今宁波鄞州区)人,中国实验胚胎学的奠基人。

童第周出生于农家,家境贫寒,因此最开始选择进入不要学费的师范学校读书。后在家人的鼎力支持下,才由师范考入宁波的名校效实中学,插班读三年级。效实中学以全英文授课,而童第周当时的英文水平根本无法应付,他在效实第一学期的平均成绩只有45分,全班倒数第一。学校一度动员他退学或降级,但经过不懈的刻苦努力,到毕业时他的总成绩已名列前茅。

虽然童第周后来在科学上取得了很大成就,但他早年的求学之路并不平坦。1922年,童第周从效实中学毕业,因家庭困难,无法继续上学,只得回家料理家务。次年,他报考北京大学和东南大学,却都没考上,只好到上海复旦大学做特别旁听生,后来才考入了复旦大学哲学系。在复旦大学期间,受校长郭任远的影响,他对心理学产生了浓厚的兴趣。1927年5月,童第周从复旦大学毕业,因找不到合适的工作,回了老家。后来,他在国民党军中干了一段时间,又在县政府干了一阵,都不满意。1928年1月,他到中央大学担任蔡堡的助教,才回到学术上来。

1930年,童第周克服了许多困难,自费到比利时布鲁塞尔的比京大学(现称布鲁塞尔自由大学)留学,在欧洲著名生物学者布拉舍和达克教授指导下,开始了胚胎学的研究。1934 年,童第周凭借论文《棕蛙卵赤道面决定之研究》获得博士学位。他以具有开创性的棕蛙卵子受精面与对称面关系的研究成果,成为中国实验胚胎学的创始人之一。

童第周获得博士学位后,转道英国回国,于 1934 年底任山东大学生物学系教授。童第周之所以选择山东大学,是因为该校地处青岛,对他从事海洋生物研究十分有利。1935 年,童第周开始以实验的方法对文昌鱼进行研究。

抗日战争的战火很快打破了他平静的教研生活。他随山东大学西迁到四川万县李庄后不久,学校却解散了。接下来的一段日子,他不断地变换工作,从国立编译馆、中央大学、同济大学到复旦大学,干的时间都不长,心情也不舒畅。虽然是大学教授,但物价飞涨,他的薪水少得可怜,不得不常为柴米油盐发愁。

即使在最困难的时候,童第周也没有放弃科学研究。让他揪心的是,他没有科学仪器,连一架显微镜也没有,而要研究胚胎学,光靠空想显然不行。一天,他在小镇的旧货摊上看到了一架德国制的双筒解剖显微镜,如获至宝。然而,摊贩的开价,却让童第周痛苦不堪:60 000 元,相当于他两年的工资。关键时候,他夫人给了全力支持,不仅掏尽口袋,典当衣物,还出面向亲友借贷,童第周终于凑齐了 65 000 元(摊贩涨价了),将显微镜买回。

童第周就靠这架简陋的显微镜和自然的太阳光(因为没有电灯),进行胚胎学的科学研究,在经典胚胎学基础理论研究上取得重大突破。通过实验和研究,童第周与他的合作者揭示了胚胎发育的极性现象,引起国际学术界的广泛关注。1943 年 6 月,当时在中国进行科学考察和交流的英国著名科学家李约瑟来到李庄,对童第周进行了专访。作为生物学的同行,童第周与李约瑟 10 多年前就在布鲁塞尔认识了。当李约瑟看到童第周就靠那架显微镜和几个鱼缸,却做出了第一流的科学实验,写出了第一流的科学论文，十分钦佩。

在回去的路上，李约瑟忍不住问童第周："布鲁塞尔有那么好的实验室，你为什么一定要到这样的荒野里做实验？"童第周毫不犹豫地回答："我是中国人嘛！"

抗战胜利后，山东大学于 1946 年在青岛复校，童第周回到山东大学任生物学系教授、系主任。青岛的研究条件，比起四川当然要好得多，但是社会依然很不平静，国民党发动的内战仍在激烈进行中，学校的学生则走上街头，打出"反饥饿、反迫害、反内战"旗号，反对国民党政府。童第周对学生运动是同情和支持的，他曾冒险将军警镇压学生的照片和报导送给英文版《民言报》，打破了国民党严密的新闻封锁。

1948 年 3 月，童第周以动物学方面的成就当选中央研究院首届院士。同月，童第周应美国洛克菲勒基金会邀请到美国耶鲁大学任客座研究员。1949 年，童第周登轮回国。当时有人劝他留在美国工作，但他说："我在国外学到的科学知识，必须为中国服务，现在中国有希望了，我必须得赶快回去。"

童第周出身农家，且埋头学术，与国民党上层素无关系，他对国民党执政也无好感，自然不会跟着国民党离开大陆。童第周回国后不久，青岛即告解放。他继续担任山东大学动物学系教授兼系主任。

1949 年 11 月，中国科学院在北京成立。1950 年 6 月，中国科学院对所属科研机构进行撤并调整，成立实验生物研究所。童第周被任命为副所长，并兼任中国科学院水生生物研究所青岛海洋生物研究室主任。这是新中国成立的第一个海洋科学研究机构，由原北平研究院动物研究所水生动物学部分迁到青岛扩建而成，青岛海洋生物研究室于 1954 年 1 月更名为中国科学院海洋生物研究室，直属中国科学院。

1951 年，童第周出任山东大学副校长。1955 年，童第周被选聘为中国科学院学部委员，并被任命为生物学地学部副主任。1956 年，童第周调往北京到中国科学院工作，仍担任海洋生物研究室主任。后来，海洋生物研究室逐步扩展为中国规模最大、学科最全、综合实力最强的海洋科研机构之一——中国科学院海洋研究所，童第周自始至终担任所长。

童第周对学术的主要贡献之一是对文昌鱼发育的实验研究。文昌鱼作为无脊椎动物向脊椎动物过渡的物种，对研究生物过渡具有十分重要的意义，因此也是胚胎学者最重要的研究对象之一。童第周是世界上第一个解决文昌鱼饲养和人工授精的学者，并在 10 多年时间里，用中英文发表了一系列研究成果，从而使中国的文昌鱼研究独树一帜，在世界上处于领先地位。童第周也因此成为国际上最权威的文昌鱼研究专家之一。

1957 年 5 月，中国科学院将生物学地学部一分为二，成立生物学部和地学部，童第周被任命为生物学部主任。

1957 年，曾昭抡、千家驹、华罗庚、童第周、钱伟长 5 位教授联名于 1957 年 6 月在《光明日报》上发表了《对于有关我国科学体制问题的几点意见》。文章发表后不久，被错误地遭到批判。由于童第周和华罗庚、千家驹很快在报上发表了《我们也被右派分子利用了一次》，没有被打成"右派"。当然这也与具体主管中国科学院的副院长张劲夫的力保有关。

由于想搞清楚细胞核与细胞质的关系，童第周成了中国最早开展克隆技术研究的科学家之一。他于 1963 年完成了金鱼和鳑鲏鱼的同种克隆和异种克隆。可惜的是，因"文革"爆发，相关成果于 1973 年才公开发表。童第周用实验证明细胞质在遗传上不可或缺的作用，对遗传学的发展做出了重要贡献。

"文革"中，童第周一度受到冲击。1973 年，邓小平复出。在邓小平的关心下，童第周恢复了正常工作。

70 年代初，童第周尝试着运用细胞融合技术，成功地进行了肿瘤免疫实验。随着中美关系的解冻，中美之间开始了科技文化的交流，而其中比较引人注目的是童第周与生物学家、美籍华人牛满江的合作。1973—1976 年，牛满江 4 次到北京与童第周进行合作研究，并取得丰硕成果：他们以金鱼为材料，研究细胞质中的核糖核酸在发育和遗传中所起的作用，发现了显著的金鱼尾鳍变异现象。这是克隆技术在核移植之后的又一次突破。消息传出，世界为之震动。

1978 年，童第周任中国科学院副院长。同年 12 月，他加入了中国共产党。1979 年 3 月，童第周在北京因病逝世，享年 76 岁。

扩展阅读：

周静书：《童第周传》，宁波出版社 2002 年版

四十八

李先闻

为台湾经济
做出重大贡献者

　　李先闻(1902—1976 年)，重庆江津人，细胞遗传学家，作物育种学家，我国植物细胞遗传学的奠基人。

　　李先闻于 1915 年考入清华学校，1923 年毕业，随即赴美入印第安纳州普渡大学园艺系学习，1926 年获得硕士学位后入康奈尔大学研究生院，师从国际著名的玉米遗传学大师埃默森攻读遗传学。1929 年，李先闻以玉米遗传研究获得博士学位。

　　然而，李先闻学成归国，事业却远非想象的那样顺利，用历经坎坷来形容毫不为过。李先闻回国后的第一份教职，是南京中央大学农学院讲师。他学的是植物遗传学专业，却被分到蚕桑系任教。对于这样的安排，李先闻自然是不满意的，且不说专业不对口，就是职位也是偏低了，因为当时留学的博士回来，一般都是教授，至少是副教授。不过，李先闻没去计较这些。为了教好课，他用回国时节余的美金，自费到日本九州帝国大学改学蚕体细胞遗传学。

　　不料，李先闻学成回到南京后，原来的职位却已被人顶替。他只好另谋出路，到东北大学生物系任教，承担学非所长的植物学教学工作，事后才得知，这还只是个代理职务。九一八事变后，李先闻返回关内，在北平大学农学院谋得一兼课教职，薪资不足以糊口。不得已，他到母校清华求助,但当时清华大学生物学系主任是陈桢,教授有李继侗、吴韫珍等,都是金陵大学的毕业生,清华大学校长梅贻琦也爱莫能助。清华毕业生在清华反而无法立足,真有点讽刺。而更讽刺的是,清华体育老师马约翰教授对他颇为怜惜,让他担任篮球教练之职。

堂堂留美农学博士,却只能到北平大学农学院代课和在清华大学充任篮球教练,这也可以看出民国时期学派之间的倾轧是多么厉害。后经康奈尔大学的学长赵连芳介绍,李先闻赴河南大学任教。当时的河南大学各方面条件十分艰苦,但唯一令他欣慰的是,在那里,他首次开设了符合自己本行的课程——细胞遗传学。然而,好景不长,还是因为派系斗争,学校诸事不宁。李先闻不想蹚浑水,选择离开,到武汉大学任农艺系主任、教授的新职。至此,李先闻才终于找到了一个理想的教学和研究的环境。这时,已经是1935年,距他回国已有6年时间了。

李先闻在任教的同时,潜心科学研究。他做过小麦、玉米、粟等农作物的性状遗传和种间杂交试验,也做过番南瓜与南瓜的杂交试验。在武汉大学期间,他首先发现了玉米不正常花粉发育的突变体,并进行了细胞学观察,第一次成功试验了小麦与黑麦的远缘杂交。他先后在国内外专业杂志上发表了100多篇论文,从而使他成为世界驰名的遗传学专家。

1937年,抗战全面爆发,李先闻随校西迁到四川。1938年,他应四川农业改进所所长赵连芳之邀,担任该所食粮作物组主任,随后做过四川稻麦改良场场长,负责粮食增产的研究和水稻作业的实施检定计划,在推广水稻优良品种上取得了较好的成效。与此同时,他还在秋水仙素引变植物多倍体、粟类远缘种间杂交及其进化、小麦染色体联会消失基因、小麦矮生性状的遗传分析等方面,做出了许多独创性的研究成果。1941—1945年的短短几年间,李先闻和他的助手用英文撰写的有关粟类遗传理论的研究论文十余篇,其中大部分刊登在美国学术期刊上。

1944年3月,中央研究院在重庆召开第二届评议会第二次会议。会议通过决议,把动植物研究所拆成两个所,即植物研究所和动物研究所。植物研究所随即在同年5月1日正式成立,李先闻担任其中的细胞遗传学研究室主任,主持研究工作,这样,他总算从学术界的边缘回到了学术界的中心。同年8月,李先闻被派遣赴美考察农业,他看到了美国农业科学的迅速发展,十分感慨。1945年5月回国后,他又在成都工作了一年。接着他去了上海,任中央研究院植物研究所研究员,继续进行麦、粟等作物的细胞遗传研究。

李先闻一直在他自己的专业领域默默无闻地耕耘,与外界联系不多,但由于他的成果显著,在中央研究院首届院士选举中,他同时被北大、清华和中央研究院推荐为院士候选人,并顺利当选,可李先闻对此一无所知。1948年7月底,当首届中央研究院院士名单在报纸上发布时,李先闻看到了大吃一惊。他后来回忆当时的情景说:"当时我在上海,在床上看报纸,偶然看见我的名字。我以为我的眼光模糊不清,用手巾擦了几次后,的确我的名字是在报上。"

李先闻之所以在生物科学上取得辉煌的成就,他认为得益于三条奋斗经验:能守、合作、手脑并用。他的经验,对后人应该是有用的。

在中央研究院的第一批院士中,李先闻是唯一一位因为纯粹学术原因而选择去台湾的,与政治无关。他认为自己的事业在台湾。早在1945年,抗战胜利后不久,李先闻的学长赵连芳被任命为首任台湾省行政长官公署农林处处长。赵连芳敏锐地认识到糖业对提振台湾经济的重要意义,做了许多改革的工作。他深知李先闻的实力,让台湾糖业公司派人向李先闻学习,还邀请他赴台湾屏东甘蔗育种场从事甘蔗细胞遗传的研究。李先闻对此很有兴趣,遂于1948年11月偕全家赴台湾了。

赴台的9位院士,大多属于人文组,且大部分与国民党关系密切。属于数理和生物组的,只有凌鸿勋和李先闻两位。而真正在台湾有研究成果,并为台湾发展做出很大贡献的,只有李先闻。

　　当时,台湾的经济基础十分薄弱。对外贸易中,白糖是唯一可以出口的重要商品,但是由于推广的甘蔗品种缺乏抗病能力,台湾糖业遭遇了大量减产的严重危机。台糖也正是因为这个原因,才急切地将李先闻请到台湾。李先闻不负所望,跑遍全岛 180 多个农场,摸清了台湾种蔗家底,然后大胆试验和推广甘蔗新品种,取得成功。新品种高糖分、抗病、抗风、抗盐,而且高产,甘蔗产量大幅提高,糖厂自然也就大量增产,为台湾地区挣了不少宝贵的外汇——台湾一度 70% 的外汇是靠出口白糖得来的。台糖也因此成为当时台湾最赚钱的企业之一。李先闻的研究成就,客观上帮了台湾当局很大的忙。当地农民对李先闻十分感激,称誉他为"李半仙"和"甘蔗之神"。

　　1954 年,朱家骅决定以李先闻的研究团队为基础,成立"中央研究院"植物所筹备处,以李先闻为筹备处主任。由于当时"中央研究院"本身还没有找到栖身之地,植物所筹备处便借用糖厂的房舍。李先闻的研究工作,除甘蔗品种改良之外,也开始研究水稻的细胞遗传,但由于人手及条件有限,他主要的科研成果还是甘蔗的品种改良。这也成为在台的"中央研究院"初期唯一可以引以为豪的成果。

　　直到 1962 年,"中央研究院"在台北南港为植物所盖了一个小平房,分散在各处的人员才集中起来,植物所也正式"恢复",李先闻自然是所长的不二人选。这时,李先闻确定研究工作的重点是水稻细胞遗传、放射线诱变育种等。植物所通过诱变育种选获了优异的水稻矮秆品系,后来也取得了不俗的成绩。

　　由于当时台湾科研人才基础十分薄弱,李先闻把加强研究人才培养作为长远目标之一。他邀请了许多国际知名的学者和专家担任顾问,以协助植物所,并于 1964 和 1965 年举办了科学研讨会。他挑选所内有潜质的年轻研究员,资助他们赴海外深造或获得博士学位。后来的事实证明,李先闻的这些举措意义深远。

　　1965 年,李先闻担任台湾生命研究中心主任。从这时起,他才真正能够按照自己早年的理想,筹划台湾生物科学未来的发展。这时,李先闻已届烈士暮年了。1971 年李先闻因病退休。

1976 年 7 月 4 日,李先闻因心脏病在台北逝世,享年 74 岁。

扩展阅读:

李先闻:《李先闻自述》,湖南教育出版社 2009 年版

四十九

邓叔群

中国植物病理学
和真菌学先驱

邓叔群(1902—1970年),字子牧,福建福州人,真菌学家、植物病理学家、森林学家。后来在新闻战线做出卓越贡献并被选聘为中国科学院学部委员的邓拓是他的弟弟。

邓叔群出身贫寒,因交不起学费,一度只能经常在学校窗外蹭听。1915年,年仅13岁的邓叔群考入清华学校,经8年苦读,于1923年毕业。同一年,他与梁思永、李先闻等清华同学一起赴美留学。邓叔群怀着"不能改天,也要换地"的远大志向,选择康奈尔大学,攻读森林学和植物病理学,他立志要用农林科学改变祖国的贫穷面貌。1928年,邓叔群获美国康奈尔大学森林学硕士学位和植物病理学博士学位。由于成绩优异,他不仅荣获"斐陶斐"奖,还被选为Sigma Xi会员。

1928年,邓叔群婉言谢绝了校方和导师的挽留,回到国内,担任岭南大学教授,主讲植物病理学课程。他后来还到金陵大学和中央大学任教授,负责讲授植物病理学、真菌学等课程,并从事水稻、小麦、棉花病害的防治研究。这期间,他发表了10余篇植物病理学和真菌学方面的研究论文,并亲自将试验田中获得的成果带到附近的农村,指导农民进行实践,但在当时的社会条件下,他的研究成果无法大面积推广和运用。

自1932年起,邓叔群还应邀先后在中国科学社生物研究所、中央自然历史博物馆、中华教育文化基金会和中央研究院动植物研究所任研究员。

1937 年,邓叔群被任命为中央研究院林业实验研究所副所长,不久因为抗战全面爆发,研究所被迫迁往广西阳朔,后又移至四川北碚。

尽管战争导致频繁迁徙,生活很不安定,但邓叔群没有停止向科学进军的步伐。1938 年,他完成了第一部专著《中国高等真菌》(英文版),并于次年出版。这是他回国 10 年来对中国高等真菌分类研究的总结,书中涵盖他的许多新发现。到 1940 年,邓叔群共发现真菌的 4 个新属、120 个新种、6 个新变种、18 个新组合体。邓叔群的发现得到国际公认,并被列入英国真菌研究所编写的《真菌学字典》。整个 30 年代,邓叔群发表了30 余篇真菌学研究报告。

1939 年,国民政府农林部让邓叔群负责一部分林业科学研究,于是他组织了西南森林调查团,深入沙坪坝、岷山、大渡河、雅砻江、金沙江等地区的原始林区,进行了为期两年的调查。在对我国西南地区的森林分布、生长生态特性和林木的病害情况进行了较为详细深入的分析后,邓叔群发表了《洪坝森林的研究》《我国天然林管理法之研究》等论文。

在森林调查中,邓叔群敏锐地注意到树木的病害与真菌之间存在着某种联系。因此,他特别注意调查那些由真菌引起的树木病害,并开创性地将森林学与真菌学这两个学科领域有机地结合在一起,提出了森林病理学的概念,使真菌学直接服务于森林学。

在此期间,邓叔群还十分超前地提出了"生态林业"的概念。他认为,要治理河水和水土流失,必须系统地整治相关地区的林业资源和生态环境,要做到林、牧、农、水利并重。

邓叔群的这一想法,得到了清华校友、当时在甘肃省任建设厅厅长的张心一的支持。张心一热情地聘请邓叔群担任甘肃水利林牧公司森林部经理兼总技师。当时,国民政府有意聘请邓叔群担任林业部副部长,但他最终选择去甘肃。一方面,他觉得自己不适合官场,另一方面,也是更重要的,在甘肃更有利于实现自己的理想:通过研究,致力于在西北干旱地区开展造林营防工作,建立一种农林牧业生产平衡发展的生态系统,以减轻黄河对下游地区的危害。1941年8月,邓叔群辞去了中央研究院林业实验研究所副所长的职务,放弃了大城市的生活,将全家搬到了当时连甘肃地图上也找不到的卓尼。

邓叔群在任甘肃省水利林牧公司林业部经理的6年时间,翻山越岭,先后去白龙江中游的武都、河西走廊、祁连山、秦岭等林区进行调查研究,采集了大量的标本,分析了大量的树木生长情况,为科学造林积累了第一手资料,并设计出在兰州南北山干旱地区采用"水平沟"造林的方案,为保持水土、保证较高的造林成活率提供了可贵的经验。

当时,黄河的大支流洮河上游的大片原始森林被毁,水土流失情况严重,加重了黄河下游的生态灾难。为了改变这种日趋恶化的生态环境,邓叔群在洮河上游甘肃省卓尼县创办了洮河林场总场和苗圃,并在卓尼地区以外成立了三个洮河林场分场和一个牧场。经过调查、勘测,对各树种、树龄以及林木生长、材积、更新和病虫害等情况进行分类研究后,邓叔群绘制了中国早期应用的林型图,还制定出一整套保证更新量、营造量大于采伐量的科学经营管理制度。洮河林场自创办至今,一直沿用当年邓叔群亲自制定的这一科学管理制度。几十年来,黄河上游的多数森林均遭不同程度的破坏,只有洮河林场为黄河上游保留下了一片宝贵的森林区,为水土保持和生态平衡做出了很大的贡献。

1946年,邓叔群离开甘肃回到中央研究院,恢复了真菌研究室,并创设了森林生态研究室,继续从事高等真菌学和森林生态的科研工作。这一期间,他还兼任《植物学报》编委。邓叔群基于在西北黄土高原地区长期进行的大量调研、科研工作以及实践经验,陆续发表了多篇学术成果,包括《甘肃林区及其生态》《甘肃的造林与管理》《甘肃林业的基础》《甘肃的气候与树木年轮》《我国天然林管理法之研究(二)》《中国森林地理概要》等论著。

1948 年 3 月,邓叔群以其在林业方面的成就,当选为中央研究院第一届院士,并于该年 9 月参加了在南京举行的中央研究院成立第二十周年纪念会暨第一次院士会议。

1949 年初,中央研究院两次主动提供机会,让邓叔群去美国、加拿大考察,后来又动员他带家眷赴美国或中国台湾定居,邓叔群均予以谢绝。

早在 1948 年,邓叔群的学生沈其益受东北人民政府的委托,从解放区绕道香港,秘密来到上海,约请他到解放区培养人才。邓叔群欣然接受,并让助手周重光先行。他自己则留在上海,着手进行林业教育工作的准备,为东北解放区编写林科大学教材。他在不到半年的时间内,完成了林科大学的教学纲要,涵盖森林生态学、造林学、测林学、森林经营学、森林病理学等,其中包含了他对中国森林的大量调查研究结果和实践经验。

1949 年,邓叔群到北京参加了中华全国第一次自然科学工作者代表大会筹备会。随后,他举家搬到东北,先后担任沈阳农学院教务长、副院长,东北农学院副院长等职。

1950 年,邓叔群加入中国民主同盟,并任中央委员。1955 年他加入中国共产党。同年,邓叔群调到中国科学院工作,先后任真菌学研究所、微生物研究所副所长。1955 年,被选聘为中国科学院生物学地学部委员。

1960 年,在国务院的支持下,林业部举办了我国首届森林病理培训班。邓叔群花了三年半时间,为国家培养了第一批森林病理学研究生,一共 50 名。

1963 年,邓叔群出版了 100 余万字的工具书《中国的真菌》。该书既是他对 1963 年以前的中国真菌研究的总结,也是 1939 年出版的《中国高等真菌》的增订本,书中包括黏菌和全部真菌,以黏菌、高等子囊菌和高等担子菌为主,还有藻状菌、半知菌等,全书总共描述了 41 目、119 科、601 属、约 2 400 种以及 110 个新组合。与 1938 年的《中国高等真菌》一样,邓叔群对每个目、科、属、种都根据标本进行了详细的描述,列举了寄主、生长习性和采集地点。

1963 年,邓叔群奉派前往广州创建中国科学院中南真菌研究室,后改为广东省微生物研究所。

1970 年 5 月,邓叔群在北京逝世。享年 68 岁。

扩展阅读:

沈其益:《中国真菌学先驱——邓叔群院士》,中国环境科学出版社 2002 年版

五十

贝时璋

"最后一位院士"

贝时璋(1903—2009 年),浙江镇海人,实验生物学家、细胞生物学家,我国细胞学、胚胎学的创始人之一,我国生物物理学的奠基人,也是中央研究院第一届院士中最长寿的一位。

贝时璋的祖父是渔民。父亲自小当学徒、店员,后来到汉口开小店,最后在德国人开办的乾泰洋行当一名中国账房。贝时璋最初在家乡读书,他父亲到汉口发展后,便于 1915 年秋将他送入汉口的德华学校学习。这所学校大多数课程使用德文教材,除国文、史地外,其他课程都由德国老师担任。贝时璋理科知识的最初启蒙就是在这里完成的。1919 年春,贝时璋进入上海同济医工学校德文科读中学,经过半年德语深化学习,顺利地进入医学预科,1921 年毕业。同年秋,他自费到德国留学,先后就读于弗赖堡大学、慕尼黑大学和图宾根大学,专攻生物学,在生物学、数学、化学和物理学等方面打下了坚实的基础,并掌握了进一步研究的方法。1928 年 3 月,贝时璋以论文《醋虫生活周期各阶段及其受实验形态的影响》获图宾根大学自然科学博士学位。毕业后,他留校担任动物系助教,并在著名实验生物学家哈姆斯教授的指导下从事科学研究。为了支持他留学,家中举债 5 000 多元,他回国后,花了 7 年时间,直到 1936 年才还完这笔"留学债务"。贝时璋在德国学习生活了 8 年多,那里严谨的生活规范和深邃的学术理念给他留下了深刻的印象,对他后来的科研生涯影响很大。

1929 年秋,贝时璋接到母亲病重的电报,辞去图宾根大学的教职回国。1930 年 8 月,贝时璋被浙江大学聘为副教授,学校委托他筹建生物系。贝时璋从零开始,一切因陋就简。由于师资十分缺乏,组织学、胚胎学、无脊椎动物学、比较解剖学、遗传学等课程只能由贝时璋一人包揽。贝时璋在浙江大学生物系辛勤耕耘 20 年,成果斐然,培养出朱壬葆、江希明、姚鑫、陈士怡、王祖农、陈启鎏、朱润、徐学峥等著名的实验生物学家。

教学之余,贝时璋坚持科学研究,并取得令人瞩目的成果。他从激素、染色体、细胞学等多种角度进行实验生物学的探索,研究成果不仅发表在《国立浙江大学科学报告》《中国实验生物学杂志》《科学记录》《科学》等国内刊物上,还刊登在德国、美国和英国的专业期刊上。1932 年春,他在杭州郊区松木场稻田采集到一种甲壳类动物——南京丰年虫,发现其中一些丰年虫头部形态异常,便将其带回实验室进行观察。经过研究,他发现那些丰年虫在性别上非雌非雄,亦雌亦雄,是一种"中间性"。这种特殊的生物性别被命名为二倍体中间性(Diploide intersexen Bei)。由于是贝时璋第一个发现,所以学名中加注了"Bei"。后来,他在《科学》杂志上发表了《关于丰年虫中间性生殖细胞的转变》《卵黄粒与细胞之重建》等一系列论文,打破了细胞只能由母细胞分裂而来的传统观念,提出了"细胞重建"的假说。贝时璋因此成为细胞重建学说的创始人,并奠定了他作为著名细胞生物学家的学术地位。可是,由于七七事变爆发,此项研究未能深入进行下去。

抗战期间,贝时璋随浙江大学南迁,即使在艰苦的环境中,也坚持进行教学和研究工作。1947 年 7 月,他代表中央研究院赴瑞典参加国际细胞学会议,后在英、法、荷等国进行科学考察。

1948 年 2 月,贝时璋回到国内。是年底,学校要不要迁移、个人要不要跟着国民党南迁,都面临着选择。浙江大学当时的民意,都不愿跟随国民党。贝时璋对政治向来不感兴趣,有一天在同事家中听到华东新华广播电台的广播,这才对共产党有所了解,并坚定了留下的决心。

1949 年 7 月,贝时璋应邀到北京参加中华全国第一次自然科学工作者代表大会筹备会。11 月,中国科学院在北京成立。1950 年 6 月,中国科学院对所属科研机构进行撤并调整,在上海成立实验生物研究所,贝时璋被任命为第一任所长。于是,他离开任教 20 年的浙江大学,到上海就任。1954 年中国科学院为建立学部做准备,调贝时璋参加学术秘书处的工作。学术秘书处秘书长是钱三强,副秘书长是武衡。贝时璋作为科学家,自然更愿意留在科研第一线,继续在实验室里搞科研。当上级领导向他说明这是国家的需要时,他便服从了安排,从上海去了北京。

1955 年,贝时璋被选聘为中国科学院生物学地学部委员。1957 年北京实验生物研究所成立,他任研究员兼所长。1958 年,以该所为基础改建为生物物理研究所,他继续任研究员兼所长。贝时璋从 1958 年开始,还兼任中国科学技术大学生物物理系主任;1978—1982 年兼任中国科学技术大学研究生院生物教学部主任;1978—1984 年任中国动物学会理事长。由于具有丰富的实践经验以及在生物学及相关学科领域的深厚积累,贝时璋正确并前瞻性地提出了许多建议,为我国生物学的研究和发展开辟了许多新领域。

贝时璋晚年对中国生物学的重大贡献之一,是开创了生物物理学的研究。他一向关注国际科技动态,重视发展交叉学科。1958 年,中国科学院在他的建议下,将北京实验生物研究所改组为生物物理研究所,成为当时世界上少数的几个生物物理学专业研究机构之一。贝时璋被任命为所长,并一直担任至 1983 年,之后他改任名誉所长。建所伊始,贝时璋主持确定了研究所的两个主要研究方向:研究有机体的物理及物理化学变化过程;研究外界物理因素在不同条件下对有机体的影响,并阐明其机制。因此,生物物理所涉足分子生物学、放射生物学、宇宙生物学和生物工程技术等多个研究领域。生物物理所科研人员还进行了全国放射性本底调查,参加了核爆炸现场动物试验,并进行了长期辐射效应观察和小剂量照射动物实验,为制定我国的辐射安全标准,了解核爆炸的辐射危险性做出了重大贡献。1963 年 10 月,贝时璋在上海实验动物学专业学术讨论会上介绍了分子生物学这个新领域,表示"实验动物学要是向分子生物学的发展道路奋勇前进,那么发展速度可能会更快,对整个生物科学的理论和实践可能会做出更多更大的贡献"。

1964 年,贝时璋进一步阐述了学科相互渗透的意义,说明了生物和物理两学科结合的前景,并提出生物物理学的主要任务之一是研究生命的基本性质,并阐述了几种重要的生命基本性质:生物的聚集态、生物的自复制和生物的能量转化。在我国航天事业刚起步之际,贝时璋又敏锐地创建了宇宙生物学研究室。

1970 年,贝时璋重新开启了中断了 30 余年的细胞重建研究工作。1976 年 7 月,他在研究所内正式成立了细胞重建研究组。经过数年努力,细胞重建现象得到了充分验证,他由此创建了细胞重建学说。1972 年,贝时璋率领中国科学院代表团访问了英国、瑞典、加拿大和美国。这是中国与西方关系缓和后,造访欧美的第一批中国科学家。

1980 年,中国生物物理学会在北京成立,贝时璋众望所归地当选为中国生物物理学会理事长。

1978 年,已是 75 岁高龄的贝时璋,加入了中国共产党。同年,他还出任中国科学院生物学部代理主任。当时,他虽然年过古稀,但恰如国家一样,迈入了科学的春天。贝时璋是幸运的,虽然进入晚年,但身体依然十分健康,且思路非常清晰。直到 1995 年以后,年逾九十的贝时璋才改变以往的工作方式,不再去所里上班,而是留在家里进行研究整理。他一直工作到 100 岁,才逐渐停止了对科学的探索。贝时璋在总结自己的长寿经验时,认为主要得益于 4 个方面:淡泊名利,宽厚待人,适当运动,注意营养。

鉴于贝时璋在科学上的突出成就,2003 年,国际小行星中心和国际小行星命名委员会根据中国国家天文台的申报,正式批准将该台于 1996 年 10 月 10 日发现的、国际永久编号为 36015 的小行星命名为"贝时璋星"。

2009 年 10 月 29 日,107 岁的贝时璋在睡梦中安然辞世。在逝世的前一天他仍在和科研人员讨论科学创新问题,并鼓励他们"要为国家争气",这成为他的最后嘱托。

至此,中央研究院第一届所有 81 位院士全部不在人世了。贝时璋院士的逝世,宣告了一个时代的结束。从这个意义上说,贝时璋堪称"最后一位院士"。

扩展阅读:

王谷岩:《贝时璋传》,科学出版社 2010 年版

五十一

汤佩松

中国现代植物生理学
一代宗师

汤佩松（1903—2001 年），湖北浠水（今蕲水县）人，植物生理学家、生物化学家，中国植物生理学奠基人之一。

汤佩松出生于官僚世家，其父汤化龙，在清末积极从事君主立宪活动，是和宋教仁、梁启超齐名的民国政治活动家，后曾任北洋政府的众议院议长、教育总长和内务总长。因家庭条件优渥，汤佩松少年时顽皮骄纵，不爱读书。为了改变这种状况，汤化龙让妻子带着汤佩松前往日本继续学业。1913 年初冬，汤佩松和母亲一起抵达东京。当时已在日本留学、后来成为中共创始人之一的李大钊对汤佩松的学习提供了许多帮助。

1915 年，汤佩松的母亲去世，使他十分悲痛。1916 年，汤佩松从北师大附中毕业，次年考上清华学校。1918 年，他的父亲汤化龙在加拿大被人暗杀，让他深切感受到世事的无常。从此，他走上了个人独立奋斗的道路。

在清华学习期间，汤佩松对化学实验产生了浓厚兴趣，最初想选择化学作为今后的研究方向。有一次，他因实验报告做得太漂亮，以至于让老师误以为是抄来的。

1925 年秋，汤佩松获清华资助，进入美国明尼苏达大学农学院学习，次年转入文理学院，主修植物学，辅修化学和物理学。1927 年底，他以全校第一名的优异成绩毕业,获学士学位,并荣获"金钥匙"奖。这两年的学习,使汤佩松在物理、化学和生物学方面都打下了一定的基础。

1928年夏,汤佩松进入美国约翰斯·霍普金斯大学攻读博士学位。在撰写博士论文的过程中,他深刻理解了"生理过程间多功能关系"这一概念,这为他后来研究呼吸代谢的多条路径及其与其他生理过程的相互关系奠定了基础。

汤佩松于1930年夏获得博士学位,随即转到哈佛大学普通生理学研究室任研究员。其间,他于1930年和1931年,两次到位于马萨诸塞州海滨小镇林穴的海洋生物学研究所作短期访问。

这是一个举世闻名的研究机构,汤佩松在这里结识了许多生物学界的大师,包括当时和后来的几位诺贝尔奖获得者,如遗传学家摩尔根、细胞生理学家瓦布尔格、生物化学家米歇利斯等。其中,瓦布尔格关于海胆卵受精后呼吸显著增强的研究引起了汤佩松的特别兴趣。他不仅在这项研究上发表了3篇论文,进一步发展了瓦布尔格的工作,而且,还决定了他终身从事研究的方向:细胞呼吸、植物呼吸和光合作用以及生物力能学。汤佩松的研究成果,不久即被英国生物学家李约瑟在他所著的《化学胚胎学》中全部引用。

1933年3月,武汉大学理学院院长查谦致电汤佩松,聘请他到武汉大学任教。于是,汤佩松放弃了在美国从事科学研究的优厚条件,乘船离开美国绕道欧洲回国,任武汉大学教授。当时武汉大学答应用2 000美元为他建立一个普通生理实验室。

汤佩松在武汉大学开设了生物化学、普通生理学等课程,并编写了我国第一部《普通生理学》讲义。在教学的同时,他成功创建我国第一个普通生理实验室,并继续开展了"细胞呼吸动力学"的研究。他以完整的活体生物化学系统为对象,用生物化学、生物物理的方法进行研究。汤佩松在武汉大学期间,发表了7篇有关细胞呼吸动力学的论文和1篇有关光合作用的论文。

　　1937 年,七七事变的爆发打断了汤佩松的科研工作。1938 年,汤佩松应母校之邀,前往昆明的清华大学农业研究所创办植物生理学研究组,并担任该组主任。清华大学农业研究所是清华大学独立创办的科研机构,与西南联合大学没有隶属关系。抗战期间,研究所没有萎缩,反而有所扩大,在原来病害、虫害两组的基础上,增设了植物生理学组。汤佩松正是在这种情形下,来到清华大学农业研究所,按照他自己的说法:他“要在这个后方基地为百孔千疮的祖国做出自己应当做、也能做的贡献”。

　　虽然是在西南大后方,但清华大学农业研究所还是经历了 3 次被炸和 4 次搬迁重建。1940 年,农业研究所搬到了昆明北郊的一个名叫大普集的小镇上。大普集从 1940—1946 年成为我国抗战时期有名的科学中心之一。汤佩松的研究室每月举行一次学术沙龙性质的茶馆会晤,常来的有 15 人左右,这些人后来大多成为院士。更让他高兴的是:“这个集体里的物理学成员们的学生中,出了两位比我们成就更高的人物——李政道和杨振宁!”在抗日战争极度困难的环境中,汤佩松在昆明还创办了油印刊物《生物化学通报》,为同行们获得和交流学术信息与经验提供了难得的帮助。

　　由于研究室的实验设备太过简陋,无法对呼吸代谢进行系统研究,汤佩松只能在理论层面进行思考和梳理,逐步理出了一条学术思路。在此期间,他发表了 3 篇有影响力的论文。其中,他和理论物理学家王竹溪共同撰写了一篇极具前瞻性的文章《活细胞吸水的热力学处理》,该文于 1941 年发表在美国《物理化学学报》上。遗憾的是,文章提出的“关于细胞水分化学势的汤-王理论”(汤佩松和王竹溪有关植物细胞水分的热力学理论),长期被科学界忽视,直到 20 世纪 60 年代,美国的水分生理研究权威克莱默尔与他的同事发表了类似的理论之后才得到了广泛的重视,并形成现在通行的细胞水势这一热力学概念。在一定意义上,这不仅是汤佩松和王竹溪个人的损失,也提醒我们要更加重视中国科学家的贡献。

1946年,清华大学从昆明复员到北平,汤佩松受命以农业研究所为基础筹建农学院并任院长。在他的不懈努力下,农学院成功获得颐和园旁的一个院落作为院址。汤佩松对清华大学农学院抱有很高的期望,想把它办成中国农学界的PUMC(当时的北京协和医学院),它既会是一个高级的教学机构,又会是一个致力于生物科学研究的基地。只是由于时间太短,他的愿望未能实现。

1947年,汤佩松到英国参加第17届国际生理学会。会后绕道加拿大,与家人团聚。2个月后,他告别妻子及家人,回到国内。1948年3月,汤佩松以其在生物学领域的成就,当选为中央研究院第一届院士。1948年,北平被围时,汤佩松的妻子从加拿大发来电报,说在温哥华已为他找到工作,但他坚持留在了北平。

1949年,清华大学农学院与北京大学农学院等合并成立北京农业大学,汤佩松任校务委员会副主任。后继续担任副校长,1952年,汤佩松调任中国科学院植物生理研究所研究员,后任该所副所长、所长、名誉所长。同时,他还兼任复旦大学、北京大学教授。汤佩松特别强调教师要参与科研工作,主张学生灵活主动地学习,并亲自组织和指导本科生的课外研究小组。1950年,汤佩松和他的研究生阎隆飞共同发现绿色植物(小球藻)中存在着当时认为仅存在于动物血液中的碳酸酐酶。1956年他又和既是学生又是同事的吴相钰共同发现了水稻幼苗中硝酸还原酶的诱导形成。1978年以后,汤佩松还和匡廷云、戴云玲等一起,揭示了光合膜中色素蛋白质复合体的种类和组成,探索了这些复合体结构与功能之间的关系,以及内外因素调控这些复合体的规律。

1955年,汤佩松被选聘为中国科学院学部委员。

1956年,汤佩松在北京大学主持召开全国植物生理教学讨论会,参加讨论会的教师和学者有100多人。当时,各大学纷纷开设植物生理学课程,教师队伍日益壮大,但大多数教师是刚开始教这门课的年轻人,不能熟练驾驭教学内容(包括实验内容)。经过多天的切磋和交流,与会者对许多重要问题统一了认识,使我国植物生理学的整体教学水平有了很大的提高。

1957 年,在中国科学院生物学部的一次会议上,汤佩松就科学院的体制问题发表了自己的看法:"科学院分成了两部分,一部分人在专门搞'科学',而另一部分人则在'办院'。……科学院最大的缺点是……把科学机构办成了衙门。"他的意见虽然尖锐,但当时科学院领导十分开明,他的工作和研究并没有因此受到影响。

汤佩松一生共发表过 300 余篇(部)论文和专著。曾获得国家自然科学奖二等奖(1987)、陈嘉庚科学奖(1995)、何梁何利科学与技术进步奖(1997)等诸多奖项。鉴于汤佩松在生命科学特别是植物呼吸代谢和光合作用方面做出的突出贡献,1959 年他被国际植物学会聘请为名誉副主席,1975 年被美国植物生理学会选为通讯会员(终身荣誉会员),1979 年又被美国植物学会选为通讯会员(终身荣誉会员),他是中国生物学家中第一个得到此荣誉的人,也是唯一一位同时被两个美国学术团体接纳为通讯会员的科学家。

1983 年当他满 80 岁的时候,国际性刊物《植物生理学年鉴》第 34 卷之首刊登了他撰写的一篇回忆录式的文章,以此向他表达敬意。

2001 年 9 月 6 日,汤佩松在北京逝世,享年 98 岁。

扩展阅读:

汤佩松:《为接朝霞顾夕阳:一位生理科学家的回忆录》,化学工业出版社 2021 年版

五十二

冯德培
中国神经生理学
主要推动者

　　冯德培(1907—1995 年),浙江临海人,国际公认的神经肌肉接头研究领域先驱者之一,生理学家、神经生物学家。

　　冯德培聪颖早慧,1918 年,年仅 11 岁考入浙江省立第六中学。4 年之后,15 岁的他考入上海复旦大学文学系,翌年为新兴的行为心理学所吸引,转入心理学系就读。1925 年,生理学家蔡翘等相继从美国回到复旦大学任教。随着心理学系扩大为生物学院,冯德培在此打下了扎实的心理学和生理学的基础。

　　1926 年,19 岁的冯德培从复旦大学生物学院毕业,获理学学士学位,留校任生理学助教,在生理学前辈蔡翘教授的指导下,开始了他毕生的生理学研究生涯。翌年,复旦大学生物学院因学潮被迫解散,冯德培转入北京协和医学院。在协和,他先是随张锡钧进行甲状腺分泌研究,后来则随生理学系主任林可胜进行胃分泌研究。在林可胜的指导下,冯德培广泛阅读科学文献,几乎涉猎当时生理学所有领域,并表现出极高的领悟力,深得林可胜赏识。

　　1929 年,22 岁的冯德培考取清华大学公费,赴美留学,入芝加哥大学生理系深造。他在芝加哥大学生理系杰拉德教授的指导下进行神经代谢研究,并凭借一项关于神经窒息机制的研究成果,于 1930 年获该校硕士学位。

1930年秋,由林可胜推荐,冯德培跨过大西洋,转入当时世界神经生理学研究中心——英国伦敦大学学院,师从著名生理学和生物物理学家、诺贝尔奖获得者希尔进行神经和肌肉产热问题的研究。在英国留学的近3年时间里,冯德培有将近两年半的时间是在希尔实验室度过的。这期间,他还在导师希尔的安排下,先后前往剑桥大学和牛津大学的生理实验室,与另外两位学者——阿德里安和埃克尔斯(他们分别于1932年1963年获诺贝尔奖)进行短期合作研究。1933年,冯德培凭借出色的科研成果获得博士学位。在实验中,他发现了蛙的肌肉因拉长而使静息代谢明显增加的现象。这一发现后来被科学界称为"冯氏效应"。在英国留学期间,冯德培共发表了9篇论文,其中5篇是独立完成的。这些科研成果初步奠定了他在国际学术界的地位。

冯德培获得博士学位后,遵循导师希尔的建议,又到美国宾夕法尼亚大学约翰逊基金医学物理学研究所进行短期研究。在美期间,他把很大一部分的精力放在了学习自制电子仪器的技术上,为以后创建自己的实验室打下了基础。

1934年夏天,冯德培回到北平协和医学院生理学系,系主任林可胜给了他一间没有窗户的地下室作为实验室。冯德培就是在这样一个简陋无比的实验室里,开始进行神经肌肉接头这一国际前沿领域的研究。在1936—1941年的6年间,冯德培在英文版的《中国生理学杂志》上接连发表了26篇文章,阐述他在神经、肌肉接头处信息传递方面的神经生理学研究成果。这些成果得到国内外同行的高度评价和认可,使他的实验室成为该领域一个备受国际关注的研究中心。《中国生理学杂志》也因为刊登冯德培等高水平科学家的科研文章,而受到国际同行的重视。当时在澳大利亚工作的英国神经生理学家埃克尔斯,于1963年获得了诺贝尔医学或生理学奖,就对该杂志的出版非常期待。

值得中国人骄傲的是,冯德培直到1995年逝世前,他的科学工作几乎全部在中国进行。他所取得的研究成果获得了国际学术界的高度认同。

在这些研究中,冯德培发现了钙离子在神经肌肉接头信号传递中的重要作用,提出钙影响神经递质释放的见解,与后来英国生理学家卡茨的研究成果非常接近。卡茨因其一系列对神经肌肉接头递质释放的研究而获得诺贝尔奖。卡茨本人也曾表示,要不是冯德培的工作因日本侵华战争中断,他的诺贝尔奖也许就要由冯德培得了。

1936 年,德国《生理学成就》杂志邀请冯德培导师希尔撰写关于神经代谢方面的综述文章,而希尔推荐由冯德培来写。于是,《生理学成就》刊登了冯德培撰写的《神经的放热》一文。该文被学术界认为是神经能力学方面的权威性文章。

就当冯德培在科学研究上不断取得突破时,1941 年底太平洋战争爆发,协和医学院面临关闭。冯德培的老师林可胜几年前就开始投入抗日的医疗救护工作,他希望冯德培能够继续研究工作。可是到了这个时候,冯德培不得不离开心爱的实验室了。1943 年,冯德培由北平辗转至重庆,受聘为内迁的上海医学院生理系教授。同年,中央研究院评议会决定设立医学研究所筹备处,林可胜被任命为筹备处主任。因林可胜当时还在负责军政部的军医事宜,身负重任,1944 年 3 月,中央研究院第二届评议会第二次年会遂通过决议,聘冯德培为专任研究员兼筹备处代理主任。12 月,医学研究所筹备处正式成立,暂设于重庆歌乐山上海医学院内。

1945 年底,冯德培应英国文化协会的邀请访问英国。1946 年转赴美国,在纽约洛克菲勒医学研究所进行合作研究,同时为筹备中的中央研究院医学研究所采购仪器设备和搜集图书。

1947 年夏,冯德培回到国内,重回中央研究院医学研究所筹备处工作。1948 年 3 月,由于在神经肌肉接头领域的杰出贡献和国际声誉,冯德培当选为中央研究院第一届院士。

1949 年,国民党制订了"抢救学人计划",这时,作为中央研究院上海医学研究所筹备处代主任的冯德培,当然也是被"抢救"的重点对象。为此,中央研究院代院长朱家骅在南京召开最后一次院务会议,讨论搬迁台湾问题,各研究所的负责人都要表态。轮到冯德培时,他十分明确地表示:"研究所是国家的研究所,不应跟什么人跑!"这让朱家骅十分恼火,会后曾查问冯德培是不是共产党。因形势剧变,朱家骅没来得及进一步追究。

上海解放前夕,林可胜曾专程到冯德培家,对他说:我本人由于种种原因要走,你们没有理由要走,不要相信国民党的各种恶意宣传。希望你在大陆继续发展中国科学。这进一步坚定了冯德培留在大陆的决心。

1949 年 11 月,中国科学院在北京成立。1950 年 6 月,中国科学院对所属科研机构进行撤并调整,冯德培所负责的中央研究院医学研究所筹备处改建为中国科学院生理生化研究所,冯德培被任命为研究员、第一任所长。为了在新中国努力发展生理科学,冯德培和生物化学家王应睐、神经生理学家张香桐等一起做了大量的艰苦创业工作,从而使我国在生理科学领域取得了显著的发展。

1955 年,冯德培被选聘为中国科学院学部委员。

1958 年,中国科学院生理生化研究所分为生理和生化两个独立的研究所,冯德培任生理研究所研究员、所长。

从 1961 年起,冯德培开辟了全新的研究领域:神经肌肉间营养性关系。他与合作者率先发现了鸡的慢肌去神经后不但不萎缩反而发生显著肥大的新现象。这一新发现随即为国际同行所证实。通过对切断神经后发生萎缩或肥大的肌纤维进行生物化学和分子生物学变化的比较研究,有望极大地促进我们对肌肉萎缩或肥大机制的理解。可惜这项研究因"文革"而中断。

"文革"中,冯德培的科研工作也一度受到严重影响。冯德培重新工作后,开始研究神经肌肉间营养性关系中的另一个课题,即哺乳类动物骨骼肌纤维类型与其神经支配的关系问题。

80年代以后,冯德培开始致力于开拓突触的细胞和分子生理学领域,特别是突触可塑性的研究,他想要重新回到自己在50年前首先开拓的研究领域。

1981年5月,冯德培出任中国科学院副院长、生物学部主任。

1981和1984年,冯德培两度作为讲座教授,应邀分别到美国加利福尼亚大学和哥伦比亚大学医学中心讲学和学术交流。1986年,冯德培当选为美国科学院外籍院士和第三世界科学院院士;1988年,当选为印度国家科学院外籍院士,同年,冯德培应邀为《神经科学年评》写抬头的自传性文章,是极为少有的在这样重要的学术刊物上写自传的中国人之一。

90年代,年逾80的冯德培依然坚持在科研的道路上埋头奋斗。他重新进入神经可塑性领域,研究海马的长期性增强作用,这被认为是学习记忆的一个主要模型。他将研究成果写成英文,发表在1994年的《美国科学院院刊》上,为他科研的一生画上了圆满的句号。

1995年4月10日,冯德培于上海逝世,享年89岁。

扩展阅读:

《冯德培传》编写组:《冯德培传》,航空工业出版社、人民出版社2014年版

五十三

殷宏章
中国光合作用
研究先驱

殷宏章（1908—1992年），字伯文，贵州贵阳人，出生于山东兖州，植物生理学家，中国光合作用研究先驱。殷宏章是生物组最年轻的院士，在所有院士中，也只有数理组陈省身、华罗庚、许宝騄三位年纪比他轻。

殷宏章出生于官宦之家，1922年入南开中学，因考试成绩出色，被直接编入初二年级。后来成为著名作家的老舍，正在南开中学教书，是他的语文老师。可是，他家离学校太远，只读了1年便退了学，改在家中聘请老师与弟妹一起受教。一年后，即1924年，时年16岁的殷宏章便考取了天津南开大学预科，也就是说他用不到3年的时间学完了6年的中学课程。

1925年，殷宏章进入南开大学理学院化学系，但后来因对植物学产生兴趣，便转入了生物系。就在这时，刚从美国耶鲁大学学成归来的李继侗教授，他后来成为著名植物学家和生态学家，应邀到南开大学任教。李继侗的植物生理课深深吸引了殷宏章。当时，社会上对植物学、生理学的认识不深，因此殷宏章是李继侗唯一的学生。李继侗也很幸运，殷宏章是他在南开大学遇到的第一个学生，不仅天资聪颖，而且还立志以植物生理学作为自己一生的专业，他们师生可谓相得益彰。因为只有一个学生的缘故，他们上课的时候，并不只是李继侗一个人讲，而是经常一起讨论，非常愉快。他们一般上午上课,下午做实验。殷宏章在本科学习期间,就和李继侗一起在持续的实验过程中,发现了当光照突然改变时,光合作用速度会发生瞬间变化,然后稳定到恒速的现象。他们将这一发现写成《光照改变对光合作用速率的瞬间效应》一文,发表在 1929 年英国植物学期刊《植物学纪事》上。30 年后国际上才重新发现了这一现象。美国科学家在关于光色瞬变效应的文章中,称他们是发现两个光化学反应系统的先驱。

1929 年,殷宏章从南开大学生物系毕业,获学士学位,留校任助教。就在这一年,李继侗离开南开赴清华任教,南开大学生物系失去了领导者,刚刚毕业的殷宏章便代为主持了一段时间。1933 年,他到清华大学攻读研究生,之后他回南开大学担任生物系讲师。

1935 年,殷宏章考取清华大学留美公费,与钱学森等一同赴美。不同的是,钱学森是先到麻省理工学院攻读硕士学位,再到加州理工学院攻读博士学位;殷宏章则是直接进入加州理工学院,开始博士阶段的学习。

殷宏章入加州理工学院后,随温特教授做选题研究。温特是荷兰人,植物生长素的发现者。殷宏章仅用两年时间就拿到了加州理工学院的博士学位。1988 年,殷宏章还获得了该校"杰出校友奖"。

清华大学公费资助的时长为 3 年,在接下来的 1 年时间里,殷宏章除了在该校生物物理研究室和生物遗传研究室继续从事光合作用和遗传方面的研究外,还买了一张环美旅行的火车票,于 1937 年冬从洛杉矶出发,在美国游历了 20 多个州,几十个城市,走访了许多大学和研究机构,与不少知名教授、学者进行了深入而广泛的交流。这对他来说是一段非常宝贵的经历。

虽然加州理工学院向他伸出了橄榄枝,但殷宏章心系苦难深重的祖国。1938 年暑期过后,殷宏章接受北京大学的聘书,搭乘小货轮,绕道南太平洋,回到了战火纷飞的祖国。他先在香港和家人团聚,随后偕全家经越南到达昆明,担任西南联合大学教授。同时他还在汤佩松主持的清华大学农业研究所植物生理学组兼任研究员,开展生长素应用、生物化学合成、植物生长素的转移与叶片运动机理的研究,他是国内最早开展生长素研究的学者之一,取得了很有价值的成果,并被美国一些植物生理学家引用。

1944年,殷宏章作为我国第一批交换教授,被邀请到英国剑桥大学圣约翰学院工作一年。在剑桥大学的植物学院和生物化学研究所,殷宏章开始从事磷酸化酶的研究。他发明了磷酸化酶与植物体中淀粉合成关系的组织化学方法,证明植物细胞质中存在着磷酸化酶,肯定了这种酶对淀粉形成的作用,并进一步发现糖类的转化有不同的途径,淀粉的合成、分解也不是同一种反应的逆向过程。

1945年8月,殷宏章在英国得知抗战胜利的消息,十分欣喜。他很快结束了在英国的工作,启程回国,返回昆明。1946年,殷宏章全家随西南联大从昆明复员回到北平。在北京大学任教期间,继续做些淀粉形成方面的研究工作。1947年,他发明了一种组织化学方法,研究磷酸化酶的分布,证明了在高等和低等植物的细胞中都存在着这种酶,进一步确认了磷酸化酶与植物体内淀粉合成过程的密切联系。

抗战胜利后,罗宗洛教授奉命赴台去接收台湾大学。完成接收任务后,罗宗洛回到上海,继续担任他之前的职务——中央研究院植物研究所所长。在台湾大学的植物生理学课程,他让殷宏章代他去讲。殷宏章碍于情面,于1947年前往台湾大学讲学。半年后,完成了台湾大学的教学工作,回到了北平。

1948年3月,殷宏章当选为中央研究院第一届院士,年仅40岁,从而成为当时最年轻的院士之一。这年9月,殷宏章还到南京出席了中央研究院成立第二十周年纪念会暨第一次院士会议。

当时,内战正酣,国统区物价飞涨,民生困难。殷宏章因孩子多,家累很重。为摆脱困境,1948年12月,他应英国著名学者李约瑟之邀,赴印度新德里任联合国教科文组织南亚科学合作馆科学官员,协助该地区的国家开展科研工作及合作交流事务。

1949年10月,新中国成立,殷宏章深感振奋。这期间他常与新中国驻印使馆的康矛召联系,谈论国内建设情况。与此同时,他接到北京大学的聘书及罗宗洛教授的来信,邀请他回国工作。

1951年秋,殷宏章携家眷回国休假。回国后不久,他便向联合国辞职,不再去印度,留下为祖国服务。殷宏章接受中国科学院的聘请,任实验生物研究所研究员,同时协助罗宗洛教授建立植物生理研究室。1953年,植物生理研究室从实验生物研究所划出单独成立研究所,他出任副所长。在这一时期,他参与并领导了抗生素的研究与生产工作,为中国抗生素及微生物生理学领域的研究与生产工作奠定了基础。

1955年,殷宏章被选聘为中国科学院学部委员。

1956年,殷宏章在《人民日报》发表了《光合作用研究的新进展》一文,产生很大影响。就在这一年,殷宏章在中国科学院植物生理研究所内组建了我国第一个光合作用研究室。在以后相当长的一段时间里,殷宏章将大量精力投入到植物光合作用的研究上。1959年,他首先从光合作用产物的积累、转化和运转入手,提出了"作物生长的'群体'概念",推动了植物生理学的研究向数量化迈进,发展出一个与农业现代化密切相关的研究领域,这是他在植物生理研究中的又一个突出贡献。1961年,他主编出版了《稻麦群体研究论文集》,为农作物的合理密植和施肥等农业实践提供了理论依据。

接着,殷宏章又开展了光合磷酸化机理的研究。他用自己发明的组织化学方法,弄清了磷酸化酶在植物器官和组织中的分布,又证明植物体内存在磷酸化酶,而光照下由糖变淀粉的过程是与磷酸化有关的。1961年,他与学生一起测定了光合磷酸化的量子需要量,在国际上首先完整地从实验中证明了光合磷酸化反应是整个光合作用反应的一个组成部分。1962年,他领导的实验室在世界上首次发现了在光合磷酸化过程中高能中间态的存在。他的论文《光合磷酸化高能态的发现》,是光合磷酸化机理建立的一个重要实验依据,得到了国际上的高度评价,被学界认为是60年代光合磷酸化研究的两篇重要论文之一。这一成果后来于1982年获国家自然科学奖二等奖。

1978年,殷宏章任中国科学院上海植物生理所所长,对恢复我国植物生理学的科学研究做了很多工作。1983年,为了培养年轻人,殷宏章主动辞去了所长职务,改任名誉所长。

殷宏章毕生发表论文和述评100余篇,其中大部分是归国后发表的,如《水稻田的群体结构与光能利用》等。出版了《稻麦群体研究论文集》《光合作用的进展》《植物的气体代谢》等专著,译著有《光合作用》《生长调节物在农业中的应用》等。

1992年11月,殷宏章在上海逝世,享年84岁。

扩展阅读:

王文俊:《南开人物志第一辑》,南开大学出版社2016年版

第三节　人文组（28 位）

（含哲学、中国文史学、史学、语言学、考古学及艺术史、法律学、政治学、经济学、社会学）

五十四

吴稚晖

最为勉强的院士

吴稚晖(1865—1953 年),原名吴朓,江苏武进人,后改名敬恒。南齐有个著名诗人谢朓,字玄晖。吴敬恒发现自己与所仰慕的诗人同名,就给自己起了别字"稚晖",并以字行。

本书人物的排列以年龄为序,吴稚晖在所有院士中年龄最大,当选的时候,他已经 83 岁了,所以排在人文组第一位。然而,吴稚晖却是最为勉强的院士。

吴稚晖出生于 19 世纪 60 年代,在私塾读了 10 年,后入江阴南菁书院。1891 年,吴稚晖考中举人,在科举道路上迈出了重要一步,但也就此止步。虽然他后来连续三次赴北京参加会试,但都名落孙山。在人们的心目中,吴稚晖就是一位穿着长衫的"冬烘"老先生,或者是一位政治家、国民党四大元老之一(另三位是蔡元培、李石曾、张静江),很难将他与院士联系起来。吴稚晖能够当选院士,完全是因为胡适、傅斯年等人的力挺。在第一届院士选举中,第一轮、第二轮投票过后,只有 79 位当选,这里面没有吴稚晖。胡适为了要让吴稚晖当选,便表示根据选举规程,必须多选 2 位。于是,进行了第 3 轮投票。可是第 3 轮只选出了一位,是余嘉锡,还不是吴稚晖。只好进行第 4 轮投票,吴稚晖这才获得 19 票,实际上还差了 1 票,最终还是放宽了条件他才得以当选的。所以,他的这个院士当得十分勉强。

胡适为什么要力挺吴稚晖呢？因为吴稚晖对中央研究院功莫大焉，他的贡献就是能为中央研究院争取到经费。中央研究院的经费全部来自国民政府，但经常会遭遇财政部的克扣。因政见不同，蔡元培晚年与蒋介石貌合神离。中央研究院总干事杨杏佛于1934年被国民党特务暗杀后，蔡元培更是和蒋介石分道扬镳，他不愿在经费上求蒋介石，便让傅斯年出面，请吴稚晖向蒋介石进言。吴稚晖与蒋介石关系相当不错，加上他是国民党元老，说话又滑稽幽默，口无遮拦，蒋介石对他还是有几分忌惮的。吴稚晖几次出面，都解了中央研究院的燃眉之急。抗战中，中央研究院总干事任鸿隽与国民党中枢关系不深，最好的年度拿到的经费也只有预算的六三折。行政管理机构负责人孔祥熙甚至想以经费要挟，将中央研究院置于行政管理机构之下。还是吴稚晖从中斡旋，不仅至少保持了每年130万银圆的预算基数，还断绝了孔祥熙意欲控制中央研究院的念头。这些，自然让一心希望中央研究院保持独立的胡适、傅斯年十分感念，因此怎么样也要把吴稚晖拉进中央研究院。

当然，胡适对吴稚晖的力挺也并非无的放矢。胡适曾称赞他为中国近三百年来四大"反理学"的思想家之一，并认为他身为"现存的思想界老前辈，思想比一般哲学教授透辟的多"。而且，这并不是胡适一个人的想法。有一个事实也可以证明吴稚晖的学术地位：他是迄今为止唯一被联合国教科文组织授予"世界文化学术名人"称号的中国人。

那么，吴稚晖在学术上有哪些贡献呢？吴稚晖对推动国语的标准化和普及做出过很大贡献。辛亥革命后，吴稚晖就致力于筹组全国读音统一会，在统一语言、核定读音方面做了许多开创性的工作。1913年2月，读音统一会筹备处在北京成立，吴稚晖担任会长。5月，读音统一会研定出一套注音字母，审定6 500多个国音。读音统一会筹备处后改名为国语统一筹备会、国语统一筹备委员会、国语推行委员会，吴稚晖一直都是这个组织的实际领导者。在吴稚晖的主持下，这个机构提出在全国推行注音符号的任务、方案、办法，修订标准音，编制《汉语拼音表》《注音符号》等通俗教材，审定《国音常用字汇》等多种国语书籍。吴稚晖不仅著有《三十年来之音符运动》等专著，还出任上海国语师范学校校长，亲自在国语师资班兼课，培养推行国语的人才。可以说，吴稚晖以他特殊的身份，全力推行国音统一，为民国时期"语同音"（在全国范围内统一口语语音）工作起着他人不可替代的作用。

按上面所述，吴稚晖应该以语言学专家当选院士，但他实际上是以哲学家的身份当选的。这可能是因为他曾写过《一个新信仰的宇宙观与人生观》一文，以及20世纪初他在自己所主编的刊物《新世纪》上写的一系列文章吧。说起来，吴稚晖还真是一位有影响力的思想家。在20世纪上半叶，尤其是前二三十年，他的思想在年轻人中间很有市场。虽然以今天的眼光来看，吴稚晖的思想和哲学存在明显的局限，但在新旧交替时代，他的著作开风气之先，影响自然也特别大。

吴稚晖从一个乡村私塾先生，紧跟时代潮流，最后成长为青年导师，这种转变绝非一般人所能做到。

32岁那年，此时还一事无成的吴稚晖在家乡的书摊上看到一本名叫《何典》的书，书的开头两句便说："放屁放屁，真正岂有此理！"吴稚晖只看到这两句，顿时如醍醐灌顶，大彻大悟。从此他决计不做酸腐文人，说话作文，也都是《何典》风，嬉笑怒骂，张口就来；村言俗语，跃然纸上。他自我解嘲说他作的是"自嘲文章"。而在世人看来，他俨然一疯狂癫痴的魏晋名士。

为追求新学，1902年吴稚晖以37岁之身，登舟东渡，带着学生赴日本留学，为学生打抱不平，大闹驻日公使馆，被驱逐回国，并演出一场跳河自尽被救出的闹剧。这时蔡元培正好在日本，为防他出意外，陪他同船回国。这件事让他在学界声名大振。

回到上海，吴稚晖与蔡元培、章太炎等组织爱国学社。因缘际会，他卷入《苏报》案，遭清政府缉捕，流亡英国。在英国，吴稚晖受到西方民主思想的洗礼,从此他"尽弃所学",主张将所有"线装书都丢到茅坑里去",这在主张新文化的战将中也是不多见的。

1907 年,他在巴黎与李石曾、张静江等交往密切,志同道合,都服膺于无政府主义。他们一起组织世界社,发行《新世纪》,吴稚晖任主编。他写了许多文章,主要是鼓吹无政府主义,反对君主立宪,倡导反清革命;宣传新宇宙观和新人生观;推广注音字母。

1905 年春,孙中山到英国,会晤吴稚晖。同年冬,他加入孙中山创建的同盟会。这就是他成为国民党元老的渊源。吴稚晖一生有很多做官的机会:1912 年,孙中山想让他担任教育总长;1927 年,蒋介石任命他为国民革命军总政治部主任;1928 年,蒋介石内定他当"五院"之一的监察院院长;1943 年,国民政府主席林森逝世后,蒋介石想让他继任。然而,他统统谢绝,坚持不就。终其一生,他在国民党里只领一份中央监察委员的薪水,也从不去办事。他靠鬻字补贴自己的生活。当然,他的生活之简朴,也是世人皆知的。

吴稚晖不想当官,应该和他的无政府主义思想有很大关系。他主要的心思和精力,都放在了文化教育上。除了推广国语外,他还推动过勤工俭学运动。1921 年里昂中法大学成立,吴稚晖任校长。孙中山先生病逝后,吴稚晖受孙中山之托,在北京南小街创办海外补习学校,教育国民党高干子弟。孙科的儿子孙治平、孙治强,蒋介石的儿子蒋经国,汪精卫的儿子汪文婴、女儿汪文洵,李济深的女儿李筱梅等,都是他的学生。

吴稚晖有一句名言:官是一定不做的,国事是一定不可不问的。他虽然不做国民党的官,但他的政治倾向还是在国民党一边的。1927 年,国民党"清共"的时候,吴稚晖积极支持,为蒋介石站台。

1946 年,国民政府宣布结束"训政"阶段,颁布了《中华民国宪法》,随后进行总统选举,蒋介石毫无悬念地当选"行宪"后的第一任总统。吴稚晖担任"制宪"代表和主席团成员,将《中华民国宪法》递交给蒋介石。

吴稚晖虽然在国民党及国民政府中始终没有担任什么要职,但毕竟与蒋介石、蒋经国父子关系太深。而且,从 1927 年四一二反革命政变开始,他就始终站在国民党一边。当时,他已老迈,故土难离,因此 1949 年山河变色之际,是走是留,他徘徊了许久。1949 年 2 月,蒋介石派他的座机"美龄号",将吴稚晖接往台湾。吴稚晖在台,孑然一身,妻子和女儿留在上海,儿子在美国,因此晚年生活十分孤寂。

1953 年 10 月 30 日,吴稚晖以 89 岁高龄逝世,蒋介石为他题写了"痛失师表"的四字挽匾。蒋经国则于 12 月 1 日,遵从其遗愿,将他骨灰撒向金门南海。

吴稚晖逝世一周后,蒋经国还写了长文《他与自然同在》,以表哀思。

扩展阅读:

路小可:《民国大老吴稚晖》,兰州大学出版社 1994 年版

张文伯:《吴稚晖先生传记》,(台)传记文学出版社 1985 年版

五十五

张元济
中国现代出版第一人

　　张元济(1867—1959 年),字筱斋,号菊生,浙江海盐人,中国现代杰出的出版家。

　　在 81 位院士中,张元济当选时的年龄仅次于吴稚晖,时已 81 岁,也是院士中唯一一位被点过翰林的晚清进士。他应该是符合院士条件中"领导学术机构有贡献者"这一条,当然,他影印出版古籍,泽被学林,也是有目共睹。他领导商务印书馆近 60 年,对现代中国文化和科学发展所产生的积极影响不可估量。因此张元济的院士当之无愧。

　　张元济与蔡元培同为光绪十八年(1892 年)进士,又同被授为翰林院庶吉士,仕途一片光明,但戊戌变法改变了一切。张元济积极投身变法,向光绪皇帝呈上《痛除本病统筹全局以救危亡折》等文为变法建言,还与康有为同一日受到光绪帝的召见。变法失败后,张元济幸得李鸿章的帮助,才没有性命之忧,但被清廷革职,并"永不叙用"。于是他携家来到上海,任南洋公学译书院主事,希望通过"辅助教育"来改变风气,为中国的进一步变革打下基础。

　　1902 年,张元济离开南洋公学,转而加盟商务印书馆。当时商务印书馆还只是主要印刷账册之类的弄堂小厂,地位与南洋公学不可同日而语。时人对他此举颇不理解,而这正是张元济的过人之处。他认为,中国未来的希望在于"开启民智",这是中国走向现代化的必由之路,而"出版事业可以提携多数国民,似比教育少数英才为尤要"。也就是说,他要从培养少数英才转向对国民的普及教育。

从此,张元济的一生,都与商务印书馆紧密相连。1916年,他任商务印书馆经理;1926年,任商务印书馆董事长,直至逝世。中国在迈向现代文化的进程中,所走的每一步,都可以看到商务印书馆的印记;商务印书馆的灵魂,正是张元济。而商务印书馆也在他的引领下,从一个印书作坊,发展成为中国现代史上最具影响力的出版企业之一。

张元济在商务印书馆所做的第一件事,是进行"教科书革命"。他抛弃《三字经》《百家姓》《幼学琼林》等传统课本,而仿照西方模式,组织编写国文、格致(物理)、中国历史、地理、笔算、农业、商业等教科书。出版这些教科书现在看来十分平常,但在当时却是石破天惊之举。而且,正是有了这些与现代知识接轨的教科书,中国的教育才开始与世界接轨,中国的现代文化也才开始真正起步。从这个意义上说,张元济对中国现代文化的贡献厥功至伟。

在张元济的擘画下,商务印书馆调整了出版方向,转向政治、经济、历史、科学等领域的书籍,受到社会的热烈欢迎。商务印书馆的业务蒸蒸日上,1910年,是晚清仅有的15家资产超过百万元的企业之一,1926年,成为远东最大的出版商之一。出版方向的转型不仅给商务印书馆带来惊人的利润,同时也使其社会声誉日隆。张元济也因此成为近现代中国最有影响力的出版家之一,正如作家茅盾所说的:"在中国的新式出版事业中,张菊生确实是开辟草莱的人。"

在积极出版新知书籍的同时,张元济非常重视中国古代典籍的影印出版。这是一个浩大的工程,张元济从1915年就开始筹备,广泛搜罗珍本。1919—1937年间,商务印书馆动用国内外五十余家公私藏书,先后影印出版《四部丛刊》《续古逸丛书》《百衲本二十四史》3种丛书共610种近两万卷,为保存和传播中国传统文化做出了巨大贡献。从定书目、选底本到文字校勘，甚至纸张的选择，张元济都亲力亲为，为这项浩大工程花费了大量心血。这也是后来张元济当选院士的主要依据。

然而，商务印书馆的成功，竟给张元济带来一场意想不到的灾祸。1927年10月，一群绑匪突然闯到张元济家里，将他绑走，并开出30万元的价码。后来绑匪看到张元济身上的毛衣竟然是破的，才知道他确实是没钱，最后收了一万块钱，就把张元济放了，总算有惊无险。当时社会上绑票案层出不穷，就在张元济被绑的当天，盐业银行经理倪远甫也被绑架；次日，宁波巨绅薛顺生又被绑架。后来，张元济在《东方杂志》发表过一篇《谈绑票有感》，谈了他对绑匪的看法："国家管着教育，为什么使他们得不到一些知能？国家管着工商、路矿、农林，为什么使他们找不到一些职业？蝼蚁尚且贪生，狗急自然跳墙。人们饥寒到要死，铤而走险，法律固不可恕，其情却也可怜。"

张元济一生中，真正感到痛彻心扉的是日军发动一·二八事变给商务印书馆带来的灾难。1932年1月28日，日本侵略者向上海发起进攻。他们以"欲灭中华，必先灭其文化"，有意地对商务印书馆总厂进行全面轰炸，不仅将总厂全炸毁，边上的东方图书馆也被付之一炬。该馆珍藏的45万册图书，其中很大部分是古籍善本和孤本，是张元济多年精心搜集的心血结晶。时年65岁的张元济见到被炸后的惨象，禁不住老泪纵横，仰天长叹："廿年心血成铢寸，一霎书林换劫灰。"他在给好友傅增湘的信中哀痛地写道："连日勘视总厂，可谓百不存一，东方图书馆竟片纸不存，最为痛心。"张元济认为机器、厂房被毁都可以恢复，但几十万册善本图书被毁，再也不可能复得了！

1937年七七事变爆发，商务印书馆业务重心迁往内地。张元济因年老体弱，蛰居沪上。在这民族危亡之际，张元济以笔代剑，从《史记》《左传》《战国策》等古代典籍中撷取人物故事，编写了《中华民族的人格》一书，以表明自己的心迹，也以此鼓励国人。

抗战期间的艰难困苦，是对人格最好的检验。叶景葵曾有两句写张元济的诗,道出了他的精神:"人与百虫争旦暮,天留一老试艰难。"不管环境多么险恶,张元济读书养志,坚持不与日伪打交道,1942年初,两个日本军官递上名片求见张元济,但张元济挥毫在对方的名片背后写下"两国交战,不便接谈"8个字,拒绝见面。

为维持生计,张元济不仅出售藏书,还开始卖字。汪伪政府的浙江省省长傅式说闻讯,托张元济的一位亲戚送去一幅画卷,请他题字,并附了一张11万元的支票。张元济从支票的印章处发现是傅式说,退回支票,并修书一封,其中说:"是君为浙省长,祸浙甚深……以是未敢从命。"

抗战胜利,举国欢庆,但很快又爆发内战,国事日非,商务印书馆也在风雨飘摇之中。张元济年过八旬,然生计日绌,自述:"入不敷出,弟垂暮之年尚须鬻书以助日用,凄凉身世真不堪为知我者告也。"其悲苦愤嫉之情,跃然纸上。

1948年3月,张元济因其在出版领域的杰出贡献,当选中央研究院第一届院士。1948年9月23—25日,中央研究院在南京鸡鸣寺路礼堂召开中央研究院成立第二十周年纪念会暨第一次院士会议,多年足不出"沪"的张元济以81岁高龄,从上海赶到南京出席大会。

蒋介石亲临会议表示祝贺。张元济作为参加院士大会最年长者,也代表院士发表了讲话。他在会上忧心忡忡地说:"战事不到两年,已经成了这个现象。倘若再打下去,别的不用说,我恐怕这个中央研究院也就免不了要关门……"

张元济一语成谶,不到一年,国民党政府便在大陆黯然收场。

1949年9月初,在毛泽东亲自审定的中国人民政治协商会议第一届全体会议的特邀代表中,82岁的张元济名列其中。张元济辞谢未果,在其孙子的陪侍下,到北京参加了政协会议。10月1日,他还登上天安门城楼,参加了开国盛典。目睹国家天翻地覆的变化,张元济百感交集,提笔给毛泽东写信:"昨日会推元首,我公荣膺之选,为吾国得人庆也。英伦三岛昔以雅(鸦)片强迫售我,林文忠焚毁,乃愿辄于半途,酿成辛丑条约之惨。桎梏百年,贫弱日甚,后虽设禁,终多粉饰。我公发愤为雄,力图自强,必能继前贤,铲此烟毒,一雪此奇耻。"张元济还送了一套林则徐的《林文忠公政书》给毛泽东。

1949 年底,张元济参加商务印书馆工会成立大会,演说时突然跌倒,因中风致半身瘫痪。1953 年,上海文史研究馆成立,在毛泽东的关照下,张元济被任命为馆长。因其年老,1955 年未能入选中国科学院学部委员。

1959 年 8 月 14 日,张元济在上海逝世,享年 93 岁。

扩展阅读:

张荣华:《张元济评传》,百花洲文艺出版社 2010 年版

五十六

柳诒徵

中国近现代史学先驱

柳诒徵(1880—1956年),字翼谋,号知非,晚号劬堂,江苏镇江人,历史学家、图书馆学家,中国文化学奠基人。在20世纪上半叶的中国史坛,与在北方任教的史学家陈垣、陈寅恪并称"南柳北陈"。

柳诒徵少时失父,家境清寒;其母出身书香门第,柳诒徵自幼受母教诲,学习勤奋刻苦,古代文史要籍经典,烂熟于心。1896年,17岁的柳诒徵考中秀才。1901年,到南京入江楚编译局,负责教科书的编写,师从缪荃孙、黄以周和李瑞清等名儒,深受编译局总纂缪荃孙青睐。1902年正月,随缪荃孙往日本考察教育,接触西方新思潮,学识眼界突破了传统的乾嘉学派。

从日本回国后的柳诒徵于1903年与陶逊等开办思益小学,张謇赞其为"中国第一文明事业"。苦于无地方办学,清末四公子之一的陈三立便以自家后院家塾为学堂。思益小学除了陈隆恪、陈方恪、俞大维等陈家子弟外,还有社会上的学生如茅以升、周叔弢、宗白华等都曾是最早的学生。陈寅恪因此时已赴日本留学,故没有在思益小学上过学,但在这之前,他在家塾里听过柳诒徵的课。在中央研究院第一届院士中,竟然有柳诒徵、陈寅恪、茅以升3位出自南京陈家这个后院,可以算是个奇迹吧。茅以升不仅在思益小学是柳诒徵的学生,后来他就读于江南商业学堂,还是柳诒徽的学生。他曾撰专文《忆柳翼谋师》,文中写道:"我从先生受业八年""我对文学和历史知识,是在柳师的启迪熏陶下,打下基础的。"

1908 年,柳诒徵任两江优级师范学堂(由三江师范学堂易名而来)教习。当时正是中国激烈动荡的转型时期。柳诒徵把新知和旧学结合起来,完成了一部又一部开风气之先的著作,因而被称为中国现代历史学研究的先驱。1903 年,他完成了第一部著作《历代史略》,这是中国最早、最全的一部近代新式中国历史教科书。现今通用的"历史"一词,据张舜徽考证,就是由柳诒徵《历代史略》而来。1905 年,他完成了《中国商业史》,这是中国最早的商业史专著之一。1910 年,他完成了《中国教育史》,这又是中国第一部教育史著作。

1914 年,两江优级师范学堂改建为南京高等师范学校,柳诒徵受校长江谦之聘,任该校文史地学部历史、国文教授。1923 年,南京高等师范学校正式并入东南大学,柳诒徵仍为历史系教授,教中国文化史、东南亚史、印度史等课程。

在南京高师及东南大学期间,柳诒徵秉持"史之所重,在持正义。史以明政教,彰世变,非专为存人"的史学观,先后编就《东亚各国史》,包含《日本史》《朝鲜史》《印度史》《北亚史》《南方诸国史》《南洋群岛史》等,形成了一套用于大学世界历史教学的教科书,学术成就令人刮目相看。而他重要的代表作《中国文化史》也完成于这一时期。《中国文化史》分上古、中古、近世三册,约 100 万字,援古证今,以今鉴古,侃侃而谈,足见其治学的功力。这套书是中国文化史的开山之作,他也因此被尊为中国文化学的奠基者。史学大师蔡尚思曾有评论说:"解放前各种中国文化史无不滥觞于此。"

吴宓、梅光迪等从美国学成归来后,亦受聘到东南大学任教。柳诒徵虽然与吴宓等在治学上完全不是一个路子,但他们对于昌明国学、融合新知却意气相投,因此时相过从,引为同调。他们一起主办《学衡》,柳诒徵在《学衡》上发表了不少文章,成为《学衡》的主将之一。吴宓对柳诒徵十分钦佩,在其自编年谱里称东南大学教授中,"以柳诒徵博雅宏通,为第一人"。

作为名师,柳诒徵上课自有一套非凡的功力。早在清末,两江总督端方特派曾任两湖书院院长的梁鼎芬到各校检查教学情况,梁鼎芬及其手下听完各校名师的课后汇报道:"所有各校教师,教导有方,以柳诒徵为第一。"10多年过去,柳诒徵讲学,更臻炉火纯青之境。他面容清癯,长须疏落,上课时身着长衫,手持一尺长系着黑布烟袋的旱烟杆,望之若神仙中人。他讲课声若洪钟,条分缕析,脉络分明,娓娓道来,深受学生欢迎,因此课堂总是爆满,座无虚席。

1925年,东南大学校长郭秉文被北洋政府免职,引起风潮。柳诒徵是站在反对郭秉文一边的,与学校的主流不太合拍,因此风潮过后,他就离开了东南大学,一度应东北大学之聘,前去任教,但为时不长。后来又分别在清华大学、北京女子大学等校执教。

1927年,柳诒徵返回南京,担任国学图书馆馆长。他主持对馆内17万册旧籍进行整理,分类编目,完成了36册的《国学图书馆图书总目》,这是中国第一部图书馆藏书总目。他还主编《国学图书馆年刊》,并撰有《国学图书馆小史》等著作。

1929年,柳诒徵任教中央大学。同时,他还担任考试院委员、江苏省参议员等职。

九一八事变后,日本加紧侵华步伐,图书馆善本珍藏面临劫难。为了使祖国的文化珍宝免遭敌手,柳诒徵预先做了准备。他先将宋元精刊本、稿本、精抄名校本及其他罕传善本共装10箱,又将珍藏的丁氏旧藏、武昌范氏旧藏善本及其他旧存新增之佳本,分装100箱,一并运至朝天宫地库妥善保存。他还将馆藏丛书和地方志书3.6万册用木船运送至苏北兴化的罗汉寺、观音阁和盛庄等地分藏。因此,馆内大部分善本珍藏得以保存。

1938年,柳诒徵虽年近花甲,但他不愿在敌占区苟活,毅然应竺可桢之邀,历经长途跋涉,前往位于江西泰和的浙江大学讲学。有一次,在课堂上讲到日寇在南京大屠杀时,他义愤填膺,突发中风昏倒在讲台,经急救才转危为安。柳诒徵在泰和浙江大学休养3个月后,前往条件稍好的重庆。离校时,竺可桢让秘书送去川资三百元,但柳诒徵以因病讲学未成,坚决不收。

柳诒徵到了重庆,与他颇有渊源的中央大学,聘请他任历史研究导师。经过调养,柳诒徵的身体逐渐康复。他在中央大学一边教书,一边继续撰写历史学的专著。在重庆期间,他完成了带有深刻时代烙印的史学理论专著《国史要义》。此书分史原、史权、史统、史联、史德、史诚、史义、史术、史化十大篇,可谓别开生面,道前人所未道。

在近现代史学家中,柳诒徵是最强调道德的一位。在他看来,所谓"道德",包含热爱国家、尊重传统、崇尚气节、端正人格、勤奋工作、一丝不苟等丰富内涵,而其核心是"养心术使底于粹",从而促进民族和国家的整体利益。他曾说:"吾之人本主义,即合全国为一道德之团体者。"在《国史要义》一书中,他专列《史德》篇,在修正刘知几、章学诚、梁启超等人的"史德"论基础上,提出新的见解。他力图"兼本末、包内外,合道德文章而一之"。柳诒徵从史德方面提出史论的一些规范,如文无溢美、不为讳饰、不为曲笔等;但他更注重的,还是从道德角度对人进行规范,最终把史学理论转化为一种促进民族发展的道德哲学与伦理学。

柳诒徵强调的道德,并不只是针对他人,更是自己安身立命的准则。最能体现柳诒徵道德与风骨的,是他一生奉行的"三不敷衍"宗旨,即一不敷衍自己,二不敷衍古人,三不敷衍今人。柳诒徵婉辞蒋介石的礼聘,是他"三不敷衍"的一个最好佐证。1942年,蒋介石成立礼乐馆,想借助柳诒徵的德望,请其主持。柳诒徵对蒋介石此举不以为然,遂"以老弱为辞"。蒋介石不甘心,又让柳门弟子陈训慈的兄长,也就是蒋介石的"文胆"陈布雷出面斡旋,但柳诒徵依然谢绝。

1943年,国民政府公布第二批"部聘教授"名单,每个学科一位,共15

位,柳诒徵以历史学科获聘。"部聘教授"是当时给予教授的最高荣誉,前后只颁布了两批,第一批和第二批加起来一共也只有 45 位。

1945 年,抗战胜利后,柳诒徵回到南京,复任国学图书馆馆长,兼国史馆纂修。1948 年 3 月,柳诒徵当选为中央研究院第一届院士。

南京解放前夕,柳诒徵接到指令,将江苏省立国学图书馆的藏书迁运福建,然后再转运台湾,但他选择与图书一起留下。他将馆中的宋、元、明、清善本全部装箱,转存别处,从而使这些善本图书留在了大陆。

1949 年 4 月,南京解放前夜,年逾古稀的柳诒徵辞去江苏国学图书馆馆长之职,携妻退居沪上,执教于复旦大学。他后来受陈毅市长之邀请,任上海市文物保管委员会委员兼图书组主任。1955 年,他因年老未能入选中国科学院学部委员。

1956 年 2 月 3 日,柳诒徵在上海逝世,享年 76 岁。

扩展阅读:

孙永如:《柳诒徵评传》,百花洲文艺出版社 2010 年版

五十七

陈　垣

不断追求转变的
旧式学者

陈垣(1880—1971年),字援庵,又字圆庵,广东新会人,历史学家、宗教史学家、教育家。

陈垣出身于药商家庭,幼年进私塾读书,1901年考取秀才,1902年补为廪生。清廷废止科举后,便开始学习西医,1910年毕业于光华医学院。其间,他还参加了反清政治活动,与友人共同创办《史诗画报》《震旦日报》等宣传革命的刊物。1912年,他以"革命报人"的身份,当选为民国众议院议员。

从陈垣的出身和经历看,很难把他和国学大师的身份联系起来。确实,他是院士中为数不多的自学成才者之一,靠自学闯出一条广深的治学途径。因为他家比较富裕,还在十二三岁的时候,他就开始买来《四库全书总目》《十三经注疏》等大部头书来读。

陈垣虽然当上了国会议员,但因当时政局混乱,他逐渐淡出政治圈,回到书斋,潜心于治学和任教。在文史方面,他没有受过正规的高等教育,因此他的治学,主要受清代朴学的影响,走的是乾嘉考据的路子,与西方近代史学没有什么关系,属于老枝发新芽;然而他却独辟蹊径,成就斐然,实属不易。这或许与他研究的内容有关,由于他曾在一段时期内信仰宗教,所以他早期专注于宗教领域的研究,而这一领域在当时较少有学者涉足。他在 1917 年完成了《元也里可温考》，廓清了七八百年来元代也里可温的历史迷雾，明确指出也里可温就是蒙元时代对基督教会人士的统称。此书一举奠定了他在史学界的地位。此后，他还有《火祆教入中国考》（1922 年）、《摩尼教入中国考》（1923 年）、《回回教入中国史略》（1927 年）、《中国佛教史籍概论》（1942 年）等与宗教相关的专著问世。

陈垣另一个研究领域是元史。1923 年，他完成的《元西域人华化考》出版，在中外学术界引起巨大的轰动。蔡元培称此书为"石破天惊"之作。1966 年，此书由美国学者译成英文在洛杉矶出版，由此也可看出其价值。

后来，陈垣史学研究涉猎的领域逐渐向其他方面拓展，除了宗教史和元史之外，他对目录学（代表作有《敦煌劫余录》）、年代学（代表作有《二十史朔闰表》）、史讳学（代表作有《史讳举例》）、校勘学（代表作有《校勘学释例》）、史源学等均有很深的造诣，且都获学界如潮好评。

陈垣治学的特点是：史料丰富，信手拈来；考证严谨，丝丝入扣。他虽然走的是朴学的老路子，但他同时也采用了敦煌文书、明清档案等新材料，将传统史学方法运用到新史学上，在中国宗教史、元史、中西交通史以及历史文献学等领域都做出了开创性的贡献。因此，到 20 世纪 20 年代初，陈垣已经成为和王国维齐名的世界级学者。后来，学界也将他与陈寅恪并列，号称"史学二陈"。

从 1923 年起，陈垣开始在燕京大学任教，初为讲师，1927 年升为教授。他同时还在北京大学、北平师范大学等校兼课。1929 年 6 月，由罗马公教创办的辅仁大学在民国政府处完成立案，有宗教背景的陈垣正式出任辅仁大学校长。陈垣在辅仁大学工作 20 余年，在他苦心经营下，辅仁大学从草创到成为教育与研究的重镇，聚集了朱希祖、邓之诚、马衡、罗常培等一批大师级学人。作为著名教育家，陈垣桃李满天下，许多学生也成为大家，如姚从吾、方豪、柴德赓、容庚、刘乃和、启功等。

抗战期间，其他高校纷纷南迁，辅仁大学由于其特殊的德国背景，始终在北平坚持，未被日伪接管，亦未遭关闭。陈垣在辅仁大学担任校长，坚持不任任何伪职,学校不挂日本旗,并教导学生爱国,体现了一个爱国知识分子的民族气节。

陈垣抗战期间的著作,大多展现了他爱国主义的情怀,如《南宋初河北新道教考》,旨在表彰北方宋遗民不仕金朝的义节;《明季滇黔佛教考》,则重在描述明末逃禅遗民的反清心理;而他自己最得意的代表作之一《通鉴胡注表微》,则着力钩稽胡三省注《资治通鉴》所流露出的故国情怀。

1948年3月,陈垣以他在史学界的地位,毫无疑义地当选中央研究院首届院士。

陈垣与陈寅恪、胡适私谊很好。"二陈一胡"这三位文史大师,皆为当时中国文史学界的泰斗级人物。然而他们三人于山河变色之际,却各自走了三条不同的道路。胡适先飞美后赴台;陈寅恪不去台湾,但长居岭南,辞不赴京;陈垣顺应历史潮流,坦然留在北京,以欢欣的心情,迎接新时代。他们三人,可谓是那个时代学者三种选择的典型代表。

国民党曾三次将机票送给陈垣,接他南下,但他都拒绝了。后来,他为避免国民党人的缠扰,曾几次外出躲避。胡适从北平出走前夕,还派人找到陈垣,希望他一同乘飞机离开,依然遭到拒绝。

其间,陈垣也不是没有一点犹豫。他一度也曾想过南飞,并已购买了机票,但在中共北平地下组织负责人刘仁派人与其面谈后,陈垣决心留下。陈垣曾在给友人的一封信中说:"自前月十七八,政府来电并派飞机来接,都未成行,后又敦促数次,均婉谢,因无走之必要也。"

1949年1月31日,北平和平解放,陈垣与学生上街欢迎解放军入城,年近古稀的陈垣兴致勃勃地从兴化寺街5号步行到西直门,逾十多华里。3月14日,陈垣在写给儿子的信中称:"近日思想剧变,颇觉从前枉用心力。"5月11日,他在《人民日报》发表致胡适公开信,他在公开信中说:"现在我可以告诉你,我完全明白了,我留在北京是完全正确的。"信中还说:"虽然你和寅恪先生已经走了,但是青年的学生们却用行动告诉了我,他们在等待着光明。"信的最后则是:"再见吧,希望我们将来能在一条路上相见。"

胡适在海外读到此文后,大为不快。这件事让他纠结了好久,终于拿出他的看家本领,从语言文字的结构和语法结构等方面进行了考证,得出的结论是,这篇文章不是陈垣所写,"百分之一百是别人用他的姓名假造的"。他在文中感叹说:"可怜我的老朋友陈垣先生,现在已没有不说话的自由了!"他把考证结果和感想写成文章,于1950年2月发表在台湾的一本杂志上。

事实的真相是,这篇文章确实不是出自陈垣的手笔,但这篇文章却确实出自他的本意:是他找人,由他口述按他的意思写的。关于这篇文章的始末和详情,可参见刘乃崇所写的《不辜负陈援庵老师的教诲》,载《纪念陈垣校长诞生110周年学术论文集》。

1950年10月10日,中央人民政府宣布接办辅仁大学,改称国立辅仁大学,陈垣仍然被任命为校长。1952年6月,全国高校院系调整,辅仁大学并入北京师范大学,陈垣任北京师范大学校长直至逝世。

1951年11月,毛泽东在怀仁堂举行国宴时与陈垣同席,他向别人介绍说:"这是陈垣,读书很多,是我们国家的国宝。"这对他是个莫大的鼓励。

1954年,陈垣还兼任中国科学院历史研究所第二所所长。1955年,被选聘为中央科学院哲学社会科学部委员,并历任第一届、二届、三届全国人民代表大会常务委员会委员。

1949年后,他积极参与社会活动,继续为国家和社会做出贡献。

1959年,陈垣以79岁的高龄加入中国共产党。差不多同一时期入党的著名教授还有梁思成、周培源、张子高等。他们入党后,当时的报刊做了广泛宣传,从而引发了一股高级知识分子入党的高潮。

1971年6月陈垣病逝,享年91岁。

扩展阅读:

张荣芳、曾庆瑛:《陈垣》,金城出版社2008年版

五十八

王宠惠
中国现代法律第一人

王宠惠(1881—1958年),字亮畴,广东东莞人,出生于香港。著名外交家、法学家,近现代中国法学的奠基者之一,也是院士中仅有的做到国家总理级别的两人之一(另一位是翁文灏)。

王宠惠10岁时入香港皇仁书院就读,1895年考取北洋西学学堂(北洋大学前身)法科,1900年以第一名的优异成绩毕业,直隶总督兼北洋大臣裕禄亲自向他颁发"钦字第一号考凭"(即文凭),他因此有"中国第一个大学毕业生"之称。

1901年,王宠惠赴日继续研读法学。在日期间,他赞同孙中山革命,发起成立国民会。1902年,他转赴美国留学,在耶鲁大学获法学博士学位。1905年,王宠惠再赴英国、德国研究国际公法,并取得了英国律师资格,还被选为柏林比较法学会会员。

从王宠惠求学的经历,可以看出,他的法学功底是很扎实的。他精通日语、德语、英语。在欧洲期间,他将《德国民法典》由德文翻译成英文,于1907年在英国出版,直到20世纪70年代,他的译本仍被公认为最好的英译本之一,被很多美国大学当作教科书。他的英文水平之高,由此可以想见。正因为此,1943年蒋介石的著作《中国之命运》就由他翻译成英文出版。

王宠惠有两次出任海牙常设国际法院法官的经历,分别是1923年和

1931 年。他是海牙国际法院的第一位中国籍法官,他的才华和作为,为当时积弱的中国赢得了一定的声誉。

当然,王宠惠不是单纯的法官或法学家,他还是政治家,而且在他的政治生涯中,也创造了许多纪录。

1911 年辛亥革命爆发后,王宠惠出任民军总代表伍廷芳的参赞,参与南北和谈。孙中山在南京成立中华民国临时政府,王宠惠是首任外交总长,时年仅 30 岁。1912 年袁世凯任大总统后,他担任北洋政府的第一任司法总长,但由于与袁世凯政见不合,不久即辞职南下。

民国初年,王宠惠曾任复旦校董。1914 年,复旦聘其为法律系教授,主讲国际公法、法学通论、群学(即社会学)、论理(即逻辑学)和伦理等课程。1915 年,他出任复旦大学副校长。教学之余,王宠惠将研究的法律成果变成文字,先后著有《宪法平议》《宪法危言》《比较宪法》等书,对中国的宪政建设提出了自己的见解和理论架构,对中国法学的发展起到了重要的推动作用。1917 年,王宠惠重返北洋政坛,任修订法律馆总裁,主持起草、修订了许多法律,在此期间,他还在北京大学兼职讲授比较法律。1920 年他任大理院院长,对大理院的一些事务进行了改革,促进了当时的司法发展。

王宠惠自幼与孙中山在香港认识,相知甚深,与北洋政府也有千丝万缕的联系。此外,他还有自己的政治理想。1922 年 5 月,他与蔡元培、胡适等在《努力周报》上发表《我们的政治主张》一文,提出由知识分子中的"好人"组成"好人政府",努力改变政府腐败的现实。这在相当程度上反映了他的政治主张。没想到,机会很快来临。1922 年 9 月,在直系军阀吴佩孚的支持下,王宠惠出任国务总理,内阁成员也大多是无党无派的"好人",因而这个政府有"好人政府"之称。王宠惠极想乘此良机,推行他的法制主张和制宪思想。然而,理想和现实毕竟不是一回事。书生清谈议政可以,但真正做起来,不仅各种阻力不期而至,还招来了各方面的攻击,搞得王宠惠焦头烂额。结果,"好人政府",昙花一现,仅存 72 天就草草收场。

1926 年 1 月,王宠惠被选为国民党第二届中央监察委员。同年 5 月,北洋政府颜惠庆内阁复任王宠惠为教育总长,虽然他没有到任,但在南北对立的情况下,北洋政府任命一位国民党中央监察委员为总长,足见他在南北两方面的深厚关系。

北伐胜利后,蒋介石于1927年6月在南京成立国民政府,王宠惠出任首任司法部门负责人。1928年8月,南京国民政府根据孙中山先生五权分立的学说,成立立法、行政、司法、考试、监察五院,王宠惠又出任第一任司法院院长。

王宠惠在任内,主持起草了许多法律。如《中华民国国民政府组织法》《中华民国刑法》《中华民国民法》《中华民国训政时期约法》等。他在《中华民国国民政府组织法》中,没有规定主席的任期,被伍廷芳之子伍朝枢大骂。王宠惠在复杂的政治环境中,起草了《反革命案件陪审条例草案》,反映了当时的政治需求。王宠惠在政治生涯中展现了复杂的多面性。1929年,当时在上海任中国公学校长的胡适,为人权问题,专门写信给他,表达了强烈的抗议。

除了法律,王宠惠在外交上也有许多建树,他为维护国家利益做了许多有益的工作。1921年,北洋政府派王宠惠、顾维钧等代表中国赴华盛顿出席太平洋会议。根据代表团内部分工,王宠惠在会上提出收回租界和废除领事裁判权问题,得到各国的支持和同情。在1928年"改订新约运动"中,王宠惠为收回治外法权与领事裁判权提供了充足的法律依据。七七事变爆发后,作为外交部部长的王宠惠,于8月21日与苏联驻华大使签订了《中苏互不侵犯条约》,这是中国外交的一大胜利,大大鼓舞了抗战中的中国人民,对日本长期执行的孤立中国的外交政策则是一次沉重打击。

1941年王宠惠辞去外长职务,改任国民党国防委员会秘书长,由前台转向幕后,成为蒋介石制定最高决策的顾问。1943年11月,蒋介石应邀赴埃及开罗与罗斯福、丘吉尔会谈三国合作问题和战后处理日本问题,王宠惠作为外交顾问随行。在《开罗宣言》起草过程中,他出色的国际法功力以及流利的英文,为维护中国的权益,尤其是战后日本归还侵占中国的领土起到了十分重要的作用。

1945 年 4 月 25 日,旧金山会议召开,王宠惠作为中国代表之一出席会议,参与了《联合国宪章》的审议,并对该宪章的中文文本做最后修正和定稿。6 月 26 日,王宠惠出席《联合国宪章》的签字仪式,并作为中国 8 名代表之一在《联合国宪章》上签字。

抗战胜利,本来应该和平民主建国。然而这时,蒋介石自恃力量强大,一心要以武力消灭共产党。1946 年 11 月,国民党主持召开排斥共产党的"国民大会",大会通过了《中华民国宪法》。王宠惠以国防最高委员会秘书长和法学家的身份,积极参与了"制宪"工作。然而,王宠惠很清楚,在当时的中国,施行宪法是很难的。他说:"宪法的顺利运行,不尽在其条文之完善,而更有赖于政府与人民遵行宪法的民主精神。"

1948 年 3 月,所谓"行宪"后的第一届国民大会在南京召开。经过激烈的角逐,蒋介石当选为总统,李宗仁当选为副总统。6 月 24 日,蒋介石提名王宠惠为司法院院长。从 1928 年他首次担任司法院院长以来,整整20 年了。由此可见,王宠惠在中国司法界,无人能与之争锋。

1948 年 3 月,王宠惠当选为中央研究院人文组法学院士,不仅仅因为他是中国司法部门的最高长官,更因为他有法律思想和著作,以及他对中国法律的贡献。

以王宠惠在国民党内的权位,在大陆政权更迭之际,是不可能留在大陆的,但他对国民党政权也有些许的失望。因此 1949 年,失意的王宠惠以养病为名前往香港。在蒋介石的多次催促下,王宠惠最后还是于 1950年去了台湾。

1958 年 3 月 15 日,王宠惠在台北逝世。

扩展阅读:

刘宝东:《出山未比在山青:王宠惠》,团结出版社 2010 年版

五十九

马寅初
中国最著名的
经济学家之一

　　马寅初(1882—1982年),名元善,字寅初,以字行。浙江嵊县人,经济学家、教育学家、人口学家。

　　马寅初早年在家乡接受私塾教育,1899年,马寅初入上海育英书馆学习,1903年以优异成绩考入天津北洋大学堂矿冶专业。1907年获官费赴美国留学,进入耶鲁大学学习,改学经济学。1910年从耶鲁毕业后,进入哥伦比亚大学继续深造。1911年6月,以论文《中国的公共收入》取得硕士学位。1914年,以论文《纽约市的财政》获得哲学博士学位。这篇论文后被哥伦比亚大学政治学院出版,并被列为一年级新生的参考教材。马寅初是我国第一个到国外学习经济,并获得博士学位的学者。马寅初获得博士学位后,又到纽约大学研究了一段时间的商业经济,于1915年回国。

　　马寅初先在北洋政府财政部当职员,后应蔡元培邀请任北京大学经济学系教授兼主任,1919年出任北大第一任教务长。1920年赴上海考察工商业,先后任浙江兴业银行顾问和中国银行总局券。1921年9月28日,上海商科大学成立,马寅初被聘为教务主任,并教授经济学。1923年,马寅初与清华留美归国的经济学者刘大钧、陈长蘅、陈达等创立中国经济学社,并被推选为社长。

上海当时已是有世界影响力的金融城市,马寅初的经济学自然大有用武之地。他不仅在学校讲课,著书立说,而且走出学校,在工商界发表演讲,介绍经济学理论。1923—1928年,他的演讲由商务印书馆结集出版,共出了4册《马寅初演讲集》。同时,他还有许多经济学专著问世,如《中国国外汇兑》(1925年)、《中国银行论》(1929年)、《中国关税问题》(1930年)、《资本主义发展史》(1934年)和《中国经济改造》(1935年)等。

1927年,马寅初赴杭州担任浙江省政府委员及财政委员会主席,同时兼任杭州财务学校的教学工作。之后,他又到南京中央大学、交通大学、苏州东吴大学、浙江大学讲课,还在上海的一些大学任客座教授。

南京国民政府成立后,他出任立法院立法委员兼财政委员会委员长、经济委员会委员长,主持制定经济法律,如票据法、交易所法、公司法、土地法、商标法、营业税法、银行法、商业登记法、保险法等。同时他还兼任南京中央大学、金陵大学经济学教授。

1937年抗战全面爆发,马寅初西迁重庆,任重庆大学商学院院长兼教授。此后,他还先后在中央大学、交通大学任教,讲授银行学、货币学、财政学、保险学、交易所学等。

作为经济学家的马寅初,与科学家或者哲学家、历史学家不同,他不是埋头于科学仪器或故纸堆,他的目光是针对现实社会的,而当时的现实社会充满了黑暗和腐败。马寅初不是一介文弱书生,而是一位铁骨铮铮的战士。他以一个经济学家的良知和操守,通过演说和文章,抨击国民党的经济政策,反对官僚资本主义,反对出卖民族利益和独裁统治。让蒋介石不能容忍的是,马寅初竟然把批评的矛头直接对准了他。1940年,在重庆大学的一次演讲中,马寅初就直言不讳地指出:"有人说蒋委员长领导抗战,可以说是我国的'民族英雄'。但是照我看,只能说是'家族英雄'。因为他包庇他的家族亲戚,危害国家民族啊!"

1940年12月6日,马寅初遭国民党特务逮捕,先后被囚禁在贵州息烽监狱和江西上饶集中营。在社会舆论压力和中国共产党的营救下，1942 年 8 月，马寅初被释放，国民党当局余怒未消，仍将他软禁在歌乐山上，限止他与外界接触。直到抗战结束，马寅初才恢复自由。

尽管身处逆境，但马寅初毫不畏惧。他埋头著述，先后出版了《经济学概论》(1943 年)、《通货新论》(1944 年)、《战时经济论文集》(1945 年)等，在当时影响甚广。其中《经济学概论》后来多次再版，是"解放前流行的经济学原理著作"。

抗日战争胜利后，应黄炎培的邀请，1946 年 6 月，马寅初回到上海担任中华工商专科学校教授。在此期间，他继续不畏强暴，不顾安危，积极投身反内战、反独裁的民主运动。

30 年代末，马寅初通过经济学家沈志远、许涤新和中国共产党有了联系，思想上与延安产生了共鸣。正如他自己说过的，自 1939 年开始"无时无刻不与共产党在一起"。

1948 年 3 月，中央研究院评选院士。马寅初是除郭沫若之外，第二位因政治原因而引起争议的学者，但最终他还是以经济学权威的身份当选院士。和郭沫若一样，他没有参加中央研究院的院士大会。

1948 年底，马寅初响应共产党的号召，借道香港，转赴北平，参加新中国的筹建。1949 年 8 月，他出任浙江大学校长。

1949 年 9 月，中国人民政治协商会议第一届全体会议召开，马寅初当选中华人民共和国中央人民政府委员。后由周恩来推荐，以党外人士的身份出任政务院财经委员会副主任(主任是陈云)。

1951 年 5 月，马寅初调任北京大学校长。

1951 年 9 月开始，由马寅初发起，京津 20 多所高校教师 3 000 余人开展思想改造运动，开了知识分子改造运动的先河。他曾到北大教授周炳琳家中，帮助周炳琳"改造"。他现身说法，从周家客厅和内室通道的台阶上往下一跳，说："思想改造就要痛下决心，就像我这样向下一跳，就改造过来了！"

1953 年,新中国完成了首次人口普查。普查的结果引起了马先生的忧虑:他认为当时的人口增长率太高了,如果持续下去,50 年之后中国将难以供养庞大的人口。他将自己的研究成果写成《控制人口与科学研究》一文,并于 1955 年提交至第一届全国人大二次会议浙江小组讨论。这就是他著名的"新人口论"的开端。在 1957 年 7 月召开的一届全国人大四次会议上,他再次提出了一个关于控制人口问题的提案,在是年 7 月17 日在《人民日报》上发表了题为《新人口论》的专文,大声疾呼:"控制人口,实属刻不容缓。"

一般认为,马寅初是因为"新人口论"受到批判的,有所谓"错批一人,误增三亿"之说。其实不然。马寅初的新人口论,实际上是与毛泽东面谈后得到启发而逐步提出的,因此"新人口论"并没有受到正面的批判。当时受到批判的是他的经济思想,尤其是《我的经济理论、哲学思想和政治立场》一书。

面对不公正的批判,马寅初再次显示了他忠于真理的硬骨头精神。在 1959 年第 11 期《新建设》杂志上,马寅初发表了长文《我的哲学思想和经济理论》,该文第五部分是两个附带声明,其中一个是《对爱护我者说几句话并表示衷心的感谢》。他公开声明:"我虽年近八十,明知寡不敌众,自当单枪匹马出来迎战,直到战死为止,绝不向专以力压服不以理说服的那种批判者们投降。""不怕油锅炸,即使牺牲自己的性命也在所不惜!"他在文中还表示:"最后我还要对另一位好朋友表示感忱,并道歉意。我在重庆受难的时候,他千方百计来营救;我 1949 年自香港北上参政,也是应他的电召而来。这些都使我感激不尽。如今还牢记在心。但是这次遇到了学术问题,我没有接受他真心诚意的劝告,心中万分不愉快,因为我对我的理论有相当的把握,不能不坚持,学术的尊严不能不维护,只能拒绝检讨。希望我这位朋友仍然虚怀若谷,不要把我的拒绝检讨视同抗命则幸甚。"

马寅初在文中所说的"好朋友",指的是周恩来总理。他在文中的意思说得很明白,他谈的是学术问题,不是政治问题。在学术上,他认为自己是正确的。他要维护学术的尊严。这一点,彰显了他坚持真理的勇气和人格的高尚,十分难能可贵。

1960 年 1 月,马寅初辞去北大校长职务。从此,他沉寂了近 20 年。不过,马寅初蛰居寓所期间,仍然不忘学术研究。他在当时的日记中写道:"大江东流去,永远不回头。往事如烟云,奋力写新书。"他所说的新书就是探索中国农业经济规律的巨著《农书》。令人扼腕的是,在"文革"中,这一著作未能保存下来。

1979 年 9 月,马寅初获平反,担任北京大学名誉校长。1981 年 2 月 27 日,他当选为中国人口学会名誉会长。

1982 年 5 月 10 日,马寅初在北京逝世,享年 100 岁。

1999 年,《马寅初全集》由浙江人民出版社出版。2012 年,《马寅初年谱长编》由商务印书馆出版。

扩展阅读:

彭华:《马寅初全传》,当代中国出版社 2008 年版

六十

余嘉锡
第一流目录学专家

余嘉锡（1884—1955 年），字季豫，号狷庵，湖南常德人，出生于河南商丘（其父余嵩庆正在商丘县令任上），语言学家、目录学家、古文献学家。他与陈垣一样，是少数几位没有接受过现代教育的国学大师之一。

余嘉锡 6 岁开始启蒙读书，14 岁即作《孔子弟子年表》，16 岁受张之洞《书目答问》等影响，即开始读《四库全书总目提要》，并开始对这部目录学著作进行深入的辨析和研究。因天资聪颖，余嘉锡于 1901 年在湖南乡试中表现出色，考中了举人，年仅 17 岁。当时的主考官为翰林院侍读柯劭忞，时为湖南省学政。

1908 年，余嘉锡被选为吏部文选司主事。数月后，其父病逝，即丁忧回原籍。余嘉锡志不在做官，而在学术，他从此离开官场。辛亥革命后，与他同年中举的谭延闿督湘，请他出山，但余嘉锡婉谢，坚持在常德师范学堂执教。他以"有所不为"之意，自号"狷庵"。

1918 年，余嘉锡偕子余逊离开老家赴北京，住前门高庙常德会馆。1919 年，由柯劭忞介绍，到《清史稿》主编赵尔巽家中当家庭教师。其间，余嘉锡除了给赵家弟子授课，还有机会参与《清史稿》初稿的审阅，能时常向柯绍忞请教。

余嘉锡能够成名，与辅仁大学校长陈垣的鼎力提携有很大关系。陈垣是先认识余嘉锡的儿子余逊,然后再认识余嘉锡的。原来,陈垣在北大授课时,发现余逊作业精湛,询问后知其家学渊源,幼承庭训,学问得益于其父余嘉锡,便约请余嘉锡见面。相谈之下,发现他们都是受张之洞《书目答问》启发,进而对《四库全书》进行深入研究的,因此十分投契。1929年,陈垣任辅仁大学校长,便聘余嘉锡为该校国文系讲师,主讲目录学。1931年,又聘其为教授,并任国文系主任。后来,余嘉锡又在北京大学、中国大学、女子师范大学等校教授目录学。与此同时,他还陆续发表了《聚乐堂艺文目录考》《目录要籍解题》等文章。由此,余嘉锡以渊博的学识、极具功底的文章而渐渐为北京学术界所知,并被称为"目录学专家"。

余嘉锡后有《目录学发微》一书问世。他在总结前人研究成果的基础上,形成了一套自成体系的目录学理论。他充分肯定并发扬了目录学"辨章学术,考镜源流"的传统,进一步提出了"目录者学术之史"的观点,对目录学的意义、功能、源流、分类、体例、沿革等条分缕析,都有精辟的论述。

余嘉锡一生用力最勤的,还在《四库全书总目提要》。所谓《四库全书总目提要》,乃中国古典文献总汇,但书籍实在太多,一般学者不可能窥其全豹。而《四库全书总目提要》由清代目录学家纪昀总纂,是中国古典目录学名著,至今仍被认为是"整理古典文献的津梁,总结传统学术的枢纽"。余嘉锡自16岁即开始校读《四库全书总目提要》,长年不断,已取得相当大的成就,并已成稿220余篇。当时战火纷飞,他"自念平生精力尽于此书,世变日亟,马齿加长,惧亡佚之不时,杀青之无日",于是取史、子两部写定之稿,于1937年7月,辑成《四库提要辨证》一书,自费排印数百册。该书虽然是专门针对《四库全书总目提要》而作,但绝不仅仅是目录学方面的巨著,其内容实际上包括对我国古代的历史、文学、哲学、文献学及学术史的研究,并都有十分独到的见解,因而被誉为"是一部从微观角度研究中国古籍的著作"。正是此书真正奠定了余嘉锡在学术界的地位。

1937 年,抗日战争全面爆发,北平沦陷,各大学相继南迁。辅仁大学因系罗马教廷天主教会创办,当时由教会代表德国神父雷冕主持校务,日军有所忌惮,没有受到干扰。也因此,陈垣、余嘉锡等都没有南迁。当时滞留在北平的知名学者众多,余嘉锡设法将其中一些聘到辅仁大学国文系,从而使辅大国文系一时号称阵容最强。1942 年,余嘉锡兼任辅仁大学文学院院长。

余嘉锡本来就对政治毫无兴趣,北平沦陷期间,他更只在讲坛与书斋之间来回穿行,潜心于学问之中。他一生治学,走的还是乾嘉文献考据学的路子,考据学最基本的要求就是第一博览群书,第二博闻强记,第三分析归纳。而这三条,余嘉锡一样不缺。首先,他自幼读书广博,经史子集无不浏览。他读书五千余部,曾不无自豪地将自己的书斋名为"读已见书斋",并自称:"史、子两部,宋以前书未见者少;元明以后,亦颇涉猎。"(参见《四库提要辩证》序录)其次,他的记忆力非常好,基本可以做到过目不忘。最后,他以目录学为治学之钥,利用版本、校勘之学对史料、史事进行考据,条分缕析。

日寇侵华,余嘉锡深感悲愤。他将自己书房名"读已见书斋"改为"不知魏晋堂",是借陶渊明《桃花源记》中"不知有汉,无论魏晋"之语,以暗示"人心思汉"。他在与友人的信函中自署"钟仪",以春秋时楚囚自比,由此可以看出他当时悲苦的心境。

余嘉锡还利用大学讲坛,进行爱国主义教育,如他特意开设楚辞课程,以借古喻今,教导学生忠心爱国。他作《世说新语》的笺疏,也是从这个时候开始的。他在《世说新语笺疏》校勘本后自题:"读之一过,深有感于永嘉之事,后之视今,亦犹今之视昔。他日重读,回思在莒,不知其欣戚为何如也。"他晚年在该书上投入了相当多的精力,自谓"一生所著甚多,于此最为劳瘁"。

不过,余嘉锡经考证后认定岳飞《满江红》为伪词,郑思肖《心史》为伪书,认为它们都是明人托古之作,可见他并不因爱国心理而影响考证的客观性,此足可见其学人本色。

抗战胜利后,胡适任北京大学校长,有意聘请余嘉锡到北大历史系任专职教授,便与辅仁大学校长陈垣相商,被陈婉拒。而余嘉锡也不愿离开辅仁,他曾有信与表侄张舜徽言及此事,说:"吾与援庵交谊甚深,共事已久,渠既不欲吾他适,义不得去此取彼。"

1948 年 3 月,中央研究院评选院士,他与张元济、胡适、杨树达同隶"人文组中国文史",余嘉锡是第三轮投票中获得 19 票才当选的。在第一届院士中,除陈垣外,余嘉锡与杨树达最为相得。他们不仅是湖南同乡,且意气相投,惺惺相惜。在获悉当选院士后,他于是年 4 月写信给同时当选院士的杨树达:"此次院士选举,兄以声誉卓著,为众望所归,故以二十票顺利通过。弟则不为人所知,而卒获附骥,盖幸也。然全国私立大学与此选者惟弟一人,其难如此(陈援庵亦私立大学,然本是评议员)。"语虽谦虚,但还是流露出几分得意。

1949 年,国共政权更替之际,胡适竭力拉陈垣南下,但对余嘉锡未花多少工夫。而余嘉锡与陈垣的情谊非同一般,陈垣的政治态度对余的影响很大。这时,余嘉锡已年近古稀,便安安稳稳地留在了北平。

1949 年 11 月,中国科学院成立,余嘉锡被聘为语言研究所专门委员。不过,余嘉锡这时年事已高,身体不好。1949 年冬,因考证《东林点将录》和《天鉴录》用力过度而患病,卧床数月才痊愈。1952 年,全国高等院校进行大调整,辅仁大学被撤并。因他在辅仁大学任教多年,心里自然比较难过,而这时他又摔伤右股,旋又因脑出血而瘫痪,真是屋漏偏遭连夜雨啊!

虽在病中,余嘉锡依然写作不辍。《四库提要辨证》自 1937 年自印出版后,他又完成关于《四库全书总目提要》中关于经、集的辨证文章 260 余篇,至 1954 年全书完成,计 80 余万言,这既是目录学巨著,同时也是考据学的一部力作。全书完成,余嘉锡自然十分祈盼早日出版,并写好了《四库提要辨证序》。邓之诚和余嘉锡是老朋友,他在 1954 年 6 月 11 日的日记中说:"因科学院以其所编书为文言,无标点,且行草难识,又不与印行之说,彼闻之着急,病遂加重。其书仍可付印,今已痊可多矣。"

1955 年 1 月 23 日,余嘉锡在北京病逝,终年 72 岁。他所看重的《四库提要辨证》一书,1958 年由科学出版社出版。1980 年,中华书局又改正错字,重排标点,装成四册重新出版。他的其他著作,如《世说新语笺疏》《余嘉锡文史论集》《余嘉锡论学杂著》(上、下)、《古书通例》(又名《古籍校读法》)、《目录学发微》《校勘学举例》等专著,也都陆续出版。从这点上说,他可以无憾了。

扩展阅读:

周祖谟:《余嘉锡先生纪念文集》,湖南教育出版社 1989 年版

六十一

杨树达

汉语语言文字大师

　　杨树达(1885—1956 年),字遇夫,湖南长沙人,中国语言文字学家。中年以"积微"名其居,晚年遂号"积微翁"。

　　杨树达家学渊源,少时即在家随父受读,跟着父亲既学习过《资治通鉴》与《史通》等史学名作,也学习过郝氏《尔雅》、王氏《广雅》等训诂专著,并由此立下研究训诂学之志。

　　杨树达年幼时即因学习优异,获湖南学政江标、鸿儒叶德辉的提携。杨树达还成为叶德辉的入室弟子,叶德辉后来在为杨树达《韩诗外传疏证》作的序中,就把杨树达称作"门人杨生遇夫"。叶德辉对杨树达做学问之勤勉给予了高度评价,他在为杨树达《新序集证》作的序中说:"遇夫好学之勤,著书之勇,今日之士,诚不多见。"

　　1898 年,著名的时务学堂在湖南长沙开办,杨树达考入该校,与蔡锷等为同学,颇受当时在该校任教的梁启超、谭嗣同等人"革政救亡"思想的影响。1900 年改入官办求实书院学习,除经史外,还兼学算学、英文。1904 年参加科举应试,被录取为长沙童生第一名。1905 年获官费赴日本留学,先后就读于东京弘文学院、京都第三高等学校,主攻日文和英文,自言"尤于文法,颇究心焉"。这为他后来以比较的方法研究汉语文法打下了基础。

　　辛亥革命后，杨树达因官费停发回国，先在湖南省教育司任职，后在湖南省立第四师范学校、第一师范学校等校做教员。毛泽东曾旁听过他的课。1919年湖南民众组成代表团进京请愿，要求驱逐督军张敬尧，杨树达和毛泽东皆为代表。因此，毛泽东与杨树达不仅有师生之谊，还有革命之情。

　　不过，杨树达生性淡泊，此后他与政治的接触就变得相当有限了。1920年，杨树达任中华民国教育部国语统一筹备会辞典编辑，同时兼北京法政专门学校教授，还先后在北京师范大学、清华大学中文系任教，开设的课程有国文法、文字学、修辞学，还讲授《史记》《汉书》《淮南子》等，这些也都是杨树达日常研究的领域。杨树达非常善于把课堂教学和学术研究结合起来，因此，他每开一门课程，就会自编这一门课的讲义。后来大部分讲义被编纂成专著出版，如《古书疑义举例续补》《淮南子证闻》等。

　　从1920年北上到七七事变后回湘避难，杨树达在京18年，其间新撰与续成的专著共达18种，主要分为文法和文字训诂两类。其中比较有影响的有：《词诠》（1928年）、《积微居文录》（1931年）、《中国修辞学》（1933年）、《积微居小学金石论丛》（1936年）等。杨树达治学的特点是平实、细密、无征不信。他熟读古籍，精于校雠，且能把现代文法与传统训诂结合起来，因此取得超越前人的成绩。张岱年曾撰文称，中国学人，只有冯友兰之哲学、陈垣之史学、杨树达之训诂学，"足以抗衡日本"。

　　杨树达的《词诠》对472个虚词进行了解释，不仅在当时同类著作中收词最多，而且克服了清代人讲虚词只知其然而不知其所以然的弊病，并结合文法来讲解，从而使文言虚词的研究从清代的训诂学提升至更为科学的文法分析层面。杨树达在文字学研究中有许多开创性的洞见，如他在《积微居小学述林》自序中表达的论点就是一个很好的例证："一曰形声字中声旁往往有义；二曰文字构造之初已有彼此相通借的现象；三曰意义相同的字，他们的构造往往相同或相类；四曰象形、指事、会意和形声四书的字往往有后起的加旁字……五曰象形、指事和会意三书的字往往有后起的形声字,而许君或不知。"

杨树达的著述很多,涉猎的范围也很广,学术成就自然也很高。比如,《汉语文言修辞学》就是一部具有民族性、科学性、创造性的文言修辞学名著。

1937 年 5 月,杨树达因父病南归。回家后,见其父病重,不忍离开,遂向清华请假一年,并接受湖南大学的聘请,任中文系教授,从此与湖南大学结缘。不久,爆发七七事变,杨树达即嘱咐学生将他留在北平"积微居"的重要书籍运回家乡。1938 年 10 月,湖南大学迁至湘西辰溪,杨树达满怀悲愤,随校西迁。一年后,清华大学虽邀他返校任教,但故土难离,他未曾应邀前往。

抗战期间,时事艰难,百业凋敝,物价腾飞。1942 年,杨树达在湖南辰溪,儿女失学,自己病倒,穷困交加。他自以为活不了多久了,甚至写好了遗嘱。这时,有人劝他填张表加入国民党,这样在生活上可以得到不少补助,但他婉言谢绝了。

即便在艰难困苦的窘境下,杨树达依然没有停止学术探索,并且他的研究始终与时事紧密结合。1939 年,他给湖南大学学生开了一门新课——"春秋",并在次年完成了著作《春秋大义述》。他开此课的目的:"意欲令诸生严夷夏之防,切复仇之志,明义利之辨,知治己之方。"从1940 年开始,杨树达的研究范围扩展至金文和甲骨文,并获得丰硕成果。

1942 年,杨树达曾将他的一些书稿寄赠陈寅恪,并请他为《小学金石论丛续稿》作序。是年 12 月,杨树达收到陈寅恪的复函,其中有云:"论今日学术,公信为赤县神州文字、音韵、训诂学第一人也。嘱为大作撰序,为此生之荣幸。他年贱名得附以传,乃公之厚赐也。"陈寅恪此说虽有客气的成分,但杨树达的学术水平和成就确实有目共睹。这一年,杨树达与陈寅恪等受聘为国民政府教育部"部聘教授",并与金岳霖等一道因各自的学术著作被教育部学术审议委员会评为二等奖。抗战胜利之后,杨树达还在 1947 年获古文字学研究二等奖。

杨树达也不是完全埋首书斋,相反在孜孜于学问的同时,他还关心着时局与国事。1945 年,他参与组织发起九三学社,反对国民党当局的独裁政策。1946 年 7 月中旬,他获悉清华中文系旧同事闻一多被刺,发出感慨:"报载闻一多见刺,死于昆明。今日真乱世也!书生狂论,竟不能容,言论自由之谓何哉!"对于亲属参加革命工作,他也积极支持。

1948 年 3 月,杨树达当选为中央研究院院士。1948 年 9 月,杨树达离开长沙前往南京参加中央研究院第一次院士会议。11 月,湖南大学给假一年,杨树达遂前往广州访友讲学。次年 5 月才返回长沙。这时,解放军已跨过长江,正继续向南进军。杨树达专心学术,向与政治无涉,与国民党高层也没有密切的关联。因此对于去留也没什么纠结。8 月,长沙解放在即,杨树达欣然接受教授会的推举,作为湖南大学的三人代表之一,劝说在长沙的国民党第一兵团司令陈明仁起义。9 月,中国人民政治协商会议召开。杨树达应《民主报》之请,撰写《实事求是》一文,表示"建国成功,绝无可疑也"。

杨树达身在长沙,远离京畿,但学术界并没有把他遗忘。1949 年北平解放后,吴玉章、马叙伦等组织中国文字改革协会,杨树达任理事会副主席。1950 年 10 月,中国科学院聘其为语言文字组专门委员。

1952 年,因全国高校院系调整,杨树达转入湖南师范学院任教授,后兼任湖南省文史研究馆馆长。

1952 年,杨树达两次上书昔日学生毛泽东,获毛泽东主席的亲笔回信,并道阔别之情。毛泽东还曾经将杨函转往中国科学院。因此,他的许多旧著在中国科学院的支持下,由科学出版社不断再版,许多新作也得以出版,如《积微居甲文说·卜辞琐记》《积微居金文余说》《耐林庼甲文说·卜辞求义》等。杨树达对班固所著的《汉书》投入了最多精力,他花费三四十年时间专此一书,最后成为他治古典文献最高成就的巨著《汉书窥管》也得以出版,嘉惠了当时的学界。

　　1954 年 11 月,毛泽东到长沙视察工作时,还特邀杨树达会面,听取他对工作的意见。1955 年 9 月,杨树达应邀离湘北上,重返阔别了 18 年的京城。他不仅受邀参加天安门国庆观礼,还得到毛泽东的亲自宴请,并在席上讨论关于文字改革的一些问题。

　　1955 年,杨树达被选聘为中国科学院哲学社会科学部委员,并被聘为苏联科学院通讯院士。

　　杨树达于 1956 年 2 月 14 日在长沙逝世,终年 71 岁。毛泽东亲致唁电,周恩来送了花圈,湖南省党政领导及各界人士 400 余人参加了杨树达的追悼会,护送灵柩至岳麓山安葬。

扩展阅读:

杨树达:《积微翁回忆录》,北京大学出版社 2007 年版

六十二

陶孟和

中国社会学开创者

陶孟和（1887—1960 年），天津人，名履恭，字孟和，以字行，社会学家。

陶孟和的父亲是近代教育家严修家塾中的塾师。陶孟和早年随父在严修家塾中就读。后转到张伯苓所办的南开学校，为该校的早期毕业生。1906 年，陶孟和以官费赴日本留学，进东京高等师范学校攻读教育学专业。在日本期间，曾出版两卷本《中外地理大全》，此书颇受欢迎，10 年内再版 7 次。

1910 年，陶孟和再赴英国留学，入伦敦政治经济学院，专攻社会学和经济学，1913 年获经济学博士学位。留学期间，陶孟和深受韦伯夫妇的费边思想影响，并用英文写了《中国乡村与城镇生活》一书，于 1915 年在英国出版，颇受好评。这是中国社会学的开山之作。

陶孟和获博士学位后回国，1914 年任北京大学教授，讲授社会学、社会心理学、社会学原理等课程，后在北京大学任系主任、文学院院长、教务长等职。他是新文化运动中著名杂志《新青年》的编辑之一，并在《新青年》上发表了 10 余篇文章，从社会学角度，积极提倡科学与民主。1920 年 8 月，陶孟和与胡适、李大钊等 7 人联名发表《争自由的宣言》。1922 年，他又与蔡元培、胡适等 16 人联名发表《我们的政治主张》，提倡"好政府主义"。

陶孟和是社会学家,自然对社会调查十分热衷。1926 年 2 月,中华教育文化基金会接受美国一宗教团体的捐款,专门用于社会调查,并因此设立了社会调查部,聘请陶孟和为该部主任。后来,陶孟和将调查结果写成《北京人力车夫之生活情形》《中国的人民的分析》《贫穷与人口问题》等调查报告予以发表,为社会学在中国的发展开启了一个良好的开端。

1928 年 6 月,中华教育文化基金会在北京召开第五次年会,会上决定将社会调查部改为社会调查所,成为独立的研究机构。陶孟和为社会调查所拟定了一系列研究科目,包括中国近代经济史、政治制度、经济理论、工业经济、农业经济、对外贸易、财政金融、劳动问题、人口问题、统计共 10 类。

1930 年初,社会调查所创办了《社会科学杂志》;后来,又创办了《中国近代经济史研究集刊》。这两个刊物的主编都是陶孟和。

1934 年,经中央研究院与中华教育文化基金会商议,决定将社会调查所并入中央研究院社会科学研究所,陶孟和任所长。

抗日战争期间,研究所几经转移,最后于 1940 年秋搬到了四川南溪李庄,与中央研究院历史语言研究所为邻。此时条件虽然艰苦,但陶孟和的研究没有中断,且成绩斐然。其中一项成果《抗战损失研究和估计》为抗战胜利和谈判赔偿问题时提供了资料准备。遗憾的是,该研究成果后来没有被派上用场,但从中依然可以看出陶孟和的预见性。

抗战期间,蒋介石号召开发西北,朱家骅希望陶孟和的社会科学研究所成为学术界"进军西北"的先锋,出于自身研究兴趣的考虑,陶孟和一度准备把社会科学所搬到兰州。然而,蒋介石却希望社会科学所迁到兰州以西的酒泉。酒泉那时不过是个油栈,既无经济可研究,也无文化交流可探寻。所谓社会科学所西迁后来就不了了之了。社会科学所虽然西迁没成,但在此过程中,傅斯年与陶孟和却产生了激烈的矛盾。原来,陶孟和以西迁为名,招了一些人才,而这些新招者研究的领域,似与历史语言

　　所有重叠，傅斯年便认为陶孟和动了他的奶酪，毫不顾及情面，对作为老师的陶孟和恶语相向。于是两人你来我往，打起了笔仗。最后虽然没有绝交，但陶孟和对于傅斯年的霸道作风自然不会淡忘的。

　　陶孟和早年曾对蒋介石和国民政府寄予厚望，并与蒋氏本人有过接触。抗战期间，他以无党派人员和自由知识分子的身份，出任国民政府参政会参政员，开始涉足政界。随着对国民党及蒋家王朝的认识不断加深，由失望渐渐产生反感。尤其在他主持了多项农村经济与社会状况调查之后，亲眼目睹了社会的真相以及整个社会政治向心力转移，他的思想日益左倾，不断抨击国民党政府的腐败。清华大学前校长、时任国民政府农林总长的周诒春说过一句："国民党政府已经烂到核心了，就是说不可救药了。"陶孟和深以为然。正是对国民党政府腐败的失望，导致他最终弃暗投明，全面倒向中共。

　　1948 年 3 月，中央研究院评选首届院士，陶孟和以所长身份和他在社会学方面的贡献，毫无悬念地当选为院士。年底，国民党实施"抢救学人计划"的时候，朱家骅不遗余力地动员中央研究院全部迁台。1948 年 11 月 30 日，朱家骅召集中央研究院开"在京人员谈话会"，布置迁台事宜。陶孟和在会上表示："搬不搬要同全所同仁商量，以多数人意见为依归。"12 月 9 日，朱家骅催促陶孟和赶快迁台。陶孟和说，所务会已开过，"全所人员多一票"决定不迁。朱家骅则说，"出席人员中包括助理研究员，不符合规定"，强令陶孟和搬迁。出于对国民党的失望以及对共产党的同情，陶孟和以各种理由拖延不迁。在陶孟和的影响下，社会所没有一个人去台湾，整建制全部留在了大陆。

　　当陶孟和得知中央图书馆、北平图书馆的善本图书以及故宫博物院的珍藏文物被先后搬往台湾的消息，于 1949 年 3 月 6 日，在《大公报》上发表署名文章《搬回古物图书》，明确表示坚决反对文物迁台，因为"这些古物与图书绝不是属于任何个人、任何党派""它们是属于国家的，属于整个民族的，属于一切人民的"。他还在文中表示："政权的冲突，政权的更迭，都不应牵涉国家民族的宝藏"，因此要求"政府立刻筹最妥善的方法，将运到台湾的各项古物图书仪器运回大陆,分配给各应该接受的机关"。

1949 年 4 月 23 日,陶孟和以热切和兴奋的心情迎接中国人民解放军进驻南京。让陶孟和没有料到的是,南京解放第二天,陈毅即到中央研究院社会研究所看望陶孟和。紧接着,南京军管会成立中央研究院院务委员会,维持南京各所的日常工作,共选出 14 位委员,陶孟和为主任委员。9 月,中国人民政治协商会议第一届全体会议在北京召开,陶孟和以"特别邀请人士"身份出席会议,被选为第一届全国政协委员。11 月,中国科学院成立,经陈毅力荐,陶孟和被任命为副院长。根据分工,陶孟和负责社会、历史、考古和语言 4 个研究所,并兼任社会研究所的所长。

1950 年,中国科学院迁入文津街 3 号。这里正是 30 年代原社会调查所与静生生物调查所旧址。陶孟和的办公室就在他原任社会调查所所长的那间屋内。几十年光阴匆匆过去,又回到了事业起点的位置,令陶孟和百感交集。

1952 年,社会研究所由南京迁北京,随后他辞去了所长职务。新政权对社会学进行了重新评估和调整,社会研究所改为经济研究所,以适应新的社会发展需求。陶孟和的内心想必是会有几分酸楚的。1955 年,中国科学院选聘学部委员,陶孟和的职务放在那儿,不聘说不过去。另一位社会学家陈达于是就落选了。

为加强编译出版工作的统一领导,1955 年 12 月 27 日,中国科学院决定成立中国科学院编译出版委员会,由陶孟和担任主任委员,统一领导科学出版社、图书馆以及后来成立的科学情报研究所。

1960 年 4 月 17 日,陶孟和在上海参加中国科学院第三次学部委员大会议时,突发急性心肌梗死,经抢救医治无效,不幸逝世,终年 72 岁。

扩展阅读:

王金锋:《科学新生:中国科学院成立》,吉林出版集团 2010 年版

六十三

周鲠生
中国现代国际法之父

　　周鲠生(1889—1971年)，原名周览，湖南长沙人，法学家、教育家，中国最著名的国际法专家之一、中国现代国际法之父。

　　周鲠生幼年不幸，3岁丧母，10岁丧父。幸得亲友帮助，使他能得到受教育的机会。他天资聪颖，13岁即考取秀才，有"神童"之名。后入湖南省立第一小学学习，因成绩优异，周鲠生于光绪三十二年(1906年)获公费留学，东渡日本，入早稻田大学学习政治、法律、经济等科，时年17岁。

　　周鲠生在日本留学期间，愤于清廷腐败，国弱民穷，加入同盟会，并于辛亥革命前夕回国，参加革命活动。辛亥革命成功后，与友人李剑农、皮宗石、杨端六等在湖北汉口先后创办《民国日报》《汉口民国日报》等报纸，宣传民主革命，抨击军阀专横，反对袁世凯独裁。二次革命失败，报纸被袁世凯北洋政府查封，编辑人员被通缉。他只身潜往上海，并将原名周览改为周鲠生。

　　这期间，周鲠生得到革命家黄兴的资助，并获湖南省官费，于1913年再度离国，赴英国爱丁堡大学学习，获政治学硕士学位，因学习成绩优异，还获得一枚金质奖章。随后他又去法国深造，再获巴黎大学国际法学博士学位。

在欧洲攻读 8 年后,周鲠生于 1921 年回国,随即入商务印书馆编辑所,任法制经济部主任。1922 年,应北京大学校长蔡元培之邀,就任北大政治系教授兼政治系主任。

教学之余,周鲠生潜心研究国际法及外交史。鸦片战争之后,外国列强强迫中国签订了一系列不平等条约。周鲠生就从国际法的角度,对此展开研究。1923 年,周鲠生写就《领事裁判权问题》一文,指出侵害国家主权的领事裁判权"断乎不能任其存在"。同时,他也认为撤废领事裁判权要改良中国司法的不合理之处。1924 年,他积极参加不平等条约改正运动,出版《不平等条约十讲》,力陈不平等条约对中国主权的危害。

1926 年,国民革命军北伐,周鲠生十分兴奋。他毅然辞去北京大学的教职,南下广东,参与将广东大学改组为中山大学的筹备工作。1926年冬,周鲠生应武汉国民政府外交部部长陈友仁之邀,担任外交部顾问,积极推动废除不平等条约、收回"国权"的运动。他协助国民政府以"革命外交"之手段,先后收回了汉口、九江英租界。

1928 年,周鲠生参与筹备武汉大学。1929 年 9 月,他在武汉大学担任教授、法律系主任兼政治系主任。其间,出版《国际法大纲》。1932 年,英国李顿爵士率领"国联调查团"来到中国,就九一八事变进行调查,其中有些团员站在帝国主义角度,偏袒日本,妄言事变的发生起因于我国同胞抵制日货,是反日运动造成的。在调查团的访谈中,周鲠生依据史实,引经据法,让全团认识到了中日之间的是非曲直,为调查团后来撰写比较客观的报告,起了较好的作用。同一时期,他撰写了《日本对华侵略政策》《东省事件与国际联盟》等文,不仅传诵一时,而且被后来的国际法学者视为必读的经典文献。

从 1932 年开始,周鲠生陆续出版了《现代国际法问题》《最近国际政治小史》《国际法大纲》《赢得太平洋上的和平》等著作,成为国内外有影响力的国际法专家。

由于周鲠生在国际法方面的深厚造诣和广泛声誉,内外交困的国民政府开始重视周鲠生的意见。而身为学者的周鲠生开始深入参与到国民政府抗日决策中,成为国民政府在国际关系与国际法领域的重要智囊。1932 年 7 月,周鲠生多次应邀前往蒋介石官邸讲解国际法和外交。他根据自己在国际法方面的知识和对国际形势的判断,提出要注意避免成为妥协外交的牺牲品,在持久抗战的局势下,策动一种基于英美合作之上的国际或联合的干涉行动。

1936 年,周鲠生升任武汉大学教务长。1938 年初,蒋介石设立军事委员会参事室作为幕僚机构,周鲠生被任命为参事。

1939 年 4 月,周鲠生与钱端升等人奉派前往美国,开展民间外交,通过演讲、讲学的方式发出中国声音。他们积极争取美国对华援助、对日禁运,探寻美国的外交走向,并想方设法通过民间的管道,将中国的意见反馈到美国最高决策层。1939 年 5 月,他加入国际反侵略运动大会中国分会,被推选为理事。同年,他作为中国代表团顾问,出席在美国旧金山举行的国际联盟会议。与此同时,他致力于国际政治的研究,尤其研究了战后国际政治组织问题,并给国民政府提出了许多建设性意见,有些成为后来《联合国宪章》的正式条款。

1942 年,国民政府公布第一批教育部"部聘教授"名单,周鲠生名列其中。此时,周鲠生身在美国。1945 年 4 月,在世界反法西斯战争即将胜利之际,联合国国际组织会议在美国旧金山举行,50 国代表团齐集于此,商讨成立联合国事宜。中国作为 4 个发起国之一,派出宋子文、董必武等 10 人组成的代表团前往参加会议,周鲠生作为顾问随行。经过整整两个月的会议,全体代表一致通过了《联合国宪章》。周鲠生不仅以中国代表团顾问的身份参加了联合国创建大会,还在联合国宪章上签字。

1945 年 7 月,周鲠生回到中国,担任武汉大学校长。抗战胜利后,周鲠生克服重重困难,领导学校由四川乐山搬迁回武昌珞珈山原校址。随后,周鲠生在校内进行了一系列改革,裁汰旧人,增聘新锐,使学校气象一新。同时,他恢复农学院,增设医学院,武汉大学遂成为拥有文、法、理、工、农、医六大学院的著名综合大学。

1948 年 3 月,周鲠生因其在国际法领域的成就,当选为中央研究院第一届院士。

1949 年初,何应钦到武汉,邀请周鲠生出任国民政府教育部部长,他婉言谢绝。4 月,武汉临近解放,白崇禧命令武汉大学迁往桂林,周鲠生拒绝执行该命令。他在学校团结应变迎解放的座谈会上公开表态:"在任何情况下,决不迁校!"

武汉解放后,周鲠生继续担任武汉大学校长,并兼任中南军政委员会委员、文教委员会副主任。

1950 年,周鲠生离任武汉大学校长之职,进京担任中国人民外交学会副会长、外交部顾问、人大常委会法案委员会副主任委员等职。在外交方面,毛泽东、周恩来十分重视周鲠生的意见。据知情者回忆,当时重要的外交文件,没有看到周鲠生的意见,周恩来是不批的。周鲠生也竭尽全力,将他丰富的外交和国际法知识,贡献给中央。例如,在 1950 年的抗美援朝战争中,"中国人民志愿军"这一名称,就是根据周鲠生的建议确定的。1954 年,中共中央着手起草新中国第一部宪法,周鲠生与钱端升一起被聘为法律顾问,他提出了许多宝贵的意见。在著名的"和平共处五项原则"中,周鲠生也提出了修改意见,将其中的"互相尊重领土主权"改为"互相尊重主权和领土完整","平等互惠"改为"平等互利",周总理在 1955 年万隆会议上的发言正式使用这一提法。

1955 年,中国科学院选聘学部委员,当时正受重用的周鲠生并未当选。这从一个侧面说明了能否当选为学部委员,也不完全是因为政治因素。1956 年,经周恩来介绍,周鲠生这位老同盟会会员加入了中国共产党。

1964 年,周鲠生完成了巨著《国际法》。这是世界国际法学中自成一派的法学著作,它以马克思主义理论为指导,系统地论述了国际公法的一般理论,同时介绍了外国处理涉外案件的大量实例,理论体系完整,见解独特,具有很高的学术价值和实践指导价值。此书还有一个与众不同的地方:详细介绍了新中国的外交和国际法实践,并将和平共处五项原则等新中国外交实践上升为现代国际法的基本原则,是当时不可多得的讲述中国故事、发出中国声音的国际法经典著作。

周鲠生国际法理论还有一个鲜明的特点,那就是高度重视对国际关系与国际法新秩序的构建、维护中国国家主权与民族利益。

1958 年 8 月,周鲠生、刘泽荣、倪征燠等三位国际法专家应邀到北戴河,就领海宽度和领海法律制度等问题,为毛泽东、周恩来等国家领导人提供咨询。他们认为,中国应以 12 海里为领海宽度。同年 9 月 4 日,全国人民代表大会常务委员会批准中华人民共和国政府关于领海的声明,第一条为"中华人民共和国的领海宽度为 12 海里。这项规定适用于中华人民共和国的一切领土",并宣布渤海为中国内海。自此,中国有了法定领海宽度。

1970 年,周鲠生所著的《国际法》一书公开出版,这是他晚年颇感欣慰的一件事。

1971 年 4 月 20 日,周鲠生在北京逝世,享年 82 岁。

扩展阅读:

王玉明:《中国法学家辞典》,中国劳动出版社 1991 年版

六十四

陈寅恪
大师中的大师

陈寅恪(1890—1969年),江西修水人,历史学家、国学大师。

陈寅恪出生于官宦世家,1902年春随长兄陈衡恪赴日留学,1904年夏回国。是年冬,考中官费再次赴日。次年冬因病返回,在家调养一年多后,于1907年插班考进上海复旦公学,同班同学中有日后成为著名科学家的竺可桢。1909年秋,陈寅恪未从复旦毕业,即在亲友的资助下,赴德国柏林洪堡大学留学。1911年又转入瑞士苏黎世大学,后因学费问题,中途辍学回国。在家自学一年多,于1913年春再次出洋,入法国巴黎高等政治学校就读。1914年,经费又出现问题,而此时江西省教育司恰好电召陈寅恪担任留德考试阅卷官,并允工作满3年后给他留学官费。于是,陈寅恪再度中断学业,到江西省教育司任职。1915年春,他一度任全国经界局督办蔡锷的秘书,1916年至湖南担任省长公署交涉科长。

1918年7月,陈寅恪终于得到江西省的留学官费。本来他想重返德国柏林洪堡大学,但当时第一次世界大战尚未结束,便接受已在美国留学的表弟俞大维之邀,于1918年11月赴美国入哈佛大学,师从著名美国梵学家兰曼学习梵文与印度哲学,当时和陈寅恪一起学习的还有汤用彤。兰曼对他俩极为欣赏,1921年2月17日,在给时任哈佛校长罗威尔的信中兰曼写道:"他们对我真有启发,我衷心希望我们能有许多这样精神高尚而且抱负不凡的人——来活跃我们本国的大批学生。我深信,他们两人都会对中国的前途有卓越的贡献。"1921 年秋,陈寅恪离开美国,终于回到柏林洪堡大学,受业于东方学家、梵学大师吕德斯,继续研习梵文和巴利文。

陈寅恪在日、欧、美的留学生涯,断断续续长达 23 年,直接在国外留学的时间也有 16 年。出人意料的是,陈寅恪虽在国外留学那么多年,却没有拿过任何国外大学的正式文凭或学位。他留学纯粹就是为了学习,为了获取知识。陈寅恪虽然没有获得任何文凭,但他所学十分广博,光学会的语言就有梵文、巴利文、波斯文、吐火罗文、佉卢文、突厥文、西夏文、蒙文、满文等古语文,他借此从比较语言方法入手,对佛教史、中外交通史等问题展开研究。

1925 年,陈寅恪终于回国,次年 7 月受聘于清华大学国学研究院,担任导师,成为当时闻名天下的四大导师之一。当时另 3 位导师是:梁启超、王国维和赵元任。

1927 年,王国维投湖自尽,陈寅恪在纪念碑上撰文,其中有云:"唯此独立之精神,自由之思想,历千万祀,与天壤而同久,共三光而永光。"这既是悼念王国维,也是他夫子自道。

陈寅恪刚到清华的时候,一无文凭,二无著述,三无声望。在清华大学国学研究院,选择修读他课程的学生不多,但通过接触和交流,学术界很快认识到陈寅恪学问博大精深,将他与陈垣并称为"史学二陈"。

陈寅恪中年以后,将研究的重点转到魏晋南北朝至隋唐之际,也就是"中古以降民族文化之史",代表作有《隋唐制度渊源略论稿》《唐代政治史述论稿》及《元白诗笺证稿》等。陈寅恪治学,既继承乾嘉学者实事求是、精密严谨的考据方法,溯源达流,辨伪识真;同时也吸收宋代学者追求义理的作风,注重探求历史规律。他用多种语言考订史料,并用宗教学、语言学、哲学、文学、社会学解释历史。"诗史互证"是陈寅恪考据法的特色之一,也是他用文学解释历史的例证。

陈寅恪身上有许多光环,被誉为"大师中的大师",无疑是国学大师的代表。不过,知名学者中对陈寅恪治学颇有微词的也不乏其人,如20世纪30年代的胡适及80年代的钱锺书,他们都认为陈寅恪"文章写得不高明"。钱穆也认为陈文"故作摇曳,此大非论学文字所宜"。当然,陈寅恪治学的专深与广博,非常人所能及,还是学界公认的。

在清华的10余年,是陈寅恪一生中最稳定、最安逸的时期。可是七七事变的爆发打破了一切,陈寅恪不得不在战火中南渡,于1938年抵达昆明,任西南联大教授。而他的双眼因为疾病没有得到及时的治疗,先后失明。此后,他依靠助手和记忆进行学术研究。

1939年,经中英文化委员会推荐,牛津大学聘请陈寅恪为中国史教授。这是牛津大学有史以来第一次聘请中国人担任这一教职。是年夏,陈寅恪从昆明抵达香港。遗憾的是,由于欧战爆发,最终没能成行。牛津大学同意陈寅恪延迟一年到英国任教。次年,陈寅恪再次来到香港。阴差阳错,陈寅恪还是中止了英国之行。其中的原因,至今还是个谜。陈寅恪喜静不喜动,因此就暂居香港,就任香港大学中文系教授。

1941年底,太平洋战争爆发,日军占领香港,陈寅恪拒不与日军合作。次年春,陈寅恪设法离港出走,取道广州湾至桂林,先后任广西大学、中山大学教授。1943年8月,陈寅恪应成都燕京大学之聘,带着全家由桂林入川。他没有应傅斯年之召,到中央研究院历史语言所任职,惹得傅斯年不大高兴。

1944年,陈寅恪当选为英国科学院通讯院士。

1945年,牛津大学再次邀请陈寅恪赴教。于是,陈寅恪第三次就道。这次,他除了赴教之外,还有一个心愿,就是希望在英国能治好自己的眼睛。到英国后,在伦敦医院经过检查,结论是无法复明。陈寅恪失望之余,辞去了牛津大学的教职,于1946年春转道美国回国。之所以转道美国,也是抱着一丝希望,希冀美国的医院能够妙手回春。然而,船到纽约,赵元任夫妇等好友上船探视,说起眼病的事情,知道美国医生也束手无策,他便不再上岸,径直乘船回国了。

1946 年 5 月末,陈寅恪抵达上海。他在南京盘桓了几个月,傅斯年十分希望他留在南京的历史语言所,但他最终还是选择北上,于 1946 年 11 月重返清华园。这时,他已几乎全盲,因此有三位助手协助他进行教学与研究工作。

1948 年底,解放大军包围了古都北平。傅斯年实施"抢救学人计划",陈寅恪自然是重点中的重点,他多次电话催请陈寅恪南下,邀其同去台湾或香港。关于这段历史,陈寅恪本人在"文革"期间的《第七次交代底稿》中说:"当广州尚未解放时,伪中央研究院历史语言研究所所长傅斯年多次来电催往台湾。我坚决不去。至于香港,英帝国对其进行殖民统治。殖民统治的生活是我平生所鄙视的。所以我也不去香港。愿留在国内。"

12 月 15 日,陈寅恪及家人与胡适夫妇一起离开北平到南京。他曾对邓广铭说:"前许多天,陈雪屏曾(派)专机来接我。他是国民党的官僚,坐的是国民党的飞机,我决不跟他走!现在跟胡适先生一起走,我心安理得。"

到了南京后,陈寅恪与胡适就此别过。时任国民政府交通部部长的俞大维是他的表弟,他就在俞家住了一晚,即去了上海,在他另一个表弟俞大纲家中住了一个月左右。1949 年 1 月,应岭南大学校长陈序经之请,他去了广州,任教于岭南大学。

俞大维随国民政府退到广州后,经常去看望陈寅恪,"详谈各人行止,今后考虑"。最后,俞大维去了台湾,陈寅恪留在了广州。

傅斯年担任台湾大学校长后,通过各种渠道竭力动员陈寅恪去台湾,并帮他办好了去台湾的通行证,但陈寅恪最终也没有去。

陈寅恪在岭南大学期间,生活安宁而舒心。校长陈序经对他照顾有加,曾规定:"陈寅恪可以不参加除上课外的任何活动。"1952 年底,岭南大学并入中山大学,陈寅恪遂转任中山大学历史系教授。

1953 年，陈寅恪被任命为中央文史馆副馆长。是年底，陈寅恪的入室弟子汪篯带着中国科学院院长郭沫若和副院长李四光的信，请陈寅恪北上就任中古历史研究所所长，但遭陈寅恪婉拒。他在回复中明确表示："我认为不能先存马列主义的见解，再研究学术。"

即便如此，陈寅恪还是得到人民政府格外的优容。1955 年，中国科学院选聘学部委员，对是不是要把陈寅恪选上觉得很为难。毛泽东主席得知情况后，明确指示"要选上"。事先，中国科学院也征求了陈寅恪的意见，他明确表示愿意就任学部委员。60 年代初，陈寅恪还得到政府的副食品补助。1962 年，陈寅恪右腿因跌骨折，胡乔木前往看望，问起他的文集出版情况。他说："盖棺有期，出版无日。"胡乔木笑答："出版有期，盖棺尚早。"

1965 年，陈寅恪晚年花费了极大心血的巨著《柳如是别传》得以完稿。他把《隋唐制度渊源略论稿》《唐代政治史述论稿》《元白诗笺证稿》以外的旧文，编为《寒柳堂集》《金明馆丛稿》，这些著作则都是在他身后出版的。

陈寅恪都是在家里上课，并指导研究生。教学之余，则在助手的帮助下，完成《柳如是别传》等著作。

1969 年 10 月 7 日，陈寅恪在广州逝世，享年 79 岁。

扩展阅读：

卞僧慧：《陈寅恪先生年谱长编》，中华书局 2010 年版

六十五

王世杰

"战犯"院士之一

　　王世杰(1891—1981年),字雪艇,湖北崇阳人,法学家、教育家、外交家,武汉大学的创办者。

　　王世杰出身于书香门第,幼年在私塾开蒙,12岁入武昌南路高等小学,后入湖北优级师范理化专科学校,毕业后于1910年考进北洋大学堂,主修采矿冶金专业。

　　1911年武昌起义爆发,王世杰弃学返回武汉参加革命,任都督府秘书。二次革命失败,让王世杰对现实十分失望。他选择出洋留学。1913年赴英国入伦敦大学政治经济学院,1916年获政治经济学硕士学位。旋赴法国,入巴黎大学研读法学。1919年五四运动期间,王世杰与旅欧学生一起,力阻出席巴黎和会的中国代表在和约上签字。与此同时,王世杰经常在上海《时事新报》和北京《晨报》以及《东方杂志》上发表文章,介绍英法民主与政治制度,蜚声一时。

　　1920年,王世杰获巴黎大学法学博士学位,之后回国,应蔡元培之聘,任北京大学法律学系教授,教授宪法与行政法,次年升任系主任。

　　1924年,王世杰与周鲠生等在北京创办《现代评论》杂志,这是一本综合性杂志,内容包括政治、经济、法律、文艺、科学等各个方面。胡适、王星拱、钱端升、丁西林等都是《现代评论》的撰稿人。王世杰为《现代评论》提出

"无顾忌、无偏党、无阿附"的口号,积极宣传法治与民主,在当时颇有影响。

1926 年,北伐军攻占武汉。王世杰非常兴奋,再度离开北京南下,出任汉口外交部条约委员会主任委员,但他在武汉政府内并不得志。因此不久即转投蒋介石南京政府,被任命为首届立法委员,同时兼任法制局局长。他主持起草了《反革命治罪法》《劳资争议处理法》等,为维护国民党统治效力。1928 年被南京政府派往国外,任海牙公断院公断员。

1929 年 5 月,得益于石瑛的力荐,王世杰担任武汉大学首任校长,这是他一生中最看重的职位。1927 年南京国民政府成立后,即决定在武汉建立一所综合性大学,并任命李四光为筹备主任。

王世杰到武汉就职的时候,校舍的建设还没有开始,但他已经制订好了创办文、法、理、工、农、医六个学院,十年之后学生达万人的宏伟计划。直到 1932 年,武汉大学的第一期校舍终于完工。武汉大学环境之优美、校舍之精致,令人艳羡。当然,大学的好坏不在于校舍而在于老师。王世杰为武汉大学招揽了一大批蜚声中外又有真才实学的教授。正因他在武汉大学的办学成绩,王世杰得到各方好评。

1933 年 4 月,蒋介石任命王世杰为教育部部长。王世杰在部长任上干了 5 年,做了不少事情。比如,确定了各国立学校的教育经费来源;再比如对大学制定了考核标准,对于不达标的学校进行整改。他还做了一件很有意义的事情,就是在七七事变之前,已经预判到中日可能发生战事,及时密令各校做好内迁的准备,使得各校后来在内地得以迅速复校。

1938 年,蒋介石任命王世杰为国民政府军事委员会参事室主任。王世杰就此转型为蒋介石的智囊,在教育、外交等方面出谋划策。虽然王世杰没有实际的外交经验,但他对国际局势的了解非常透彻,又能揣摩蒋介石的心思,因此提出的建议往往很合蒋介石的心意。于是,他在国民党内的地位稳步上升,跻身于最高决策圈。1938 年 6 月,任国民参政会秘书长,负责与包括共产党在内的各党派的联络与协调工作。抗战期间,王世杰曾两度出任国民党中央宣传部部长。他还曾出任中央设计局首任秘书长。这是一个广泛罗致专家、学者的机构,曾提出战时党政军 3 年建设计划及西北 10 年建设计划,战后 5 年国防及经济计划等。

自 1943 年起,王世杰开始参与实际的外交事务。这年他奉命担任代表团团长,率团访问英国。在英国期间,他与丘吉尔进行了会谈,并在英国国会发表演讲。11 月,王世杰又陪同蒋介石参加了开罗会议。1945 年 7 月,王世杰任国民政府外交部部长。

抗战胜利了,中国往何处去,举世瞩目。为了应对舆论,蒋介石三邀毛泽东到重庆谈判。蒋介石本来只是做做样子,没想到毛泽东真的亲临重庆。王世杰作为国民党代表之一,与中共代表举行重庆谈判。谈判成果就是著名的《双十协定》,王世杰是签字人之一。

王世杰的内心,是主张以政治方式解决国共纷争的。抗战中,蒋介石出版《中国之命运》一书,让国民党大小官员写读后感。王世杰只写了 6 个字交卷:"君子不念旧恶。"但他再怎么着,也是属于学者从政,根本左右不了蒋介石。蒋介石执意要用武力消灭共产党,《双十协定》签订只有半年多,国民党就挑起了内战。

1948 年 3 月,王世杰当选为中央研究院第一届院士。他除了担任过北大教授、武汉大学校长外,还写过许多学术著作,比如《比较宪法》《中国奴婢制度》等。而且,王世杰与中央研究院有很深的渊源。早在 1928 年,蔡元培便已聘请他担任中央研究院的筹备委员,1935 年他又被选为中央研究院第一届聘任评议员。

王世杰是当选院士的国民党高官之一,他当选的时候,正任外交部部长。1948 年 12 月,中共公布的 43 名战犯名单上,一共有 3 名院士上榜,王世杰即其中之一,名列第 21 位。国民党逃离大陆,王世杰自然没有选择,就跟着去了台湾。

初到台湾,蒋介石为了争取美援,对王世杰这样的自由主义知识分子自然重用有加,王世杰也尽心尽力辅佐蒋介石。随着台湾局势逐步稳定,蒋介石与吴国桢、王世杰等自由派的矛盾逐渐尖锐起来。有一次,王世杰竟与蒋经国拍案争吵。1953 年 11 月 17 日,蒋介石突然发布命令,称王世杰"蒙混舞弊,不尽职守",宣布免去其幕僚长的职务。此后,王世杰以戴罪之身,蛰居私邸,不再说话。

1957 年 10 月,王世杰当上国民党第八届中央评议委员,这虽然是个有名无实的虚职,但也标志着王世杰在蒋介石眼里政治上没什么大问题了。1958 年王世杰又任台湾地区行政管理机构的政务委员。

1962 年,胡适在"中央研究院"院长任上突然逝世。"中央研究院"评议会根据规程,选举新任院长。得票最高三人依次是吴大猷、朱家骅、王世杰。吴大猷这时无意回台;朱家骅当了 18 年的中央研究院代院长,这次很想东山再起,当一回名副其实的院长,但蒋介石最终圈了得票第三的王世杰继任。于是,王世杰离开政界,重返学界,转任"中央研究院"院长。

王世杰担任院长 8 年,做了不少事情。他刚出任院长时,"中央研究院"每年的经费不到 1 000 万元新台币,到他卸任时,每年的经费增长到 2 000 万元新台币。研究单位也从 7 个增加到 9 个,增设了物理研究所和经济研究所。王世杰还促成"中央研究院"与各公立大学合作成立数学、物理、化学、工程、生物等研究中心,从而显著提升了科研能力。

1970 年,王世杰已届八十高龄,年老体衰,遂辞去"中央研究院"院长之职。

1981 年 4 月 11 日,王世杰在台北逝世,享年 90 岁。

王世杰临终前嘱咐儿女:一定要为家乡人民做件好事。1985 年,遵照王世杰的遗愿,他的家属给王世杰的家乡湖北省崇阳县寄去款项,在回头岭修建了一口水井,井边竖立的石碑上刻有"敦睦饮水井"5 个字。后来,他的儿女又在崇阳捐建了一所"雪艇图书馆"。

扩展阅读:

王世杰:《王世杰文集》,清华大学出版社 2018 年版

六十六

胡　适

自由战士
与"过河卒子"

　　胡适(1891—1962年),字适之,安徽绩溪人,中国现代思想家、历史学家、哲学家,新文化运动的领袖之一。

　　胡适早年在安徽老家的私塾接受传统教育。1904年到上海,先后进入梅溪学堂、澄衷学堂读书。1906年夏,考取中国公学。就读期间,胡适兼过学校的英文老师,并主编《竞业旬报》。1910年7月,胡适赴北京参加清华庚款的留美考试,以第55名的成绩被录取,随即出洋。9月,入康奈尔大学。最初,胡适在康奈尔大学读的是农科,终因与他的志趣不符,改入文学院。在康奈尔大学拿到学士学位后,胡适于1915年考入哥伦比亚大学哲学系读博,师从美国实用主义大师杜威。

　　胡适在美国期间,与国内联系不断。1917年1月1日,他的《文学改良刍议》一文刊登在陈独秀主编的《新青年》二卷五号上,在国内引起很大的反响,因而"暴得大名"。与此同时,陈独秀就任北京大学文科学长。他力邀胡适到北大担任教授。于是,胡适在还没有完全搞定博士论文的情况下,匆忙回国。1917年9月,胡适担任北大教授,就此进入了新文化运动的中心,并成为青年学子所敬仰的导师。

　　胡适虽然忙于各种活动,但对于教育和著述并未有丝毫的放松。1919年,他的开创性论著《中国哲学史大纲》(上卷)在上海出版(可惜没有下卷）。后来还有《白话文学史》《〈水浒传〉考证》《〈红楼梦〉考证》等多部著作问世。他还撰写了大量评论时政的文章，在当时很有影响。

1928 年，胡适到上海接任中国公学校长职务。在美国留学 7 年的他，深受西方自由主义思想的影响。由于理念与深受苏俄影响发展起来的国民党分歧很大，因此在国民党执政初期，胡适对蒋介石以及国民党，甚至是孙中山颇多批评。这引起了国民党的强烈不满，在报刊上对他火力全开，口诛笔伐。1930 年 11 月，胡适举家离沪重返北京大学，这一决定在很大程度上与国民党当时对他的打压有关。然而，胡适在中国文化界的地位摆在那儿，国民党对他不敢轻易有所动作。胡适也非常聪明，懂得适可而止，并知道国民党的底线在哪里。因此，胡适与国民党的关系并未彻底破裂。

在与蒋介石见过几次面后，胡适与国民党的关系有所缓和。全面抗战爆发后，蒋介石想让胡适以非正式外交身份到美国疏通关系，争取美援。胡适起先不肯，后在傅斯年的劝说下，还是去了美国，为争取美援做了大量的工作。从此，胡适的命运就和国民党绑在了一起，成了国民党的"过河卒子"。

中央研究院的成立，胡适一直参与其间，他虽然没有在院中担任任何行政职务，但他的影响力还是很大的。1940 年，蔡元培逝世，胡适原本有机会继任中央研究院院长，但他认为国难当头，驻美大使的职务更加重要，中央研究院的评议员也很明白这一点，就没有全力选他。

胡适给人的印象是宽容大度，他把郭沫若列为中央研究院第一届院士候选人，这体现了他宽容的一面。但是，有两位他非常熟悉的人，却没有得到他的提名，一位是哲学大家冯友兰，再一位是史学大家顾颉刚。个中缘由，很难说清，但应该不仅仅是疏忽吧。

抗战胜利后，胡适从美国回来，担任北京大学校长。1947 年，国民党操弄"行宪"选举。当时，美国方面支持胡适，蒋介石也一度认为中华民国宪法规定实行内阁制，实权在内阁，总统为虚位，请公正人士担任较佳，所以想让胡适出马竞选第一任总统,等胡适当上总统后再任命他为行政院长。胡适听了颇为心动,跃跃欲试。后来蒋介石变卦,决定实行总统制,并宣布自己参选,胡适知道没戏了,便知难而退,重新回到他自己定位的"国家诤臣""政府诤友"的位置上。

蒋介石当选总统后,为增加权力,提出了一份《请制定动员"戡乱"时期临时条款案》,使总统在"戡乱"时期可以不受宪法有关条款的限制。蒋介石后来在台湾实施了 40 年的"戒严",其根源就在于此。而在这份《请制定动员"戡乱"时期临时条款案》中,第一个签字的人就是胡适。

1948 年,解放军包围北平,胡适仍留在北大校园,故土难离啊! 直到 12 月 15 日,蒋介石派专机将胡适"抢救"了出来。

中共方面实际上也对胡适进行了积极争取的工作,在 1948 年 12 月,毛泽东就曾提出,如果胡适不走,就让他做北平图书馆馆长。可胡适的自由主义思想让他决意跟国民党走。他在政治上做出的抉择是支持蒋介石,为重建所谓"自由中国"而全力以赴。1949 年 3 月 23 日,胡适偕夫人抵达台湾。他将夫人江冬秀安顿好之后,29 日返回上海。

1949 年 4 月 6 日,胡适自上海乘船赴美国"随便看看",但他这一看,就看了 10 年。其实,胡适当年赴美,是接受蒋介石之请,再次为国民党到美国朝野去争取支持的。因此,他下船伊始,就表示:"不管局势如何艰难,我始终是坚定地用道义支持蒋介石先生的。"可是,当时美国已经准备抛弃在台湾的国民党,胡适再努力也是枉然。他只好在普林斯顿大学谋一职位,在美国做起了寓公。为了探究共产党为何能赢得大陆,胡适在美国花了一些工夫,深入研究了苏联的对华政策,并写成了一本英文小书《斯大林策略下的中国》。

虽然胡适与国民党的命运绑在了一起,但他的自由主义思想与蒋介石始终不合拍,蒋介石对胡适也很不放心,怕胡适回到台湾,传播自由主义"毒素",造成"不良"影响。胡适只能长期滞留美国,寄人篱下。后来,还是大陆帮了胡适的忙。

1954年，毛泽东就《红楼梦》研究致函中央政治局委员，号召开展"反对在古典文学领域毒害青年三十余年的胡适派资产阶级唯心论的斗争"，掀起全国对胡适的大批判；但同时又通过秘密渠道传话给胡适说："我们尊重胡先生的人格，我们反对的不过是胡适的思想。"可是胡适对此不以为然："没有胡适的思想就没有胡适！"因此，毛泽东于1957年2月16日在颐年堂接见政协知识分子代表时，无可奈何地说道："胡适这个人也真顽固，我们找人带信给他，劝他回来，也不知他到底贪恋什么？批判嘛，总没有什么好话，说实话，新文化运动他是有功劳的，不能一笔抹杀，应该恢复名誉吧。"

胡适在大陆遭到批判，反而抬高了他在台湾的地位。"中央研究院"院士石璋如后来回忆说："台湾眼见大陆批胡，于是就捧胡，使台湾与胡先生合拍。若非大陆'清算'胡先生，以他的自由派立场，'总统'也不太放心的。"

朱家骅辞职后，"中央研究院"评议员选举继任院长，结果胡适得了满票，可以说是众望所归。胡适在美国普林斯顿大学没干几年便遭辞退，生活捉襟见肘，颇为窘迫，早有落叶归根之意。胡适回台湾后，蒋介石为展示他"礼贤下士"的一面，特地从自己出书的版税中，拿出48万元新台币，在历史语言所后院为胡适建了一栋小楼。

1958年4月8日，胡适风风光光地回到了台湾，10日上午9时就任"中央研究院"院长一职，蒋介石亲临会场道贺。然而，在胡适的就职典礼上，出现了胡适和蒋介石不和谐的一幕。在致辞中，蒋介石说了几句对五四运动不敬的话，胡适当场发飙，对蒋介石说："您错了！"蒋介石的脸霎时变色，就要拂袖而去，站在边上的陈诚赶紧拉了拉他的袖子，他顿时醒悟，在这个场合不能发作，才隐忍下来。在当天的日记中，蒋介石大骂胡适，以泄心中之愤。

胡适回台湾的时间不长，做了一些对台湾后来发展颇为有利的事，如建立研究补助制度，改善全台湾学人的生活待遇；再如说服陈诚同意成立所谓"国家长期发展科学委员会",为台湾的科学发展打下了一个良好的基础。但胡适与国民党的关系始终不很顺畅。比如,他公开反对蒋介石连任所谓"总统"。蒋介石对此当然十分不满,台湾岛内对胡适也是一片讨伐之声。胡适只好不再说话。他还支持雷震所办的《自由中国》杂志,甚至支持雷震组建反对党,但当国民党准备以知中共不报的莫须有罪名对雷震进行军事审判时,胡适也只好"保持沉默不说的自由"了。

胡适的观点与台湾当局乃至文化保守主义者的观点相左,因此常常招致批评,胡适晚年仍然坚持自由主义的理想。因此用晚景悲凉来形容他那时的心境,应该说是适宜的。

1962 年 3 月 2 日,胡适在"中央研究院"院士会议后的酒会上突发心脏病倒地不治身亡,享年 71 岁。

扩展阅读:

白吉庵:《胡适传》,红旗出版社 2009 年版

六十七

陈　达

中国现代人口学
开拓者

　　陈达（1892—1975年），字通夫，浙江余杭人，社会学家，现代中国人口学的开拓者。

　　陈达出身于农民家庭，父母均不识字。1899年进入私塾学习。1909年高小毕业，因成绩优异，保送入杭州府中学堂，并跳班插入初中二年级学习。1911年考入清华学校留美预备班，次年离开家乡到北京学习，与吴宓、洪深为同班同学。1916年毕业，获清华公费赴美留学。

　　1918年6月，陈达从美国俄勒冈州波特兰市里德学院毕业，获学士学位后转入哥伦比亚大学攻读社会学，次年获硕士学位。后又在该校攻读博士学位，师从社会学大师奥格本教授，受到了系统的社会学训练。因成绩优异，得到学校"荣誉学员"的称号，并因此获得奖金。1923年陈达以论文《华侨——关于劳动条件的专门考察》获哲学博士学位，该论文后由美国劳工统计局出版。在哥大学习期间，他曾作为实习生担任过美国劳工统计局职员。

　　1923年，陈达学成归国，回清华学校执教，当时清华还没有社会学系，他只能讲授现代文化。1924年，陈达任《清华学报》主编。清华国学研究院导师梁启超曾为陈达撰写过一副对联："以浅持博，以一持万；自知者明，自胜者强。"陈达数十年如一日，始终将这副对联挂在最醒目的地方,奉之如圭臬。

陈达教的是现代文化,但他的本业是社会学。1925 年,他应美国相关学会之约,对中国工人和农民的生活状况做了 4 个月的调查。根据调查情况,陈达开展"中国社会改造问题"的研究,并写有《民国十五年国内工人罢工的分析》一文。

1926 年,陈达参与了清华学校社会学系的筹备工作,并出任首任系主任。他也是当时系中唯一的教授。陈达每年都会搜集材料,编印讲义,这些讲义经过多次修改,逐渐成熟和完善。1934 年,他的专著《人口问题》在商务印书馆出版,这本书是当时社会学领域的大学丛书之一。

1928 年,陈达一度应国民政府内政部代理部长赵戴文之邀,任统计司司长,曾提出全国人口普查计划,但陈达不习惯官场生活,不久便重回清华执教。陈达在政府部门的工作经历虽然短暂,但也促使他在研究人口问题时不仅仅注意到学理性的探讨,还注意研究攸关国计民生的实际问题。1929 年,陈达在商务印书馆出版了专著《中国劳工问题》。该书共 9 章 40 万言,是我国劳工研究领域的代表作。

1931 年,陈达在对北平周边的平西、怀来一带进行社会调查后,提出做到每对夫妇只生一对子女,实行"对等更替"控制人口的主张,倡导节制生育。他后来还在北京成立节育指导所,创办《人口福利》刊物,宣传节育知识。后来,陈达结合自己的专业,进一步提出了实行节制生育、控制人口数量、提高人口品质的救国主张。他是中国第一个科学而系统地提出人口理论的社会学家。

陈达治学坚持实事求是,注重社会调查。在 1923—1952 年的 29 年间,他先后主持和参加社会调查 24 次,因此被称为中国社会调查运动的先驱。他在国内调查了北京城乡市镇状况、上海工人生活状况、昆明及附近地区人口情况以及华南闽粤华侨状况。陈达的博士论文,写的就是关于华侨的内容,他对华侨问题素来关注。太平洋学会因此邀请陈达负责进行南洋移民问题的调查与研究。陈达为此成立了一个调查团,自任团长,副团长为岭南大学社会学系伍锐鳞教授。他们分赴中国东南部及东印度群岛、马来西亚、泰国、西贡等地调查。陈达于1938年出版的《南洋华侨与闽粤社会》以及1940年英文版的《华南侨乡》,都是这次调查的成果。

陈达做学问、写文章有一个原则:根据事实说话。他经常强调,要"靠资料立论,用数据说话"。他常告诫学生"有一分材料,便说一分话;有两分材料,便说两分话;有十分材料可以只说九分话,但不可以说十一分话"。1937年前,他为了弄清天灾对人口的影响,就对自古以来中国的水灾和旱灾进行了一次系统的研究,翻遍了《通典》《通志》《文献通考》《图书集成》《海关十年报告》、华洋义赈会刊物、各地赈务机关报告等。通过研读大量的资料,他得出的结论是:公元前203年—1933年,每百年有旱涝灾害的年份为66年,没有旱涝灾害的年份只有34年。他表示,这样系统的研究,还只是"第一次的尝试",不见得全面和精确。

1934年后,陈达随清华南迁昆明,任西南联合大学社会学系主任。1938年7月,陈达出任清华大学国情普查研究所所长,曾多次主持云南昆明及其周边地区的农业和人口普查工作,成果十分丰富,不仅出版了一套《国立清华大学国情普查研究所调查报告》,还促成他撰写《现代中国人口》一书。此书在美国《社会学杂志》1946年7月增刊号上全文刊登,后又出版单行本,为他赢得了社会学界的地位。他的老师奥格本看过之后,也不吝赞誉,称他"确是中国人口研究最著名的权威"。1993年,陈达的《我国抗日战争时期市镇工人生活》一书由中国劳动出版社出版,该书主要的资料来源于云南时期清华大学国情普查研究所所做的工厂和工会调查。

陈达在云南的社会调查,还有一个用意,就是探索在绝大多数居民教育程度低下的中国乡村社会如何进行人口普查。他也确实总结了几点有用的经验和原则。

1946年夏,西南联大完成历史使命,陈达随清华大学复员北平。是年,清华大学国情普查研究所联合上海市社会局等 9 个单位组成上海劳工状况调查委员会,由陈达主持。1947 年陈达任世界人口学会副会长,1948 年,陈达被选为国际统计学会会员。他是继吴定良之后第二位国际统计学会的中国会员。1949 年,陈达被选为太平洋学会会员兼东南亚部负责人。

1948 年 3 月,陈达与陶孟和一样,作为社会学学者当选为中央研究院院士。

虽然是社会学学者,但实际上陈达在较长时间内,对现实政治一向采取超然态度。抗战胜利后,在昆明接连发生的一二·一惨案和李公朴、闻一多遇刺案,让他深感震惊。1947 年,他和清华大学、北京大学等院校的13 位知名教授联合签名,发表抗议国民党政府侵犯人权的宣言。

1948 年末,国民党派飞机接陈达去台湾,但他婉言拒绝。他和张奚若、潘光旦、费孝通等教授一起,坚守清华园,迎接解放。

1952 年,随着全国高等院校的院系调整,社会学被撤销,教师按劳动、民族、民政三个方向分配去处。陈达从清华大学调到中央财经学院任教授。1953 年,调至中国人民大学劳动专修科任教授。1954 年,陈达任劳动部劳动干部学校教授兼副校长。他还一度任劳动部劳动保护司副司长。

新中国成立后,陈达继续从事人口和劳工问题的研究,先后完成《解放区的工人生活状况》《抗日战争和解放战争时期工人运动史》等著作。1957 年,他在《新建设》杂志上发表《节育、晚婚和新中国人口问题》一文,提出:"从 1953 年人口普查以后,新中国的人口每年再增加一千万以上,必须认真解决人民就业和降低出生率问题。"他还在政协会议上积极向党和政府提出节制生育、控制人口的建议。

陈达在他的人口理论中,提出了生存竞争与成绩竞争的理论,并认为这两种竞争互相影响、互相作用。只有先取得生存竞争的胜利,才能进一步求得成绩竞争的胜利;反过来,如果能够取得成绩竞争的胜利,也就更容易求得生存竞争的胜利。而要取得这两种竞争的胜利和改善劳工生活状况,就必须通过科学发展和合理规划,提升人口素质,促进社会进步,如此才能改变中国贫穷落后的面貌,达到民富国强的目的。提高人口质量,是陈达人口理论的核心。

陈达之言,虽有远见,但被错划为"右派"。几年后,他的"右派"身份得到改正,但他并没有因此改变自己的观点。"反右"运动结束后有一年,他的清华学生到他家贺春节,谈话中涉及当时的中国人口问题,陈达还是直言不讳地说:"中国人口太多,就会给经济建设带来负担,绝不会因为人多就力量大。中国人口规模非得控制不可。"

1975 年 1 月 6 日,陈达在北京逝世,享年 83 岁。

扩展阅读:

韩明谟:《中国社会学名家》,天津人民出版社 2005 年版

六十八

赵元任

中国语言学之父

　　赵元任（1892—1982年），江苏武进（今常州武进区）人，中国现代语言学的开山之祖，被誉为"中国语言学之父"，同时他还是哲学家、数学家、物理学家。赵元任在自传中说他是赵匡胤三十一代孙："我们的家谱一直追溯到宋朝，我们一辈是宋太祖下来的第三十一代，我们是德昭那一支的后裔。"清代著名学者和诗人赵翼是他的六世祖。"江山代有才人出，各领风骚数百年"，就是出自赵翼的诗。

　　赵元任虽然是常州人，但生于天津。因他祖父在北方做官，他跟着辗转于北方各地。1906年，才回到老家常州，进入溪山小学，接受新式教育，次年考入南京的江南高等学堂预科。他年少时这些走南闯北的经历，对他后来研究语言学很有帮助。

　　1910年7月，赵元任参加清华庚款赴美留学考试。在被录取的72名学生中，他名列第2。同批学生中，后来还有2位也成为首届院士，即竺可桢（庚款考试第28名）和胡适（庚款考试第55名）。赵元任与胡适同船赴美，同进康奈尔大学，主修数学，胡适学的专业是农学。1914年，赵元任获理学学士学位，学习成绩为全校第一。

　　1914年，赵元任还做了一件十分有意义的事情，即他与在美国的中国留学生任鸿隽、杨杏佛、竺可桢、秉志等一起商议筹划成立中国科学社。

1915 年《科学》第一卷第一期在上海正式出版发行,这是中国最早的综合性科学刊物之一。同年,中国科学社正式成立,任鸿隽当选为中国科学社第一届董事长和社长,赵元任为书记。中国科学社是近代第一个有关科学的团体,在推动中国近现代科学的发展方面,做了许多具有开创意义的工作,功不可没。

赵元任被称为罕见的通才、一个"文艺复兴式的智者"。他的学识之广博,在中央研究院第一届院士中,罕有可与其比肩者。他在康奈尔大学本科毕业后,即入研究生院改读哲学。1915 年,转入哈佛大学,3 年之后,获哲学博士学位。因获得谢尔登博士后奖学金,他又在芝加哥大学和加州大学伯克利分校各进修数月,于 1919 年回康奈尔大学任物理学讲师。他后来由博返约,兴趣集中到了语言学。当时,胡适评论留美人才,推赵元任为第一,称其"治哲学、物理、算数皆精,以其余力旁及语言学、音乐,皆有所成就"。

1920 年,赵元任向康奈尔大学请假一年,离美回国,在清华学校任心理学及物理学教授。在这期间,他经友人介绍认识了出身皖南名门望族的杨韵卿,不久热恋结婚,并搞了一个轰动一时的"全世界最简单又最近理的结婚式":由赵元任写了一纸内容奇特新颖的结婚通知书,寄给世界各地的朋友就算了事。

1921 年,他带着新婚的妻子,返回哈佛大学教授中国哲学、中国语言。1925 年,赵元任再度回国,在清华教授国学,与梁启超、王国维、陈寅恪同为清华国学研究院四大导师之一。当然,他是四位导师中最年轻的一位。后来的著名语言学家王力等都是他执教清华时的学生。

中央研究院历史语言研究所成立,傅斯年请赵元任担任语言组组长,他欣然接受,此后他便正式把语言学作为自己的终身事业。赵元任用现代语言学方法对中国方言进行调查和研究,在普通语言学和汉语词汇、语法研究方面,都做出了很大的贡献,主要论著有《音韵学》《语言问题》《国语常用字汇》《汉语称别用词》和《中国话的文法》,以及《现代吴语的研究》《通字》等,开创了以现代语言学方法研究汉语及方言的新领域。他灌录的《国语留声片课》,在当时影响也很大,很多南方人都是跟着这套国语唱片学会普通话(当时叫国语)的。

1920年,英国哲学家罗素来华巡回讲演,赵元任当翻译。每到一个地方,他都用当地的方言来翻译。他在途中向湖南人学长沙话,等到了长沙,已经能用当地话翻译了。他能说的方言达33种之多。中国的普通话推广(民国时叫"国语统一")、汉语的拼音化,赵元任都曾积极参与,并做出了很大的贡献。

赵元任的语言学不仅在中国称雄,即使在美国的语言学界,他也坐头把交椅。1945年,他当选为美国语言学会会长。就在他当选中央研究院院士的同一年,他还当选为美国人文艺术科学院院士。

赵元任在语言上的天赋,使得他能像玩杂技一样把语言玩得溜溜转。他不仅可以全部以一个 shi 音,使用四个不同声调的异义字写出一个情节复杂的故事,还可以把一段英文完全倒着发音朗读,录音下来后,再把录音倒过来放的时候,听到的竟是纯正的英语。这个绝活让美国人都目瞪口呆。

1937年后,赵元任随史语所撤退到长沙。因史语所内有些人事纠纷,赵元任不愿参与,恰好接到夏威夷大学的聘书,便于1938年经昆明转道香港,到美国夏威夷大学任教去了。1939年,他接替李方桂,到耶鲁大学任教。1941年夏,再转任哈佛大学教授。太平洋战争爆发后,赵元任曾在哈佛大学负责中国话速成班,教美国军人汉语。

在1946年美国普林斯顿大学建校200周年纪念会上,赵元任被授予该校名誉博士学位。校方在颁给他荣誉学位的颂语中称赞说:"他是自己国家多种方言的学者和历史学家,他的研究成果帮助西方人能更好地了解中国语言、中国人民的思想和理想。"这个颂词一语中的地概括了他的学术成就所具有的意义。

赵元任还是个音乐家,曾专攻和声学与作曲法,会摆弄多种乐器,毕生都与钢琴为伴。他一生创作过一百多件音乐作品,名曲《教我如何不想她》,就是他的代表作。1938—1939 年,赵元任还在夏威夷大学教授中国音乐。1987 年,《赵元任音乐作品全集》出版,著名音乐家贺绿汀在序言中写道:"像这样一位从事理科、文科研究博学多能的学者,对音乐来说,顶多是个业余的了,但是他的贡献却远远超过许多时尚的作曲家和理论家。"

赵元任不是一个传统意义上的学者。刻苦、刻板都与他搭不上边。他聪明、潇洒,做什么都是轻轻松松,并且都是根据自己的兴趣,绝不委屈自己。他告诉女儿,自己研究语言学是因为有趣。如果他能再用功一点,也许可以取得更大的学术成就。

赵元任的一生是幸运的,他似乎有趋利避害的本能。抗战全面爆发后,1938 年他去了美国。1946 年他本来要回国的,已经辞去了哈佛的教职,并从美国东海岸动身,到了密歇根州的安阿伯。这时,他接到当时国民政府教育部部长朱家骅给他的电报,请他回国出任南京中央大学校长,赵元任不愿担任行政职务,回电只有五个字:"干不了。谢谢!"打完电报,他索性连国也不回了,就留在了加州大学伯克利分校东方学系教授中国语言,并从此定居美国。1948 年,他勉为其难地担任东方学系代主任。这样,他自然而然地避开了纷飞的战火。到 1949 年,赵元任一度准备回国,但学校不愿放人——按照李方桂后来回忆,"伯克利学校当局强留了他"——他也就作罢了。赵元任一向不喜欢参与政治。虽然他与胡适等人私谊极好,但他从不参与胡适偏向国民党方面的政治活动。

从 1947 年到 1962 年退休,赵元任一直在加州大学伯克利分校教授中国语文和语言学,退休后仍由加州大学返聘 3 年。1960 年,赵元任还被选为美国东方学会主席。同一年,他开始着手撰写《中国话的文法》。此书获得美国卫生、教育和福利部的资助。

在赵元任的一生中,待在美国的时间比在中国的时间还要长,但他毕竟是炎黄子孙,人在海外,与祖国远隔千山万水,可并不能阻断他浓浓的思乡之情和爱国之心。1973年,中美关系正常化刚起步,赵元任夫妇就回到阔别多年的祖国,受到周恩来总理的接见。1981年5月,已是89岁高龄的赵元任,应中国社会科学院的邀请,在女儿们的陪同下,再次回国,受到邓小平的接见。回到常州青果巷故居,在女儿手风琴的伴奏下,赵元任三度高唱《教我如何不想她》,表达了他对祖国、故乡的一片深情。返美前,他对送行的朋友频频说:"我还要回来的,我还要回来的。"这年末,他确实联系了清华大学,准备回国定居。遗憾的是,他再也没能回故乡了。

　　1982年,赵元任因病在美国逝世,享年89岁。遵其遗愿,他和夫人的骨灰合在一起,被撒入太平洋。赵元任说,自己是属于世界的,同时希望随着太平洋的环流回归故土。

扩展阅读:

赵元任:《赵元任早年自传》,岳麓书社2017年版

杨步伟:《杂记赵家》,广西师范大学出版社1999年版

六十九

郭沫若

最"红"的院士

　　郭沫若(1892—1978 年),字鼎堂,四川乐山人,著名的文学家、历史学家、考古学家,中国科学院首任院长。

　　郭沫若幼年入家塾,1906 年入四川乐山高等小学学习,翌年升入中学堂,1914 年春赴日本留学,毕业于九州帝国大学医科。后来弃医从文,以新诗《女神》登上文坛,并组织创造社,成为新文化运动中的一员骁将。他的诗歌、小说和戏剧,在当时都曾引起轰动,以至于被誉为"一代文豪"。

　　在中央研究院第一届院士中,郭沫若是唯一在新中国成立前加入共产党的人(1927 年由周恩来、李一氓介绍入党)。在大革命前夕,郭沫若离开上海,去了广州。1926 年 3 月,任广东大学(即今中山大学)文学院院长。北伐开始,郭沫若投笔从戎,任国民革命军总政治部副主任。蒋介石发动四一二政变后,郭沫若发表了《请看今日之蒋介石》的檄文,对蒋介石大加鞭笞,并号召大众"起来反蒋! 反蒋!"八一南昌起义打响武装反抗国民党反动派的第一枪,郭沫若积极参与,任起义军总政治部主任。起义失败,郭沫若遭到蒋介石的通缉,他只好流亡日本。

　　郭沫若能够当选院士,不是因为他的文学创作,而是他在中国古代史和甲骨文研究方面所取得的成就。1928 年 2 月—1937 年 7 月,郭沫若旅居日本 10 年。其间,他潜心学术研究,先后出版了《中国古代社会研究》《甲骨文字研究》《两周金文辞图录考释》《金文丛考》《卜辞通纂》等著作,学界为之侧目。

郭沫若在学术上造诣很深,成果很多。比如郭沫若的《中国古代社会研究》一书,第一届中央研究院院士同时也是著名考古学家的董作宾就有这样的评价:"……唯物史观派是郭沫若的《中国古代社会研究》领导起来的。这本书民国十八年十一月初版到二十一年十月五版时,三年之间已印了九千册。他把《诗》《书》《易》里面的纸上史料,把甲骨卜辞、周金文这样的地下材料,熔冶于一炉,制造出来一个唯物史观的中国古代文化体系。"

郭沫若在甲骨文研究上的成就,也确立了他在该领域的先驱地位。中国甲骨文研究素有"甲骨四堂"之说,即罗振玉(字雪堂)、王国维(字观堂)、郭沫若(字鼎堂)和董作宾(字彦堂),他们是在甲骨文研究的不同领域里开疆拓土、建功立业的先驱。按照文字学家唐兰的说法:"雪堂导夫先路,观堂继以考史,彦堂区其时代,鼎堂发其辞例。"

由于郭沫若是继鲁迅之后,左翼在文艺战线的一面大旗。国民党对他自然持有不同意见。就在院士评选前夕的 1948 年 2 月,郭沫若还发表了《斥帝国主义臣仆兼及胡适——复泗水文化服务社张德修先生函》一文,痛斥蒋介石破坏和平,"不惜全面破裂,屠杀人民",并且谴责胡适替蒋"曲为辩护"。

但在第一届院士候选人的提名中,郭沫若获北京大学、清华大学等 4 个单位提名,在"人文组考古艺术史科"所有候选人中排名第一。其他候选人只获 3 个甚至 2 个单位提名。郭沫若的名字,也同时出现在胡适、傅斯年的院士候选人名单上。由此亦可见郭沫若的学术成就和地位。也许是同行关系,董作宾对郭沫若的当选十分关心,当时在美国讲学的他,于 1948 年 2 月 2 日专门从芝加哥写了一封信给胡适,拜托他选郭沫若。信上说:"沫若是院外人,以昭大公,这是早想托您的。"

1947 年 10 月,对于郭沫若是否具有当选资格,在中央研究院评议会做初步审查的时候,争论十分激烈。代院长朱家骅认为郭沫若的政治背景不宜列入。胡适则表示,是否当选院士应以学术立场来考量。由于意见分歧很大,会议决定以无记名方式表决。最后,人文组以 14 票对 7 票,决定将郭沫若列入 150 人的候选人名单。正式选举时,郭沫若顺利当选。

郭沫若当选为院士,是对他学术地位的肯定。当然,由此也可看出,当时主导评选的胡适、傅斯年等也确实坚持了就学术论学术的原则,抛开了政治立场和思想分歧。

郭沫若对院士评选情况并不知情,当时,他已由国统区转移到香港,但在得到当选院士的消息后,他拒绝接受这个头衔。

郭沫若的才华毋庸置疑,只是他真正从事学术的时间不长。旅居日本的 10 年,是他潜心研究学术的"黄金 10 年"。1937 年七七事变爆发,他弃妇别雏,慨然回国,任军事委员会政治部第三厅中将厅长,后改任文化工作委员会主任,团结进步文化人士从事抗日救亡运动。他与学术研究渐行渐远。

对于新中国的成立,郭沫若自然欢欣鼓舞。1948 年 11 月,郭沫若为出席新政协筹备会,从香港乘船赴东北解放区,然后转往北平。新中国成立前夕,郭沫若当选中华全国文学艺术工作者联合会主席、中国人民政治协商会议副主席。新中国成立后,郭沫若任政务院副总理、文化教育委员会主任。或许由于他是中央研究院第一届院士,1949 年 10 月 19 日,根据中央人民政府委员会第三次会议的决议,他还兼任了中国科学院院长的职务。这样,他与学术又有了关联,但身份已是国家最高学术机构的领导者。

早在 1949 年 9 月 4 日,中国人民政治协商会议第一届全体会议通过《共同纲领》,第 43 条为:"努力发展自然科学,以服务于工业、农业和国防建设,奖励科学发现和发明,普及科学知识。"第 44 条则规定:"设立科学院为最高科学机关。"11 月 1 日,根据《中央人民政府组织法》第 18 条规定,中国科学院正式成立。中国科学院归政务院领导,是中国最高学术领导机构和综合研究中心,承担着管理全国科学研究事业的职责,同时行使相关政府行政职能。

郭沫若主持中国科学院工作之后,首先的任务就是接管国民党旧有的研究机构,并根据新的形势和要求进行调整。经过反复研究和讨论,最后确定的方案为:考虑到原有基础和发展的有利条件,数理和社会研究所以北京为中心,生物学、化学和应用科学的研究以上海为中心,地学、天文学研究所以南京为中心。

1954 年 1 月,中央人民政府政务院批准了郭沫若所作的《关于中国科学院的基本情况和今年工作任务的报告》,同意中国科学院成立 4 个学部。中国科学院为此成立了学术秘书处,作为院务会议在学术领导方面的助手。

1955 年 5 月 15 日,中国科学院党组向国务院报送了一份包含 235 名候选人的学部委员提名名单,5 月 31 日,国务院全体会议第 10 次会议批准了其中的 233 人。6 月 3 日,周恩来签发国务院令,公布了这 233 位学部委员的名单。其中,物理学数学化学部 48 人,生物学地学部 84 人,技术科学部 40 人,哲学社会科学部 61 人。

1955 年 6 月 1—10 日,中国科学院在北京饭店召开学部成立大会,郭沫若致开幕词,并作关于中国科学院工作的报告。他在报告中提出了今后科学工作的方针任务及应采取的措施。1957 年 5 月,中国科学院在北京召开第二次学部委员大会。1960 年,中国科学院又在上海召开第三次学部委员大会。这三次学部委员大会,对新中国科学发展起到了积极的推动作用。郭沫若作为中国科学院院长,功不可没。

1958 年,郭沫若重新加入了中国共产党。同年 5 月,郭沫若联合部分著名科学家,向中央提出建议:把教育和科学研究紧密结合起来,依托科学院在科学家人才和实验设备方面的优势,创办一所新型的理工科大学。6 月,中央批准了科学院关于创办中国科学技术大学的报告,由郭沫若亲任校长。中国科学技术大学后来为国家培养了大批优秀的科技人才。

"文革"期间,中国科学院工作受到严重干扰。"文革"结束后,1978年3月,中央召开全国科学大会,郭沫若抱病为大会写了《科学的春天》一文。此文当时广为传诵,激励了一代人向科学进军。

1978年6月12日,郭沫若在北京逝世,享年85岁。

扩展阅读:

龚济民:《郭沫若传》,北京十月文艺出版社1988年版

七十

顾颉刚
中国史现代化先驱

　　顾颉刚(1893—1980 年),原名诵坤,字铭坚,号颉刚,江苏苏州人,历史学家、民俗学家、教育家。

　　顾颉刚出身于江苏苏州的书香世家,康熙皇帝下江南时,曾为他家题写过"江南第一读书人家"的匾额。1906 年,顾颉刚考入苏州第一所公立高等小学,与叶圣陶等为同学。1908 年,入苏州公立第一中学堂就读。1913 年,考入北京大学预科,因痴迷戏曲,学业不理想。1916 年他以号为名重考,才入北京大学哲学门(1919 年更名为哲学系)。

　　顾颉刚就读于北京大学时,正是新文化运动时期,因此他不仅有傅斯年这样的同学,还有胡适这样的老师,可谓得风气之先;而顾颉刚本来就有很深的国学功底,再加上新思想、新方法的刺激,自然会做出一番成绩来。当然,与胡适、傅斯年不同的是,顾颉刚始终在国内进行学术研究,一生都没有出洋留学的经历。

　　1920 年,顾颉刚从北京大学毕业,留在北大任助教兼图书馆编目。次年 11 月,北京大学研究所国学门成立,沈兼士和马裕藻邀他担任助教,并兼任《国学季刊》的编辑。1922 年,他因家庭原因离开北大,经老师胡适介绍到位于上海的商务印书馆任编辑。次年,顾颉刚重回北京大学研究所,任国学门主任沈兼士的助手。

工作虽变动不断,但顾颉刚对中国古代史的研究始终没有停止。在撰写《最早的上古史传说》的过程中,顾颉刚把《诗》《书》和《论语》三部书中的史料进行比较,发现禹的传说是西周时就有的,尧、舜的传说产生于春秋末,伏羲、神农出现得更晚。于是他得出一个假设:"古史是层累地造成的,发生的次序和排列的系统恰是一个反背。"1923 年,顾颉刚在《努力周报》所附的《读书杂志》第 9 期上发表《与钱玄同先生论古史书》一文,公开提出了古史是"层累地造成",否定了"自从盘古开天地,三皇五帝到如今"的传统观念,表示这些远祖都不存在而仅是传说中的人物。此说如石破天惊,在学界引起轩然大波。

紧接着,《读书杂志》第 10 期上发表了钱玄同的回信,他表示完全赞成顾颉刚的古史观,但刘楚贤、胡堇人等学者则来信反驳,从而在史学界引发了一场旷日持久的论争。1926 年,顾颉刚将争论文章汇编成册,定名为《古史辨》出版。此书本是专业性很强的学术著作,然而一经出版,竟然洛阳纸贵,一年之中,再版了 10 次。

顾颉刚的古史"层累地造成"说,为中国史学开辟了全新境界,在中国史学史上具有里程碑的意义。《古史辨》前后出了 7 册,共收入 350 篇文章。胡适称赞《古史辨》为"中国史学界的一部革命的书,又是一部讨论史学方法的书"。顾颉刚也因此奠定了他在史学界的地位,并成为"古史辨学派"的领军人物。余英时则称赞顾颉刚是"中国史现代化的第一个奠基人"。

1926 年,奉系军阀进入北京,顾颉刚听闻他的名字上了黑名单,便于 8 月离京南下,受厦门大学之聘,任国学研究院的史学研究教授。在厦门大学期间,顾颉刚与鲁迅发生龃龉,成为现代文学史上一段公案。

1927 年 4 月,顾颉刚离开厦门大学,转任中山大学史学教授。当时,顾颉刚的北大同学傅斯年从国外留学归来,正担任中山大学文学院院长。两人原是好友,这时却产生了裂痕。顾颉刚已然成为史学界一颗冉冉上升的新星,傅斯年也开始拓展自己的疆界,中山大学、中央研究院历史语言研究所都是傅斯年的地盘。傅斯年希望顾颉刚在自己的羽翼下发展，顾颉刚哪能答应呢，他也受不了傅斯年的脾气，因此谋求离开中山大学。傅斯年对顾颉刚要离去感到很没面子，便以他特有的"大炮"性格，放出恶言："你若脱离中大，我便到处毁坏你，使得你无处去。"顾颉刚是个外柔内刚的人，听闻此言回答道，我便偏要找个去处给你看看。最后，顾颉刚离开了中山大学，于1929年9月前往北平任燕京大学国学研究所研究员兼历史系教授。

顾颉刚曾在信中向老师胡适诉苦说："孟真对于我的裂痕已无法弥缝，差不多看我似叛党似的。"无论是感情还是学术观点，胡适实际上是偏向傅斯年的。在第一届院士的候选人提名名单中，胡适和傅斯年都没有将顾颉刚列入，应该不是偶然的巧合。蔡元培原本聘顾颉刚为历史语言研究所筹备委员，历史语言研究所成立后，顾颉刚却只是兼任研究员，继而改为特约研究员，最终再变为通讯研究员，基本上被排斥在历史语言研究所之外了。他后来和学界主流渐行渐远，应该都与傅斯年的打压有关。

顾颉刚到北平后，除了在燕京大学从事教育和研究外，因受局势影响，逐步参与民众运动。1931年，九一八事变爆发，顾颉刚在北平创办《歌谣周刊》，以歌谣的形式唤醒民众的抗日意识。顾颉刚后来还成立"三户书社"，印行抗日普及读物，在华北一带民众中产生很大影响。1934年3月，顾颉刚与昔日的学生谭其骧等合作创办《禹贡》杂志，刊登中国古代地理的研究文章。后因日本为扩大对中国的侵略，加紧在中国边疆少数民族中挑事，《禹贡》便将重心转到边疆问题上。1936年5月，北平成立主要研究沿革地理和边疆地理的禹贡学会，顾颉刚任理事长。于是在顾颉刚的周围，集合了一批追随他的青年学子，这进一步扩大了他在学界的影响力。

1937年，七七事变发生以后，北平很快沦陷。当时，顾颉刚正在西北甘肃等地参观和调查。恰在此时，其父顾子虬在北平逝世，顾颉刚有家不能归，成为他心中永远的痛。

1938 年 10 月,顾颉刚到昆明,任云南大学文史系教授。这时,他发表文章《中华民族是一个》,对民族团结起到了很好的作用。1939 年 9 月,顾颉刚抵成都,任齐鲁大学国学研究所主任。1941 年 3 月,任中国边疆学会理事长。

1944 年,中央研究院代院长朱家骅发起向蒋介石"献九鼎"活动。顾颉刚应邀写铭文,此事颇不为学界谅解,陈寅恪就曾作诗嘲之。诗云:"沧海生还又见春,岂知春与世俱新。读书渐已师秦吏,钳市终须避楚人。九鼎铭辞争颂德,百年粗粝总伤贫。周妻何肉尤吾累,大患分明有此身。"顾颉刚后在日记中也写道:铭文发表后"激起许多方面的批评,使予自惭"。其实,顾颉刚本质上是个学人,在政治上并没有什么追求。1945 年,重庆文人发布令蒋介石十分恼火的《陪都文化界对时局进言》,顾颉刚也在签名之列。

1946 年 2 月,顾颉刚回到抗战胜利后的北平。同年 7 月,大中国图书局在上海创办,顾颉刚任总经理。次月,任苏州社会教育学院教授。在此期间,顾颉刚以国大代表身份参加了总统选举的投票。

1948 年,中央研究院评选院士。虽然胡适、傅斯年提名的候选人名单中没有他,但他还是当选了中央研究院人文组院士。

1948 年底,顾颉刚在上海,"前途演变,不知如何"。恰好有人来见顾颉刚,转告郑振铎的话,让他不必东奔西走,左倾历史学家敬重他。顾颉刚在日记中写道:"在此大时代中,个人有如失舵之小舟漂流于大洋,吉凶利害自己哪能作主,惟有听之于天而已。"

朱家骅经上海去台湾,派人请顾颉刚去会面。顾颉刚知道朱家骅是要劝他去台湾的,因此借故推托了。顾颉刚不想去台湾,除了放不下他一辈子收藏的书和他开创的文化事业,还有一个重要原因,就是不想和傅斯年待在一起。他当时的妻子实际上想去台湾,所以偷偷约了友人王公屿去劝他,但他妻子再三关照王公屿:"提到台湾,千万不要提傅斯年,令他情绪上不好!"

1949 年 1 月 17 日,顾颉刚在宴席上见到他北大时期的老师胡适。此时,他们师生之间已经有了很大的隔阂,但他还是借着酒劲,劝胡适就此摆脱国民党政府的纠缠,不要再回南京。顾颉刚在日记中记下他的话:"当国民党盛时,未尝得与安乐,今当倒坏,乃欲与同患难,结果,国民党仍无救,而先生之令名隳矣。"胡适当然不会听他的,甚至没有透露自己行将赴美的半点口风。

1949 年 5 月,顾颉刚以一个旁观者的态度,在上海迎接解放。1951 年,被复旦大学聘为教授。1954 年 8 月 20 日,顾颉刚启程离沪,赴京任中国科学院历史研究所第一所研究员,主持校点《资治通鉴》和《二十四史》。1959 年,任全国政协文史资料委员会副主任,发表《禹贡注释》。1971 年开始担任《二十四史》和《清史稿》的总校工作,这些历史文献 1971—1978 年由中华书局陆续出版。

1980 年 12 月,顾颉刚在北京逝世,享年 87 岁。

扩展阅读:

顾颉刚:《顾颉刚自述》,河南人民出版社 2010 年版

七十一

汤用彤
中国最有原创性的
哲学家之一

　　汤用彤（1893—1964 年），字锡予。湖北黄梅人，哲学史家、佛教史家。

　　汤用彤家学渊源，幼承庭训。其父汤霖为晚清进士，亲自为他开蒙，对他影响很大，终其一生，他始终牢记父亲题写的"事不避难，义不逃责，素位而行，随适而安"的十六字家训。

　　1908 年，汤用彤入北京顺天学堂，开始接受新式教育。1912 年，考入清华学校，与同学吴宓等结为好友。1916 年汤用彤从清华毕业，考取官费留美，但因患沙眼未能成行，遂留在清华任国文教员，并兼任《清华周刊》总编辑。次年，汤用彤赴美，入明尼苏达州汉姆莱顿大学哲学系，主修哲学、政治学等课程。1918 年转入哈佛大学学习，1920 年入哈佛大学研究院，随白壁德教授研习西方哲学、比较文学等。他还与陈寅恪等一起学习梵文、巴利文及佛学。由于成绩出众，汤用彤与陈寅恪、吴宓并称为"哈佛三杰"。1922 年，汤用彤在哈佛大学获得哲学硕士学位后回国。

　　由私塾到新式中学，再由清华到出洋留学，这些学习经历为汤用彤今后研究中、西、印文化与哲学思想，成为中国罕见的熔铸古今，学贯中、西、印的哲学大师打下了坚实的基础。

　　汤用彤回国后，经梅光迪、吴宓推荐，到南京任东南大学哲学系教授。

当时，梅光迪、吴宓创办《学衡》杂志，汤用彤也成为主干成员，并在该杂志上发表了不少文章，内容基本与文化研究和印度文化及佛教有关。1922 年，佛学大师欧阳竟无在南京支那内学院讲唯识论，汤用彤课余经常前往听讲。

1925 年，汤用彤出任东南大学哲学系主任。一年之后，他就受张伯苓之聘，转赴南开大学任哲学系主任，但他在南开只待了一年，又回到南京任中央大学哲学系主任。中央大学的前身就是东南大学。在此期间，汤用彤相继完成了《印度思想史稿》和《隋唐佛教史稿》等学术著作的撰写。

1930 年夏，北京大学以英庚款补助特聘教授之名义聘他为哲学系教授，给了他很高的待遇。1934 年，汤用彤出任北京大学哲学系主任。1935 年 4 月，中国哲学会第一届年会在北京大学召开，汤用彤与冯友兰、金岳霖等当选为常务理事并负责日常会务工作。

汤用彤在北京大学讲授中国佛教史、印度哲学史、魏晋玄学等课程，课余则致力于中国佛教史讲义的修改、补充。这是汤用彤最为重视且投入最多心血的著作之一，他在 20 年代初就开始动笔了。1937 年基本成稿，汤用彤虽仍觉"不惬私意"，但因战争爆发，担心手稿遗失，"今日不出版，恐永无出版之日"，才将积稿中的一部分交付出版。这就是《汉魏两晋南北朝佛教史》，1938 年由商务印书馆在长沙印行。

该书出版后，因其会通世界三大哲学并提出许多原创的观点，受到学术界的广泛称赞，被认为是开创了中国佛教史的新纪元。哲学家贺麟赞曰："汤用彤得到西洋人治哲学史的方法，再参以乾嘉诸老的考证方法……《汉魏两晋南北朝佛教史》一书，材料丰富、方法严谨，考证方面的新发现，义理方面的新解释，均胜过别人。"

抗战期间，此书与陈寅恪的《唐代政治史述论稿》同被国民政府教育部学术审议委员会评为一等奖。汤用彤得知这一消息，并没有显得特别高兴。他对朋友们说："多少年来一向是我给学生打分数，我要谁给我的书评奖。"

1937 年七七事变爆发,北大南迁。同年 10 月,汤用彤与钱穆、贺麟一行 3 人,经天津乘船南下,一路辗转,抵达长沙,再从长沙迁赴昆明。到昆明后,北大与清华、南开组成西南联合大学,汤用彤出任哲学心理学系主任,不久又出任文学院院长。1942 年,汤用彤被国民政府教育部聘为第一批"部聘教授"。

抗战期间,汤用彤一子一女因病夭折,成为他心中永远的痛。当时大学教授生活之艰苦,由此可见一斑。即使在这样艰苦的条件下,汤用彤课余仍笔耕不辍,不仅发表《王弼大衍义略释》等多篇学术论文,《印度哲学史略》也在讲义基础上修改定稿,在重庆出版。

汤用彤为学,奉行"昌明国故,理学救国",主张"中西互补,因革损益"。汤用彤治学严谨,胡适说他:"锡予(汤用彤)的书极小心,处处注重证据,无证之说虽有理亦不敢用。"

汤用彤为人谦和,按照钱穆的说法:"锡予之奉长慈幼,家庭雍睦,饮食起居,进退作息,固俨然一纯儒之典型。"朋友间发生学术上的争论,汤用彤总是在一边沉默不语,从不参与。

抗战胜利后,西南联大三校各自北迁。回到北平的汤用彤,继任北京大学文学院院长,协助胡适、傅斯年为北大复校做了不少工作。

1947 年夏,汤用彤利用北大假期,应加州大学伯克利分校邀请赴美讲授中国佛学。1948 年夏,哥伦比亚大学也邀请他前去讲学,但他归国心切,婉言谢绝,于是年 9 月启程回国。

1948 年 3 月,汤用彤当选为中央研究院院士兼评议员,并应傅斯年之请,任历史语言所北京办事处主任。

1948 年底,汤用彤被国民党列入"抢救学人"的名单,胡适等都劝他南下,但他不走。胡适离开北平前夕,就把北京大学的事务委托给了他和郑天挺。胡适到南京后,还曾写信劝其离开北平,国民党方面又把机票送到他家里,但汤用彤不为所动。他觉得国民党太腐败了,跟他们走没有什么希望。

胡适离开之后，北大一时群龙无首，教授们自行成立了校委会，汤用彤众望所归，被推选为校委会主席。其实，汤用彤并无意于行政工作，但怀着对北大的感情，以及"事不避难，义不逃责"的家训，还是勉为其难地接受了这一职务，领导北大迎接新中国。

1949 年 5 月，北平军管会主任叶剑英正式任命汤用彤为北京大学校委会主席。直到 1951 年 6 月，马寅初从浙江大学校长调任北京大学校长，汤用彤才改任北京大学副校长，主管基建和财政等工作。这当然不是汤用彤擅长的领域，但"他也无怨言，常常拄着拐杖去工地转转"（其子汤一介语）。

1953 年，中国科学院成立历史考古委员会，汤用彤兼任委员。1955年，哲学社会科学部成立，汤用彤任学部委员，并任《哲学研究》《历史研究》杂志编委。

1954 年初冬，批判胡适思想运动在神州大地全面展开。汤用彤与胡适私交甚深，因此内心非常纠结。11 月，汤用彤参加人民日报社召开的批判胡适思想会议，受到极大的刺激，回家后不久即突患脑出血，幸送医及时，经抢救脱离了生命危险。此后几年，他只能卧床，慢慢地与病魔抗争，无法继续从事行政和教学工作，也很少在公众场合出现。

汤用彤虽在病中，但仍十分关心国家的教育和学术发展。1957 年 5月 17 日，中国科学院召开第二次学部委员大会，汤用彤向会议呈递书面发言。他批评了科学院、高等院校之间相互隔离的现象并提出了一些具体意见；批评了对一些专家学者如蒙文通等人不重用的现象并主张量才重用之；倡导整理出版重要文化典籍，如《道藏》等；建议恢复教授休假制度，派他们出国考察研究，以加强与国际文化、学术界的交流与联系。

新中国成立后，汤用彤的新作不多，但他的旧著基本得到了重印。汤用彤身体有所恢复后，也写了一些文章，如 1961 年撰写的《何谓"俗讲"》，1962 年撰写的《论中国佛教无"十宗"》等。这些文章与以前一样，考证精详,纠正谬误,令人叹服。

　　1963 年 5 月 1 日晚,汤用彤受邀登上天安门城楼观赏焰火,毛泽东主席见到他,很关心他的身体状况,并嘱咐他写些短文。毛泽东还对汤用彤说,读过他所撰的全部文章。

　　1964 年 5 月 1 日,汤用彤在北京病逝,享年 71 岁,葬于北京市八宝山革命公墓。

扩展阅读:

麻天祥:《汤用彤评传》,武汉大学出版社 2007 年版

七十二

董作宾

殷墟发掘第一人

　　董作宾(1895—1963 年),字彦堂,出生于河南南阳,考古学家、甲骨文专家。与罗振玉(字雪堂)、王国维(字观堂)、郭沫若(字鼎堂)并称为"甲骨四堂",是甲骨文研究领域里程碑式的人物。

　　董作宾最终成为一位大师级的专家,但一开始却是自学成才。年幼时,他在家乡很一般的学校读书,还一度辍学帮着家里照看生意。24 岁时,他在开封育才馆读书时接触甲骨文,从此便与甲骨文结缘。1922 年,他经友人介绍,到北京大学旁听语言学,空余时间就对罗振玉的《殷墟书契前编》进行摹印、研究。1923 年,经过努力,董作宾成功考取北京大学研究所国学门研究生,专注于民歌民谣学的研究,第二年升为助教。在研究民谣的同时,他也向王国维学习甲骨文,这让他在这一领域的知识大有长进。1925 年,董作宾从北大研究所毕业后获史学硕士学位。1927 年,南下到中山大学任教,得以与傅斯年相识。1928 年,因母病返回河南老家,到南阳第五中学任国文教员。

　　1928 年 4 月,中央研究院历史语言研究所筹备处成立。经北京大学国学研究所导师、考古系研究室主任马衡推荐,董作宾获聘为编辑员兼通讯员,主要任务是调查安阳甲骨文的情况。

　　甲骨文的发现是在 1899 年,20 世纪初便引起学界重视。在王懿荣之后,罗振玉、王国维等已经开始了对甲骨文的初步研究,但还有相当部分学者,如章太炎等对甲骨文抱怀疑态度。甲骨文的首次发现地就在安阳,蔡元培、马衡、傅斯年等对这些古老的文字表现出了浓厚的兴趣。之所以聘董作宾,一方面是因为他是河南人,得地利之便,另一方面也是因为他对甲骨文已有研究。

1928年夏,董作宾利用暑假,前往豫北古城安阳考察,发现当地村民在殷墟挖掘并出卖甲骨,即向傅斯年建议,由中央研究院主持系统发掘,董作宾说:"迟之一日,即有一日之损失,是则由国家学术机关,以科学方法发掘之,实为刻不容缓之图。"傅斯年即同意由董作宾主持试探性发掘。于是,就在这年10月,由董作宾主持,开始了安阳小屯遗址的试掘工作。这是后来闻名世界的安阳殷墟第一次发掘,获得有字龟甲555片,无字甲骨299片,共计854片。不久,董作宾向历史语言所提交了《民国十七年试掘小屯报告书》,整个历史语言所都为之兴奋不已。董作宾也因此获得"殷墟发掘第一人"的殊荣。

傅斯年看到董作宾的发掘成果,立刻看出了殷墟的价值,当即决定扩大考古组规模,由历史语言所考古组主任李济亲自挂帅,主持殷墟的发掘工作。安阳的考古发掘是历史语言所在大陆考古工作中取得的最大成就之一。自始至终,董作宾都是殷墟发掘的参与者之一:董作宾第一个发现了安阳殷墟,也是他挖下了殷墟考古的第一铲。从一定意义上说,没有董作宾,就没有后来令国人骄傲的安阳殷墟考古的灿烂成就。当然,董作宾没有受过正规考古训练,不懂得现代考古学的理论方法,田野发掘非其所长,因此难免有所疏漏,有些判断也不准确,如他提出的后来被证明是错的"殷墟漂没说"。

董作宾的特长在文字,后来负责发掘工作的李济对他非常尊重。他们彼此有个君子协议,今后凡出土有字甲骨即由董作宾负责研究,以尽其长;李济则负责研究所有其他出土古物。董作宾也不负所望,在甲骨文的研究方面做出了卓越贡献。

1929 年秋季,在殷墟第三次发掘的最后一天,挖到了"大龟四版",上面刻满了殷商时代的占卜文字。董作宾通过对"大龟四版"的整理研究,于 1931 年 6 月发表了《大龟四版考释》一文,首先提出了"贞人说",即他把"卜问的人"称为贞人,这后来成为甲骨文断代中的主要标准,并由此拉开了甲骨文断代研究的序幕。

1932 年 3 月,他发表了《甲骨文断代研究例》一文,确定了识别甲骨片上殷代文字分期的 10 个标准,将晚商 200 余年混沌无序的甲骨史料整理得清清楚楚,从而使得甲骨文研究进入了一个全新的阶段。后来,他把甲骨的研究从文字学推向考古学,主持了殷代帝王世系年谱、殷先王称号、殷帝姓氏、出土物墓葬地段、异域地名等重大课题的研究,都取得了开创性的成就,从而奠定了他中国一代甲骨学大师和著名考古学家的地位。

抗战期间,董作宾根据殷墟甲骨文,苦心研究殷历,并于 1945 年在李庄石印出版了《殷历谱》。初版虽然只印了 200 册,但这是一部具有里程碑意义的巨著。陈寅恪阅毕此书,写信给董作宾,高度评价此书道:"学术界著作当以尊著为第一部书,决无疑义也。"蒋介石得知此书后,特致电朱家骅,表示对董作宾嘉勉。应指出的是,学界对董作宾的殷历是有不同意见的,这里不做展开。

董作宾还有一项其他人不能比肩的绝活:甲骨文书法。由于他自幼醉心于篆刻,而工作性质需要常年大量摹写甲骨文字,对甲骨文的风格特点体会最深,所以他的甲骨文书法,古雅生动,极具功力。

董作宾的研究虽然起步很早,但系统的研究成果问世却历尽波折。《殷墟文字甲编》早在 1937 年即准备由商务印书馆出版,但由于抗战全面爆发,终成泡影。后又准备在香港出版,但因太平洋战争爆发,《殷墟文字甲编》毁于战火。直到 1948 年 4 月,《殷墟文字甲编》才与《乙编》(上册)一起在上海出版,《殷墟文字乙编》(下册)则于 1953 年在台湾出版。该套书共录甲骨 13 047 片,并收录了殷墟第十三次发掘中著名的 YH127 坑的大批完整材料,极具学术价值。

最早用殷墟甲骨资料成书出版的是郭沫若。他于 1933 年在日本出版《卜辞通纂》时，未经史语所同意，就将董作宾寄给他的"大龟四版"拓片付印了。得到消息后，傅斯年大为光火，嚷嚷着要与郭沫若打官司，但董作宾不以为意。1948 年中央研究院评选院士的时候，尚在美国讲学的董作宾得到消息，于这年 2 月写信给胡适，表示自己愿意放弃评选考古学领域院士，而推举梁思永和郭沫若。因为前者正在病中，应该借此"给他一点安慰"；至于后者，"沫若是院外人，以昭大公"。由此可见他的胸襟与为人。

董作宾是第一届院士中少数几位没有出洋留学的。可他却于 1947 年应美国芝加哥大学之聘，任该校东方语言文学系中国考古学客座教授，讲授中国古代史研究等 4 门课程。1948 年底，他离美回国。本来他打算稍作停留便再度返美，在芝加哥大学建立中国古代史研究中心，但飞速变化的时局，令他的美国之行成为泡影。他于 12 月 15 日回到上海，21 日就携家眷随史语所第一批文物一起去了台湾。他去台湾看似坚决，其实最重要的原因之一还是甲骨。史语所同仁石璋如后来回忆说："董先生回国，知道甲骨要运往台湾，他决定不去后方，要随研究院一起去台湾。"

历史语言所刚到台湾时十分艰难，研究人员工资低微，居无定所。由于没有合适的办公室，研究工作也无法展开。董作宾只好到傅斯年任校长的台湾大学任兼职教授。傅斯年病故后，董作宾于 1951 年 7 月继任历史语言所所长。1952 年，在朱家骅的支持下，史语所选定台北东北郊的南港筹建文物仓库和研究大楼。董作宾随即殚精竭虑，倾其全力推进该工程的建设。1955 年 8 月，在史语所南港的研究大楼和文物仓库行将竣工之际，董作宾觉得对历史语言研究所和"中央研究院"可以交代了，便辞去史语所所长一职，就聘香港大学东方文化研究院研究员。

其实，董作宾离台赴港的主要原因是经济状况。1953 年 6 月，他在给胡适的信中写道："积蓄快贴完了，靠卖文不能活，卖字无人要，只有靠'美援'，不知先生有无他法？……人快六十岁了，还是栖栖惶惶，为活着而忙碌不休,可发浩叹!"世界闻名的学者穷困如此,真是中国学人的悲哀啊!而港大的薪水,是董作宾在台湾史语所和台大加起来的两倍还多。

然而,对于董作宾来说,香港毕竟不是做学问的地方,那里没有甲骨文,也没有可以交流的同道,实在是非常孤寂难耐。因此,他在香港待了3年,就于1958年秋重返台北,任"中央研究院"专任研究员和台湾大学考古人类学系教授。当时历史语言所所长已由李济担任,没有适当的空缺来安排董作宾。这时已出任"中央研究院"院长的胡适想了个办法,在历史语言所成立一个甲骨学研究室,由董作宾担任主任,负责主持工作,让他可以安安心心地研究甲骨文。

这时,董作宾的身体已大不如前,1959年5月中风,后心脏病又时常发作。在病痛中熬了几年,于1963年11月23日在台大医院病逝,终年69岁。

扩展阅读:

郭胜强:《董作宾传》,江苏文艺出版社2010年版

七十三

金岳霖
他不仅仅是逻辑学家

金岳霖（1895—1984 年），浙江诸暨人，出生于湖南长沙，哲学家、逻辑学家。1911 年春，他在长沙投考清华学堂中等科，未被录取。这年夏天，他又到北京报考高等科，反被录取了。同时录取的还有后来也成为第一届院士的侯德榜。

金岳霖以逻辑学家的身份闻名于世，但他不仅仅是逻辑学家，更是一位哲学家。他最初所学的是经济学和政治学，而非哲学和逻辑学。金岳霖海外留学的经历有两段。第一段是在美国。他 1914 年从清华毕业，漂洋过海到美国宾夕法尼亚大学读商科。拿到学士学位后，到哥伦比亚大学改读政治学，硕士论文是《州长的财政权》，虽然是有关政治的题目，但与经济还是有很大的关系。1920 年，他的博士论文是《T. H. 格林的政治学说》，这算是正儿八经的政治学专业论文了。英国学者格林不仅是政治学家，而且还是哲学家。由于研究格林，金岳霖对哲学也有了兴趣。

金岳霖的第二段留学经历，是 1921 年底到英国深造，进入了伦敦大学经济学院。因为某种机缘，资助他到英国留学的，是上海金城银行，所以他只好到经济学院上课。他在英国读了休谟的哲学著作之后，不仅彻底抛弃了经济学，连政治学也放弃了，进入了哲学的殿堂。而罗素的《数学原理》一书，则使他迷上了数理逻辑。金岳霖在伦敦大学学习的时间并不长,1923 年,他到德国游历,次年,他又游学至法国,直到 1925 年 11 月回国。

金岳霖回国后,先在中国大学担任教授,主讲英文和英国史。1926 年秋,原在清华讲授逻辑学的赵元任去职,由于找不到其他可以讲授逻辑的教授,便由金岳霖接替。金岳霖虽然对分析哲学已有较深的研究,但分析哲学与逻辑学毕竟还是不同的,而他在学校里从来没有系统地学过逻辑学,于是只好“现炒现卖”,边学边教。谁能想到,金岳霖后来竟成了逻辑大家,简直就是中国逻辑界的代表人物。直到 1931 年,金岳霖利用清华休假一年的时机,到哈佛大学师从著名逻辑学家谢费尔教授,这才算是首次正式系统地学习逻辑学。他告诉谢费尔教授:他教过逻辑,可是没有学过。谢弗尔教授听了大笑了一阵。

金岳霖这次学成回国后,在清华大学开设了符号逻辑课程。1935 年,他所著的《逻辑》一书由清华大学出版。需要指出的是,金岳霖当时研究的领域,绝不仅限于逻辑学。他在国内报纸和专业杂志上发表了多篇论文,在认识论、本体论、逻辑哲学等方面都有创造性贡献。1937 年,中国哲学会成立,金岳霖被选为常务委员。

七七事变爆发后,金岳霖随学校先迁到长沙,再迁到昆明,任西南联大教授。教学之余,他潜心写作。1940 年 9 月,金岳霖的《论道》由商务印书馆出版。他运用严密的逻辑分析方法和中西哲学范畴来阐述本体论。这一年,教育部学术审议委员会评选抗战以来最佳学术著作。投票结果,冯友兰的《新理学》和金岳霖的《论道》都被评为一等奖。但按规定,一等奖只能有一个,于是《论道》改为二等奖。金岳霖因此得到 5 000 元的奖金,但此书艰深难读,曲高和寡,应者寥寥。

1941 年,金岳霖再次休假。他到四川李庄与梁思成夫妇相聚。这期间,他勤奋撰写《知识论》一书。这是一本系统地讨论认识论的专著。早在 1937 年,这本书已基本完稿。可悲的是,金岳霖在一次躲避日军空袭时,将手稿遗失在防空洞内,他不得不从头写起。直到 1948 年,这本长达

70 万字的巨著终于再次完成。由于种种原因,该书直到 1984 年才获出版。

1943 年,西南联大朱自清、陈岱孙等几位教授居住在一家戏院的大包厢里。为了给金岳霖提供一个安静的居住环境,他们把大包厢最清净的一个角落隔出来,让他在那里专心写作。这年 8 月,金岳霖再次赴美,作为期一年的访问和讲学。在美国,他完成了《道、自然与人》一书,但未能出版。

金岳霖以他的著作和论文,建立了一个独特的博大精深的哲学体系,提出了以"道,式——能"为框架的本体论学说。总地说来,他搞的是分析哲学,思想上属于新实在论。因此,他被奉为中国哲学界新实在论的"首领"。

金岳霖当初学经济,是因为他五哥建议他学簿记。后来学政治的缘由,在他写给五哥的信中表露无遗:"簿计(记)者,小技耳,俺长长七尺之躯,何必学此雕虫之策。昔项羽之不学剑,盖剑乃一人敌,不足学也。"他想学万人敌的救国之策,但他后来又从政治转到哲学,离开实际政治就远了。不过,国家危急动荡的形势摆在那儿,身怀救国之志的他,自然无法一点也不与政治沾边。早年在美留学期间,他听到袁世凯要做皇帝,悲愤地痛哭了一场。1935 年,一二·九运动爆发,他签名支持学生运动。1947 年 2 月,他又与朱自清、俞平伯、向达等教授签名发表《保障人权宣言》,抗议北平警察"午夜闯入民宅,肆行搜捕"。正是由于对国民党的失望,金岳霖决定留在大陆。

1949 年 9 月,金岳霖接替冯友兰任清华大学哲学系主任。1950 年 2 月,任清华大学文学院院长,兼校务委员会委员。1952 年,全国高校院系调整,六所高校的哲学系并入北京大学。由此,中国最优秀的哲学家几乎都集中到了北大哲学系,由金岳霖任系主任。

1955 年 9 月,中国科学院哲学所正式成立,潘梓年兼任所长,金岳霖从北大调到哲学所,任一级研究员、副所长。金岳霖晚年回忆说:"到哲学所,让我坐办公室。我恭而敬之地坐在办公室,坐了整个上午,而'公'不来。"后来,他就不坐班了。

共和国初建,由于受苏联影响,彻底否认形式逻辑,认为那是形而上学的东西,是反辩证法的。有一次,金岳霖在怀仁堂见到毛泽东主席。毛泽东对他说,你那一套还有用。金岳霖听了深受鼓舞。

在对知识分子的思想改造运动中,金岳霖态度积极,发表了许多自我批判的文章,并决心要掌握马克思主义。他说:"现在我将比作大学一年级的学生,明年是二年级,十年八年总有进步。"金岳霖的进步表现,得到了毛泽东的肯定。1956 年,毛泽东在致章士钊的信中说:"各书都收,读悉,谢甚! 实事求是,用力甚勤,读金著而增感,欲翻然而变计,垂老之年,有此心境,敬为公贺。"这里提到的"金著",识者认为可能即指金岳霖发表的一系列自我批评及批判罗素、杜威、胡适等人哲学思想的文章。毛泽东后来还请金岳霖吃过两顿饭,不是专门请他一个人,还有章士钊等,不过范围很小。

金岳霖是真心接受马列主义的。一个原因是中国积弱积贫,金岳霖对中国被列强瓜分深感忧惧,而中国共产党使中国站了起来,他经过思考,认为背后的原因是马列主义。再者,他在抗战期间就读过马列著作,认为马克思主义的哲学要比他以前所接触的哲学体系高明。正是有了这样的认识,他的自我批判是出自内心,而不是简单应付,更不是看风使舵,人云亦云。

金岳霖接受了马列主义后,思想和立场再没改变。直到晚年,也就是生命的末期,他在回忆录中认为自己"政治上追随毛主席,接受革命哲学,实际上是接受了历史唯物主义。现在仍是如此"。

由于对马克思主义的服膺,金岳霖在政治上积极要求进步。1956 年12 月,金岳霖加入共产党。1958 年他在英国访问,一位教授问他为什么要加入共产党。他回答说:"我加入共产党是因为只有共产党可以使中国翻身!"这句话,可以作为他后半生思想转变的注解。

　　1949 年,金岳霖写的文章不多,可能与他承担了行政领导职务有关。不过,在 20 世纪五六十年代,金岳霖着力写了一本书《罗素的哲学》,他力图运用马克思主义的立场和方法对罗素哲学进行批判。此书后于 1988 年由上海人民出版社出版,书名改为《罗素哲学》。

　　1984 年 10 月,金岳霖在北京逝世,享年 89 岁。

扩展阅读:

刘培育:《金岳霖的回忆与回忆金岳霖》,四川教育出版社 2000 年版

七十四

冯友兰
"三史释今古，六书纪贞元"

冯友兰（1895—1990 年），河南唐河人，哲学家、教育家。

冯友兰出生于一个书香世家，其父为清末进士。他 7 岁进家塾，接受传统教育，1912 年冬，得河南省资助，考入位于上海的中国公学，1915 年夏考入北京大学哲学门，从此与哲学结下终身之缘。

1918 年 6 月，冯友兰从北京大学毕业，次年考取河南官费赴美，入哥伦比亚大学学习。1923 年，在杜威等教授的指导下，完成了论文《人生理想之比较研究》，1924 年获博士学位。

冯友兰学成回国后，先后在河南中州大学、广州中山大学任教。1926 年接受燕京大学的教职，教授中国哲学史。1928 年转到清华大学担任教授并兼任秘书长等重要职务。冯友兰对于清华大学的环境十分满意，自认为找到了"安身立命之地"。在教学之余勤于著作，他以西方的学术方法，整理中国古代哲学，于 30 年代前期完成了两卷本《中国哲学史》，这是我国第一部全面系统的哲学史著作，代表了当时中国哲学史研究的最高水平。后来此书被美国学者卜德译成英文，至今仍是西方学者系统了解中国哲学的少数经典著作之一。任继愈先生曾评论说，冯先生具有高度的概括能力和现代的治学方法，把我们的中国哲学史梳理得非常清楚。

1929 年，冯友兰任清华大学哲学系主任，从 1931 年起任清华大学文学院院长。当时各院院长由教授会选举产生,每两年改选一次。冯友兰任文学院院长长达 18 年,由此可见其学术地位之稳固。

1934 年,冯友兰应邀出席在捷克布拉格召开的第八次国际哲学会议,并游历了英国、法国、瑞士等国,还顺道访问了苏联。回国后他做过几次关于苏联观感的演讲,被国民党视为异己分子。1935 年 11 月 28 日,他竟被视作政治嫌疑犯逮捕并审讯。此事在当时在全国酿成轩然大波。连鲁迅都感到愤愤不平,他在给友人的信中说:"安分守己如冯友兰,且要被逮,可以推知其他了。"

其实,冯友兰对现实政治兴趣不大,对国民党也没有好感。进步学生因此对他十分信任,1936 年,国民党大肆搜捕时,清华学生领袖黄诚和姚依林就是躲在他家,平安度过了搜捕之夜。

冯友兰自撰的茔联"三史释今古,六书纪贞元",非常简洁地概括了他一生的学术成就。"三史"是指冯友兰在不同时期写的三部中国哲学史,"六书"则是指 1937—1946 年,冯友兰所写的六部著作,这六部著作构成了他的新理学体系。1937 年,七七事变爆发,冯友兰随清华南迁到云南,繁重的教学之余,在一盏菜油灯下,他坚持著书立说,构建自己的哲学体系。《新理学》(出版于 1939 年)奠定了他的哲学体系基础。接着,他接连出版了《新事论》(1940 年)、《新事训》(1940 年)、《新原人》(1943 年)、《新原道》(1944 年)、《新知言》(1946 年)。冯友兰将这些著作总称为"贞元之际所著书",简称为"贞元六书"。冯友兰在这几本书中,将哲学睿智、诗人情怀和对国家民族的殷殷深情完美地融合在一起。他在"贞元六书"第一部《新理学》的序言中引了张载的名言:"为天地立心,为生民立命,为往圣继绝学,为万世开太平。"他接着写道:"况我国家民族,值贞元之会,当绝续之交,通天人之际,达古今之变,明内圣外王之道者,岂可不尽所欲言,以为我国家致太平,我亿兆安心立命之用乎?虽不能至,心向往之。"冯友兰希望他的书能成为国家的一砖一石。

冯友兰的著作,得到各界的好评。1941 年国民政府教育部学术审议委员会对学术著作进行评审,冯友兰的《新理学》被评为一等奖,并获奖金 1 万元。这在一定程度上肯定了冯友兰的学术地位。

冯友兰虽无意于现实政治,但现实政治却不放过冯友兰。国民党为了加强对高等院校的直接控制,于 1939 年要求大学院长以上的教职员都必须加入国民党。冯友兰因此加入了该党。鉴于冯友兰的学术声望,国民党给了他一定的地位。尽管冯友兰并未频繁参与党内活动,但对他以后人生道路还是产生了较大的影响。

1946—1947 年,冯友兰赴美国宾夕法尼亚大学讲授中国哲学史,并将讲稿整理成《中国哲学简史》一书由纽约麦克米伦公司出版。这是他的第二部哲学史。冯友兰在美国期间,解放战争格局发生根本性转变,人民解放军节节胜利,国民党军队节节败退,冯友兰生怕新中国成立后中美断交,婉言谢绝了至亲好友的挽留,于 1948 年 3 月返回祖国。在上船以前过海关的时候,海关人员看见他护照上是一个"永久居留"的签证,对他说:"你可以保存这个签证,什么时候再到美国来都可以用。"但冯友兰说:"不用了。"

1948 年 3 月,冯友兰当选为中央研究院第一届院士,并当选为评议员。

北平临近解放的时候,冯友兰打定主意留在北平。他曾对弟弟冯景兰说:"何必走呢,共产党当了权,也是要建设中国的,知识分子还是有用的。你是搞自然科学的,那就更没有问题了。"他还说:"作为一个学者,对于自己所钟爱的学术事业,不能轻易放弃;对于政治,应当保持一定的距离;自己希望国家强盛,但对于哪一个党派掌权,则不想干预,也无力干预,谁能够把中国治理好,自己就拥护谁。"国民党方面曾做冯友兰工作,想让他南下,但他不为所动。

1948 年 12 月,清华大学校长梅贻琦南下后,大家推举冯友兰为校务会议临时主席,肩负起了"护校"的重任。北平解放后,成立清华大学校务委员会,以原校务会议的成员为委员,以冯友兰为主任委员,但为时不久，即被叶企孙替代。

1952年院系调整，冯友兰离开了清华大学，转到北京大学任教授，最初，由于某些政治因素的影响，他被评为四级教授，到1954年，调整为一级教授。1955年，冯友兰被选聘为中国科学院哲学社会科学部委员。11月，中国科学院哲学研究所成立，受聘为兼职研究员、中国哲学史组组长。

1949年10月，冯友兰向毛泽东写了一封信，表明自己愿意转变立场的心迹。毛泽东很快给他回了信，信中表示："我们是欢迎人们进步的。""也不必急于求效，可以慢慢地改，总以采取老实态度为宜。"在解放初期的思想改造运动中，以及后来的历次运动（比如反右派斗争）中，冯友兰的哲学思想被当作唯心主义遭到过批判。

50年代以后，冯友兰努力弃旧趋新，"向党和马克思列宁主义缴械投降，在马克思列宁主义的哲学队伍中重新做一个小兵"。60年代，他以马列主义的观点，著《中国哲学史新编》，书前题词有云："望道便惊天地宽，南针廿载溯延安。"但这本书只出到第二册，"文革"开始，他便停止了此书的写作。"文革"后期，他在强大的政治压力下，写了《对于孔子的批判和对于我过去的尊孔思想的自我批判》及《复古与反复古是两条路线的斗争》等文章。1975年，他的《论孔丘》一书出版。另外，他还是"文革"期间著名的极"左"写作班子"梁效"的顾问。

冯友兰后来在自己回忆录性质的《三松堂自序》中承认："我在当时的思想，真是毫无实事求是之意，而有哗众取宠之心，不是立其诚而是立其伪。"他说得非常坦诚。客观地说，他的这些作为，只是为了自保，并不像有人说的那么不堪。

自1980年起，冯友兰开始重写《中国哲学史新编》。这次，他决心遵从自己的内心，真正把自己一生对中国哲学及文化研究所得写出来。这本书共150万字，名为《中国现代哲学史》。书中对玄学、佛学、道学以及曾国藩和太平天国等话题都提出了他的独到见解，也贯彻了他"阐旧邦以辅新命"的初衷。

在冯友兰 1990 年逝世前 5 个月,他以 95 岁高龄完成该书第七册。在完成这册书后,冯友兰又写了《自序》,讲到"文革"后老妻逝世时他写的挽联中,有"斩名关,破利索,俯仰无愧怍,海阔天空我自飞"之句。冯友兰既然能够做到"海阔天空我自飞",下笔自然无所顾忌。

1990 年 11 月 26 日,冯友兰因肺炎在北京逝世。享年 95 岁。

扩展阅读:

冯友兰:《三松堂自序》,生活·读书·新知三联书店 2021 年版

七十五

傅斯年
中国现代史学
开拓者

傅斯年(1896—1950年),字孟真,山东聊城人,历史学家、教育家,中央研究院历史语言研究所创始人。

傅斯年出生于官宦世家,但到他这一辈时,已家道中落。9岁时,父亲去世,家境更加贫寒。他曾说过:"吾少也贱,故多能鄙事。"在父亲的学生帮助下,傅斯年才得以到天津府立中学堂读书。1913年夏,傅斯年考入北京大学预科,1916年升入北大文科学习。在北大,傅斯年的成绩出类拔萃,在学生中威信极高。当时在北大做教授的国学大师黄侃、刘师培等对他十分赏识,很希望他能够继承衣钵,但傅斯年让他们都失望了。因为他很快接受了新思想、新文化,尤其在结识胡适后,两人由师生而成朋友。傅斯年与北大同学创办了《新潮》月刊,与《新青年》遥相呼应,他也因此成为新文化运动中很有影响的一员小将。

1920年初,傅斯年以第二名的成绩考取山东公费赴英国留学。北大校长蔡元培手书一副对联送给他:"山平水远苍茫外,地辟天开指顾中。"已是学界泰斗的蔡元培,给初出茅庐的傅斯年写出如此对联,对他的推崇与期许,由此可见一斑。

傅斯年在伦敦大学跟随史培曼教授攻读实验心理学,后兼及生理学和数学、化学、统计学等,但没拿到文凭。1923年,傅斯年由英国转至德国，入柏林大学哲学研究院攻读比较语言学与史学，深受近代德国史学之父、语言考证学派一代宗师兰克的影响，对兰克学派极为推崇。傅斯年治学有句名言："上穷碧落下黄泉，动手动脚找东西。"就是受了兰克的影响。

1926年，傅斯年从欧洲留学归来，任广州中山大学文科学长（文学院院长）兼史学系主任。1928年，中央研究院成立时，蔡元培原本并没有计划设立历史语言研究所。是在傅斯年的力争下，该研究所才得以成立，所谓"无中生有"者也。而傅斯年一生最大的事业，也是在历史语言研究所。他前后担任该所所长凡23年，直到他逝世。在他的带领下，历史语言研究所不仅成为中央研究院最大的一个所，而且在历史和语言领域进行了许多开创性的研究，取得的成就也有目共睹。如安阳殷墟和龙山城子崖的发掘，语言学、人类学方面的社会调查等，无不与傅斯年的努力有关。可以说，正是由于有了中央研究院历史语言研究所，汉学的中心才从西方重新移回了中国。

傅斯年对历史语言所的挚爱，到了偏执的程度。他非常清楚，要提高历史语言所的水平，必须引进第一流的人才。因此，他创造了"拔尖主义"一词。"凡北大历史系成绩较优者"，他都"网罗以去"。傅斯年的老同学、老朋友，同时也是史学领域的大师顾颉刚，因为不肯在历史语言所屈就，傅斯年竟与他反目成仇。陶孟和是傅斯年北大读书时的老师，后来是中央研究院社会科学研究所的所长，两人关系一向不错。可是因为社会科学研究所研究的范围与历史语言所有点重复，傅斯年认为陶孟和侵犯了他的领地，不惜大动干戈，差点闹到绝交。

傅斯年本人在学术方面的贡献，主要体现在为中国现代史学开拓了一片新天地。他著有《夷夏东西说》《性命古训辨证》等著作。他后来长期从事学术界的行政管理工作，这在相当程度上影响了他的学术研究，而且傅斯年的史学思想也有一定的局限。历史学由历史哲学、史论和史料学等几个部分有机组成，而傅斯年则强调"历史只是史料学"，而且他认为史料应该强调新史料，"大如地方志书，小如私人的日记，远如石器时代的挖掘，近如某个洋行贸易册"，都是应该努力搜求的目标，总之，要"上穷碧落下黄泉，动手动脚找东西"。他的史学观在一定程度上限制了中国史学的发展。他强调有一分证据说一分话，决不涉足推论和通疏，绝少分析和归纳，因此成就有限。历史学家何炳棣在评价历史语言研究所时，就曾指出他们的出版物考证精详，但是论点零细琐碎，缺乏综合，尤其缺少西方社会科学的视野。历史语言研究所的有些考古成果，最终只成为别人的研究工具而已。

1936 年 12 月，中央研究院总干事朱家骅任浙江省政府主席，总干事一职由傅斯年代理。

傅斯年不是政客，也不想做官——他坚持不在国民党政府里任职，但他与政治的关系却是根深蒂固的。1938 年，他以社会贤达的身份出任国民参政会参政员。抗战期间，学者的生活极为困难，傅斯年家也一样。他坚持只拿历史语言研究所所长一份薪，而退还参政会的薪水和补贴，保持了一个学者的风骨。

傅斯年具有典型的山东人性格，敢怒敢言。即便对国民党权贵，他也毫不留情，有"傅大炮"之称。1945 年 7 月，他在国民参政会上，炮轰孔祥熙，引起社会极大关注，最后直接导致孔祥熙的倒台。当时，蒋介石还想挽回，便请傅斯年吃饭，对他说："你既然信任我，那么就应该信任我所任用的人。"傅斯年毫不客气地回答："因为信任你也就该信任你所任用的人，那么砍掉我的脑袋我也不能这样说。"他不但扳倒了孔祥熙，且于1947 年又把"炮口"对准了宋子文，同样把宋轰下了台。正如台湾研究傅斯年的专家王汎森所指出的："他对政治的不满与批评，驱使他连续轰走两位行政管理机构负责人，但他只是'御史'，而不是革命者。"

虽然蒋介石在日记里暗中大骂傅斯年，但场面上对傅斯年还是十分客气。因此，傅斯年十分感念蒋介石对他的"知遇之恩"。

傅斯年与毛泽东也有过交往，尤其在 1945 年，傅斯年访问延安，他们在窑洞中曾有过愉快而深刻的晤谈,毛泽东还应傅斯年之请,为他题写了纪念条幅:"竹帛烟销帝业虚,关河空锁祖龙居。坑灰未冷山东乱,刘项原来不读书。"但毕竟他们之间的思想分歧太大,道不同不相为谋,最终自然走不到一块。

傅斯年身体一向不好,长期患有高血压。1947年6月,傅斯年与夫人一同赴美治病,在波士顿白利罕医院治疗,前后住院三四个月,出院后,又在康涅狄格州纽黑文休养了一段时间。身体稍好,傅斯年便不顾夫人俞大綵的反对,急着要回国了。1948年8月底,傅斯年回到南京,正好赶上中央研究院成立第二十周年纪念会暨第一次院士会议。在几个月之前,傅斯年毫无悬念地当选为中央研究院首届院士。

1948年底,国民党败退已成定局,傅斯年向蒋介石提出"抢救学人计划",他自己也十分卖力,曾多次电话催请陈寅恪南下,邀其同去台湾或香港。正如陈寅恪最后也没去台湾一样,这个计划实施的结果并不理想。让傅斯年聊以自慰的是,他一手控制的中央研究院历史语言研究所大部分去了台湾,也只能说是大部分,并不是全部。比如,史语所下面共有4个组,历史组主任陈寅恪,语言组主任赵元任,考古组主任李济,人类学组主任吴定良,这4位组长中到台湾去的只有李济。

傅斯年的先祖傅以渐是清朝开科取士后的第一位状元,后人对他议论颇多。因此,作为他的后裔,傅斯年对于所谓"正统"是格外敏感的。正是这种"政治正统"观的作祟,使得傅斯年对共产党一直存有偏见;而他对国民党虽有不满,但还是死心塌地地追随。1949年,傅斯年为台湾大学教授黄得时书一短幅——"归骨于田横之岛",是很能说明他的态度的。这也正是他离开大陆追随国民党到台湾去的深层思想动机。

1948年的最后一天,傅斯年和胡适在南京置酒对饮。两人感怀时事,一边喝酒,一边背诵着陶渊明的《拟古》诗第九首:"种桑长江边,三年望当采。枝条始欲茂,忽值山河改。柯叶自摧折,根株浮沧海。春蚕既无食,寒衣欲谁待。本不植高原,今日复何悔!"诵罢,两人禁不住潸然泪下,大醉而归。

1948 年底，大厦将倾，国民党准备败退台湾。这一年的 12 月，南京国民政府正式任命傅斯年为光复后的台湾大学第 4 任校长。

1949 年 1 月，傅斯年在北方战事接近尾声、蒋介石被迫下野的时候，到台湾走马上任，也算是"受任于败军之际，奉命于危难之间"。傅斯年有意将台湾大学办成台湾的学术中心，对台大进行了大刀阔斧的改造，奠定了台大后来的发展基础。然而，傅斯年就任台湾大学校长两年不到，就于 1950 年 12 月，高血压病发作，遽然逝世，享年 53 岁。

扩展阅读：

马亮宽、李泉：《傅斯年传》，红旗出版社 2009 年版

七十六

李 济

中国考古学第一人

　　李济(1896—1979年),字受之,后改济之,湖北钟祥人,人类学家、考古学家。美籍华裔考古学家、哈佛大学人类学系教授张光直这样评价李济:"迄今为止,在中国考古学这块广袤的土地上,在达到最高学术水平这一点上,还没有一个人能超越他。"

　　李济于1911年考入留美预科学校——清华学堂,1918年获官费留美,入马萨诸塞州克拉克大学(与徐志摩同寝室)攻读心理学,次年改读人口学。1920年获得社会学硕士学位后,他觉得对人类学更感兴趣,便转入美国哈佛大学研究院,改读人类学,1923年以论文《中国民族的形成》获哲学博士学位(评为"极佳")。他是第一个获此学位的中国人。

　　李济学成后回国,接受天津南开大学校长张伯苓之聘,担任人类学、社会学兼矿科教授,第二年兼任文科主任。

　　1924年,美国弗利尔艺术馆派毕士博率领一个代表团到中国进行考古发掘和研究。毕士博邀请李济加入他们在北京的考古工作队。李济提出两个条件得到同意:一是在中国做田野考古工作,必须与中国的学术团体合作;二是在中国掘出的古物,必须留在中国。于是,他辞去教职,于1925年初加入毕士博的队伍,开创了"既维护主权,又公平合作",利用外资搞科研的先河。

1925 年,清华学校创办国学研究院,聘请李济为人类学特约讲师,与清华著名的四大导师同执教鞭。他讲授古物学、人类学、考古学等课程。

1926 年 10 月,清华国学研究院和美国弗利尔艺术馆经过协商,签订了合作合同:由李济、袁复礼主持,赴山西夏县西阴村进行田野考古发掘,考古经费由后者提供;发掘出土的古物永久留在中国,撰写的研究论文以中英两种文字分别在两国刊物上发表,并于 1927 年出版了《西阴村史前的遗存》一书。西阴村仰韶文化遗址的成功发掘,以坚实的出土材料否定了瑞典人安特生提出的"中国文明西来说",揭开了中国现代考古学的序幕,同时也使李济成为中国第一位挖掘考古遗址的学者。

1928 年底,李济应聘出任中央研究院历史语言研究所考古组主任。历史语言所考古组的任务就是"新其工具,益其观念""扩张研究的材料",重建古史。这一点,李济很好地做到了。1929 年春,李济从董作宾手中接过了安阳殷墟的发掘工作。

李济一生最大的成就之一,无疑是主导并亲自参与了安阳殷墟的考古发掘工作,并在此过程中,将西方考古的地层学、类型学方法,引入殷墟发掘及相关遗物研究领域。1928—1937 年,安阳殷墟的发掘共进行了 15 次,而李济主持、参与了安阳殷墟第 2 至第 15 次的发掘工作,出土了甲骨文、青铜器等大量珍贵文物,取得了震惊世界的发掘结果。由李济主持的安阳发掘报告陆续问世,从而揭开了殷商王朝湮没近四千年的历史之谜,使殷商文化由传说变为信史,把"中国历史推早了六七百年至一千年",而他对殷墟陶器和青铜器的研究可以看作是中国考古类型学的肇始。

由于从 1934 年起,李济就担任了中央博物院筹备处主任一职,因此在整个抗战期间,国家珍贵文物的迁运,都是由他负责的。文物辗转千里,毫发无损,李济功不可没。1945 年,他担任中央历史博物馆首任馆长。

1946 年 3 月 31 日,李济飞赴日本,调查日本文化劫掠的罪行,追讨国宝,并和日本达成了其自 1937 年以后从中国劫掠的文物都需归还的协议,为后来追回周口店遗物、中央图书馆馆藏经典书籍等重要文物文献打下了基础。

1948年12月底,国民党当局决定将故宫博物院、中央博物院以及中央研究院历史语言研究所所藏文物精品、善本图书及外交部条约档案等搬迁至台湾,并决定由李济协助徐森玉负责押运。这些文物在抗战期间曾西迁内地,其中不少刚从大后方运回南京,还来不及开箱。12月22日,李济随第一批文物一起,乘坐中鼎轮前往台湾,28日抵达基隆港。李济走了,负责文物搬运的总负责人徐森玉却留在了大陆,没有去台湾。

在文物搬迁之前,中共已得到消息,曾急派一位李济的学生且秘密加入中共的人物出面劝阻,但李济并未听从。他把这批文物看得比他自己的生命还重要,因此,他以文物的去留作为自己选择的依据。他曾对人说:"只要有战火,文物都要受损失,牵涉不到爱护哪个政权。"他还说:"只要文物是安全的,无所谓去哪个地方。"李济帮助国民党将文物运到台湾之举,招来了大陆方面的一片批评。中央研究院社会所所长陶孟和就曾联合曾昭燏等,在1949年3月6日的《大公报》上发表了署名文章《搬回古物图书》,表示:"我们积极地反对,我们严厉地予以斥责。"

李济的独子李光谟,于1948年和李济一起到了台湾。在次年2月,他以完成学业为由,返回了大陆。解放军打过长江的时候,李济通过傅斯年好不容易搞到一张机票,寄到上海让他返台。李光谟选择留在大陆,他写信给父亲说"想看到一个新社会是怎样建立起来的"。

李济到台湾后,于1949—1950年兼任台湾大学教授,并创办了考古人类学系。1955年7月,董作宾辞去历史语言研究所所长之职,赴香港执教。历史语言研究所所长一职,由李济继任,他一直干到1972年退休。

1957年,"中央研究院"朱家骅代院长去职后,评议会按照传统选举继任人选,李济得票第二,仅次于胡适,说明他的声望还是很高的。台湾方面根据评议会的意见,邀请胡适回台湾担任"中央研究院"院长,胡适开始以健康欠佳为由谦辞,并推荐李济担任该职。在胡适未回台之前,台湾当局即命李济暂代院务。1962年,胡适逝世,他再次代理"中央研究院"院长。

李济在担任代理院长期间,也有几所海外大学和研究机构邀请他到海外去做教学或研究工作,都被他一一拒绝。

作为曾经的中国考古界"掌门人",这时已然失去了他的田野。他只能潜下心来,认真研究和整理殷墟中发掘出来的古物。李济的研究成果有《中国文明的开始》《殷墟器物甲编:陶器(上辑)》《殷墟铜器研究(5种)》等专著。当李济进入80岁高龄的生命后期,他用英文写成一部全方位总结安阳殷墟发掘工作的著作——《安阳》,该书先后在美国和日本等国出版。他的儿子李光谟说:"李济生前最后一本著作是《安阳》,可见殷墟在他心中的位置。"

1959年秋,李济夫妇受福特基金会资助,应邀赴美进行学术访问,途经中国香港。大陆方面特地派出他的儿子李光谟到珠海拱北海关与李济秘密相会,做他的统战工作。大陆方面提出了三种方案供李济选择:① 留在大陆居住和工作;② 去北京及各地参观访问,往返自由;③ 去广州与家人以及考古界人士会面,往返自由。李济最后唯恐影响在台湾的家人而婉拒。不管怎样,这是李济父子分隔两岸之后的第一次见面。见到了儿子,李济夫妇既高兴又惆怅。此次见面之后,不知下次见面在何时啊!事实上,这确实是他们父子最后一次相聚。

1967年,李济应澳大利亚方面邀请,前往讲学与学术交流。这是他最后一次出洋了。再后来更因不慎摔坏了腿,连出家门的机会也很少了。

1979年8月1日,李济因心脏病猝发在台北逝世,享年83岁。该日,正好是他亲手创建的台湾大学考古人类学系成立30周年的日子。

李济一生在海峡两岸培养了许多人类学和考古学人才,其中有两个是他最得意的,一个是在大陆的夏鼐,另一个是在台湾的张光直。夏鼐长期担任中国考古研究所所长和中国社会科学院副院长,是大陆考古学的领军人物;张光直则是美国科学院院士和文理科学院院士。

李济早年在领导殷墟发掘工作时,就与参加发掘工作的同仁约定:一切出土文物全部属国家财产,考古组同仁绝不许收藏古物。这一约定后来成为中国考古界的传统。李济一生,发掘和经手的珍贵文物数不胜数,然而在他逝世后清点遗物时,发现他身边只有台北故宫博物院赠予他的几件仿古工艺品。

扩展阅读:

岱峻:《李济传》,江苏文艺出版社 2009 年版

李光谟:《从清华园到史语所:李济治学生涯琐记(修订本)》,商务印书馆 2016 年版

七十七

萧公权

中国政治思想史
开山之人

萧公权（1897—1981 年），原名笃平，字恭甫，自号迹园，江西泰和人。著名政治学家、历史学家。

萧公权出生后未满月，母亲即去世，12 岁时，父亲又去世，幸由在重庆做生意的大伯父收养。他在家塾中接受了 13 年的传统教育，于 1915 年由重庆赴上海，考入上海中国基督教青年会中学学习。1918 年考入清华学校高等科。1919 年五四运动爆发时，萧公权积极参与其中。

1920 年，萧公权自清华毕业。8 月，萧公权从上海乘船赴美，就读于密苏里大学新闻专业。后发觉新闻专业与自己的志趣并不相符，遂改习哲学。1922 年获学士学位后，考入研究院继续深造，1923 年 6 月，获密苏里大学硕士学位。随后考入康奈尔大学攻读哲学。1926 年，以论文《政治多元论》获得哲学博士学位。此论文在伦敦出版，并被列为《国际心理学哲学及科学方法丛书》之一，深受西方学界佳评。

萧公权参加完康奈尔大学的毕业典礼，于 1926 年 8 月束装归国。他在归国途中，立下了一个志愿："回国后的主要工作当是中国政治思想的研究。"但不管怎样，首先得谋生。刚刚回到国内的萧公权，先在上海的南方大学和国民大学这两所大学执教，讲授政治学和社会学等课程。不久北上，任南开大学政治学教授。1929 年，转赴东北大学任教。1930 年，又受聘为燕京大学政治学教授。最终于 1932 年，回到母校清华，任政治系教授。当时，清华大学政治系集聚着张奚若、钱端升、浦薛凤等教授，可谓一时之选。

萧公权在清华每周授课 6 小时，其他时间主要研究中国政治思想史和西洋政治思想史等课题。汪荣祖曾经说过："公权先生的专业是政治思想，学术训练是哲学。"应该说，萧公权学的是哲学，但他后来专攻的是政治学。

萧公权虽然很早就立志不做"官"，专求"学"，他后来也始终不曾放弃这一信念，但他并不局限于学院高墙内研究政治思想，也积极投入现实的政治论争，并用自己坚实的学养和平易的语言为民主自由大声疾呼。1937 年，张佛泉与胡适在《独立评论》杂志上发表论宪政的文章，批判的矛头直接指向训政。萧公权也不赞成当年国民党政府所划定的中国政治发展须经的"军政—训政—宪政"三阶段，而主张立即实施宪政。萧公权发文指出：宪政本身就是训政的过程，不能在宪政之外求训政。他还提出：我们虽不可于实行宪政之外求训政，却必须于实行宪政之中努力"养成民治气质"，知识阶级应时时注意提高自己"参加政治的资格，以为一般后进民众的先趋和榜样"。

1937 年，七七事变爆发，清华大学南迁湖南长沙。萧公权认为长沙乃自古兵家必争之地，不可能长久，必将再度播迁。同时，中英庚款董事会在四川大学设立了讲座教授，邀请萧公权担任。四川是他少年时待过的地方，于是他就在这一年的 10 月，向清华大学请假一年，西行去了成都，拿起了四川大学的教鞭。让他没想到的是，他与清华大学的缘分，就此中断。

抗战期间，物价飞涨。萧公权为了生活，除了四川大学之外，还得在燕京大学、光华大学、华西大学三校兼课，来回奔波，以图糊口。即使在这样的逆境中，萧公权仍挤出时间，埋头著述。1938 年秋，他在峨眉西郊农家居住。在安静的环境中，他着手写作《中国政治思想史》，经过将近两年孜孜不倦的努力，于 1940 年夏完成了这部著作。

《中国政治思想史》是萧公权的代表作。他从先秦诸子说起，直到辛亥革命，对中国传统的政治思想进行全面的梳理与论述，全书共 25 章、70 余万言。此书是中国传统政治思想史的奠基著作，萧公权因此也成为中国政治思想史的开山之人。此书由重庆商务印书馆于 1945 年出版后，受到学界高度评价，并被国民政府教育部审定为"部定大学用书"。

1939 年 1 月，为适应抗战之需要，国民政府成立了国防最高委员会，以便应对非常时期的重大问题。许多著名学者都被邀请担任参事，萧公权也在被邀之列。这时，有不少朋友劝说他从政。萧公权经过长考之后，还是抵挡住了权力的诱惑，决定保持原来的初心，依然"谨守教育岗位"。后来他亲自前往重庆，面见主持此事的国民党政要张群，表达了愿专心求学、谨守教育岗位的心愿。

1943 年，萧公权出席宪政实施协进会，与蒋介石的心腹高参陈布雷会面。陈布雷当面问他是否有意加入国民党，并表示可请适当的人介绍，延揽之意，溢于言表，萧公权再次婉拒。

当然，萧公权与国民党还是保持着若即若离的关系。1945 年 1 月，他应国民党之聘，与钱端升一起到中央训练团高级班（第三期）任教官。钱端升教授各国政治制度，萧公权教授各国政治思想。

萧公权坚守教育岗位，终获丰硕成果。他于 1943 年当选为第二批 15 名"部聘教授"之一。萧公权获此殊荣，足见其在教育界及学术界的地位。

1944 年 4 月，萧公权的堂兄萧蘧出任中正大学校长，邀请萧公权担任该校法学院院长，但他没有赴任。萧公权心仪的学校还是他的母校清华大学。抗战胜利后，他有意回清华大学，但因种种原因，未能如愿。最后，萧公权于 1946 年 8 月应中央政治大学校长顾毓琇之邀，携家人由成都飞往南京，出任中央政治大学教授，还是主讲"中国政治思想"和"西洋政治思想"等课程。

萧公权在教学之余,积极为《观察》等报刊撰文,宣传他的政治理想。比如,他在《说民主》一文中这样写道:"什么是民主?我们简单的答复是:人民有说话的机会,又得到一切言论和消息的机会,有用和平方式自由选举生活途径的机会,有用和平方式选举政府和政策的机会,而且这些机会,不待将来,此时此地,便可得着,便可利用——这就是脚踏实地的起码民主。假使这种起码的民主尚且办不到,却明唱玄虚的高调,暗用武断的方法,那绝不是民主,而是民主的蟊贼。"

1948 年,国民党"行宪"并修改"宪法"。对此,萧公权自然无法从根本上反对,但他还是表达了对修宪的态度。

关于民主精神,萧公权的理解也非常深刻:认为民主精神"第一是容忍,第二是互让,第三是妥协"。他在这一阶段的政论文章后来都收入了1948 年出版的《宪政与民主》一书中。

1948 年 6 月,萧公权应邀到上海光华大学演讲,以自由为主题,分成三大章节来阐述:"自由的历史基础""自由的误解与真解""自由秩序与道德"。演讲稿后来结集为《自由的理论与实际》一书,由商务印书馆推出。

1948 年 3 月,萧公权以其政治学方面的贡献,当选中央研究院首届院士。

1948 年秋,应庄长恭之请,萧公权赴台,任台湾大学教授。1949 年 9月,萧公权带着对民国政治的深重失望,离台赴美,任华盛顿大学远东和苏联研究所客座教授,开始了他客居美国的生涯,也即他所谓的"万里寄踪"。

最初,萧公权并无久居美国之意,但他很快发现自己的研究工作不可能在短时期内完成,而且考虑到子女的教育问题,于是将临时教职改为终身教职。在美国期间,除了教书,他还埋头著述。他从 1953 年秋开始,花了两年时间撰写《中国乡村》一书。此书出版之后,国际学界好评如潮,给予极高的评价。美国学术团体协会当年即把第三届"人文学术卓著成就奖"授予萧公权,并颁发给他 1 万美元的奖金。他后来还完成了《康有为思想研究》和《翁同龢与戊戌维新》两部著作,均由华盛顿大学出版社出版,为中国现代思想史研究留下了两部经典之作。

　　1968 年,萧公权从华盛顿大学退休。他常年生活在美国,对故乡的思念随着岁月的增长与日俱增。1976 年 2 月,杨联陞的日记里,记录了年近 80 的萧公权寄来的一首七律《兀坐》,最后两句是"结伴还乡天倘许,今生已矣卜他生",杨联陞读后,不禁潸然泪下。1981 年 11 月,萧公权在美国西雅图逝世,享年 84 岁。

　　萧公权的著作,后来由他的弟子汪荣祖搜罗结集,编成《萧公权文集》共九卷出版。

扩展阅读:

萧公权:《学问谏往录》,中国人民大学出版社、岳麓书社 2017 年版

七十八

钱端升

中国现代政治学
奠基者

钱端升(1900—1990 年),字寿朋,上海松江人,中国著名政治学家、法学家,中国现代政治学的奠基者。

钱端升出生于中医家庭,1910 年就读于上海敬业学堂,1913 年入江苏省立三中(今上海市松江二中),1916 年转入上海南洋中学,1917 考入清华学校,1919 年毕业。不久获官费赴美留学,先入美国北达科他州立大学读政治学,1920 年获该校文学学士学位。随后进入哈佛大学,1922 年,获得文学硕士学位后继续在该校深造。

1924 年 5 月,钱端升获美国哈佛大学哲学博士学位后归国,接受清华学校的聘请,回母校讲授政治学、宪法学。1927 年,他南下任南京中央大学教授,1930 年,重回清华大学任教,并到北京大学兼课。此后 30 年,如其夫子自道,他"主要以教书为业,也以教书为生"。

钱端升毕生从事法学、政治学研究,但他同时也十分关心时事政治,并经常对时局发表自己的见解。这与他希望把政治学作为经世致用之学,以"谋政治之改良"的想法有关。他学成回国不久,即在《现代评论》杂志连续发表论述,强烈要求废除"领事裁判权",归还租界,并主张吸取西方经验,建立完善的中国行政系统。1934 年,日本侵略势力进逼华北,民族危机日益严重。当时,天津《益世报》主笔罗隆基因抨击时政被通缉,不得不离职,钱端升继任主笔。在半年多时间里,他发表社论217篇,其中104篇是对当局的政治批评,尤其是对国民党在对日政策上表现出的软弱和妥协的态度,火力全开,深受读者欢迎。好景不长,他的《论华北大势——兼送黄郛委员长南行》这一篇社论,惹恼当局,只得于当年9月去职,重回南京中央大学任教。

1938年,钱端升获聘第一届国民参政会参政员。他在国民参政会上,经常起立提出质询,令蒋介石十分头疼。1945年7月,抗战胜利前夕,钱端升等人在会上提交"请政府刷新政治以慰民望而奠国基"的议案,呼吁当局广开言路,赋予人民"合法之结社权""扩大参政会及省各级民意机关之职权"等,以求胜利之后"竭全力以建设现代之国家"。

钱端升与国民党的关系,也没有尖锐到水火不容的地步。1945年,他就应国民党之聘,与萧公权一起到中央训练团高级班(第三期)任教官。萧公权教授各国政治思想,钱端升教授各国政治制度。

1945年8月日本投降后,毛泽东赴山城和蒋介石举行谈判。10月1日,钱端升起草《国立西南联合大学张奚若等十教授为国共商谈致蒋介石毛泽东两先生电文》,与西南联大的另外九位教授联合署名发出,要求国共双方停止内战,实现国内和平,建议召集包括各党派和无党派人士的政治会议,共商建立联合政府。

1945年11月25日晚,昆明各大中学校学生6 000余人在西南联大图书馆前草坪上举办时事晚会,钱端升在国民党军警宪特的枪声中,发表《对目前中国政治的认识》的演讲,疾呼"内战必然毁灭中国""我们需要联合政府"。国民党当局因此对他十分嫉恨,特务甚至寄给他一颗子弹,以此相威胁。

在任教与发表时政评论的同时,钱端升还在自己的专业上辛勤耕耘,先后撰写了《法国的政治组织》(1930年)、《德国的政府》(1934年)、《法国的政府》(1934年)、《比较宪法》(1938年)、《民国政治史》(1939年)、《战后世界之改造》(1943年)、《中国政府与政治》(1947年)等学术专著。作为中国现代政治学的奠基者,钱端升在学术上有两个开拓性的贡献:一是率先运用"法律形式主义"的研究方法,将政治学研究的重点放在对各国宪法的分析上,开启了我国比较政治研究的先河。二是建构了中国现代政治学研究的基本框架,为政治学的发展奠定了科学化、体系化的发展方向。正是由于这方面的突出贡献,钱端升于 1948 年 3 月当选为中央研究院第一届院士。

1947 年 10 月,钱端升应邀赴美,任哈佛大学客座教授,讲授中国政府与政治,课程内容后来被整理成书,并在美国出版,成为哈佛、斯坦福等大学政治学系的教科书。在美期间,钱端升大部分时间寄居在他的好朋友、美国汉学家费正清的家中。当时,许多友人劝他留在美国,其中包括费正清和胡适。他闻知"国内解放战争进展十分迅速,形势发展令人快慰",遂不顾友人挽留,放弃了哥伦比亚大学提供的优厚待遇,还是设法回到了中国。

北平解放前夕,钱端升与中共地下组织紧密联系,保护革命学生,维持学校秩序以待解放军接管。美国学者查默斯·约翰逊认为:"他之所以留在大陆,是因为他希望能在国家未来的政治生活上大有作为。"

1949 年 2 月 28 日,中共方面宣布接管北京大学。钱端升对新中国自然持欢迎态度。他在 3 月 9 日致费正清的信中写道:"以一个想要适应这个变动时代的中国人来说,我衷心赞赏这新秩序的创造者。尽管我自己可以遭受一些不方便和不谅解。"5 月 4 日,汤用彤被任命为北大校务委员会主席,钱端升被任命为校务委员会常务委员和法学院院长。

1949 年 9 月,中国人民政治协商会议第一届全体会议召开,钱端升以社会科学界代表的身份,参加了这一盛会。10 月 1 日,钱端升登上天安门城楼参加了新中国的开国大典。他在《我的自述》中回忆说:"看到象征着中国真正独立的五星红旗冉冉升起,听到《义勇军进行曲》威严的声音,不禁热血沸腾。我意识到,为了中华民族的富强昌盛和自立于世界民族之林,我将会不知疲倦地从事祖国需要我做的工作。"

1951 年,钱端升参加了中央土地改革工作团,到四川大邑县现场观摩土地改革。回来后,他向北京大学政治系的师生谈了心得体会。之后,他彻底放弃了一贯的自由主义立场,于 1951 年 11 月 20 日,在《光明日报》上发表了《为改造自己更好地服务祖国而学习》一文,对自己以往的思想观点作了否定。

1952 年,中央决定组建北京政法学院(中国政法大学的前身),钱端升负责筹建并担任第一任院长。钱端升自述,"作为第一任院长,我的宗旨是全力为新中国培养及输送高质量的政法人才"。20 世纪 50 年代,北京政法学院迅速汇聚了王铁崖、费青、吴恩裕、曾炳钧、龚祥瑞、楼邦彦、芮沐、黄觉非、严景耀、雷洁琼、张锡彤、徐敦璋、汪瑄、阴法鲁、杜汝楫、朱奇武、程筱鹤等一批杰出人才。他们代表着当时中国法学、政治学、社会学这三大学科的最高水平,在钱端升的带领下,这些学术大师共同创造了北京政法学院的第一段辉煌时期。

1953 年 4 月 22 日,中国政治法律学会成立,钱端升当选为副会长。1954 年,钱端升参与共和国第一部宪法的起草工作,任宪法起草委员会顾问。他与毛泽东、刘少奇、周恩来等国家领导人一起,小范围讨论宪法草案,他的许多意见都被吸纳到后来颁布的《中华人民共和国宪法》中。他为新中国第一部宪法的出台做出了重要贡献。

1957 年,钱端升被错误地划为"右派",除了保留政协委员的职位外,其他职位都被撤销,他被派到社会主义学院学习。1961 年,钱端升被"摘帽",返回北京政法学院,从事政治学参考资料和教材的编写工作。"文革"中,钱端升的家被他人占用,经周恩来总理关心,才解决了他家的住宿问题。1974 年,也是在周总理的亲自过问下,钱端升出任外交部国际问题研究所顾问。

1983 年,钱端升任第六届全国人大常委会委员、法律委员会副主任委员。1981 年,81 岁的钱端升加入了中国共产党,介绍人为他的挚友陈翰笙。

　　1990 年 1 月 21 日,钱端升在北京病逝,享年 90 岁。

扩展阅读:

陈夏红:《风骨:新旧时代的政法学人》,法律出版社 2016 年版

七十九

梁思成
中国第一位建筑史家

梁思成（1901—1972 年），广东新会人，梁启超之长子，建筑学家、建筑史家。傅斯年称赞他："思成之研究中国建筑，并世无匹，营造学社，即彼一人耳。"此可谓言简意赅的评价。

因戊戌变法失败，梁启超逃亡日本。梁思成因此出生于日本东京，他最初的教育也是在日本完成的。辛亥革命后，他随父母回国，即在北京汇文中学学习。1915 年考入清华学校。在校期间，因赴天安门参加"国耻日"纪念活动，途中被汽车撞伤，经三次手术后始康复，但从此左腿比右腿短了约一厘米。梁思成因此休学一年。

1924 年 6 月，梁思成偕未婚妻林徽因共赴美国宾夕法尼亚大学学习。梁思成进建筑系，林徽因则在美术系学习。在美学习期间，梁思成收到梁启超寄来的国内新出版的宋朝李诫所著的建筑奇书《营造法式》。梁启超在该书扉页上写道："……一千年前有此杰作可为吾族文化之光宠也已，朱桂莘校印甫竣赠我此本，遂以寄思成、徽音俾永宝之。"此书激发了梁思成研究中国建筑史的兴趣。在先后获学士、硕士学位后，梁思成于1927 年入哈佛大学研究院艺术史专业学习。显然，他的学业重点已经转向了建筑史。梁思成的博士论文为《中国宫室史》，但他在哈佛大学阅读完当时所有能找到的有关中国建筑的史料后，发现靠这些资料不足以完成博士论文。在征得导师同意后，他决定回国进行实地调查和资料收集，推迟两年提交博士论文。

1928年春，梁思成与林徽因启程回国。途中，他俩在加拿大渥太华结婚，接着绕道欧洲，观摩和考察英国、德国、意大利等国建筑。

梁思成夫妇回国后，接受东北大学的邀请，于1928年9月前往沈阳，创办东北大学建筑系。梁思成任建筑系主任、教授，先后邀请陈植、童寯、蔡方荫等人赴东北大学建筑系任教，他们后皆成为中国建筑界的巨子。

1931年6月，梁思成夫妇离开东北大学回到北平。一方面，因林徽因患有肺病，东北的气候对她不适宜，另一方面，也是因为清末民初风云人物朱启钤（也就是梁启超寄给梁思成《营造法式》一书扉页上提到的"朱桂莘"）的盛情邀请。朱启钤曾任民国政府总理，当时早已退出政坛，正主持旨在研究中国古代建筑技术的中国营造学会（后改称学社）。那本宋朝李诫的《营造法式》，就是由朱启钤出资刊印的。梁思成把家安顿好后，于9月正式担任中国营造学会法式部主任，开始了他建筑史研究的辉煌岁月。

一方面，梁思成对中国传统建筑史料进行认真研究，读懂了清工部《工程做法》，1932年完成《清式营造则例》一书，并于1934年出版。这不仅是我国第一部以现代科学技术的观点方法总结中国古代建筑构造做法的著作，同时也为破解千年古书《营造法式》迈出了第一步。

另一方面，梁思成加紧对中国古建筑的考察。1932—1937年，梁思成先后对河北、山东、山西、陕西、浙江、江苏等省多地的上百个古建筑进行了考察。梁思成的考察，并不是走马观花，而是以现代科学的眼光，重新审视这些古建筑，进行详细的测绘，并确定这些建筑的年代。因此，每次考察之后，他都会撰写详细的考察报告，甚至提出修缮计划，从而引起相关方的重视，有力地促进了对这些古建筑的保护。凡此种种，在当时皆属开创性的工作，考察报告的发表，引起世人的重视，奠定了他在中国建筑史研究上的地位。

通过考察,梁思成还有许多惊人的发现。比如,应县佛宫寺木塔为我国古代乃至世界上现存最高的木构建筑。中国已无唐代建筑的说法在当时建筑界颇为流行,但梁思成一向抱着国内必有唐代殿宇的信念。果然,他在山西五台山找到了唐代建筑。通过详尽的测绘调查,梁思成确定五台山佛光寺建于唐大中十一年。

正是在这次山西考察之行的途中,爆发了七七事变,但梁思成得到消息已是事变发生后的第 5 天了。他立即赶回北平,与朱启钤、刘敦桢等将学社的重要资料存入天津英资麦加利银行保险库中。9 月,梁思成夫妇带着两个孩子,离开北平,辗转湖南、贵州等地,历时 4 个月,于 1938 年 1 月到达云南昆明。营造学社遂在昆明恢复工作。

早在 1932 年,梁思成即应聘为中央研究院历史语言研究所通讯研究员及兼任研究员,而营造学社的研究工作又需要依靠史语所的书籍资料,因此梁思成就随历史语言研究所迁往昆明郊区龙头村。1940 年,因日机对昆明的空袭日益加剧,中央研究院只得再次搬迁,从云南昆明搬到了四川南溪县(今宜宾南溪区)李庄,梁思成全家与营造学社也随之迁往李庄。

梁思成全家在李庄的日子,过得十分艰难,甚至可用“凄惨”来形容。林徽因患病在床,梁思成年轻时车祸受伤的后遗症也不时发作。他们住得简陋,吃得粗粝。靠典当了许多东西,才勉强维持生计。梁思成夫妇的美国朋友费正清夫妇多次来信劝他们去美国治疗、工作,他们虽然非常感激朋友的关心,但难舍危难中的祖国。他们怀着对祖国的深沉的挚爱,给费正清、费慰梅夫妇回信写道:“我们的祖国正在灾难中,我们不能离开她,假如我们必须死在刺刀或炸弹下,我们要死在祖国的土地上。”

即便在如此艰难的情况下,梁思成依然坚持学术研究。他从 1941 年开始,集中精力研究宋朝李诫的《营造法式》,并陆续完成法式大部分图解工作。次年,梁思成开始撰写《中国建筑史》。英国科学家和中国科技史专家、时任英国驻华文化参赞的李约瑟由重庆赴李庄访问中央研究院,同时访问了营造学社,对梁思成坚持刻苦研究的精神印象深刻。他在后来所写的《中国科学与文化》一书中,称梁思成为研究中国古建筑的宗师。

抗战胜利后,梁思成全家回到北平。在他提议下,清华大学成立建筑工程学系(1947—1952年短暂名为营建学系),梅贻琦校长聘梁思成任系主任。这个职务他一直担任到1972年逝世。

1946年10月,梁思成赴美考察建筑教育。应美国耶鲁大学邀请,以客座教授身份讲授中国艺术史。次年,国民政府派梁思成担任联合国大厦设计建筑师顾问团中国代表。在美期间,梁思成接受了普林斯顿大学授予的荣誉文学博士学位。7月,梁思成由美国回国。

1948年3月,梁思成当选为中央研究院院士。当时局势动荡,但他对新政权抱有莫大的期待,因此留在北平等待解放。12月,解放军包围北平之后,派专人找到梁思成,请他绘制北平古建筑地图,以备攻城时保护文物之用。后来虽然因北平和平解放,这些地图没用着,但梁思成对此深感欣慰。不久他又领衔编制了《全国重要建筑文物简目》,给南下作战的解放军保护文物做参考。

人民政府知道梁思成在专业上的能力,特聘他为政协国旗国徽图案初选委员会顾问。梁思成也怀着极大的热忱,组织清华营建学系师生设计国徽方案。共和国现在的国徽,就是由梁思成领衔设计的。1950年1月,梁思成被任命为北京市都市计划委员会副主任委员。他与陈占祥共同提出《关于中央人民政府行政中心区位置的建议》,也就是有名的"梁陈方案",建议将中心区设在北京的西郊,而把古城完整地保留下来,但这个建议最后没有被采纳。他关于保护北京城墙的意见也同样没有被采纳。这可能是他一生中最大的隐痛。

但是,梁思成后来还是有不少出彩的表现。比如,他主持了天安门广场人民英雄纪念碑的建筑设计,扬州鉴真纪念堂也是由他主持设计的。1955年,梁思成被选聘为首批中国科学院技术科学部委员。1959年,他加入了中国共产党。

"文革"中,梁思成受到了冲击。1972年1月9日,他因病逝世。

梁思成虽然离开了人间,但他的荣誉之光还在继续闪耀。1984年,他生前设计的扬州鉴真纪念堂荣获建设部全国优秀设计一等奖。1984年,美国麻省理工学院出版了他40年代用英文撰写的《图像中国建筑史》,这本书在学术界获得了极高的评价。1987年,梁思成和他所领导的科研集体,由于在中国建筑历史理论与文物建筑保护的研究领域中取得突出成就而被授予国家自然科学领域的最高奖——国家自然科学奖一等奖。

扩展阅读:

郭黛姮、高亦兰、夏路:《一代宗师梁思成》,中国建筑工业出版社2006年版

八十

李方桂

国际公认的
语言学大师

　　李方桂（1902—1987 年），山西昔阳人，语言学家。李方桂是第一个在国外专修语言学的中国人，有"非汉语语言学之父"之誉。所谓非汉语语言，指的是中国境内汉语之外的语言，如藏语、侗台语等。当然，他对汉语和美洲印第安语也有极深的研究。

　　李方桂出生在当地望族，他的祖父和父亲都是前清进士。

　　李方桂和赵元任一样，并非一开始就治语言学。他于 1921 年考入清华学校医学预科。因当时学医必须学拉丁文和德文，在学习这两种语言的过程中，他竟然对语言学产生了浓厚的兴趣。1924 年，他在清华学校高等科毕业，同年赴美国密歇根大学深造，就改读语言学了。两年后，他以优异成绩大学毕业，翌年获芝加哥大学硕士学位。芝加哥大学在语言学方面大师云集，巴克（印欧语）、布卢姆菲尔德（结构主义语言学）、萨丕尔（人类语言学）等均是语言学界的大咖，李方桂追随这些名师，不仅打下了坚实的语言学基础，而且还学会了田野调查的方法。1928 年，他以研究印第安语的论文《马托尔语———一种阿萨巴斯卡语》获芝加哥大学博士学位，这篇论文实际上就是一份田野调查的报告。随后，在老师的推荐下，李方桂得到了哈佛大学的奖学金。哈佛大学虽然十分有名，但语言学并不是强项，因此他只在那儿待了半年，便去了欧洲游历，但他还是于

1929 年末拿到了哈佛大学的博士学位。当时,他的美国老师热切地希望他留在美国,可李方桂"不愿久离乡井",还是踏上了归国的旅程。

李方桂刚刚下船,就有中央研究院的代表在码头上迎候。不久,他就成了中央研究院历史语言研究所的专职研究员,这在中央研究院属于非行政职务的最高级别,他研究的方向自然还是语言学。李方桂是个非常聪明的人,知道研究中国语言的已经有了赵元任,而且取得了很高的成就,于是他就把治学的重点放在汉语圈之外的边缘族群语言领域,他日后能成为非汉语语言学之父,也正是得益于此。

不过,李方桂在回国后的最初几年,也曾研究过汉语,那是赵元任不曾涉足的汉语古音领域,据说起因是"看到章黄学派胡来,实在看不过",成果则是《切韵 a 的来源》《中古东屋冬沃的上古音》《上古汉语的蒸部、职部、和之部》等论文。周法高后来就说,"中国的学者用现代语言学的方法研究中国上古音的,可以说以李先生为第一人"。确实,李方桂为以新语言学方法治古音开辟了一条新路。此后,他有 30 多年没再碰汉语语音,所谓没碰,是指没在这方面发表论述,但不等于他没有进行这方面的研究。事实上,他在做藏语等其他语言与汉语比较的时候,也一定要涉及汉语古音的。

李方桂的非汉语研究,始于藏语,30 年代已著有《藏文前缀音对于声母的影响》一文;50 年代的《唐蕃会盟碑研究》,则在汉藏对音方面辨析入微。这些论文至今仍极有价值。由于当时没有条件走进西藏,他于是就转向了"台语"的研究。所谓"台语",不是指我国台湾地区使用的闽南语,而是指中国南部及东南亚地区的方言,包括越南、泰国、老挝等。1933 年,他到泰国曼谷去学习傣语。次年,他就到广西研究那里的"台语"方言,后来写出了《龙州土语》和《武鸣土语》等专著。1930—1942 年,李方桂调查研究了中国境内的云南、广西、贵州属侗台语族的壮语、布依语、傣语、侗语、水语、佯僙语、莫语等约 20 种语言和方言,出版了《莫话记略》《水语研究》《剥隘土语》等专著。

　　1937 年,耶鲁大学聘请李方桂担任客座教授,任期 3 年。在日军进攻上海的炮火声中,李方桂偕家人乘船前往美国。李方桂讲课的内容是汉语音韵学,听课的并非一般的学生,而是研究者,其中有两位是哈佛大学的教授,他们每星期从波士顿坐火车到纽黑文的耶鲁听李方桂讲课。

　　李方桂到耶鲁大学讲学,是向中央研究院请假的。中央研究院只给了他两年的假期,为了能及时赶回,他在耶鲁只讲了一年半,后面一年半的课,是由赵元任接替的。当时,李方桂的夫人因为孩子刚刚熟悉美国的环境,不想回国。李方桂一度准备独自西渡,但在买票的最后一刻,他夫人改变了主意,这才全家一起回国。

　　当时,国内抗战正酣,烽火连天。李方桂回到祖国后,随历史语言研究所在大西南辗转流徙,后来在四川的一个古镇李庄安顿下来。这段时间,李方桂进行了四五次田野调查,收获颇丰,但工作条件的艰苦和日常生活的原始,也远远超出了人们的想象。

　　李方桂是个纯粹的学者,醉心于纯粹的学术,对于官场和行政琐务毫无兴趣。1940 年,朱家骅任中央研究院代院长后,曾打算设立民族学研究所,他心目中的所长人选就是李方桂。可能因为李方桂是史语所的人,朱家骅就请傅斯年出面,游说李方桂。傅斯年和李方桂说了几次,他都不肯答应。后来说得他烦了,索性很不客气地对傅斯年说:"我认为,研究人员是一等人才,教学人员是二等人才,当所长做官的是三等人才。"傅斯年听罢,长揖而退:"谢谢先生,我是三等人才。"李方桂长期在傅斯年的领导之下,但他与傅斯年没有共同语言,可能是志趣、性格都不同吧。他们的关系可能就是工作关系,所以才能讲出这番话来。其实,这才是真正的科学家应有的态度。

　　1943 年,燕京大学在成都复校,时任代理校长的梅贻宝邀请李方桂去华西坝的燕大任教。于是,李方桂就向中央研究院请假,到燕大去了。当时燕大以美元支付薪水,这在法币日益贬值的年代,对学者还是很有吸引力的,李方桂也不得不从"一等人才"暂时降为"二等人才"。

抗战胜利,李方桂回到了南京,但他只在南京住了 3 个月,就由赵元任推荐,应哈佛大学之邀,再度赴美了。哈佛大学给他的名义是"访问讲师",但所做的工作是编撰《哈佛燕京词典》。李方桂对这项工作很不满意,就像他自己说的,"我是语言学家,不是词典编纂者"。因此,他在那里待了两年,就辞职准备回国。这时已是 1948 年。这次,他夫人又提出异议,认为孩子在美多待一年,回国后大学可免考。就是在这样的争议中,他们已经从美国东海岸来到了西海岸。恰在这时,李方桂接到了耶鲁大学访问教授的聘书,于是他又由西返东,到耶鲁教了一年书。

一年过去,李方桂又准备返回祖国。因此,他们驾车直驱西雅图。但是,当时国内的局势大变,很多人劝他不要回国。后来参与李方桂口述史采访工作的罗仁地在采访札记中写道:"1949 年,新中国成立。大学里的人极力阻止李方桂回国,劝他去西雅图(华盛顿大学)定居和任教。"李方桂是个不问政治的学者,与国共两党都没有太多的瓜葛。他的夫人徐樱是徐树铮的女儿,徐树铮有个儿子名徐道邻,是个亲国民党的学者。一向以来,徐樱都希望能留在美国,给小孩以良好的教育。就在这时,华盛顿大学给他送来客座教授的聘书。于是,李方桂就留在了西雅图。这一留,就留了 20 年,直到 1969 年在那儿退休。后来,夏威夷大学又聘请他担任教授,他在那里又干了 3 年,到 1972 年他 70 岁时,才正式退休。这两所学校都授予他荣休教授的称号。

李方桂在华盛顿大学担任的是汉语教授。第一年是客座教授,第二年决定留下来,就做正式教授了。教授汉语,只是他养家糊口的职业,而他工作的重点,还是研究语言学,并时不时在美国专业杂志上发表论文。1977 年,《台语比较手册》一书出版,此书既是李方桂一生研究"台语"的结晶,也是世界"台语"研究的一个里程碑。

李方桂虽在美国讲学,但他与中央研究院的关系并没有中断,他是向中央研究院请了假的。1948 年 3 月,他当选中央研究院首届院士。院士是终身的,主要是荣誉性质,在研究和工作方面,有相当的自由。1955 年,他到台湾大学讲学一年。

当年,周恩来总理曾数次托人给李方桂传话,邀请他回大陆看看,但因种种原因没能成行。1978 年,在台湾参加了"中央研究院"院士会议后,李方桂以探亲的名义,终于回到阔别了 30 余年的大陆,游历了许多地方。1983 年,他应中国社会科学院民族研究所的邀请,回大陆做了一次讲学。

1987 年 8 月,李方桂在美国加州逝世,享年 85 岁。

扩展阅读:

李方桂:《李方桂先生口述史》,清华大学出版社 2008 年版

徐樱:《方桂与我五十年》,商务印书馆 2010 年版

八十一

梁思永
中国现代考古
奠基者

梁思永（1904—1954年），广东新会人，考古学家，梁启超次子，梁思成同父异母之弟。梁氏一门双院士，在中央研究院第一届院士中独一无二，也算是中国现代科学史上一段值得称道的佳话。

和乃兄梁思成一样，梁思永的最初教育也是在日本完成的。1913年回国后，进北京崇德中学。1916年考入清华学校，在清华完整地学习8年后，于1924年赴美国入哈佛大学考古专业学习，1927年获学士学位。随即他转入哈佛大学研究院主攻东亚考古。梁思永是中国接受西方正规考古学训练之第一人。

1927年中，梁思永回国到清华学校国学研究所担任其父梁启超的助教，但他这次回国的主要任务，还是考察国内考古最新成果，搜集资料，为完成学业做准备。次年8月，梁思永返美，继续完成学业。他依据李济对西阴村发掘物所做的科学研究，完成了论文《山西西阴村史前遗址的新石器时代的陶器》，获得哈佛大学考古学硕士学位。在学期间，梁思永参加了美国西南地区印第安人的科佩遗址发掘，积累了野外考古的实际经验。

1930年夏，梁思永学成回国，入中央研究院历史语言研究所考古组。同年秋，即前往黑龙江昂昂溪，主持那里的五福遗址的调查与发掘工作，其间发现了许多新石器时代的石器、陶器和骨器。1932年10月，梁思永在《历史语言研究所集刊》第四本第一分册上发表的《昂昂溪史前遗址》，为嫩江流域古代文化的研究奠定了理论基础，并提供了科学依据。松嫩平原嫩江中下游沿岸原始文化被称为"昂昂溪文化"。这一文化类型，在中国乃至世界古代史上都具有相当重要的地位。

1931年春，梁思永告别新婚才三个月的妻子，参加李济主持的河南安阳殷墟第4次发掘工作。其间，他独立负责小屯附近后岗的发掘。他采用西方最先进的地层学考古方法进行发掘，依照后岗遗址不同文化堆积的不同土色、土质和遗物来划分文化层，成功地区别出不同时代的古文化堆积。梁思永的到来，使中国考古界真正走上了现代考古的科学正道。正如历史学家夏鼐所说，梁思永"自加入殷墟发掘后，对于组织上和方法上都有重要改进，提高了我国田野考古的科学水平。在野外工作中，梁思永能注意新现象，发现新问题。主持大规模发掘时，既能照顾到全局，同时又不漏细节"。根据发掘结果，梁思永以科学的思维方式和独到的学术眼光推翻了"殷墟淹没说"，发现彩陶—黑陶—殷墟三种文化遗存之间是以一定顺序叠压着的"三叠层"，从而大胆提出了在后岗关于仰韶文化—龙山文化—商（小屯）文化按存在先后时间划分的理论。

梁思永的理论犹如石破天惊，在中国考古界引起极大反响。为证实梁思永的理论，史语所所长傅斯年特命梁思永带队，由安阳转赴山东历山龙山镇对城子崖遗址进行继李济之后的第二次发掘。果然，这个遗址的最上层是周代文化，中层是夏商的岳石文化，最下层则是原始社会晚期的以黑陶为标志的龙山文化。城子崖和殷墟的出土文物证明了龙山文化和殷商文化之间有着直接的传承关系，"证明殷商文化就建筑在城子崖式的黑陶文化之上"，从而有力地击破了外人所谓"中华文明西来说"的谬论。梁思永的"三叠层"理论不仅标志着考古地层学在中国的确立，而且也成功地构筑了中国古代文明发展史的基本框架，廓清了中国史前文化的脉络走向，同时也一举确立了他在考古界的崇高地位。正如当时在梁思永领导下参与了后岗的考古发掘工作，后来成为历史学家的尹达所说："在河南北部这三种文化的时代序列是基本上肯定了。这好像是一把钥匙，有了它，才能打开中国考古学中这样的关键问题。这是中国新石器时代考古发掘中一个极重要的转折点。这功绩应当归之于思永先生。"

　　梁思永的科学发掘成果，先后体现在与李济、傅斯年、董作宾等整理编写出版的发掘报告《城子崖——山东历城县龙山镇之黑陶文化遗址》以及他所撰的《小屯、龙山与仰韶》和《后岗发掘小记》等著作中，他撰写的这两篇文章虽然不长，但却是中国考古界的扛鼎之作，具有非凡的意义。正如考古学家石璋如在《考古方法改革者梁思永先生》一文中所写的那样：这两篇文章"在当时都被认为在中国考古学上是划时代的贡献，使中原史前文化的层位予以确定"。事实上，历史语言研究所在旧中国的考古工作中确实颇有成绩，但就学术而言，能像梁思永这样提出如此振聋发聩、拨云见日之宏论卓识的，实属凤毛麟角。

　　1939 年，在美国加州旧金山举行的第六届太平洋学术会议上，梁思永提交的论文《龙山文化：中国文明的史前期之一》，受到国际学术界的广泛关注。夏鼐后来称誉此文为"介绍龙山文化的最精辟的一篇论文"。

　　不幸的是，在 1932 年春的一次野外发掘中，正值盛年的梁思永患了感冒，因奔波在发掘现场，没有及时治疗，高烧数日后转成急性胸膜炎，胸部大量积水。经过两年多的治疗与休养，梁思永的身体才逐渐恢复，但从此落下了病根。

　　1934 年秋和 1936 年秋，梁思永主持了殷墟第 10 次、11 次、12 次和 14 次发掘，共发掘了十座王陵和 1 200 余座小墓，出土了成千上万件玉器、铜器、甲骨等令世人震惊的精美文物。

　　1937 年 7 月，梁思永随历史语言所南迁，经武汉、长沙和越南海防、河内辗转到昆明。在昆明期间，梁思永的身体时好时坏，没有参加史语所在云南进行的野外调查。1940 年 10 月，梁思永又随历史语言所迁至四川的李庄。

　　1941 年 2 月，正当梁思永准备大干一场的时候，大病再次向他袭来，且病势凶猛。先是感冒，很快转成肺炎，不久又转成当时的绝症——肺结核。为了治病和生活，梁家衣物典光卖尽，只是杯水车薪。当时，梁思永的兄长梁思成全家也在李庄，梁思成夫人林徽因也因肺病长卧在床，境况也十分凄窘。史语所所长傅斯年看到贫病交加的梁氏兄弟，十分不忍，接连上书向中央研究院代院长朱家骅及资源委员会主任翁文灏等求援。他在信中盛赞梁氏兄弟，对自己的部下梁思永更是称赞有加："彼学力才质，皆敝所之第一流人""思永是此时中国青年学人中绝不多得之模范人物，无论如何，应竭力救治""彼如出事，实为敝所不可补救之损失，亦中国考古学界前途之最大打击也，故此时无论如何，须竭力设法，使其病势可以挽回。"

朱家骅及翁文灏接到傅斯年的求助信后，还真当回事儿。翁文灏通过蒋介石侍从室主任陈布雷向蒋介石呈报，获准从蒋介石特别经费中拨出两万元救济梁思成梁思永兄弟。抗战期间，整个学界都十分困苦，但得到蒋介石特别救助的，梁氏兄弟算是一个特例。

傅斯年在信中述说了一条公家应该补贴的理由："思永身体原虽不好，然其过量工作，实其病暴发之主因。"确实，梁思永虽然身体不好，但并没有将研究放下。他因体弱不能进行新的野外调查，就持续撰写《河南安阳侯家庄西北岗殷代墓地发掘报告》和《西北岗器物研究记录》。这两份报告在梁思永生前虽未能完成和发表，但后经高去寻、石璋如辑补，以《侯家庄》为名，在台湾陆续分九册刊印。

抗战胜利后，梁思永携家眷到重庆治病。1946年，梁思永没有随历史语言所返回南京，而是被抬上飞机直飞北平，也是因为北平宜于养病的缘故。然而他的身体始终未能复原。

1948年，中央研究院评选第一届院士，梁思永凭着30年代发表的两篇文章，顺利当选中央研究院院士。

临近解放，中央研究院大部分人留在了大陆，而历史语言所大部分成员则跟着傅斯年去了台湾。梁思永的心血之作《河南安阳侯家庄西北冈殷代墓地发掘报告》和《西北冈器物研究记录》也被带去了孤岛。梁思永是少数几位留在大陆的史语所成员之一。

1950 年 8 月,梁思永虽然重病在身,但由于他在考古界的影响,仍被新生的人民政府任命为中国科学院考古研究所副所长,名字排在夏鼐之前。可是,梁思永有心无力,只能在家中参加或主持所内一些重要会议,指导考古所的野外考古工作。1952—1955 年,文化部、中国科学院、北京大学联合举办了 4 期考古工作人员训练班,号称考古界的"黄埔四期",梁思永从课程设置、教学人员配备以及实习选点等,都做了认真建议和安排,为培养新中国的考古人才,付出了大量心血。1953 年 2 月,梁思永心脏严重衰竭,只得放下工作,回家休养。

1954 年 4 月 2 日,梁思永病逝,年仅 49 岁。他被安葬在北京八宝山公墓,汉白玉卧式墓碑由其兄梁思成亲自设计,碑文则由郭沫若题写。

扩展阅读:

梁柏有:《思文永在:我的父亲考古学家梁思永》故宫出版社 2016 年版

第三章　启示：

中华民族伟大复兴

离不开科学

第一节　中央研究院第一届院士去留情况汇总及原因分析

一

1949 年 5 月 12 日,中国人民解放军第三野战军向中国最大城市上海发起了总攻。蒋介石知道,上海失守,只是时间问题。于是,在 5 月 17 日,他给京沪杭警备总司令汤恩伯下了一道死命令,要把上海各金融机构里的黄金抢运出去。汤恩伯派了两艘军舰,另外还征用了招商局的一艘海轮,在全副武装的士兵警戒下,将整整 20 万两黄金和 100 万两白银装上了船。实际上,蒋介石早在 1948 年 11 月已经抢运了一批黄金、白银和美元到台湾。据学者估计,被蒋介石抢运到台湾的黄金有 350 万两,白银价值 7 000 万美元,现钞 7 000 万美元。

国民党还在 1949 年初,将原北京故宫的国宝运到了台湾。

蒋介石的"抢运黄金计划"和"抢运国宝计划"执行得都比较顺利。但是"抢救学人计划"最终却令他大失所望。

在 1949 年 9 月,新中国成立前夕,中央研究院第一届 81 位院士中,除去共和国成立前已经逝世的萨本栋,余下 80 位,他们的去留情况如下所述。

留在大陆的院士共 52 位：竺可桢、饶毓泰、周仁、庄长恭、茅以升、吴有训、杨钟健、叶企孙、曾昭抡、严济慈、吴学周、苏步青、谢家荣、黄汲清、许宝騄、钱崇澍、秉志、吴定良、戴芳澜、陈桢、胡先骕、李宗恩、张景钺、蔡翘、张孝骞、王家楫、罗宗洛、伍献文、俞大绂、童第周、邓叔群、贝时璋、汤佩松、冯德培、张元济、柳诒徵、陈垣、马寅初、余嘉锡、陶孟和、杨树达、周鲠生、陈寅恪、陈达、郭沫若、顾颉刚、汤用彤、金岳霖、冯友兰、钱端升、梁思成、梁思永。

前往台湾的院士共9位：傅斯年、董作宾、李济、王世杰、吴稚晖、朱家骅、李先闻、姜立夫（从台湾回大陆）、萧公权（从台湾去美国）。

当时在境外的院士共19位，分布如下：

在美国共9位：赵元任、林可胜、陈省身、吴宪、陈克恢、李方桂、胡适（后去台湾）、赵忠尧（后回大陆）、华罗庚（后回大陆）。

在法国的共2位：李书华（后去美国）、汪敬熙（后去美国）。

在印度2位：侯德榜（后回大陆）、殷宏章（后回大陆）。

在香港3位：翁文灏（后回内地）、凌鸿勋（后去台湾）、王宠惠（后去台湾）。

在英国1位：李四光（后回大陆）。

在加拿大1位：吴大猷（后去美国，最终去台湾）。

在瑞士1位：袁贻瑾（后去台湾）。

从上面的数据可以看出：1949年9月，也就是新中国成立前夕，留在大陆的院士52位，占80位院士的65.00%；直接到台湾去的只有9位，占院士总数的11.25%；当时在境外的19位，占院士总数的23.75%。

从院士最终的归宿来看，留在大陆的有59位，占院士总数的73.75%；留在台湾的有12位，占院士总数的15.00%；留在国外的有9位，占11.25%。

二

从上一部分院士去留的情况分析中，我们可以看到，将近四分之三（73.75%）的中央研究院第一届院士留在了大陆，跟随国民党到台湾去的以及到国外的院士加起来略超四分之一（26.25%）。为什么会有这么多院士留在大陆呢？

第一，对国民党的极度失望。

1927年4月，国民党政府在南京开张，一年之后结束北伐，名义上完成中国的统一。其间经历了多年战乱，虽取得了一些发展，但政治黑暗，专制腐败，经济凋敝，通货膨胀，民不聊生……知识分子与广大人民一样，对国民党的统治极度失望。

关于贪腐，院士竺可桢早在1936年2月9日的日记中，就有这样一条记载："今日见《大公报》载财部孔庸之告诫财部人员不得操纵公债，任意买卖。下午晤吴保之，知全系鬼话。财部司员全能操纵公债，盖欲操纵公债之价格必非仅购千元万元所能上下，必也至数千百万，则非财政当局而谁乎？保之又说，财部次长徐堪本一北京时代之财部科长，国民政府成立后，寅缘至银行界。近以为宋蔼龄、孔祥熙做公债投机事，以消息灵通，所赢巨万，为孔宋所信用，遂得为财次并中央委员。新近徐遣一女往美留学，予以六十万元之支票。中国政治之黑暗至于如此，安得不亡国？"

13年之后，也就是1949年5月上海即将解放之际，竺可桢与生物学家秉志议论起江山易主的变局。竺可桢在5月16日的日记中记下了他们的感慨："以为国民党之失，乃国民党之所自取。在民国二十五六年蒋介石为国人众望所归，但十年来刚愎自私，包揽、放纵贪污，卒致身败名裂，不亦可惜乎？"

1948年底，夏鼐写下《中央研究院第一届院士的分析》一文，以纯学术的角度来分析当选院士的情况，但他在文中还是有一段充满感情的文字。他痛心疾首地写道：虽然院士们忠于职守，"但是在妻儿啼饥号寒的环境下，教人如何能埋首研究以求产生伟大的成绩？教人如何能专心教诲后进以求造成下一代的学者？"

陈寅恪是大师中的大师了，可是他和普通民众一样穷苦不堪。大冬天连买煤的钱也没有，只得忍痛将自己珍藏多年的《巴利文藏经》《突厥语词典》《蒙古图志》等东方语文书，卖给北京大学东语系，用来买煤取暖。尽管这样,卖书所得的钱只够买烧一间屋的火炉。时事日非,陈寅恪眼睛看不见,他索性将书斋命名为"不见为净之室",失望之情,由此也可见一斑。

曾经加入国民党的冯友兰就曾说过:"我之所以在解放时没有走,主要是由于对于国民党反动派的失望,并不是由于对共产党的欢迎。"

学者们无不希望国家富强、人民安康、政治清明,但现实却令学者们失望。失望的根源是国民党的贪腐致使的民不聊生,以及政治上的专制。

第二,对祖国的热爱。

对祖国的热爱,应该是大部分中央研究院第一届院士选择留在大陆的重要原因。

大部分院士对现实政治没有太大的兴趣,但学者们是有良知的,有爱国心的。那一代知识分子,自幼受到爱国主义教育,又逢乱世,对国家和民族的危机有着切肤之痛,因此爱国主义情怀格外强烈,大多怀有"生为中国人,死为中国士"的思想,对生于斯、长于斯的故土,有着难以割舍的感情。再说,大部分的亲友都在大陆,血浓于水,情浓于酒,这一份感情不是说断就能断的。何况,对他们来说,所谓"家国情怀""民族大义"都是治学的本意。

还有不少人认为,国民党走了,共产党来了,不就是"改朝换代"吗?共产党来了同样要搞建设,同样需要科学研究,因此没必要辛苦地跑来跑去。这显然是当时大多数学者的真实心态。很多在国共两大势力之间一贯持"中间"立场的知识分子,尽管对共产党及其即将建立的新政权存在一定的疑虑,但还是留了下来。祖国的发展离不开他们的科学才智,他们也愿意为祖国的发展贡献自己的力量。加上很多的研究工作需要在大陆的环境条件下进行,特别是动物所、植物所、地质所等,有些院士不愿放弃自己的研究专长而留在了大陆。

另外,因为抗战,中央研究院曾经有过一次往返流徙的经历,大家对其中的累和苦,记忆犹新,历历在目,因此很难鼓起勇气,再做一次迁徙。

而且,还有一点也是值得考虑的因素:当时台湾也处于风雨飘摇之中,朝不保夕,因此一动不如一静。

第三,对新中国的期望和憧憬。

20 世纪中叶,也就是新中国成立前后,社会主义极具魅力。1949 年,著名科学家爱因斯坦写了一篇文章《为什么要社会主义》,表达了他对社会主义社会的憧憬。

同年,曾昭抡在《科学》上发表了《1949 年的中国科学家》一文,同样表达了他对新中国的憧憬:"国内局面到了 1949 年,无疑业已进入一个新阶段。旧的势必死去,新的将要诞生""多年来科学的厄运,可望有转机。"因此,他满怀信心地写道:"此时此日的中国科学家不但用不着怕大时代的降临,而且应该鼓起勇气迎上去,发挥自己一生伟大的抱负。我们不要消极地去应变,而要积极地提出主张,作为将来建设新中国的参考。"

当时知识分子之所以满怀激情地迎接新中国的到来,是因为他们看到了共产党做到了无数国人梦寐以求的事情:让民族独立、政治清明!国民党做不到,知识精英做不到,而共产党做到了。他们看到了中国走向繁荣富强的希望。因此,他们要为新中国的发展出一份力! 正是出于这样的动机,李四光从英国回来了,华罗庚从美国回来了,侯德榜、殷宏章从印度回来了。

他们不仅自己回来,而且还通过写信、电报和传话等方式,千方百计动员自己的亲友和学生回国效力。

第一届院士中,也有几位思想上本身就倾向共产党的,如郭沫若、曾昭抡等,但他们只占很小的比例。

三

在 80 位院士中,最终 12 位去了台湾。这 12 位院士中,大致可以分为 3 种情况:

第一种情况：国民党官僚。一共有 6 位，占去台湾院士的一半：吴稚晖、王世杰、王宠惠、朱家骅、凌鸿勋、袁贻瑾。

他们都做过国民党政府部长以上的高官，党派色彩十分鲜明。尤其是前 4 位，与蒋介石的关系极深，与共产党格格不入。凌鸿勋和袁贻瑾属于技术官僚，分别从中国香港和欧洲去往台湾，主要原因是政治思想上的考量。

第二种情况：自由主义思想者。有两位：胡适与傅斯年。

胡适与傅斯年都具有强烈的自由主义思想，与中国共产党的理念南辕北辙。他们虽然不是国民党的官员，但以国民党的"诤友"自居，实际上成了国民党的"过河卒子"，将自己与国民党绑在了一起。他们还有传统的法统观念，奉国民党为正宗，到台湾去是"义不帝秦"。朱家骅提出中央研究院的迁台计划，傅斯年第一个积极响应。傅斯年不仅自己去了台湾，还把自己一手创立的历史语言研究所的大部分人员、资料、设备一同迁移至台湾，构成了中央研究院迁台的主体部分。

第三种情况：为了学术事业。有 4 位：李济、董作宾、李先闻、吴大猷。

李济、董作宾是史语所的研究员，一方面他们是跟着史语所所长傅斯年走，另一方面他们也是跟着史语所的资料走。安阳的殷墟，是他们扬名立万的起点，也是他们安身立命的所在。殷墟的文物到了台湾，他们自然也就随之前往。酝酿迁台计划的时候，董作宾刚从美国回来，本来准备随国民党政权撤往西南，但他一听说历史语言研究所的甲骨要运往台湾，当即"决定不去后方，要随研究院一起去台湾"。

李先闻在国民党"抢救学人计划"之前就到了台湾，并在那里干得风生水起，自然没有必要腾挪地方。

吴大猷是 70 岁从纽约大学退休以后，从海外回到台湾担任"中央研究院"院长的。国民党方面一直给他很高的礼遇，他也为台湾的科学做了很多工作，但基本上都是学术性的，与政治没有太多的关系。两岸开放往来之后，吴大猷为促进两岸的科技交流做了许多有益的工作。

还有一个现象也值得关注：去台湾的 12 位院士中，有 8 位出自人文组，占了去台湾院士的三分之二。而当时在世的 80 位院士中，人文组 28 位院士只占到全体院士的 35%。

<h1 style="text-align:center">四</h1>

中央研究院第一届院士中最终留在海外的有 9 位，即赵元任、林可胜、陈省身、吴宪、陈克恢、李方桂、李书华、汪敬熙、萧公权。这 9 位除了林可胜外，均与政治没有太多的联系。具体分析一下，也可以分成这几类：

第一，对共产党不认同或因过去的经历不可能留在大陆的。其中最明显的就是林可胜。林可胜本来也是个纯粹的学者，但为了支持抗战，放弃了协和医学院的高位，进入了国民党军方的医疗体系。他对共产党没有明显的恶感，还劝说他的学生冯德培留下来为新中国服务。但他自己由于"种种原因"不得不出走海外。

第二，犹豫中错过机会。陈省身也曾有过回国的想法，如他 1950 年 1 月，在给学生徐利治的信中就写道："近友人又信电促归。弟本无意在国外久居，但怕回国管行政，以至踌躇观望耳。"徐利治当时在英国留学，因此陈省身写给他的信不必故意说些言不由衷的话。对于陈省身没有回国，徐利治还有一个很有趣的观点：他认为陈省身当时选择不回国，与华罗庚已先行回国并担任了中国科学院数学所所长也有一定关系。徐利治说得很直白："他（指陈省身——引者注）是想当中国科学院数学所所长的，但所长的位子只有一个，华先生已经坐了，陈先生回来后就不可能坐了。"

赵元任原本想好了要回国的，但加州大学伯克利分校当局"强留了他"，他也就留在了美国。李方桂也有回国的打算，但是他的太太为了孩子的教育，坚决要求留在美国，他也就作罢了。

第三，国外良好的研究环境。留在海外的院士，大部分是因为海外科研与教学的条件较好，待遇高，生活安定。如陈省身于1949年10月在给当时在英国深造的学生徐利治的信中就写道："为工作着想，一时无返国意。但对国内局势进步，颇感乐观。"

吴宪、陈克恢等原本大多数时间就在美国，他们在那里打下了很好的基础，事业蒸蒸日上。国内的时局纷争，对他们影响不大。如果国民党继续当政，他们大概率也不会回国。

李书华、汪敬熙先后从法国和中国台湾到美国从事教学和研究，他们只想认认真真地做点学问，安安稳稳地度过余生。

从整体上来看，留在海外的院士晚年所取得的成就较大。林可胜因为他的学术成果，成为第一位当选美国科学院院士的华裔科学家。一辈子从事科学管理的李书华，到海外时已年过花甲，但他从事大分子研究，也在专业期刊上发表了多篇很有质量的论文，捍卫了自己作为院士的声誉。陈省身、汪敬熙、萧公权、赵元任、李方桂等后来也都有可观的学术成就。

留在海外的院士虽身在他乡，但都对祖国怀有很深的感情，他们关心祖国的科学发展，尽可能做一些有益于祖国的事情。有些院士虽然最终长眠于异国他乡，但始终保持着中国国籍，如吴宪。有些虽然已取得所在国的国籍，但最终却回归祖国，如陈省身。陈省身最后回到了国内，于2004年在天津逝世，因此，从严格意义上说，陈省身的最后归宿也是在大陆。

一

1949 年 10 月 1 日,毛泽东在天安门城楼庄严宣告新中国成立。古老的华夏大地,百废待兴。

早在 1949 年 3 月,中共中央刚刚进驻北平不久,就已经考虑在新中国成立后,将建立统一的科学院作为全国最高学术机构,并决定由中共中央宣传部部长陆定一负责筹备,由恽子强、丁瓒协助陆定一做这项工作。恽子强时任华北大学工学院副院长,中国科学院成立后任办公厅副主任;心理学家丁瓒为中共南方局的地下党员,曾任重庆中央卫生实验院心理卫生室主任。在当时人们的认知里,科学属于文化范畴,而文化工作在党内归口于中宣部,因此筹备科学院的事就落在了陆定一的身上。

1949 年 6 月,中国科学院筹备工作正式启动。时任北平研究院原子研究所所长的钱三强受中共中央委托,协助陆定一参与筹备工作。

1949 年 7 月 13 日,周恩来在中华全国第一次自然科学工作者代表大会筹备会上讲话时宣布"不久的将来必须成立为人民所有的科学院",他号召全国科学工作者参加科学院的筹划工作。

9 月初,《中国人民政治协商会议共同纲领》和《中华人民共和国中央人民政府组织法》两个文件的草案初稿印发。《共同纲领》第 43 条为:"努力发展自然科学,以服务于工业、农业和国防建设,奖励科学发现和发明,普及科学知识。"第 44 条则规定:"设立科学院为最高科学机关。"《组织法》草案把科学院列为政务院的组成部门。

9月中旬,丁瓒和钱三强完成了《建立人民科学院草案》的起草工作,强调"科学为人民服务",《草案》将科学院拟名为"人民科学院",这是时代的烙印。《草案》提出科学院的基本任务,是有计划利用近现代科学成就以服务于工业、农业和国防建设,组织并指导全国的科学研究,提高科学水平。《草案》还提出了科学院的组织系统和研究所设置的建议,为科学院的筹建工作打下了良好的基础。

10月19日,中央人民政府委员会第三次会议,任命郭沫若为中国科学院院长,陈伯达、李四光、陶孟和、竺可桢为科学院副院长。除陈伯达外,郭沫若、李四光、陶孟和、竺可桢均为中央研究院第一届院士。李四光、陶孟和、竺可桢分别是中央研究院地质、社会和气象三个研究所的所长。

1949年10月30日,毛泽东签署政府令,正式向中国科学院首任院长郭沫若颁发中国科学院印信。11月1日,根据《中央人民政府组织法》第18条规定,中国科学院正式成立。后来即以该日为中国科学院成立日。中国科学院归政务院领导,是中国最高学术领导机构和综合研究中心,负责管理全国的科学研究事业以及履行相关的政府行政职能。

中国科学院建院之初,院部设一厅三局。① 办公厅:主任严济慈,副主任丁瓒、恽子强。办公厅下设秘书处、总务处和人事处。② 研究计划局(次年改称计划局):局长竺可桢(兼),副局长钱三强。③ 国际联络局(次年改称联络局):局长陶孟和(兼),副局长丁瓒(兼)。④ 出版编译局(次年改称编译局):局长杨钟健。

1950年1月,中国科学院制定通过《中国科学院1950年工作计划纲要(草案)》,提出了建院初期的基本方针与基本任务。这个计划纲要草案经政务院文教委员会批准后,于6月14日以《中央人民政府政务院文化教育委员会郭沫若主任关于中国科学院基本任务的指示》(以下称《指示》)下达给科学院。《指示》提出,中国科学院工作的基本方针是:按人民政协《共同纲领》规定的文教政策,改革过去的科研机构,以期培养科学建设人才,使科学研究能够真正服务于国家的工业、农业、保健和国防等事业的发展。中国科学院的基本任务为:① 确立科学研究方向;② 科学研究人才的培养与合理分配;③ 科学研究机构的调整与充实等。这一基本方针和基本任务指导中国科学院初创时期的各项工作。

1950 年 6 月 20—26 日,中国科学院在北京召开第一次扩大院务会议,会议由院长郭沫若主持。会议总结了建院 8 个月以来的工作,明确了办院方针和基本任务,制定了《中国科学院暂行组织条例》《专门委员聘任暂行规程》等一系列制度。

二

中国科学院成立后,首先的任务就是接管民国时代旧有的研究机构,并根据新的形势和要求,进行调整。

在国民党统治时期,除了中央研究院之外,还有北平研究院以及其他一些民间的研究机构如静生生物调查所等科研机构,存在机构重复、人员分散等弊病。因此,在丁瓒、钱三强起草的《建立人民科学院草案》中,就提出了调整重组的建议。经过反复研究和讨论,考虑到原有基础和发展的有利条件,最后确定:数理和社会研究所以北京为中心,生物学、化学和应用科学研究所以上海为中心,地学、天文学研究所以南京为中心。另将原有的 24 个研究单位,调整为 17 个,并筹建 3 个新的研究单位,加起来一共 20 个。这 20 个研究单位中,17 个是自然科学方面的,3 个是社会科学方面的。中国科学院随后按此方案,逐步接收各研究所,并按计划予以调整重组。

1949 年 11 月 5 日,中国科学院首先从华北人民政府高等教育委员会接收了原北平研究院总办事处及所属的原子、物理、化学、植物、动物和史学等 6 个研究所,以及原中央研究院历史语言研究所在北京的图书史料整理处;12 月 16 日,接收静生生物调查所;12 月 21 日,接收西北科学考察团。

1950 年 3 月 21 日,中国科学院华东办事处主任李亚农接收了原中央研究院在上海的化学、植物、动物和工学 4 个研究所以及医学和药学两个研究所筹备处,原北平研究院在上海的生理学、药物两个研究所和物理研究所的结晶学研究室。

4 月 6 日,李亚农又在南京接收了原中央研究院办事处和社会、物理、气象、天文、地质 5 个研究所以及中国地理研究所。

至此,原中央研究院和北平研究院的研究所接收完毕。以后,中国科学院又陆续接收了一些其他各类研究机构,并以所接收的机构为基础,加以调整和充实,组建了第一批新的研究所或其分支机构。

1950 年 5 月 19 日,政务院第 33 次政务会议通过批准近代物理研究所等 15 个单位的负责人名单。6 月 20 日,副院长兼计划局局长竺可桢,在中国科学院第一次扩大院务会议上正式宣布了首批 15 个研究机构成立,名单如下:

(1)近代物理研究所(北京)。所长吴有训,副所长钱三强。由北平研究院原子所和中央研究院物理所的原子核物理学实验室合并组成,主要研究领域:理论物理、原子核物理、宇宙线和放射化学。1950 年底吴有训升任副院长后,钱三强任所长,王淦昌、彭桓武任副所长。他们后来成为中国研制核武器的骨干力量,为中国原子能事业的发展做出了巨大的贡献。

(2)应用物理研究所(北京)。所长严济慈,副所长陆学善。由中央研究院物理所的金属和光学部分与北平研究院物理所合并调整而成,主要研究领域:光学、光谱、结晶、金属。

(3)物理化学研究所(上海)。所长吴学周。由中央研究院化学所的物理化学、无机化学、工业化学部分改组而成,主要研究领域:热力学、化学反应动力学、量子化学、分析化学、电化学、催化剂与光谱学。1952

年底该所迁往长春。

（4）有机化学研究所（上海）。所长庄长恭。由中央研究院化学所有机化学部门和北平研究院化学所扩建而成。它所属的药物研究室由北平研究院药物所组建,室主任赵承嘏。该所主要研究领域：有机化学基本问题,天然药物和中药的研究。

（5）生理生化研究所（上海）。所长冯德培,副所长王应睐。由中央研究院医学所筹备处改建。主要研究领域：神经肌肉系统,酶与维生素,橘霉素的化学、生物学、药理学及临床应用。

（6）实验生物研究所（上海）。所长贝时璋,副所长童第周。下设三个研究室。① 发生生理研究室,由北平研究院生理学研究所改建,主要研究领域为实验细胞与胚胎学。主任朱洗。② 植物生理研究室,由中央研究院植物所的植物生理、病理、形态等部门改建,主要从事植物生理、植物细胞胚胎等方面的研究。主任罗宗洛。③ 昆虫研究室,由北平研究院动物所和中央研究院动物所两所的昆虫学部分合并组建,从事昆虫调查与分类等方面的研究。室址北京,工作在京沪两地进行。主任陈世骧,副主任朱弘复。

（7）水生生物研究所（上海）。所长王家楫,副所长伍献文。该所研究有关水生生物的基本学理,以配合水生动植物生产的需要。主要任务包括水生生物资源调查、水生生物与环境的关系、养殖与育种实验。所内的太湖淡水生物研究室,由中央研究院动物所（除昆虫学部分外）及中央研究院植物所的藻类学部分合并组建,室址设在无锡蠡园,主任伍献文。青岛海洋生物研究室,由北平研究院动物所水生动物学部分迁青岛扩建而成,主任童第周,副主任曾呈奎、张玺。1954 年底,水生生物研究所迁往武汉,太湖室撤销。青岛室于 1954 年 1 月独立。

（8）植物分类研究所（北京）。所长钱崇澍,副所长吴征镒。由北平研究院植物所和静生生物调查所植物部合并改建,以植物调查和分类学研究为主,也做一部分植物病理和经济植物的研究。研究所在京外有 4

个工作站：华东工作站、庐山工作站、昆明工作站和西北工作站。

（9）地球物理研究所（南京）。所长赵九章，副所长陈宗器、顾功叙。由中央研究院气象所、北平研究院物理所地球物理学部门合并而成。后于1951年又接收中央地质调查所的地球物理学部门。研究领域包括气象、地震、地磁、物理探矿等方面。1954年由南京迁往北京。

（10）紫金山天文台（南京）。台长张钰哲。由中央研究院天文研究所改建，主要研究领域：天文观测、理论研究、仪器研制。

（11）工学实验馆（上海）。馆长周仁，副馆长周行健。由中央研究院工学研究所改建，主要工作围绕冶金、玻璃、陶瓷进行。

（12）近代史研究所（北京）。所长范文澜。由华北大学研究部历史研究室扩建而成。

（13）考古研究所（北京）。所长郑振铎，副所长梁思永、夏鼐。由北平研究院史学所与中央研究院历史语言所的历史组、考古组合并组建。

（14）语言研究所（北京）。所长罗常培。由中央研究院历史语言所语言组扩建。

（15）社会研究所（南京）。所长陶孟和，副所长巫宝山。原为中央研究院社会所。1952年迁往北京。

另外，还宣布成立3个所筹备处：数学研究所筹备处（主任苏步青）、心理研究所筹备处（主任陆志韦）和地理研究所筹备处（主任竺可桢）。

随着中国科学院的发展，原有的办公楼和科研条件已跟不上新的科研需求。几经踏勘和比较，经1951年2月3日院长会议通过，决定近代物理所、社会所等在中关村建楼，并于当年底动工。

三

作为国家最高学术机关的中国科学院，需要一种制度安排来联系全国科学工作者，以推动全国科学技术的发展，但中央对中国科学院应实行怎样的体制,意见不一。于是,1950 年 8 月,中国科学院采纳了钱三强的建议,建立了过渡性的各学科专门委员制度。专门委员具有科学院学术顾问性质,为名誉职,由院长聘任。到 1953 年初,专门委员人数达 253人。科学院在许多重大问题决策前,如机构调整与设置等,都听取了专门委员的意见,但由于专门委员没有形成委员会组织,所能发挥的作用十分有限。

1953 年,由钱三强任团长、张劲夫为书记的中国科学院代表团访问苏联。代表团在苏联访问一个多月,主要是在苏联科学院参观学习。回国后,代表团花了三个星期的时间,撰写访苏总结报告,谈苏联科学发展的经验以及对我国的启示。其中最有意义的部分是关于苏联科学院的组织结构 ,它通过 8 个学部来领导下属的研究所,拥有 200 名院士和通讯院士,并设有学术秘书处协助院领导进行学术组织管理工作。

1953 年 11 月,中国科学院党组向中央呈送了《关于目前科学院工作的基本情况和今后工作任务给中央的报告》(简称为《报告》)。1954 年 1月 28 日,郭沫若院长在政务院第 204 次政务会议上汇报了中国科学院的工作和今后任务。郭沫若在汇报中谈到了中国在基本科学制度建设上存在的问题及其成因,并在拟采取的措施中提出在院务会议下成立秘书处,遴选科学家若干人充任秘书,成为院务会议在学术领导方面的有力助手。各研究所分学部领导,拟暂分为物理学数学化学部、生物学地学部、技术科学部、哲学社会科学部等 4 个学部。周恩来总理在会上充分肯定了科学院的工作成绩。此次政务会议通过了中国科学院的《报告》。

1954 年 3 月 8 日,中共中央正式批准科学院党组的《报告》,并将修改后的《报告》与《中央对科学院党组报告的批示》在党内转发。中央批示全面阐述了中国共产党发展科学事业的基本政策,首次提出了建设以中国科学院为中心,包括高等学校和各生产部门科学研究机构在内的全国科学研究工作体系的方针。

中国科学院随即根据中央批示开始了学部委员制度、研究生教育制度、科学奖励制度三大基本科学制度的创建工作。

2月17日,中国科学院计划局局长钱三强被任命为学术秘书处秘书长。同时被任命为秘书长的还有陈康白(他的主要工作在中国科协),被任命为副秘书长的有秦力生、武衡,学术秘书为贝时璋、叶渚沛、钱伟长、张文佑、刘大年、张青莲、叶笃正、汪志华。学术秘书处是中国科学院院务会议加强学术领导的助手,其成立后要做的第一项重要工作是筹建学部。

作为国家最高学术机构的科学院,照理应该建立院士制度。当时中国科学院主要领导认为院士制度暂不适合我国情况,主要原因有两条:一是担心院士权力太大;二是我国科研力量薄弱,杰出的科学家还不多。因此,有关人员提出了一个折中的方案:学部委员制度。正如郭沫若在1955年5月31日学部成立前一天的预备会上所说:"科学院应该以院士、通讯院士为基础的,中央已交给我们建立院士制度、学位制度的任务了……正式的科学院需要等院士大会选出院长、副院长及主席团,学部委员会是产生院士的基础。"

1955年6月1日,中国科学院正式成立学部,下设物理学数学化学部、生物学地学部、技术科学部和哲学社会科学部共四个学部。中国科学院学部是国家在科学技术方面的最高咨询机构。负责对国家科学技术发展规划、计划和重大科学技术决策提供咨询,对国家经济建设和社会发展中的重大科学技术问题提出研究报告,对学科发展战略和中长期目标提出建议,对重要研究领域和研究机构的学术问题进行评议和指导。

学部委员的产生,自然科学方面的人选是科学家推荐,但推荐不是选举。哲学社会科学部委员是通过协商产生的。

当时提出的人选标准主要有两条:一条是政治的标准;另一条是学术标准,即在本学科中是否有成绩。正如中国科学院在给中宣部的信中所说的,学部委员选定标准的总原则是:"学部委员必须是学术水平较高,在本门学科中较有声望,政治上无现行反革命嫌疑的人。"

1955年7月初,中国科学院以院长郭沫若的名义向全国自然科学家发出 645 封信,请他们推荐学部委员人选。至 1954 年 11 月,收回 527 封,共提名 665 人。哲学社会科学方面,由哲学社会科学部筹委会向有关专家个别征求意见。依据回收的推荐书等进行综合推选。1954 年 11 月经院务常务会议讨论后,院党组呈报了 177 人的初步名单。后在征求和吸收各有关部委和省市等方面的意见的过程中,学部委员的名单不断增加,中国科学院党组最终于 1955 年 5 月 15 日,向国务院报送 235 人的名单。5 月 31 日,国务院第十次全体会议批准其中的 233 人。6 月 3 日总理周恩来签发了国务院命令,正式公布了学部委员名单。其中,物理学数学化学部 48 人,生物学地学部 84 人,技术科学部 40 人,哲学社会科学部 61 人。

中国科学院各学部负责人为:物理学数学化学部主任吴有训,副主任庄长恭、华罗庚、恽子强;生物学地学部主任竺可桢,副主任黄汲清、童第周、许杰、陈凤桐、尹赞勋;技术科学部主任严济慈,副主任茅以升、赵飞克;哲学社会科学部主任郭沫若,副主任潘梓年。

中央研究院首届院士中,留在大陆的院士有 59 位。到 1955 年 6 月,这 59 人中,有 46 人被选聘为中国科学院学部委员。

在选聘学部委员时,如何对待留在大陆的中央研究院首届院士,中国科学院党组曾就此进行专门研究。当时分管中国科学院工作的陈毅副总理指示:"尽管解放后我们在事实上已把'院士'废除了……其中大部分人是好的,要很好地团结他们。"郭沫若院长甚至提出,要把以前的院士全部包下来,也就是说原来的院士都变成学部委员。在实际操作过程中,却有 11 位院士落选,名单如下:翁文灏、姜立夫、胡先骕、吴定良、李宗恩、张元济、柳诒徵、陈达、周鲠生、钱端升、顾颉刚。

1955 年 8 月,《中国科学院研究生暂行条例》《中国科学院科学奖金暂行条例》也经国务院全体会议通过,并颁布实施。至此,发展科学所需的基本科学制度在中国得到了初步确立。

1957 年 6 月 26 日,周恩来在第一届全国人民代表大会第四次会议上作政府工作报告,重申中国科学研究工作系统由四个方面组成(当时国防科学技术系统尚未成熟),"在这个系统中,中国科学院是全国学术领导和重点研究的中心"。

院士制度的确立,意义重大。按当时的设想,学部的过渡期大约是1~3年,但1957年增补一次学部委员后,这个工作实际上就停止了。10年"文革"期间,学部活动也完全停止。直到1979年春,中国科学院才又恢复了学部活动。1980年,时隔23年后,才又采用差额选举和无记名投票的方式选举新的学部委员283人。因早在1977年5月,在中国科学院哲学社会科学部的基础上,正式成立中国社会科学院,因此,1980年后中国科学院学部就不再设人文组。

1984年12月,经中央书记处会议讨论决定,拟在中国建立院士制度,将中国科学院学部委员改为院士。但这件事,直到10年后才告完成。1994年1月14日,中国科学院向全体学部委员发出通知:党中央、国务院已决定,将中国科学院学部委员改称中国科学院院士。从此以后,中国科学院学部委员大会就改称中国科学院院士大会了。至此,院士制度才在中国真正确立。

1994年6月8日,中国科学院第七次院士大会和中国工程院成立暨首届院士大会在北京举行。会上选出了首批中国科学院外籍院士14名和首批工程院院士96名(包括30名科学院院士,称为"双院士")。

共和国成立后，新建立的中国科学院继往开来，迅速成长，青出于蓝，远胜于蓝，科研硕果累累，为新中国的科学技术事业和工农业生产做出了极其重要的、无可替代的贡献。

一

共和国成立伊始，即组建了中国科学院作为国家最高科学机构。在中国科学院的筹建过程中，钱三强、丁瓒等人广泛听取了科学界人士的意见。当时科学家们意见比较大的是：中央研究院和北平研究院各自为政，设置的研究所重床叠屋……与大学和其他科学研究机构缺乏密切的联系合作。

钱三强、丁瓒把科学家们的意见写进了他们起草的《建立人民科学院草案》中，提出新的科学院应在原有国家科学机构的基础上加以整合重组，以广泛地团结科学人才，并对原中央研究院和北平研究院的机构进行调整改组。他们还在《草案》中对中央研究院和北平研究院的 20 个研究所做了扼要分析，并提出了具体的合并调整意见。

中国科学院除了院名，其他基本上是按照钱三强、丁瓒起草的《草案》来做的。在完成对中央研究院、北平研究院的各研究所以及其他一些科研机构的接收工作后，中国科学院随即进行重组和调整，于 1950 年 5 月，正式公布了首批 15 个研究机构名单（详见上一节）。

中国科学院此举，改变了以往机构重叠、工作重

第三节　中国科学院对新中国科学发展所做的贡献

复、有限人力物力分散浪费的现象,为新中国的科学发展开了一个好头。此时的中国科学院,科技人员只有 300 名左右。

中国科学院建立初期,由于抗美援朝等外部原因,发展受到一定的影响。到 1954 年,全院发展到有 44 个研究单位、2 500 余名研究人员,仅仅 5 年时间,全院规模就已经是原中央研究院的将近 10 倍了。1955 年以后,中国科学院更是进入了快速发展的轨道,至 1966 年,全院拥有研究所 106 个,干部职工 5 万余人,成为中国名副其实的科技中心。

中国科学院接下来做的一件事,是研究机构的区域合理部署。中国科学院的研究机构大多是在接收原机构基础上建立的,主要集中在北京、上海和南京三地。中国科学院领导注意到了研究机构在地区分布上不平衡的问题,遂将东北作为设置新机构的首选目的地。东北是当时我国最重要的重工业基地之一。1952 年 8 月 28 日,中国科学院东北分院在沈阳正式成立,严济慈任院长,武衡任秘书长。中国科学院从北京、上海调了不少科学家到东北,以充实那里的科研力量,如院士中邓叔群、吴学周等就是那时调往东北的。到 1954 年,东北已有 8 个研究机构,成为中国科学院一个新的重要科研基地。这些科研机构为我国东北的生产发展发挥了重要的作用,做出了巨大的贡献。

继东北之后,中国科学院又把目光瞄准了西北。虽然西北当时各方面都很落后,但那里地域辽阔,自然资源十分丰富,具有广阔的发展前景。1953 年 11 月,中国科学院院务常务会议决定成立西北分院筹备委员会。中国科学院在西北先后建立了西北水土保持生物土壤所、西北植物所、西北高原生物所等院所。

1958 年"大跃进"运动期间,各地纷纷成立中国科学院分院。到 1960 年底,全国已有 26 个省、自治区、直辖市成立了中国科学院分院及其下属科研机构。可这是"大跃进"的产物,这些分院,多数缺少研究人员和设备,任务方向也不明确。到 1962 年底,除新疆分院外,其他全部撤销,但科学院成立了中南、华东、西北、西南、东北 5 个分院。这些分院的建立,对于推动各地科学技术的发展、促进科学技术与当地生产部门相结合以及推动当地经济的发展,发挥了非常的作用。

二

在中国科学院的筹建阶段,钱三强、丁瓒在收集科学家们的意见时,其中有一条意见是:两院(指原中央研究院和北平研究院)只把目光局限在自己的研究所上,从未发挥计划与领导全国科学研究工作的作用,导致科学研究漫无计划。而计划恰恰是社会主义国家的强项。

中国科学院成立至今,一共编制过 8 个中长期科技规划,在这些规划中,除了个别规划外,都得到了很好的执行,并取得了预期的效果。

中国科学院制定的第一个中长期规划是《1956—1967 年科学技术发展远景规划》(简称"十二年科技规划")。"十二年科技规划"的制定,成为后来中国制定中长期科技规划的典范。这是因为在 1962 年国家科委和国防科委在聂荣臻主持下检查十二年规划的执行情况时发现,57 项重要科学技术任务中,有 50 项已经完成。

"十二年科技规划"从 13 个领域提出了 57 项重要科学技术任务,并突出其中 12 个带有关键意义的科学研究重点:① 原子能的和平利用;② 无线电电子学中的新技术;③ 喷气技术;④ 生产过程自动化和精密仪器;⑤ 石油及其他特别缺乏的资源的勘探,矿物原料基地的探寻和确定;⑥ 结合我国资源情况建立合金系统并寻求新的冶金过程;⑦ 综合利用燃料,发展重有机合成;⑧ 新型动力机械和大型机械;⑨ 黄河、长江综合开发的重大科学技术问题;⑩ 农业的化学化、机械化、电气化的重大科学问题;⑪ 危害我国人民健康最大的几种主要疾病的防治和消灭;⑫ 自然科学中若干重要的基本理论问题。

中国科学院编制的"十二年科技规划",不是科学院本身的科技规划,而是国家的科技规划。因此,"十二年科技规划"中的科学技术任务,并非仅由中国科学院一家来完成,而是由中国所有的科研机构及大学一起来完成。在列入"十二年科技规划"的 57 项重大任务中,以科学院作为"主要负责单位"的有 8 项,以科学院作为"联合负责单位"的有 15 项,两项合并占总项数的 40.4%,另有科学院作为"主要协作单位"参加的有 27 项,三项合并占总项数的 87.7%。由此可见中国科学院在中国科学界的地位。

为了更好地完成"十二年科技规划"中的科研任务,中国科学院采取了"四项紧急措施",其中第一项是发展六大先进技术,即计算技术、半导体技术、自动化技术、无线电技术、核技术和喷气技术。为适应不断发展的国防尖端科研管理工作的需要,中国科学院于 1960 年 7 月成立新技术局,由谷羽任局长。在新技术局的引领下,相继成立了一批尖端与新兴学科的研究机构:计算所、电子学所、自动化所和半导体所等。1961 年初,根据国家有关指示,新技术局由中国科学院与国防科委双重领导。

到 1966 年,中国科学院共有 47 个研究所归口于新技术局,科技人员达 1.1 万人。这些研究所为我国在一系列有关领域的发展奠定了基础,为工业和国防现代化提供了必要的科学技术条件。"两弹一星"中的"两弹",就是在此期间完成的,"一星"也在这个时期打好了基础。

中国科学院第 4 个中长期规划是《1986—2000 年科学技术发展规划》。一般认为,该规划也得到了较好的执行。

中国科学院第 8 个也是最近完成的中长期规划是《国家中长期科学和技术发展规划纲要(2006—2020 年)》。该规划提出了"自主创新、重点跨越、支撑发展、引领未来"的科技发展方针,确定了 11 个重点领域和其中的 68 个优先主题、16 个重大专项等,为我国新时期的科学技术发展指明了方向。

三

中国科学院自成立至今已有 70 多年的历史了，其所取得的辉煌成就，以及对新中国科技事业发展的贡献，一篇短文很难概括，只能择其要者，叙述一些最重大、最耀眼的科技成果。另外，中国科学院的成果在本书中也只讲到 20 世纪 80 年代。因为中国科学院后来取得的科技成果就更多了，数不胜数，而且以后的成果，与中央研究院第一届院士的关系也不大，就没有必要赘述了。

还有一点需要说明的是，中国工程院是从中国科学院分离出来的，是中国工程技术界最高荣誉性、咨询性学术机构，成立于 1994 年，因此关于中国工程院的成就不在本书范围之内。

说到中国科学院所做出的贡献，"两弹一星"不得不提。

1964 年 10 月 16 日 15 时，在我国西部的新疆罗布泊，中国第一次将原子核裂变的巨大火球和蘑菇云升上了戈壁荒漠，中国第一颗原子弹爆炸成功。

1967 年 6 月 17 日，中国第一颗氢弹爆炸成功。

1970 年 4 月 24 日，我国第一颗人造卫星"东方红 1 号"从酒泉卫星发射中心升上了太空。中国从此进入了原子时代和太空时代。

当华裔科学家杨振宁得知中国的原子弹完全是由中国人自主研发成功的时候，禁不住泪流满面。只有真正经历过旧中国的苦难并深知旧中国落后的人，才能体会到中国的发展多不容易，才能真正感受到中国人站起来了的那种激动、自豪和骄傲。而"两弹一星"（原子弹、导弹、人造卫星）的成功，中国科学院功不可没。

首先，中国科学院在成立之初，即着手进行原子能的研究。早在1950 年 5 月，中国科学院宣布成立的第一批研究所中，排在第一位的就是以研究原子核科学为主的近代物理所。该所于 1953 年改名为物理研究所,1958 年又改名为原子能研究所。正是由于中国科学院在核物理方面的超前研究,为后来核工业发展打下了良好的基础。

其次,中国科学院的建言让中央下决心研制"两弹一星"。1955 年 1 月 15 日,毛泽东在中南海丰泽园亲自主持召开中共中央书记处扩大会议,李四光、钱三强在会议上做了相关汇报。李四光主要讲了我国铀矿资源情况。钱三强则为毛泽东和其他国家领导人讲解原子弹知识和我国近几年的准备工作情况,并用简单仪器做了现场演示。随后,中央做出了研制两弹(原子弹和导弹)的决策。1956 年 2 月,中国科学院力学所所长钱学森向中共中央和国务院提出《建立我国国防航空工业的意见书》。所谓国防航空工业,就是火箭、导弹和后来所称的航天事业。钱学森的《意见书》得到了中央的高度重视,决定由聂荣臻元帅负责组建航空工业委员会,领导火箭、导弹和飞机的研制工作。

最后,中国科学院为"两弹一星"的研制做了大量开创性工作。

1958 年 7 月,为加强原子核科学的学术活动,中国科学院成立了原子核科学委员会。李四光任主任委员,张劲夫、刘杰、钱三强任副主任委员;同时还成立原子核科学委员会同位素应用委员会,吴有训为主任委员,钱信忠、赵忠尧、严济慈等为副主任委员。

虽然中国科学院的新技术局归口的研制"两弹"的相关机构和卫星设计院,后来先后划归国防部门,但"两弹一星"的起步和最初研制,都是在中国科学院时期完成的。中国科学院在研制原子弹和氢弹中的技术贡献可概括为:理论探索,核武器研制及试验,获取核燃料,核反应堆技术,核防护工作及放射性同位素的制备,原子弹引爆技术,氘、锂、钚的提纯技术,核爆炸的测试技术,地下核炸场的选择等。

研制原子弹和氢弹的功臣如钱三强、王淦昌、彭桓武、郭永怀、朱光亚、邓稼先、陈能宽、于敏、黄祖洽等,都来自中国科学院,后来才划归二机部的。而周光召、王大珩等则始终没有离开中国科学院。

中国科学院为人造卫星和运载火箭也做出很大的贡献。

1958 年 1 月,中国科学院把卫星研制任务定为头号重点任务,代号581。为此成立"581 组",由钱学森和赵九章领导,负责组织和协调人造卫星、火箭探空任务。会议还议定成立三个设计院:第一设计院(由上海机电设计院承担)负责卫星总体设计与运载火箭的研制,由郭永怀、杨南生任正、副院长,钱学森指导全面工作;第二设计院(以中国科学院自动化研究所为主体承担)负责控制系统的研制,由吕强任主任,陆元九、张翰英、屠善澄任技术指导;第三设计院(以中国科学院地球物理研究所为主体承担)负责探空仪器与空间物理研究,赵九章、钱骥任技术指导。中国科学院还有不少研究所也参与了导弹和卫星的研制工作,如生物物理所、数学所、紫金山天文台和北京天文台等。中国科学院还为卫星的加工、总装、测试新建了科学仪器厂。

1958 年 5 月 17 日,中共中央书记处同意科学院搞人造地球卫星,并给中国科学院和国防部五院做了分工:运载火箭以国防部五院为主,科学院配合;探空头、卫星及观测工作以科学院为主,五院配合。

1960 年 2 月 19 日,上海机电设计院自行设计制造的 T-7M 试验型液体燃料探空火箭,在上海南汇简易发射场试射成功,开启了中国的空间时代。后来这样的火箭又发射了几十枚,并不断向重量大、升空高的方向发展,为中国空间技术的发展积累了成功的经验。

1965 年 5 月 6 日,中央专委第十二次会议决定将人造地球卫星列入国家计划,并确定中国科学院为卫星发射技术研究单位和卫星本体研制单位。

1965 年 8 月,中国科学院成立了"651 设计院",即卫星设计院,院长赵九章,副院长钱骥。中国科学院参加"651 任务"的,除"651 设计院"外,另外还有 30 个单位。

"文革"中,按中央统一部署,中国科学院将卫星研制工作中的研究技术人员、研制力量、研究机构以及第一颗人造卫星的样机都交给了七机部。研制人造卫星的功臣钱学森、赵九章、陈芳允、杨嘉墀、钱骥等都来自中国科学院。

1999 年,在共和国成立 50 周年之际,中央对当年研制"两弹一星"做出杰出贡献的 23 位科学家予以表彰,授予"两弹一星功勋奖章"。其中,21 位是中国科学院院士,17 位曾在中国科学院工作过。

四

中国科学院为我国高端科技做的主要贡献还有:

1958 年 6 月,中国第一座功率为 7 000 千瓦的研究型重水反应堆和 2 兆电子伏特的回旋加速器,在房山坨里地区先后建成并正式运转。

1958 年 8 月,应用物理所用合金扩散法研制成功中国第一批锗晶体管。同年,该所拉制成功中国第一根硅单晶,为我国后来全面开展半导体硅器件的研制创造了先决条件。

1959 年 9 月,计算所研制成功中国第一台大型快速电子管数字电子计算机。后来被成功地运用于中国第一颗原子弹爆炸的计算。

1961 年 9 月,长春光机所成功地用国产红宝石研制出了第一台红宝石激光器,只比美国第一台激光器晚了一年。

20 世纪 60 年代初,兰州石油研究所和长春应用化学研究所分别研发成功了丁烯氧化脱氢制丁二烯和稀土定向聚合催化剂,为顺丁橡胶工业生产技术的发展迈出了坚实的一步,更为我国发展新型通用的合成橡胶工业奠定了基础。

1963 年,中国第一个硅平面型晶体管诞生,使中国晶体管事业的发展进入了一个新的阶段,并为发展集成电路打下了技术基础。

1965 年,中国独立设计研制的第一台大型晶体管电子数字计算机问世。

1957 年,中国医学科学院成立,因此,纯医学方面的科学就以中国医学科学院为主在进行,中国科学院搞的是生物医药、药物化学和药理学。

　　20世纪50年代,抗生素在医学和农业方面已得到广泛应用,但中国当时还生产不出来。中国科学院组织有机所、药物所、上海植物生理所、菌种保藏委员会等单位开展抗生素的研究和试制。到50年代中期,先后掌握青霉素、氯霉素、链霉素、金霉素等抗生素的合成方法,为中国的抗生素工业做出了贡献。

　　上海药物所的研究生邹冈与其导师张昌绍在吗啡镇痛机制的研究上取得突破,得出两个结论：吗啡的镇痛作用部位在脑室结构周围;吗啡是通过对脑室周围结构的选择性作用,间接地影响中枢神经系统其他部位。这两个结论引起国内外同行的关注,被认作是先驱性的或里程碑式的成就。

　　中国自1958年起便开始了人工合成胰岛素的研究工作。经过600多次失败后,终于在1959年3月,成功地拆合了天然胰岛素的A链和B链。又经过几年的艰苦奋战,1965年9月17日,终于获得人工合成的具有较高生物活性的牛胰岛素结晶,这是世界上第一次用人工方法合成一种具有生物活性的蛋白质。这一研究成果表明中国在多肽和蛋白质合成方面的研究进入世界先进行列。这是中国基础研究中一项非常重要的研究成果。

五

　　新中国成立后,中国科学院在基础研究方面持续深耕,取得了显著的成果。

　　"一五"计划时期,中科院在自然科学基本理论研究方面,在拓扑学、复变数函数论、金属物理学、结晶学、高分子物理化学、酶化学和蛋白质化学、区域地质学等方面,都做出了高水平的成绩。

　　1960年,原子能研究所副所长王淦昌领导的研究组发现了一种新基本粒子——"反西格玛负超子",进一步验证了反粒子存在性的理论。

　　1962年8月,殷宏章领导下的植物生理所在国际上最早发现了植物光合磷酸化过程中高能中间态的存在,使光合磷酸化机制研究大大迈进了一步。

1965 年,计算所计算数学研究室创立用于解椭圆方程问题的一类数值的有限元方法。此法特别适合于几何、物理上的较复杂的问题,是当代计算数学与计算力学的一大成就。它开辟了新的学术方向,也激发了极其活跃的后续发展。

1973 年,陈景润发表了关于哥德巴赫猜想(1+2)的详细证明,被国际数学界称为"陈氏定理",他关于哥德巴赫猜想的许多研究结果是当时国际上最好的。

由物理研究所赵忠贤、陈立泉领导的高临界温度超导体研究组,于 1987 年 2 月 19 日在钇钡铜氧化物体系中发现了起始转变温度在 100 K 以上,超导中点转变温度为 92.8 K,零电阻温度为 78.2 K,在 93 K 时出现对抗磁性的超导样品,且重复性很好。2 月 22 日,研究人员公布了钇钡铜氧超导材料的组成。这一成果,标志着中国超导研究跃入了世界先进行列。

1988 年 10 月 16 日凌晨 5 点 56 分,中国第一台高能加速器——北京正负电子对撞机(BEPC),首次对撞成功。10 月 22 日,大型探测器也调试成功,首次得到了宇宙线径迹。北京正负电子对撞机,是迄今为止中国建造的规模最大的科研工程。

中国科学院成立以后,其中一个重要的基础性工作就是进行广泛的国家自然环境调查以及对国家自然资源的勘探工作。这些调查和勘探工作,在旧中国时期曾经做过一些,但数量不多,甚至不如外国学者和机构在中国做得多,基础非常薄弱。中国科学院成立之后,不仅开展了地质、土壤、自然地理和经济地理、气象、地磁、生物、矿产等单项调查工作,还进行特定资源和自然改造的专题性综合考察。这些考察参与单位人员之多、考察地域之广、考察时间之长,不仅在中国前所未有,就是在世界上也是很少见的。中国科学院通过一系列的科学考察活动,基本上查清了中国尤其是边疆地区自然条件的特征和自然资源的数量、质量及分布规律,为国家填补了很多空白。

新中国成立以来,中国科学院作为第一完成单位荣获国家自然科学奖一等奖 23 项,占到全国的 59%。在历届中国青年科学家奖评选中,中国科学院获奖者占全国获奖总人数的 40%。

以上所述关于中国科学院的科研成果,只是冰山一角。进入新世纪后,中国科技更是突飞猛进,呈爆发性的增长态势:载人航天、"嫦娥"探月、北斗导航、中国天眼、核聚变"人造太阳"、"墨子号"量子卫星等。

根据自然出版集团发布的"自然指数"数据,从 2012 年开始,中国科学院已连续 8 年位列该世界机构/大学学术排行榜全球第一。

中国重要的科学基础研究和应用领域,中国科学院都发挥了不可或缺的作用。

中国科学院的科研成果,极大部分是在 1949 年前完全没有或基础很薄弱的领域取得的,填补了我国许多科学领域的空白。如原子核物理、无机化学、应用地球物理、海洋学、动力学、计算技术、自动控制、远程操纵等。

新中国成立时,全国专门的科研机构只有 40 余个,从事科研工作的人员只有 500 余人。到 1956 年,中国科学院共有研究机构 44 个,研究人员 2 496 人,其中副研究员以上 400 人。到 1988 年底,中国科学院发展到拥有研究机构 123 个,研究人员已经达到 44 590 人。无论机构规模、科研人员数量还是研究成果,旧中国与新中国都不可同日而语,两者完全不在一个等级上。截至 1999 年,在 583 位中国科学院院士中,在中国科学院工作的有 238 位。

六

中国科学院不仅在科研上取得丰硕的成果,在科学人才的培养上也取得了骄人的成绩。

1955 年 8 月,国务院第 17 次会议通过了《中国科学院研究生暂行条例》。是年 9 月,中国科学院启动第一届研究生的招生工作。在 112 位报名者中,录取了 50 位,分布在 45 个专业。

从 1955 年开始招收研究生起,1955—1966 年,中科院共培养了 1 518 名研究生。

1982 年 2 月 6 日,高能物理所研究生马中骐通过博士学位论文答辩,接着,中国科学技术大学的李尚志、赵林城、白志东和计算技术研究所的冯玉琳也陆续通过博士学位课程考试和论文答辩。当年 6 月,经中国科学院学位委员会审议,授予这 6 人博士学位。这是新中国培养和授予的第一批博士。1983 年 1 月,生物物理所徐功巧获得博士学位,她是中国授予的第一位生物学博士,也是第一位女博士。

1999 年,中国科学院在学研究生 11 000 余人,其中博士生 5 000 余人。这些博士成为中国科技发展的中坚力量。

在培养科研人才方面,中国科学院通过创办中国科学技术大学发挥了至关重要的作用。

国家发布“十二年科技规划”之后,中国科技事业蓬勃发展,而科技人才缺乏,从高等学校分配的毕业生远远不能满足中国科学院的需要。在这种形势下,1958 年 9 月 20 日,中国科学技术大学在北京西郊正式开学。郭沫若兼任校长,院副秘书长、党组成员郁文担任校党委书记。

中国科学技术大学首届招生共录取了 1 600 名学生。学校初期设立了 13 个系和 14 个专业。这些专业大部分是当时中国急需的、薄弱和空白的学科,如与原子能和空间科学技术有关的系和专业,很多是国内大学中首次设立。

开办之初,中国科学技术大学就充分利用中国科学院自身独特的优势,将学生培养与科研紧密结合起来,明确“全院办校,所系结合”的方针,真正做到“科教融合”。中国科学院院内及各所的著名科学家吴有训、严济慈、华罗庚、钱学森、赵九章等 30 多人兼任中国科学技术大学基础课教师和校、系、教研室负责人,并纷纷走进了本科生的课堂。中国科学技术大学的学生,低年级时在学校学习基础理论和公共课程;高年级时则要到研究所实习。毕业班学生需要到研究所做毕业设计或毕业论文,其间他们将得到研究所科研人员甚至科学大家的指导。这样,不仅提高了学生的毕业论文质量,同时也提高了他们毕业后从事科学研究的适应能力。

后来的事实证明,在"全院办校、所系结合"方针下培养出来的学生,质量确实是非常高的。到1965年夏,中国科学技术大学共培养了3届毕业生,共5 000余人,其中85%分配在科研部门和高等院校。到20世纪80年代,这批学生90%以上成为所在单位的骨干。

随着中国科学技术大学的建立,中国科学院基本形成了科研机构、学部和教育机构"三位一体"的发展框架。

1977年10月,中国科学技术大学恢复招收研究生。1978年3月1日,中国科学院研究生院在北京正式成立,严济慈任院长。这是中国的第一个研究生院。当年10月9日,招收首届研究生1 015人。

2012年,中国科学院研究生院更名为中国科学院大学,实现了从研究生院到大学的跨越。

七

中央研究院第一届院士在中国科学院从创立到发展尤其是初期发展的过程中,发挥了很大的作用。

中国科学院院长郭沫若本身就是中央研究院第一届院士。他从1949年10月开始担任中国科学院院长,一直到他1978年逝世,始终担任这个职务。

与郭沫若同时任命的,还有中国科学院4位副院长,即陈伯达、李四光、陶孟和、竺可桢。除陈伯达外,其余3位均为中央研究院第一届院士。

1950年5月19日,政务院第33次政务会议批准了近代物理研究所等15个单位负责人名单。在这15个研究所中,10个所(馆)长为原中央研究院院士,即近代物理研究所所长吴有训、应用物理研究所所长严济慈、物理化学研究所所长吴学周、有机化学研究所所长庄长恭、生理生化研究所所长冯德培、实验生物研究所所长贝时璋、水生生物研究所所长王家楫、植物分类研究所所长钱崇澍、工学实验馆馆长周仁、社会研究所所长陶孟和。

另外3位所(台)长虽不是院士,但也来自原中央研究院,分别为:地球物理研究所所长赵九章,原为中央研究院气象所所长;紫金山天文台台长张钰哲,原为中央研究院天文台台长;语言研究所所长罗常培,原为中央研究院历史语言所研究员。3个所的筹备处主任中,也有两位主任是原中央研究院院士。可见,中国科学院的中坚骨干大部分来自原中央研究院。在副所长、研究室主任中,也有不少由原中央研究院院士担任。

第一届中央研究院院士在中国科学院中,不仅起到了战略领导和承上启下的关键作用,他们本身也取得不少科研成果。

如果要说新中国在超导方面的贡献,就必须讲到吴有训等在固体物理方面打下的基础;谈到原子能的成就,一定不会忘记赵忠尧;中国第一个计算所是华罗庚一手创建的,他的统筹法和优选法及系统工程,得到毛泽东主席的高度肯定;新中国冶金学及金属学的发展,离不开周仁的努力;摘掉中国"贫油"帽子,离不开李四光、谢家荣、黄汲清等科学家的共同发力。

此外,中央研究院留在大陆的院士,或者作为学术带头人,或者在大学教书育人,都在各自擅长的领域发挥了积极的作用,并取得了值得称道的科研成果:如茅以升、严济慈、苏步青、吴学周、陈桢、蔡翘、张孝骞、王家楫、伍献文、俞大绂、童第周、冯德培、殷宏章、贝时璋等。

八

新中国成立后,中国科学院取得的成绩是巨大的,是全世界都有目共睹的,但是,发展的道路总是曲折的。一些政治运动如反右派斗争等也会影响到正常的科研活动。

幸好当时中国科学院的党组书记、副院长张劲夫担着政治风险,向毛泽东主席进言:"中国向科学进军,要靠科学家。'物以稀为贵',老科学家是'国宝',对他们要采取保护政策。"经毛泽东首肯后,张劲夫向邓小平汇报,邓小平指示院党组代为起草一份中央文件。按此,院党组指定由杜润生负责并完成起草工作。9月8日,中共中央发出《关于自然科学方面反右派斗争的指示》。该指示的总体意思是要对科学家进行保护,尤其是著名科学家和1954年日内瓦会议后争取回国的一批科学家。按照这一指示,科学院系统的老科学家在反右派斗争中基本都受到了保护。在中国科学院体系内,第一届院士中没有被打成"右派"的。在中国科学院各研究所工作的学部委员中,只有2名被打成"右派",相对其他系统而言,比例比较低。

1958年开始的"大跃进",违背科学规律,提出不切实际的科学计划,造成研究成果的浮夸,研究机构的急剧膨胀,但结果却是正常科研秩序被打乱以及人力、物力、财力的极大浪费,伤了中国科学院的元气。

10年"文革",使中国科学院的科学技术事业遭到严重破坏,大批干部和科技工作者受到迫害,一些中央研究院的第一届院士也受到冲击,甚至被迫害致死,令人心痛。正在蓬勃发展的中国科学院几乎面临瓦解。旷日持久的大批判弄得人心惶惶,根本没时间也没心思搞工作,科学研究被迫停顿或延缓。1969年4月,大部分科研工作者和干部被下放到湖北潜江的"五七干校",从事繁重的体力劳动;只有一小部分人留在中国科学院边搞运动边搞一些科研。直到1972年后,下放劳动的人逐步回来,科研才又重新恢复,但还是不断受到政治运动的冲击和干扰。直到1976年10月"文革"结束,中国科学院才真正获得转机,慢慢地恢复了元气。但已然浪费了整整10年时间! 这10年时间的浪费,又拉大了中国与世界先进科技之间的距离。

　　中国科学院所走过的曲折道路,证明了一个道理:科学是科学,政治是政治。正如周恩来总理于 1956 年 5 月 1 日在与中国科学院负责人谈科学和政治的关系时所说的:"可以先把二者分开,科学是科学,政治是政治,然后再把它结合起来。"

　　现在回过头来审视一下留在大陆的中央研究院第一届院士,他们有反党叛国的吗? 一个都没有。其中有 6 位被打成"右派",但后来都得到了纠正。值得一提的是,留在中国大陆的 59 位中央研究院第一届院士中,有 22 位后来加入了中国共产党。

从文艺复兴到工业革命,从工业革命再到近代科学的诞生,科学对人类的进步以及对各个国家的经济文化的发展,起着至关重要的作用。马克思早在19世纪中叶就敏锐地认识到近代科学和技术对于社会发展的重要意义。恩格斯在《在马克思墓前的讲话》中就指出,马克思"把科学首先看成是历史的有力的杠杆,看成是最高意义上的革命力量"。

1945年,在第二次世界大战即将结束之际,美国总统罗斯福写信给他的科学顾问、时任战时科学研究与发展局(OSRD)局长的范内瓦·布什,要求他就如何把战时的科学技术经验用于即将到来的和平时期提出建议。8个月后,布什完成了任务,写出了罗斯福所要求的报告,这就是著名的《科学:无尽的前沿》。

布什在他的报告中提出:美国发展的物理空间边疆虽然消失了,但科学作为"没有终点的边疆"将持续存在,并成为未来美国经济繁荣、公民高质量生活和国家安全的基础。布什在给总统的呈文中写道:"科学的进步是维护我们国家的安全、使我们的身体更加健康、创造更多的就业机会、实现更高的生活水准以及文化进步的一个关键。"虽然布什完成报告时,罗斯福总统已经去世,但这份报告提出的一系列建议成为战后美国政府出台科学政策的基石,有力地促进了美国科学的发展。

每个国家都在科学发展的道路上你追我赶,争先恐后,竭力争取先发优势。文艺复兴之后世界发展的历史轨迹已然证明:哪个国家科学发展得好,哪个国家的进步就快,哪个国家的力量就强。国家的科学技

第四节 期待中国科学院和中国工程院在民族复兴的道路上发挥更大的作用

术水平越高,其国力通常也越强,两者呈正相关关系:英国的强盛,德国、美国和日本的先后崛起,背后都有强大的科学基础作为支撑。因此,我们可以得出这样一个结论:中华民族伟大的复兴离不开科学。没有众多领先的科学技术做基础,要实现中华民族的崛起与腾飞,几乎是不可能的,最多也就是喊喊口号而已。所以,我们要将科学发展与技术创新摆在国家发展全局的核心位置,强调要面向世界科技前沿,奋力抢占科技创新的制高点。

还应该充分认识到一点:科学不是西方专有的,科学是人类各民族共同创造的,是推动人类发展和进步的先进思想的精华,科学是为全人类服务的。因此,要拥抱科学,要用科学的思维以及科学的精神武装我们的头脑,促进中华民族的健康发展。

中华民族是世界上非常优秀的民族,我们的祖先以他们卓越的智慧创造出了令人骄傲的灿烂文化。当今,中华民族正走在伟大复兴的正确道路上,如果要走得更快、更稳,尤其是要走得更长远,一定离不开科学的助力。

在百年未有之大变局、双循环新发展格局以及第四次工业革命的当下,不仅越来越多的国家认识到了科学与技术对国家发展的重要性,而且有些国家已经将科学与技术作为遏制与打压的武器,并企图以这个武器来阻止中国的发展和中华民族的崛起。因此,科学的发展还得靠我们自己,正如习近平总书记所指出的:"实践反复告诉我们,关键核心技术是要不来、买不来、讨不来的。只有把关键核心技术掌握在自己手中,才能从根本上保障国家经济安全、国防安全和其他安全。"①

在中国科学发展的道路上,中国科学院和中国工程院的作用至关重要,而且无可替代。世界历史发展的事实证明:发展好的国家,一定是科学走在前面,由科学带动的;而科学发展好的国家,一定有一个良好的科

---

① 摘自习近平在中国科学院第十九次院士大会、中国工程院第十四次院士大会上的讲话(2018年5月28日)。

学共同体;而科学共同体的核心,就是国家科学院。因此,我们有理由期待中国科学院和中国工程院在民族复兴的道路上发挥更大的作用。原中央研究院曾经为中国科学发展打下了良好的基础。在新的历史时期,在新的发展起点上,中国科学院和中国工程院的责任更大,任务更重,相应的,其影响和作用也更大。

中国科学院和中国工程院作为全国的学术中心,任务和职责有很多,这里不作赘述。笔者特别期待中国科学院和中国工程院能够加强以下三个方面的工作。如果能把这三方面工作做好了,将会大大提升中国科学发展的速度和水平,也定将会为中华民族伟大复兴做出不可磨灭的贡献!

第一,加强基础研究。

科学的基础研究和前沿技术研究是推动科技进步和创新的源泉,也是提升我国原始创新能力和科技长远发展能力的重要基础。因此,中国科学院科研的重点,应该放在基础研究上,做技术进步的引领者。

布什在《科学:无尽的前沿》的报告中,提出了一个"线性模式":基础研究—应用研究—试验开发—创新—经济增长。他有力地论证了基础研究的重要性,并进一步论证了政府支持基础研究的正当性,从而促使美国于1950年建立国家科学基金会,以国家的力量支持美国的基础性研究。此后,美国联邦政府资助的基础研究经费占全美基础研究经费的比例,约为60%。此举也确实推动了美国的基础研究,并为美国科学技术的发展做出了很大的贡献。

我国老一辈领导人对基础研究很重视,也看得很清楚。周恩来总理就曾指出:"如果我们不及时地加强对于长远需要和理论工作的注意,我们就要犯很大的错误。没有一定的理论科学的研究作基础,技术上就不可能有根本性的进步和革新。"1960年,聂荣臻在中国科学院第三次学部委员大会上的报告中也指出:"基础科学的理论能否领先,是攀登现代科学高峰的重要标志之一。"

然而,基础研究的薄弱一直是我国科学发展的一块短板。新中国成立后,出于国家建设的迫切需要,强调了科学技术要为工农业生产和国家建设服务的指导思想,并从一开始就以法定条文的形式写进了有"临时宪法"之称的《中国人民政治协商会议共同纲领》:"努力发展自然科学,以服务于工业、农业和国防建设。"在历次修订的《中国科学院章程》以及中国科学院受托拟定的科学发展规划中,也都贯彻了这一指导思想。在实际工作中,我们一直存在着一种倾向,即重应用研究而轻基础研究。1981年,国家科委研究并拟定了新时期发展科学技术的发展方针,即《关于我国科学技术发展方针的汇报提纲》。同年4月16日,中共中央、国务院转发了这个提纲,在转发通知中特别指出:"坚定不移地贯彻执行科技工作为经济服务的方针。"

从新中国科学与技术发展的历程来看,毫无疑问,我国科技发展取得了十分辉煌的成果,但大多属于"顶天立地"的范畴,即便是"两弹一星",也不是"开天辟地"的科技成果。所谓开天辟地,就是在混沌状态中开辟出前所未有的、无中生有的、颠覆性的新天地、新境界。到目前为止,我国原创性的、基础性的科学成果还很少。这与我国科学基础薄弱以及我们对基础研究的重视不够、投入不足有很大关系。随着我国科教兴国战略的确立,全社会研发投入已经占到 GDP 的 2.44%,总量在全世界已经排到第二,但需要长期投入的基础研究投入占全部研发费用比重长期徘徊在 5%~6%,与世界主要创新型国家的 15%~20% 还是有较大的差距。

没有基础研究,就没有原始创新;没有原始创新,应用创新必然会受到局限,国家的发展也会受到制约。如此,中国要成为真正的科技强国,将面临巨大的挑战。回顾近现代科学发展的历程,可以得出这样一个结论:一个国家的科学基础研究水平决定着该国技术水平发展的高度。中国科学院原副院长钱三强曾经从科学哲学的高度,阐述了基础科学研究在整个现代科学中的地位和作用。他是这样说的:基础科学研究既是人类对自然界客观规律认识的前沿,又是开拓新技术领域的出发点。显而易见,基础科学是现代科学结构的基石,基础科学研究则是现代科学发现、发明的思想发动机。

科学发展是有规律的，片面强调应用研究而忽视基础研究，其结果只能是支撑高端产业和提供高质量科技供给的能力不足，只能一直跟在别人后面跑，最终必然造成后劲不足、不能深化、不可持续等严重问题。

科学的基础性研究投入多、周期长、风险大，产出具有很大的不确定性。因此不是一般企业和机构所能承担的。但是，科学的基础研究一旦取得重大突破，往往会催生新一轮科学革命，那就可以产生无限的价值。今后，技术的发展会日益依赖于科学，以科学为基础。我国的科技发展不仅要有"顶天立地"的目标，更要有"开天辟地"的高远追求。作为国家队的中国科学院，无论是视野、人才还是资金，都有着得天独厚的优势。因此，中国科学院必须承担起基础性研究的重任。中国科学院应该在国际科技前沿领域中寻准重大突破点，组建有国家使命、集体荣誉感、团队战斗力的稳定科研团队，加强前瞻性基础研究、引领性原创研究以及颠覆性技术研究，把研究的重点放在"0—1"的项目上，为我国社会经济和科技创新的长远发展奠定坚实的科学基础；而"1—100"的应用性研究，可以放到市场上，由其他科研机构甚至企业去发展。

第二，着重挖掘战略科学家。

科学发展需要人才。未来各国之间激烈的经济和科技竞争，归根到底是人才的竞争。每一个社会（或者说每一个国家和地区），能不能把人的潜能充分发挥出来，将决定它在未来竞争中的成败。人才是衡量一个国家综合国力的重要指标。国家发展靠人才，民族振兴靠人才。当前，我国正致力于实现中华民族伟大复兴的宏伟目标，也比历史上任何时期都更加渴求人才。

中国现在的科研形势很严峻，尤其是面对美欧"卡脖子""脱钩"的压力，人才的作用更为关键。我们现在之所以被"卡脖子"不只是因为基础研究薄弱，归根到底还是因为我们缺乏一流人才，所以才受制于人。人才竞争的核心在于顶尖的科学人才。只有当科学人才占领了科学高地，我们才能俯视全球。

2021 年 5 月,习近平总书记在出席院士大会时发表重要讲话,明确指出:"我国要实现高水平科技自立自强,归根结底要靠高水平创新人才。"①在同年 9 月的中央人才会议上,又指出要"把我国制度优势转化为人才优势、科技竞争优势,加快形成有利于人才成长的培养机制、有利于人尽其才的使用机制、有利于人才各展其能的激励机制、有利于人才脱颖而出的竞争机制,把人才从科研管理的各种形式主义、官僚主义的束缚中解放出来"②。

习近平总书记还在讲话中强调:"要遵循人才成长规律和科研规律,进一步破除'官本位'、行政化的传统思维,不能简单套用行政管理的办法对待科研工作,不能像管行政干部那样管科研人才。"③确实,全社会都要努力为杰出人才营造适宜成长的氛围:国家有足够的投入,给科学人才相对优裕的物质生活条件和充裕的自由时间,使他们能够心无旁骛地潜心研究,两耳不闻窗外事,一心只研究学术;要给科学人才宽松的环境和开放自由的学术生态环境,充分激发他们的潜能,最终取得可观的科技成果。科学是对自然奥秘的探索,真正的原始创新需要各种独特的、千奇百怪的奇思妙想。科学探索只有在心灵不受约束时,一切才有可能。没有自由发展的个性,没有自由的空间,创新和创造就是无源之水、无本之木。世界科学发展的历史明确无误地证明了这一点。意大利文艺复兴运动如同一支熊熊燃烧的火炬,照亮了西方世界摆脱黑暗中世纪的道路。但是,科学革命并没有发生在意大利,这是什么原因呢? 因为宗教裁判所对提出革命性学说的伽利略进行了严惩。从此之后,意大利在科学上基本上就没有什么值得夸耀的建树了。

我们还要高度重视习近平总书记在讲话中提出的另一个非常重要的

---

① 摘自习近平在中国科学院第二十次院士大会、中国工程院第十五次院士大会和中国科学技术协会第十次全国代表大会上的讲话,题为"加快建设科技强国,实现高水平科技自立自强"(2021 年 5 月 28 日)。
②③ 摘自习近平在中央人才工作会议上的讲话(2021 年 9 月 27 日)。

论点:"要大力培养使用战略科学家,有意识地发现和培养更多具有战略科学家潜质的高层次复合型人才,形成战略科学家成长梯队。"①

　　培养科技人才是全社会的任务,而中国科学院和中国工程院的重点,应该放在培养和发现能担纲"国之重器"、突破"卡脖子"技术难题的领军人物上,尤其要从众多优秀科学家中挖掘出习近平总书记在讲话中提到的"战略科学家"。战略科学家是一个国家战略科技力量的核心,对国家科学发展的推动作用是不言而喻的。在科学史上,英国科学家卢瑟福,丹麦科学家玻尔,意大利裔科学家费米,美国科学家奥本海默,中国科学家钱学森、钱三强等都是值得称道的战略科学家。当年,美国海军次长丹尼·金布尔曾声称:"钱学森无论走到哪里,都抵得上 5 个师的兵力。"其实,钱学森的价值岂止抵 5 个师。中国科学家的队伍在世界上是最庞大的,但称得上是战略科学家的却不多。

　　随着近现代科学的发展,尤其是 20 世纪以来,科学的进步令人目不暇接,科学技术与工业工程的结合,打破学科的边界,进行跨学科的融合,已成为不可逆转的趋势。科学技术越来越演变为一项高度复杂且庞大的系统工程,不仅需要耗费惊人的人力和物力,而且需要众多的科学家集体作战、联合攻关。这样的大科学工程就少不了灵魂人物——战略科学家。没有他们,大科学工程就难以高效有序地推进。

　　战略科学家是把得住方向、做得了科研、带得了队伍的佼佼者,是科学家里的"帅才"。战略科学家首先必须自己是个优秀的科学家,在自身从事的研究领域达到一定的学术高度,具有深厚的科学素养和缜密的科学思维,能够以科学的语言与科学家对话。其次,战略科学家是个引领者,具有前瞻的眼光、开阔的视野、创新的思维,能够在重重迷雾中看清未来科学发展的方向,并能认清科技发展和人类进步所面临的重大科学问题,能洞察科学前沿和发展趋势,熟悉交叉学科融合趋势,从而就此提出

① 摘自习近平在中央人才工作会议上的讲话(2021 年 9 月 27 日)。

战略性发展建议,善于推动科技发展战略的规划和实施。再次,他还具有较高的科学道德和人格魅力,能够吸引一流科学家心悦诚服地追随他,他也善于发现、培育、激励并造就更多一流的科技人才。最后,战略科学家还是个优秀的组织者,拥有卓越的统观全局、协调各方的领导才干,能够在大科学工程中起到谋划、组织、管理、推进的作用,并使大科学工程取得令人惊异的成效。中国战略科学家的任务,就是要抓住基础研究和大科学工程的战略制高点,在基础研究和大科学工程上有所突破,从而带动我国整体科技水平的提高,让中国逐步成为世界科学新中心,为我国国民经济发展和国防建设做出更大的贡献。

我们国家的科学,我们国家的发展,我们国家的未来,需要这样的战略科学家,需要这样的"国之重器"。中国科学院和中国工程院首先应该为国家贡献的就是卓越的战略科学家!

第三,打造健康向上的科学共同体。

中国科学院和中国工程院是融基础研究、应用研究、实验开发、成果转化、产业发展以及高等教育等事业于一体的机构,任务繁重。作为国家最高学术机构,中国科学院和中国工程院最重要的职责是什么?笔者认为,虽然组织和实施科学研究以期获得科学成果至关重要,但国家科学院核心使命更在于构建一个健康向上、风清气正的科学共同体,并充分发挥科学共同体的作用,组织和推动全社会的科学发展。因为中国科学院和中国工程院的众多任务都可以交给其他机构或单位完成,唯有打造健康向上的科学共同体这一使命无人可以替代。中国不仅需要科学技术本身的发展,更需要科学共同体、科学规范制度的发展与完善。在一定意义上,如果没有健康完善的科学共同体和科学规范制度,科学与技术本身要想取得又快又好的进步是不可能的。

科学共同体是指由具有共同信念、共同价值和共同规范的科技工作者组成的群体,既包括个人,又包括科技学术团体和机构。虽然科学共同体的概念,在20世纪40年代才产生,但实际上随着17、18世纪的科学社团——如意大利的猞猁学会、英国伦敦的皇家学会——的出现,科学共同体的机制、范式和功能就已经在一点点形成了。经过数百年的积累和沉淀,现今全世界科学界对科学共同体的机制、范式和功能已基本达成了共识。规范自律的科学共同体,对于促进科学技术的进步,厥功至伟。而在科学共同体的机制、范式和功能逐步完善的过程中,科学团体尤其是国家科学院这样殿堂级的科学机构,起到了非常重要、无与伦比的作用。也正因如此,中国科学院和中国工程院必须致力于打造一个健康的中国科学共同体。

科学共同体的机制、范式和功能在教科书上有很多经典的阐述,在此无须赘述,这里只想谈几点笔者自己的感悟。

感悟一,完善科学共同体的自治机制。

科学共同体是一个十分独特的组合,其独特性主要体现在科学性和专业性上。如果要让科学共同体健康运转,发挥其自治机制作用十分重要。以同行评议制为例,只有尊重科学共同体的运行规律,把专业的事情交给专业的人去做,让科学共同体根据共同的科学价值观、科学精神和科学规范来开展同行评议,在科技成果和科技人才评价中发挥决定性作用,才能得到客观公正的结果。反之,若行政干预过多,势必影响学术自主,甚至滋生学术腐败。用行政的手段管理科学,很难出高质量、高水平的科研成果。

学术范畴与行政范畴有其各自的适用范围,应减少相互之间的干预,明确学术和行政的边界,使政府与科学共同体各司其职。这并不是说政府对科学共同体就可以放任不管。政府该出手时,就应该果断出手。如当科学共同体出现明显问题的时候,政府就必须出手干预,与科学共同体一起采取措施予以纠正。

当然,政府对科学共同体的干预更多应通过法律法规的手段,发挥政府在政策引导和政策支持方面的作用,而不是具体事宜。此外,一切科学工作者所从事的科学活动,也应该在国家法律、法规和制度的框架内开展。科学有其自身规律,若不尊重科学规律,到头来必定阻碍科学的发展,结果适得其反。

感悟二,完善科学共同体的学术奖励制度。

公平公正的学术奖励对科学发展的推动作用之大,不可估量,它会在全社会起到风向标、激发器的作用。

学术奖励是分层次的,第一层次是社会,尤其是科学共同体的认可,正如科学社会学家默顿所说:"承认是科学王国中的基本通货。"而承认的第一步,是科研成果的发表和披露。在顶级的专业期刊上发表科研成果固然能引起更多的关注,但也不能光看杂志的分量,关键要看科研成果的质量。如孟德尔当初的论文就发表在一个不怎么出名的刊物上,但这不影响他后来成为近代生物学之父。

学术奖励的第二层次就是给予荣誉。当科技工作者的科研成果对科学发展或产业发展有促进和推动作用,就应该根据其贡献大小,给予相应的、不同层级的荣誉。无论是职称晋升、奖金发放还是科技进步奖的颁发,都是对科技工作者的认可。当然,这个荣誉给谁,给的是不是适当,有没有猫腻,就需要科学共同体起作用了。现在过多地依赖一些非学术、非专业的指标来认定,加上透明度不够,引起的非议较多,影响很不好。这一情况得不到改善,长此以往,将会给中国科学发展带来很大的负面影响。

学术奖励的最高层次是授予院士称号。中国科学院和中国工程院是中国科学界的最高殿堂,也是国家最高学术、技术顾问机构。构成中国科学院和中国工程院基础的是两院院士;而院士称号也是中国科技工作者所能得到的最高荣誉。两院代表着中国科学的最高水平,同时两院也代表着中国科学的良心。

要营造中国学术界的清朗风气,首先应从选举两院院士做起,确保选出真正名实相符的院士,关键在于选对人。两院院士都是合格的、优秀的、名副其实的,他们就能在科学共同体中成为标杆,成为表率,也就能进一步发挥正能量的作用。遗憾的是,目前两院院士选举中,非学术因素的介入较多,导致选举结果失去了部分公正性和权威性,因而在社会上引起了一些争议。为此,要深化院士制度的改革,进一步完善选举程序,提高候选人的透明度,切实压实推荐院士主体责任,建立更为科学、系统和量化的评价体系,设立行业内专家评审小组,以确保选举的公正性和科学性,确保选出杰出的院士。同时,要加强第三方过程监督,避免行业利益干扰,杜绝利益输送、行贿和拉票,此类情况一经发现,无论是院士候选人还是院士,都应受到严厉的惩处。

从规范两院院士选举开始,让院士的称号进一步回归荣誉性、学术性,同时,也让两院院士在科学共同体和中国科学发展中发挥支柱性作用。

感悟三,完善科学共同体的学术规范。

完善科学共同体的学术规范,目的是要打造一个健康向上的学术环境。

现在的学术环境受到诸多非学术因素的影响,也出现了一些学术界不应该有的现象,学术不端行为频繁发生,诸如抄袭剽窃、实验作假、伪注等学术违法违规行为的丑闻时常被曝光。同时,还存在不少的学术腐败现象,学术利益相关人利用手中的学术资源谋取非正当利益或者利用不正当资源谋取学术利益,如权学交易、钱学交易、学色交易等。学术腐败现象的蔓延和学术不端现象频发,严重破坏了我们的学术风气,污染了我们的学术环境,将会阻碍我国科学的发展。因此,完善科学共同体的学术规范意义重大,刻不容缓。

完善学术规范,首先,要根据学术活动规律制定周详、可操作、可执行、涵盖学术活动全过程的基本准则,包括学术研究规范、学术评审规范、学术批评规范、学术管理规范等。其次,在科学共同体内,加强科学道德教育,制定科研自律公约和学术道德准则,转变学术风气,铲除滋生学术腐败的土壤。最后,要充分发挥科学共同体的作用,加强对学术不端行为的调查、惩戒。违反科学规范和科学道德的人员，必将遭到科学共同体摒弃，在科学界将无立足之地。

学术不端和学术腐败首先是学术问题，但同时也是体制问题和社会问题。对于正常的学术活动，如论文发表、同行评议、科技成果认定、科技奖项评审、职称评定等，应由科学共同体自行负责，尽量避免其他因素的介入。在这些活动的过程中若涉及违法，则政府相关部门应依法介入，并依法判罚，为打造健康的科学发展环境保驾护航。

科学发展的快慢和国家发展的快慢一样，其关键在于国家治理能力和治理体系。今天中国的复兴，从现象层面看是科技和经济领域对西方的赶超，但在本质层面上则是国家治理能力对西方的超越。我们热切期待中国科学院与中国工程院在这方面有更大的作为，在民族复兴的道路上发挥更大的作用。

参考文献

郑贞铭、丁士轩:《大师巨匠》,北京联合出版公司 2019 年版

董光璧:《二十世纪中国科学》,北京大学出版社 2007 年版

吴十州:《归去来兮:那些去往台湾的文化名家》,社会科学文献出版社 2016 年版

范铁权:《近代科学社团与中国的公共卫生事业》,人民出版社 2013 年版

王金锋:《科学新生:中国科学院成立》,吉林出版集团 2011 年版

付帮红:《民国时期的科学计划与计划科学:以中央研究院为中心的考察(1927—1949)》,
    中国科学技术出版社 2015 年版

岳南:《南渡北归》(第一至第三卷),湖南文艺出版社 2015 年版

黄庆桥:《钱三强与中国科学》,上海交通大学出版社 2016 年版

黄翠红:《任鸿隽传》,社会科学文献出版社 2017 年版

刘大椿等:《中国近现代科技转型的历史轨迹与哲学反思第二卷:师夷长技》,中国人民大
    学出版社 2019 年版

杜石然等:《中国科学技术史稿》,北京大学出版社 2012 年版

《当代中国》丛书编辑部:《中国科学院》(上、中、下册),当代中国出版社 1994 年版

中国科学院:《中国科学院辉煌 50 年》,科学出版社 1999 年版

郑千里:《中国科学院叙事》,科学出版社 2011 年版

宋振能:《中国科学院院史拾零》,科学出版社 2011 年版

中国科学院:《中国科学院在改革开放中前进:1949—1994》,科学出版社 1994 年版

陈孟勤:《中国生理学史》,北京大学医学出版社 2001 年版

后　记

2019—2022 年,三年时光如白驹过隙一晃而过,百感交集之余,也许唯一要感谢这段特殊日子的是终于让我可以摆脱杂务,静下心来,写出了呈现在各位读者面前的这本《科学大先生》。

这本书是最近几年来我探索科学的"副产品"。

我国虽然有悠久的历史和灿烂的文化,但在科学传统方面却相对欠缺。因为缺少科学传统,所以工业革命就不可能发生在中国,就使得原本先进的中国在近代落后挨打。

我一直在思考这样一个问题:中国人并不笨,为什么历史上会缺少科学传统呢?

要回答这个问题并不容易,涉及的因素太多了。我只能多学习,多找资料,慢慢地形成一些思路和想法。

在这个过程中,自然要涉猎科学史,其中包括科学在中国的发展历程,因此读到了许多中国第一代科学家不畏艰难、披荆斩棘、开辟一片科学新天地的故事。而中央研究院院士是中国第一代科学家中的典范,他们的努力,他们的成就,他们的品格,他们遭受的战火与苦难,他们对国家深沉的感情,都让我深深感动。于是,我萌发了把他们的传奇写下来的念头,并找到了一个词来概括他们的学术成就和人生经历:科学大先生。

中国为什么缺少科学传统这个问题,还有待于日后进一步探索。